Internationales Management für Dienstleistungsbetriebe

Samir Saleh · Mona Saleh

Internationales Management für Dienstleistungsbetriebe

Samir Saleh
Ostfalia HAW – University of Applied Sciences
Salzgitter-Calbecht, Deutschland

Mona Saleh
Universität Hildesheim
Hildesheim, Deutschland

ISBN 978-3-658-30813-1   ISBN 978-3-658-30814-8 (eBook)
https://doi.org/10.1007/978-3-658-30814-8

Die Deutsche Nationalbibliothek verzeichnet diese Publikation in der Deutschen Nationalbibliografie; detaillierte bibliografische Daten sind im Internet über http://dnb.d-nb.de abrufbar.

© Der/die Herausgeber bzw. der/die Autor(en), exklusiv lizenziert durch Springer Fachmedien Wiesbaden GmbH, ein Teil von Springer Nature 2020
Das Werk einschließlich aller seiner Teile ist urheberrechtlich geschützt. Jede Verwertung, die nicht ausdrücklich vom Urheberrechtsgesetz zugelassen ist, bedarf der vorherigen Zustimmung des Verlags. Das gilt insbesondere für Vervielfältigungen, Bearbeitungen, Übersetzungen, Mikroverfilmungen und die Einspeicherung und Verarbeitung in elektronischen Systemen.
Die Wiedergabe von allgemein beschreibenden Bezeichnungen, Marken, Unternehmensnamen etc. in diesem Werk bedeutet nicht, dass diese frei durch jedermann benutzt werden dürfen. Die Berechtigung zur Benutzung unterliegt, auch ohne gesonderten Hinweis hierzu, den Regeln des Markenrechts. Die Rechte des jeweiligen Zeicheninhabers sind zu beachten.
Der Verlag, die Autoren und die Herausgeber gehen davon aus, dass die Angaben und Informationen in diesem Werk zum Zeitpunkt der Veröffentlichung vollständig und korrekt sind. Weder der Verlag, noch die Autoren oder die Herausgeber übernehmen, ausdrücklich oder implizit, Gewähr für den Inhalt des Werkes, etwaige Fehler oder Äußerungen. Der Verlag bleibt im Hinblick auf geografische Zuordnungen und Gebietsbezeichnungen in veröffentlichten Karten und Institutionsadressen neutral.

Planung/Lektorat: Ulrike Loercher
Springer Gabler ist ein Imprint der eingetragenen Gesellschaft Springer Fachmedien Wiesbaden GmbH und ist ein Teil von Springer Nature.
Die Anschrift der Gesellschaft ist: Abraham-Lincoln-Str. 46, 65189 Wiesbaden, Germany

Unseren Eltern in tiefer Liebe und Dankbarkeit

Vorwort

Das Vorhaben, ein Lehrbuch zum Thema Internationales Management für Dienstleistungsbetriebe zu schreiben, bedeutete für uns im ersten Schritt, einen Konsens hinsichtlich grundsätzlicher Erwartungen, die an ein Lehrbuch zu stellen sind, zu erlangen. Ein Lehrbuch ist dem Namen nach ein Buch für die Lehre. Daraus ergeben sich mehrere Aufgaben:

1. Es soll Wissen vermittelt werden, das in der wissenschaftlichen Community zum Zeitpunkt der Veröffentlichung als gesichert gilt.
2. Dieses gesicherte Wissen soll entlang einer strukturierten und nachvollziehbaren Gliederung zu lesen und bearbeitbar sein.
3. Durch diesen „roten Faden" sollen die einzelnen Kapitel der Gliederung in sich geschlossen und somit auch für die selektiven Leser verständlich sein.
4. Dieses selektive Lesen soll durch ein ansprechendes und didaktisch wertvolles Layout ermöglicht werden.
5. Den Lesern soll trotz ihres Wunsches nach gesichertem Wissen von Beginn an aufgezeigt werden, dass in dem Buch „nur" entlang des aktuellen Forschungsstands gearbeitet und analysiert wird, wodurch den Lesern somit implizit die Bereitschaft abverlangt wird, sich auf Änderungen und Ungewissheiten einzulassen.
6. Dies führt zu einer wesentlichen Aufgabe eines Lehrbuches, das die Lehr-Lern-Situation abbilden soll, womit die Aufgabe für die Autoren einhergeht, mögliche Fragen der Leser mitzudenken und zu beantworten.
7. Diese so weit wie möglich antizipierte Lehr-Lern-Situation, zu deren wesentlichen Zielen die Ermutigung und Befähigung der Lerner im Fragestellen gehört, möchte bestenfalls das Interesse der Leser befördern bzw. vertiefen. Dies nicht zuletzt aufgrund der Annahme, dass man einen Menschen nichts lehren, aber ihm dazu verhelfen kann, es in sich selbst zu entdecken (Galileo Galilei).

Insgesamt haben es sich die Autoren dieses Lehrbuches zur Aufgabe gemacht, den Gegenstand des Internationalen Managements für Dienstleistungsbetriebe systematisch-analytisch zu bearbeiten mit primärem Fokus auf den Aufbau eines

Internationalisierungs-Know-hows unter besonderer Berücksichtigung des Kultureinflusses.

Für die Disziplin Internationales Management wurden bereits mehrere Lehrbücher national und international veröffentlicht, sodass das vorliegende Lehrbuch nicht als *das* Lehrbuch, sondern als *ein* Lehrbuch des Internationalen Managements mit dem Fokus auf Dienstleistungen zu verstehen ist. Der in diesem Buch verfolgte interdisziplinäre Ansatz im Bereich des interkulturellen Managements wie auch die deutliche und kritisch hinterfragende Berücksichtigung des Kulturfaktors sind hervorzuheben. Hiermit ist die Hoffnung verbunden, dass weitere Bücher geschrieben werden, die demselben Forschungsfeld angehören und das Thema weiter bearbeiten.

Das Lehrbuch behandelt die Internationalisierung von Dienstleistungsunternehmen branchenübergreifend und ist mit diesem allgemeinen Ansatz für Studierende und Lehrende geeignet, die Internationales Dienstleistungsmanagement in seinen unterschiedlichen Facetten lernen und lehren. Das Buch richtet sich auch an Fach- und Führungskräfte von Dienstleistungsunternehmen und sonstige Praktiker, die sich mit einer zeitgemäßen Internationalisierung ihres Dienstleistungsunternehmens auseinandersetzen müssen.

Danken möchten wir Gianna Lina Kurtz, die die Recherchen, die Abbildungen und die formale Überarbeitung des Manuskripts übernommen hat und sowohl bei der Akquise von Interviewpartnern als auch bei der Durchführung der Experteninterviews eine tragende Rolle hatte. In diesem Sinne gilt auch unser Dank Jessica Dittrich, die ebenfalls Kontakte zu Interviewpartnern aus der Industrie und Dienstleistung vermittelte. An dieser Stelle möchten wir insbesondere den zahlreichen Interviewpartnern danken, die sich weltweit zur Verfügung gestellt haben und mit ihrem Expertenwissen wertvolle Beiträge zu diesem Buch geliefert haben.

Über Hinweise, Klarstellungen und Diskussionsbeiträge zu diesem Buch aus dem Kreise der Leserschaft würden wir uns sehr freuen. Sie tragen zu unserem Erkenntnisgewinn bei. Daher sind uns jede Anmerkung und Zuschrift jederzeit herzlich willkommen.

Wolfenbüttel
Mai 2020

Samir Saleh
Mona Saleh

Inhaltsverzeichnis

1	**Einführung**	1
	Literatur	5
2	**Globalisierung und Internationalisierung**	7
	Literatur	13
3	**Erklärungsansätze und Motive des „going international"**	15
3.1	Theoretische Erklärungsansätze der Internationalisierung von Unternehmen	16
	3.1.1 Netzwerke	17
	3.1.2 Born Globals	19
3.2	Annahmen und Einstellungen zur Internationalisierung	21
3.3	Motive der Internationalisierung	22
	Literatur	24
4	**Die Besonderheiten bei der internationalen Vermarktung von Dienstleistungen**	27
4.1	Begriffliche Abgrenzung	28
4.2	Herausforderungen des Dienstleistungsmarketings	31
4.3	Einflussfaktoren auf die Internationalisierung von Dienstleistungen	34
	Literatur	36
5	**Die Marktselektion**	37
5.1	Die Informationsbeschaffung	38
5.2	Einstufige Verfahren der Marktauswahl	41
5.3	Mehrstufiges Verfahren der Marktauswahl	51
	5.3.1 Erste Selektionsstufe: Die Risikoanalyse	52
	5.3.1.1 Risikomanagement	53
	5.3.1.2 Risikoarten im internationalen Management	57
	5.3.2 Zweite Selektionsstufe: Die PEST-Analyse und die Szenarienentwicklung	64
	5.3.3 Dritte Selektionsstufe: Die Unternehmens- und Marktanalyse	73

		5.3.3.1	Unternehmensinterne Voraussetzungen für einen erfolgreichen Markteintritt.	74
		5.3.3.2	Die Unternehmensanalyse.	75
		5.3.3.3	Die Marktanalyse	84
	Literatur.			91

6 Der Markteintritt und die Marktbearbeitung 95

- 6.1 Vorüberlegungen zum Markteintritt. 96
- 6.2 Markteintrittsformen 97
  - 6.2.1 Exportformen. 98
  - 6.2.2 Vertraglicher Ressourcentransfer. 100
  - 6.2.3 Direktinvestitionen. 102
  - 6.2.4 Weitere Formen des Markteintritts. 106
    - 6.2.4.1 Countertrade 106
    - 6.2.4.2 Der digitale Markteintritt 107
  - 6.2.5 Auswahl der Markteintrittsform. 108
- 6.3 Markteintrittszeitpunkte. 111
  - 6.3.1 Festlegung des Markteintrittszeitpunkts für einen bestimmten Markt 111
  - 6.3.2 Festlegung des Markteintrittszeitpunkts für mehrere Märkte 112
- 6.4 Strategien für die Marktbearbeitung im Gastland 114
  - 6.4.1 Standardisierung vs. Differenzierung des Dienstleistungsprozesses im Gastland. 115
  - 6.4.2 Auswirkungen von Standardisierungs- und Differenzierungsüberlegungen auf den Marketing-Mix 118
  - 6.4.3 Ausgewählte Strategien mit besonderer Bedeutung für die Internationalisierung von Dienstleistungsunternehmen. 121
    - 6.4.3.1 Blue Ocean 121
    - 6.4.3.2 Rückzugsstrategien 124
- Literatur. 126

7 Internationale Organisation von Dienstleistungsunternehmen 129

- 7.1 Unspezifische Strukturen. 130
- 7.2 Integrierte Strukturen. 131
  - 7.2.1 Eindimensionale integrierte Strukturen 132
  - 7.2.2 Mehrdimensionale integrierte Strukturen. 134
- 7.3 Differenzierte Strukturen 136
  - 7.3.1 Die Exportabteilung. 136
  - 7.3.2 Die internationale Division 137
  - 7.3.3 Die Holding 139
- 7.4 Netzwerke 139
  - 7.4.1 Intraorganisationale Strukturen 139

	7.4.2 Interorganisationale Strukturen	141
7.5	Internationale virtuelle Unternehmen	141
Literatur.		142

8 Digitalisierung 145
- 8.1 Die Digitalisierung in der Dienstleistungsbranche 147
- 8.2 Die Digitalisierung und Internationalisierung 150
- 8.3 Einfluss der Digitalisierung auf das Kommunikationsverhalten im internationalen Geschäft 151
- Literatur. 154

9 Internationales Personalmanagement in Dienstleistungsunternehmen 157
- 9.1 Personalpolitische Herausforderungen bei Gastlandmitarbeitern (Host-Country Nationals) 163
- 9.2 Personalpolitische Herausforderungen bei der Entsendung von Stammhausmitarbeitern (Expatriates) 170
  - 9.2.1 Die Auswahl 171
  - 9.2.2 Die Vorbereitung 174
  - 9.2.3 Die Entsendung 177
  - 9.2.4 Der Arbeitsvertrag und die Vergütung 179
  - 9.2.5 Anpassungsprozesse und Betreuung des Expatriates 182
  - 9.2.6 Die Rückführung und Reintegration 184
- Literatur. 188

10 Interkulturelles Management 191
- 10.1 Theoretische Grundlagen zum Kulturbegriff 192
  - 10.1.1 Definition des Begriffs Kultur 194
    - 10.1.1.1 Kultur im aktuellen Sprachgebrauch 195
    - 10.1.1.2 Der weite und enge Kulturbegriff 196
    - 10.1.1.3 Kultur als handlungssteuernde Bedeutung 197
    - 10.1.1.4 Das Eisbergmodell 199
  - 10.1.2 Konzepte des Kulturbegriffs 202
    - 10.1.2.1 Normativ orientiertes Kulturkonzept. 202
    - 10.1.2.2 Totalitätsorientiertes Kulturkonzept 203
    - 10.1.2.3 Differenzierungstheoretisches Kulturkonzept 205
    - 10.1.2.4 Bedeutungs- und wissensorientiertes Kulturkonzept 206
- 10.2 Kulturvergleichsstudien 208
  - 10.2.1 Edward T. Hall 208
  - 10.2.2 Geert Hofstede 210
    - 10.2.2.1 Hofstedes Forschungsansatz 213
    - 10.2.2.2 Kulturdimensionen nach Hofstede 213
    - 10.2.2.3 Kritik an Hofstede 214

	10.2.3	GLOBE-Studie.	216
		10.2.3.1 Theoretischer Bezugsrahmen	217
		10.2.3.2 Definition von Kultur nach der GLOBE-Studie	218
		10.2.3.3 Untersuchungsdesign	218
		10.2.3.4 Ergebnisse der GLOBE-Studie	220
		10.2.3.5 Kulturcluster	222
		10.2.3.6 GLOBE-Studie und Hofstede-Studie im Vergleich	224
		10.2.3.7 Kritik an der GLOBE-Studie	225
10.3	Akkulturationsmodelle.		226
	10.3.1	Modelle von Eingliederungsprozessen	226
	10.3.2	Akkulturationsmodell nach Berry	228
	10.3.3	Modelle der Austauschforschung.	230
	10.3.4	Stufenmodell nach Bennett	231
	10.3.5	Lernkultur – Begriffliche Abgrenzungen	237
	10.3.6	Lernkultur – Ergebnisse einer empirischen Erhebung unter Expatriates	239
10.4	Interkulturelle Kommunikation		242
	10.4.1	Kommunikation und Kultur	246
	10.4.2	Interkulturelle Verhandlungsführung	249
10.5	Kulturgebundenheit vs. Kulturfreiheit der Managementtechniken		253
10.6	Die Auswirkungen der Unternehmens- und Branchenkultur auf das betriebliche Leben		254
10.7	Der Einfluss der Landeskultur auf betriebliche Entscheidungen und Managementfunktionen		257
	10.7.1	Ausgewählte Kulturvergleichsstudien als Basis für die Erstellung von kulturellen Länderprofilen	260
	10.7.2	Einfluss der Landeskultur auf die Unternehmensführung in den USA	260
	10.7.3	Einfluss der Landeskultur auf die Unternehmensführung in Japan	262
	10.7.4	Einfluss der Landeskultur auf die Unternehmensführung in China	265
	10.7.5	Einfluss der Landeskultur auf die Unternehmensführung in den Ländern Kuwait und Marokko (arabische Welt)	267
Literatur			271
11	**Unternehmensethische Überlegungen**		**277**
11.1	Definitorische Abgrenzungen		278
11.2	Bewertungsgrundlagen ethischer Argumentation		280
11.3	Lösungsansätze für die ethische Entscheidungsfindung		283
Literatur			287

Weitere Quellen 289

Stichwortverzeichnis 293

Über die Autoren

Prof. Dr. Samir Saleh ist Professor für BWL und internationales Management an der Ostfalia HAW, Standort Salzgitter. Er verfügt über langjährige Berufserfahrung als Unternehmensberater und Professor für internationales Management.

Dr. Mona Saleh ist wissenschaftliche Mitarbeiterin an der Abteilung für Allgemeine Erziehungswissenschaft an der Universität Hildesheim und verfügt über langjährige Erfahrung als freiberufliche Dozentin an verschiedenen Hochschulen.

Abbildungsverzeichnis

Abb. 4.1	Product-Service-Continuum	29
Abb. 5.1	Ablauf des Marktforschungsprozesses	38
Abb. 5.2	Checkliste zur Länderauswahl mit der MoSCoW-Methode	43
Abb. 5.3	Nutzwertanalyse zur Ländermarktselektion	45
Abb. 5.4	Normstrategien der 9-Felder-Portfolioanalyse für die Marktselektion	47
Abb. 5.5	Bestimmung des Risikos für einen Zielmarkt	48
Abb. 5.6	Bestimmung der Marktattraktivität eines Zielmarktes	49
Abb. 5.7	9-Felder-Portfolioanalyse zur Klassifizierung eines Zielmarktes	49
Abb. 5.8	Bestandteile der PEST-Analyse	65
Abb. 5.9	Die 8 Schritte der Szenarioanalyse	66
Abb. 5.10	Cross-Impact-Analyse	69
Abb. 5.11	System-Grid	70
Abb. 5.12	Szenarienbildung	71
Abb. 5.13	Szenario-Trichter	74
Abb. 5.14	Wertkette nach Michael Porter	76
Abb. 5.15	Wertkette für Dienstleistungsunternehmen	76
Abb. 5.16	Prozesswertkette für internationale Dienstleistungsunternehmen	80
Abb. 5.17	Five Forces nach Michael Porter	87
Abb. 6.1	Markteintrittsformen	98
Abb. 6.2	Franchising	102
Abb. 6.3	Die Nutzwertanalyse als ein Verfahren der Grobselektion	110
Abb. 6.4	Wasserfallstrategie	113
Abb. 6.5	Sprinklerstrategie	114
Abb. 6.6	Vier-Aktionen-Format ESKR	122
Abb. 6.7	ESKR-Quadrat für den Cirque du Soleil	123
Abb. 6.8	Strategische Abfolge der Blue-Ocean-Strategie	123
Abb. 7.1	Unspezifische Struktur	131
Abb. 7.2	Allgemeine integrierte Funktionalstruktur	133
Abb. 7.3	Integrierte Divisionalstruktur	134

Abb. 7.4	Matrixstruktur.	135
Abb. 7.5	Tensorstruktur.	135
Abb. 7.6	Die Exportabteilung innerhalb einer funktionalen Grundstruktur	137
Abb. 7.7	Die internationale Division innerhalb einer funktionalen Grundstruktur	138
Abb. 7.8	Die internationale Division innerhalb einer Spartenstruktur	138
Abb. 7.9	Beispiel einer Managementholdingstruktur	139
Abb. 7.10	Integriertes Netzwerk nach Barlett und Ghoshal	140
Abb. 8.1	Stufen der digitalen Wertschöpfung	149
Abb. 8.2	Einsatzfelder sozialer Medien	153
Abb. 9.1	Die Bedeutung des Personalmanagements für die Organisationsarchitektur.	158
Abb. 9.2	Kulturcluster und Führungsstile	166
Abb. 9.3	Das Cafeteria-System.	168
Abb. 9.4	Methoden der Vorbereitung auf Auslandstätigkeiten	175
Abb. 9.5	Entsendungsarten und Vertragspartner	179
Abb. 9.6	Kostenberechnung einer Auslandsentsendung	180
Abb. 9.7	Balance Sheet Approach.	181
Abb. 9.8	Prozessmodell der Reintegration	185
Abb. 9.9	Typologien von Expatriates	186
Abb. 10.1	Die drei Ebenen der Kultur nach Schein	199
Abb. 10.2	Das Zwiebelmodell von Hofstede	201
Abb. 10.3	Die drei Ebenen der Programmierung nach Hofstede	211
Abb. 10.4	Kulturdimensionen ausgewählter Länder nach Hofstede	214
Abb. 10.5	Kulturdimensionen ausgewählter Länder nach der GLOBE-Studie	223
Abb. 10.6	Kulturcluster nach der GLOBE-Studie	223
Abb. 10.7	Akkulturationsstrategien nach Berry	229
Abb. 10.8	Erfahrung und Lernen.	238
Abb. 10.9	Lernbegriffe	239
Abb. 10.10	Kreislauf zur Interpunktion nach Watzlawick	245
Abb. 10.11	Branchen bzw. Unternehmenskulturen nach Deal und Kennedy	256
Abb. 11.1	Begrifflichkeiten der Unternehmensverantwortung	280

Tabellenverzeichnis

Tab. 4.1	Segmentierungskriterien für Dienstleistungsmärkte	28
Tab. 5.1	Beobachtungsfelder eines Ländermarktes	55
Tab. 5.2	Einflussbereiche und Einflussfaktoren	67
Tab. 5.3	Einflussfaktoren und Deskriptoren (politische und ökonomische Situation)	68
Tab. 5.4	Einflussfaktoren und Deskriptoren (soziokulturelle und technologische Situation)	68
Tab. 5.5	Der Zusammenhang zwischen dem VRIO-Konzept und Wettbewerbsvorteilen	84
Tab. 5.6	Der Zusammenhang zwischen dem VRIO-Konzept und den Stärken und Schwächen eines Unternehmens	85
Tab. 6.1	Markteintritt in Eigenregie	96
Tab. 6.2	Markteintritt über eine Kooperation	96
Tab. 6.3	Markteintritt über Akquisition	96
Tab. 6.4	Vor- und Nachteile des direkten Exports	99
Tab. 6.5	Vor- und Nachteile des indirekten Exports	100
Tab. 6.6	Vor- und Nachteile der Lizenzierung	102
Tab. 6.7	Vor- und Nachteile des Franchising	103
Tab. 6.8	Vor- und Nachteile eines Joint Ventures	104
Tab. 6.9	Vor- und Nachteile einer strategischen Allianz	104
Tab. 6.10	Vor- und Nachteile von virtuellen Unternehmen	105
Tab. 6.11	Vor- und Nachteile einer Tochtergesellschaft	106
Tab. 6.12	Allgemeine Bestimmungsfaktoren für die Wahl der Markteintrittsform	109
Tab. 6.13	Vor- und Nachteile der First Mover Strategie	112
Tab. 6.14	Vor- und Nachteile der Followerstrategie	112
Tab. 6.15	Vor- und Nachteile der Wasserfallstrategie	113
Tab. 6.16	Vor- und Nachteile der Sprinklerstrategie	114
Tab. 6.17	Kennzeichen roter und blauer Ozeane	121

Tab. 7.1	Gründe für bzw. gegen eine Zentralisierung	130
Tab. 7.2	Vor- und Nachteile unspezifischer Strukturen	131
Tab. 7.3	Vor- und Nachteile der integrierten Funktionalstruktur	133
Tab. 7.4	Vor- und Nachteile der integrierten Spartenstruktur	134
Tab. 7.5	Vor- und Nachteile mehrdimensionaler Strukturen	136
Tab. 7.6	Vor- und Nachteile einer Exportabteilung	137
Tab. 7.7	Vor- und Nachteile der internationalen Division	138
Tab. 8.1	Erlösmodelle	148
Tab. 9.1	Idealtypische Gestaltungsalternativen des Personalmanagement in Multinationalen Unternehmungen	159
Tab. 9.2	Vor- und Nachteile der ethno-, poly- und geozentrischen Besetzungspolitik	160
Tab. 10.1	High vs. Low Context nach Hall	209
Tab. 10.2	Hofstede und GLOBE im Vergleich	225
Tab. 10.3	Notwendige Informationen zur Vorbereitung auf eine Verhandlung	251

Formelverzeichnis

Formel 1: Formel der Kapitalwertmethode. 51
Formel 2: Sättigungsgrad 85
Formel 3: Absoluter Marktanteil. 86
Formel 4: Relativer Marktanteil 86
Formel 5: Zentralitätsgrad. 86
Formel 6: Kapitalwert nach Markteintrittsform 110

Einführung 1

Zunehmend stehen auch Dienstleistungsunternehmen vor der Frage, ob sie ihre Leistungen über die Landesgrenzen hinaus anbieten sollen oder nicht: Ist die Internationalisierung ein strategisches Muss oder ist **„staying at home"** die bessere Alternative? Die mit der Globalisierung einhergehende Verflechtung von Kultur, Technologie, Politik und Wirtschaft stellt Unternehmen oft nicht vor die Wahl, *ob* sie sich international aufstellen möchten oder nicht. Sie finden sich häufig in einer globalisierten Umwelt wieder. Dies gilt auch immer mehr für Dienstleistungsunternehmen. Beispielsweise basiert das Kerngeschäft eines Logistikunternehmens auf dem Fluss von Gütern, Personen und Informationen auch über die Landesgrenzen hinweg. Die Logistikbranche zählt mittlerweile zu den bedeutendsten Wirtschaftsbranchen in Europa. (vgl. Sure 2017, S. 217). Andere Anbieter wie der Jurist oder Frisör sind oft national orientiert. Aber auch hier sind grenzüberschreitende Aktivitäten möglich. Die Bedeutung des Dienstleistungssektors wächst, wie die Zahlen nationaler und internationaler Statistischer Ämter zeigen (vgl. dazu die Veröffentlichungen des Statistischen Bundesamts oder der UNCTAD und WTO). Die mit der Globalisierung einhergehende Verflechtung von Kultur, Technologie, Politik und Wirtschaft stellt Unternehmen somit vor die Herausforderung, *wie* sie sich international aufstellen möchten. Die **Digitalisierung** verstärkt diesen Trend, da die im Rahmen dieser technologischen Entwicklung eingesetzten Technologien die Grenzen zwischen den Ländern zunehmend unbedeutender werden lassen. Die großen Online Händler wie Amazon oder Alibaba sind global erreich- und nutzbar. Softwaredienstleister implementieren und warten ihre Programme bei ihren Kunden überall auf der Welt. Cloud basiertes Arbeiten ermöglicht Unternehmen, mit unterschiedlichen globalen Standorten, auf einer einheitlichen Basis und unabhängig vom Standort zusammen zu arbeiten.

Es gilt zu berücksichtigen, dass die Vermarktung von Dienstleistungen über die Landesgrenzen hinweg oft schwieriger ist als die Vermarktung von mit den Sinnen wahrnehmbaren Produkten. Aufgrund der Immaterialität von Dienstleistungen ergibt sich die Problematik, Qualitätsindikatoren erleb- bzw. greifbar zu machen. Diese Problematik wird durch internationale Aktivitäten verstärkt. Produzierende Unternehmen sind im Gegensatz zu Dienstleistungsunternehmen zunächst in der Lage, den Markteintritt Schritt für Schritt zu vollziehen. Sie können den Markt „ausprobieren", indem sie über risikoarme Eintrittsformen in einen neuen Markt eintreten, um in der Folge weitere Eintrittsformen bis hin zur Direktinvestition zu vollziehen. Durch diese schrittweise Annäherung an den neuen Markt sind produzierende Unternehmen in der Lage, ihr **Internationalisierungs-Know-how** hinsichtlich der Qualitätserwartungen der Kunden, der Markt- und Vertriebssituation sowie der Personalerfordernisse im neuen Markt schrittweise aufzubauen. Dienstleistungsunternehmen dagegen sind sofort mit all diesen Herausforderungen konfrontiert (vgl. Hollensen 2011, S. 90 f.). Da die Produktion und der Konsum der Dienstleistung oft simultan und direkt am Kunden erfolgen, ist eine sofortige Präsenz im neuen Markt erforderlich. Dies bedeutet wiederum, dass Dienstleistungsunternehmen ohne Zeitverzug sofort mit den Problemen der Internationalisierung konfrontiert werden. Darüber hinaus gestalten sich bestimmte unternehmerische Aufgaben, wie z. B. die Wettbewerbsanalyse, schwieriger. Beispielsweise kann ein Güterproduzent die Angebote der Konkurrenz direkt kaufen und mit seinem Angebot hinsichtlich Funktion, Qualität, Ausstattung, etc. vergleichen, ohne den neuen Zielmarkt betreten zu müssen. Dies fällt einem Dienstleister mit einem immateriellen Angebot weitaus schwerer.

Das vorliegende Buch mit dem Thema Internationales Management für Dienstleistungsunternehmen hat zum Ziel, die Prozesse des internationalen Markteintritts für Dienstleistungsunternehmen und die damit verbundenen Herausforderungen aufzuzeigen. Ziel ist es, eine Vorgehensweise zu vermitteln, die es Dienstleistungsunternehmen ermöglicht, den Markteintritt umfassend zu planen und die Umsetzung zielorientiert zu vollziehen. Damit sollen Dienstleistungsunternehmen in die Lage versetzt werden, die wichtigsten Bestandteile eines unternehmensspezifischen Internationalisierungs-Know-hows zu identifizieren und aufzubauen. Eine diesbezügliche einheitliche Vorgehensweise, die standardisiert für alle Unternehmen gilt, gibt es nicht. Das Unternehmen, der Markt und die Branche erfordern eine auf diese Herausforderungen zugeschnittene Vorgehensweise. Nichtsdestotrotz gilt es, besondere Aspekte der Internationalisierung, die viele Unternehmen gleichsam betreffen, zu berücksichtigen und Schlüsselfaktoren, die den Erfolg oder Misserfolg entscheidend beeinflussen können, zu identifizieren. Eine strukturierte Vorgehensweise der Markterschließung, unter besonderer Berücksichtigung der Besonderheiten der Dienstleistungsbranche, kann ein Rezept zum erfolgreichen Markteintritt und zum Aufbau eines erfolgsrelevanten Internationalisierungs-Know-hows sein. Das vorliegende Buch soll einen Beitrag hierzu leisten. Entsprechend ist das Buch aufgebaut:

Nach der Einleitung in Kap. 1, wird in Kap. 2 zunächst die Globalisierung definiert und vom Begriff der Internationalisierung abgegrenzt sowie das Internationalisierung-Know-how, wie es die Autoren verstehen, erklärt. Die Erklärungsansätze und Motive der

Internationalisierung unter Kap. 3 versuchen die Antriebskräfte, die hinter dem „going international" stehen, zu erklären und die Basiseinstellungen im Management international ausgerichteter Unternehmen aufzuzeigen. Diese Einstellungen beeinflussen in der Folge den Markteintritt und das Verhalten vor Ort. Davon ist u. a. auch die Vermarktung der Dienstleistung im Gastland betroffen, weshalb auf die Besonderheiten bei der internationalen Vermarktung von Dienstleistungen in Kap. 4 eingegangen wird. Der Prozess der Markterschließung und -bewertung in Kap. 5 beginnt mit der Auswahl der infrage kommenden Märkte, wobei hier die Risikoanalyse eine wichtige Rolle spielt, da deren Ergebnisse oft darüber entscheiden, ob der Prozess der Markterschließung und-bearbeitung fortgesetzt wird oder nicht. Zur weiteren tiefer gehenden Bewertung wird die Umwelt des potenziellen Zielmarktes analysiert, um Chancen und Risiken des Zielmarktes zu erkennen. Dies geht Hand in Hand mit der Analyse des in den Markt eintretenden Unternehmens. Diese Analyse hat zum Ziel, einerseits diejenigen Stärken zu identifizieren, die einen Eintritt aufgrund der vorhandenen Umweltbedingungen ermöglichen und andererseits diejenigen Schwächen aufzuzeigen, die es zu kompensieren gilt, um einen erfolgreichen Markteintritt nicht zu gefährden. Dem klassischen Prozess der Markterschließung und -bearbeitung folgend, werden nach der Analyse der Umwelt, des Unternehmens und des Marktes die verschiedenen Möglichkeiten des Markteintritts in Kap. 6 dargestellt und mit Bezug zum Markteintritt von Dienstleistungsunternehmen analysiert. Dieses Kapitel wird durch die Strategien der Marktbearbeitung vor Ort mit Bezug zu Dienstleistungsunternehmen ergänzt. Kap. 7 des Buches widmet sich dem betrieblichen Funktionsbereich der Aufbauorganisation, da die angestrebten Prozesse der Internationalisierung von Dienstleistungsunternehmen sowohl die Strukturen des Mutterunternehmens als auch der Tochtergesellschaften beeinflussen. Gleichzeitig stellen solche Strukturen die Umsetzung von **Markteintrittsstrategien** dar und haben damit eine besondere Relevanz für den erfolgreichen Markteintritt. Im Zeitalter der Digitalisierung werden zunehmend alle Lebensbereiche von digitalen Technologien betroffen. Die digitale Vernetzung über die Landesgrenzen hinweg stellt für viele international agierende Unternehmen eine Herausforderung dar, die nicht mehr ignoriert werden kann. Infolgedessen widmet sich Kap. 8 dieser Herausforderung. Die Organisation eines Unternehmens und damit zusammenhängend das Personal, welches innerhalb der Organisation Stellen und Funktionen bekleidet und innerhalb und außerhalb des organisatorischen Rahmens kommuniziert, werden vermehrt von den digitalen Technologien beeinflusst. So befindet sich beispielsweise ein virtuelles Unternehmen in einer starken Abhängigkeit von digitalen Technologien. **Expatriates** nutzen zunehmend diese Technologien in der Kommunikation. Deshalb wurde das Kapitel zum Thema Digitalisierung nach der Organisation und vor dem Personalmanagement positioniert. Der betrachtete Funktionsbereich Personalmanagement in Kap. 9 ist für internationale Dienstleistungsunternehmen aus zahlreichen Gründen von besonderer Relevanz: Die Mitarbeiter eines Dienstleistungsunternehmens sind sowohl Marketinginstrument als auch Qualitätsindikator für das Dienstleistungsunternehmen. Darüber hinaus kann die Rolle der Expatriates im Gastland entscheidend für den Erfolg oder

Misserfolg in den ersten Phasen des Engagements sein. Dem Personalmanagement kommt bei international ausgerichteten Dienstleistungsunternehmen, auch aufgrund der besonderen Kulturempfindlichkeit von Dienstleistungen, eine bedeutende Rolle zu. Dienstleistungen werden von Menschen für Menschen erbracht, wobei hierbei die jeweiligen Wertvorstellungen der beteiligten Personen eine große Rolle spielen. Dies begründet die hohe Kulturempfindlichkeit von Dienstleistungen. Infolgedessen werden die kulturellen Aspekte der Internationalisierung von Dienstleistungsunternehmen in Kap. 10 mit dem Titel „Interkulturelles Management" behandelt. In Rahmen dieses Kapitels werden neben der Darstellung der klassischen Kulturtheorien und -modelle auch Erkenntnisse der interkulturellen Vergleichsforschung aufgezeigt. Auf der Grundlage der umfangreichen und differenzierten Ausführungen können Entscheidungsträger in der Personalführung ein schlüssiges und konstruktives Gesamtbild herstellen, Stereotypisierungen vermeiden, interkulturelle Kompetenz befördern sowie Prognosen für die interkulturelle Personalführung und Führungseffektivität erstellen. Das in diesem Kapitel behandelte Thema der Akkulturation wird den Ergebnissen einer Erhebung unter Expatriates aus Industrie und Dienstleistung gegenübergestellt, um zu beurteilen, inwiefern Expatriates aufgrund ihres Auslandeinsatzes eine Veränderung in ihrem kulturellen Selbstverständnis erfahren haben. Bei der Erhebung, die im WS 2019/2020 am Institut für Logistikmanagement der Ostfalia HAW durchgeführt wurde, handelt es sich um leitfadengestützte Experteninterviews.

Der interdisziplinäre Ansatz dieses Buches bezieht sich primär auf das interkulturelle Management. Dieser Ansatz hilft dabei, das Problem der Reduzierung von Kultur auf beobachtbare (kommunikative) Verhaltensweisen und damit der Stereotypisierung zu minimieren. Diesbezüglich wird der Kulturbegriff ausführlich in diesem Kapitel analysiert. Gleichzeitig kann das Heranziehen von gängigen landesspezifischen Kulturvariablen nicht ganz vermieden werden, da mit diesen Beschreibungen ein Bewusstsein für kulturbedingte Erscheinungsformen in den Zielmärkten aufgezeigt werden kann. Dies kann zur Entwicklung einer sogenannten interkulturellen Intelligenz beitragen, die wiederum als wichtiger Bestandteil eines Internationalisierung- Know-hows angesehen werden kann. Auf dieser Grundlage werden länderspezifische Kulturprofile ausgewählter Länder gezeichnet.

Wirtschaftliches Handeln ist heutzutage ohne eine ethische Reflexion nicht mehr denkbar. Zahlreiche Skandale lassen den Ruf nach einem moralischen Verhalten der Unternehmen immer lauter werden. Unternehmensethische Entscheidungen werden umso komplexer, je weiter die geografische und kulturelle Distanz zum Mutterunternehmen ist. Nicht nur andere Rechtssysteme, sondern auch zum Heimatland differierende Werte und Normen stellen Herausforderungen an unternehmensethische Entscheidungen dar. Diesen Aspekten widmet sich abschließend Kap. 11 des Buches.

In diesem Buch wird keine Kategorisierung der Dienstleistungsunternehmen nach klein-, mittelständischen- und großen Unternehmen vorgenommen. Dies ist vor allem der Tatsache geschuldet, dass die klassischen Einteilungskriterien, wie Mitarbeiterzahl, Bilanzsumme oder Umsätze gerade bei Unternehmen der **„new economy"** nicht mehr greifen (vgl. Business Insider Deutschland 2018).

Literatur

Business Insider Deutschland: Fünf Gründer erklären, wie ihr als Einzelperson ein Millionenunternehmen, 19.06.2018, https://www.businessinsider.de/fuenf-gruender-erklaeren-wie-ihr-als-einzelperson-ein-millionen-unternehmen-aufbaut-2018-6, Stand 30.01.2019

Hollensen, S.: Global Marketing, 5th ed., Essex, 2011

Sure, M.: Internationales Management, Grundlagen, Strategien, Konzepte, Wiesbaden, 2017

Globalisierung und Internationalisierung 2

> **Lernziele:**
>
> Nach Lesen dieses Kapitels:
>
> - kennen Sie die unterschiedlichen Perspektiven zum Begriff Globalisierung,
> - wissen Sie, welche Gesellschaftsbereiche vor allem durch die Globalisierung beeinflusst werden,
> - können Sie zwischen den Begriffen Globalisierung und Internationalisierung differenzieren,
> - wissen Sie, was die Autoren unter dem Internationalisierungs-Know-how eines Unternehmens verstehen.

Die **Internationalisierung** von Unternehmen ist eng mit der **Globalisierung** verbunden. Was ist aber unter der Globalisierung zu verstehen und sind Internationalisierung und Globalisierung das Gleiche? Die folgende Analyse des Begriffs Globalisierung soll zu einem fundierten Verständnis dieses Begriffs und zu einer gleichzeitigen Abgrenzung vom Begriff der Internationalisierung führen.

Die Ankunft Kolumbus in Amerika im Jahr 1492 und die damit beginnende *„Europäisierung der Welt"* (Nuscheler 2006, S. 23) gilt als die Geburtsstunde der Globalisierung – *das* Schlagwort des ausgehenden 20. wie auch des beginnenden 21. Jahrhunderts. Weniger eindeutig als Datierung und Entwicklungsetappen der Globalisierung ist bislang die definitorische Klärung des Begriffs, trotz dessen inflationären Gebrauch und trotz der Etablierung des Begriffs in der wissenschaftlichen Literatur insbesondere seit den 1990er Jahren. Inzwischen liegen verschiedene Untersuchungen zu den ökonomischen und sozialen Auswirkungen von Globalisierung vor (vgl. Oltmer 2016). Dabei wird eine *„Großraumbetrachtung des Globalisierungsvorgangs"* nicht nur aus wirtschaftlichen Gründen, sondern auch im Hinblick auf die *„moralische Gesamtverantwortung für den Weltprozess"* (Sloterdijk 1998, S. 61 f.) gefordert.

Der Begriff Globalisierung, der seit den 1970er Jahren Eingang in die politische und öffentliche Diskussion gefunden hat, umschreibt zunächst ein Phänomen mit weltweitem Charakter. Der Begriff drückt die weltweiten internationalen, ökonomischen, politischen und kulturellen Verflechtungen aus. Diese Beschreibung beinhaltet noch keine Fokussierung oder Reduzierung auf ein spezifisches Themenfeld und das damit ausgedrückte grundsätzliche Verständnis von Globalisierung die ganze Welt betreffend. Beim Adjektiv „global" handelt es sich um eine Zustandsbeschreibung, beim Substantiv „Globalisierung" um eine Prozessbeschreibung. Wenn auch mit dem Substantiv „Globalität" die Möglichkeit der Zustandsbeschreibung gegeben ist, hat sich im öffentlichen und wissenschaftlichen Sprachgebrauch der Begriff Globalisierung sowohl zur Beschreibung des Prozesses als auch des bereits erreichten Zustands – und dies im Hinblick auf die räumliche, sachliche und zeitliche Ebene – etabliert (vgl. Kutschker und Schmid 2011, S. 161). Dennoch bleibt zu hinterfragen, welche konkreten Bereiche von Globalisierung betroffen sind. Es liegt auf der Hand, dass die Beantwortung dieser Frage eine interdisziplinäre Sichtung der Literatur erfordert, da sich je nach Disziplin und Perspektive verschiedene Themenfokusse erkennen lassen. So lassen sich folgende Perspektiven unterscheiden:

Die sozialwissenschaftliche Perspektive
In dieser Wissenschaftsdisziplin geht es im Wesentlichen um die Frage nach den Ursachen und Folgen der Globalisierung des Sozialen:

Der britische Soziologe Anthony Giddens definiert Globalisierung als die *„Intensivierung weltweiter sozialer Beziehungen, durch die entfernte Orte in solcher Weise miteinander verbunden werden, dass Ereignisse an einem Ort durch Vorgänge geprägt werden, die sich an einem vielen Kilometer entfernten Ort abspielen, und „umgekehrt"* (Giddens 1995, S. 85). Giddens verdeutlicht, dass die Globalisierung des Sozialen auch ohne physischen Kontakt der Beteiligten entsteht, womit er als Ursache für das „verbunden werden" implizit die neue Kommunikationstechnologie identifiziert.

Giddens geht in seinen *„Dimensionen der Globalisierung"* (Giddens 1995, S. 92–101) nur am Rande auf weltweite Migration als Ursache für die „Intensivierung sozialer Beziehungen" ein.

Zwischen der Globalisierung und Migration können im Wesentlichen vier kausale Zusammenhänge erkannt werden:

a) Die (vereinfachte) Möglichkeit zur Überwindung auch großer Distanzen durch moderne Technologien im Verkehrswesen, die die *„Entregionalisierung"* (Nuscheler 2006, S. 26) der Migration ermöglicht hat.
b) Die Möglichkeit zur Kommunikation mit der ganzen Welt durch die Globalisierung der Telekommunikation, die – z. B. durch Bilder vom scheinbar paradiesischen Leben – die Ermutigung zur Migration befördert hat.

c) Eine nach sozialen Klassen differenzierte Migration durch die Globalisierung der Produktions- und Arbeitsmarktstrukturen. Eine dieser Migrationsformen ist die in diesem Buch näher untersuchte Expatriate-Migration. (Zu den weiteren Migrationsformen entlang der sozialen Klassendifferenzierung sowie an diesbezüglichen Kritiken vgl. Butterwegge 2006, S. 55–102.)

d) Die Migration der Eliten – der sogenannte Braindrain bzw. Verlust des Humankapitals – durch die Globalisierung von Wissenschaft und Forschung, wodurch globale Scientific Communities entstehen.

Die wirtschaftswissenschaftliche Perspektive

Aus wirtschaftswissenschaftlicher Perspektive impliziert der Begriff Globalisierung die Ausweitung der internationalen Arbeitsteilung und führt zu einer zunehmenden *„Entgrenzung der nationalen Ökonomien, die Vermehrung und Verdichtung transnationaler Interaktionen und die durch die World Trade Organization (WTO) beschleunigte Öffnung der Grenzen für Güter, Kapital, Dienstleistungen und Kommunikationsmedien"* (Nuscheler 2006, S. 25). Als wesentliche Ursache für die Globalisierungsdynamik wird in der Literatur das kapitalistische Wirtschaftssystem gesehen (vgl. Thurow 1996, S. 169–203). Insbesondere der Abbau internationaler Handelshemmnisse, die Gründung des Internationalen Währungsfonds, das Allgemeine Zoll- und Handelsabkommen sowie der Welthandelsorganisation haben der Globalisierung seit den 1940er Jahren eine starke Dynamik verliehen.

Die mit der Globalisierung u. a. ausgedrückte Internationalisierung des Kapital-, Waren-, Dienstleistungs-, Informations- und Personenverkehrs einerseits sowie der verstärkte Anpassungsdruck einzelner Länder und Regionen andererseits, hat seit dem Ende des Zweiten Weltkriegs nochmals an Intensität gewonnen. Bezüglich der Globalisierungsprozesse seit den 1950er Jahren wird von einer dynamischen und gleichzeitig kontrollierten Entwicklung gesprochen (vgl. hierzu Angenendt 2006, S. 38 ff.).

Kutschker und Schmid nehmen innerhalb der wirtschaftswissenschaftlichen Perspektive eine weitere Fokussierung vor:

Zum einen aus volkswirtschaftlicher Sicht die Globalisierung von Märkten. Hierzu gehört die Globalisierung insbesondere der Finanz- und Kapitalmärkte sowie der Märkte für Waren- und Dienstleistungen und der Märkte für Arbeitsleistungen (vgl. hierzu ausführlich Kutschker und Schmid 2011, S. 163 ff.). Zum anderen die Globalisierung von Unternehmungen, die mit der Globalisierung der Märkte zusammenhängt und die insbesondere für das Internationale Management von besonderer Bedeutung ist. Hierbei werden die Ursachen, das Ausmaß und die Auswirkungen der Globalisierung bzw. die *„Globalisierungsbetroffenheit"* (Kutschker und Schmid 2011, S. 165) im Hinblick auf Entwicklung und Erfolg von Unternehmungen untersucht. Dabei kann differenziert werden zwischen Unternehmungen einerseits als Betroffene von und andererseits als wesentliche Aktoren und Motoren in Globalisierungsprozessen. Weiterhin kann differenziert werden zwischen einerseits objektiven Merkmalen und andererseits der subjektiven Wahrnehmung der Unternehmungen hinsichtlich ihrer Globalisierungsbetroffenheit. Kutschker/Schmid stellen die Globalisierung der Wirtschaft und die weltweite Vernetzung wirtschaftlicher Aktivitäten als *„das offensichtlich dominante Objekt der Globalisierung"* (Kutschker und Schmid 2011, S. 168) dar, wobei Globalisierung nicht auf den wirtschaftlichen Bereich beschränkt werden kann, sondern die gesamte Gesellschaft und ihre verschiedenen Lebensbereiche betrifft. Zu diesen Lebensbereichen gehören:

Globalisierung der Politik
Hierzu gehört die sukzessive Abgabe der nationalstaatlichen Souveränität, um eine überregionale Kontrolle und Steuerung zu initiieren. Das bedeutet keinen Bedeutungsverlust oder Ohnmacht des Nationalstaats. Der Begriff verdeutlicht vielmehr, dass sich Prozesse nicht mehr primär *in* den einzelnen Nationalstaaten, sondern zunehmend *zwischen* den Nationalstaaten abspielen, die nicht mehr im Alleingang kontrolliert und gesteuert werden können, sondern Kooperationen erfordern. Hierzu gehören u. a. die Bereiche Wirtschaft, Sicherheit, Umwelt, (Flucht)Migration u. a.m. Seit Ende der 1990er Jahre gibt es im sozialwissenschaftlichen und politikwissenschaftlichen Diskurs zunehmend Überlegungen zu einer World Polity-Theorie bzw. zum Weltgesellschaftsansatz (vgl. Luhmann 1997a; Meckel 1996; Vietta 2016).

Globalisierung des Rechts
Da es immer mehr Sachverhalte und Entwicklungen gibt, die nicht an Landesgrenzen enden, ist eine Weiterentwicklung von nationalen zu bipolaren und internationalen Rechtsrahmen erforderlich. Ein Beispiel hierfür ist die Ablösung nationalstaatlicher Regelungen in den Bereichen Klimawandel, Beschäftigung, Sozialpolitik, Menschenrechte, Lebensmittelsicherheit oder Zoll durch EU-Recht.

Globalisierung der Ethik und Global Governance
Hierunter ist das Setzen globaler Standards zu verstehen, die als Maßstab für das Handeln Einzelner, sozialer Gruppen und Staaten dienen. Es wird zunehmend nach Antworten auf neue Fragen gesucht, die durch das Zusammenwirken von Wirtschaft, Politik und Recht entstehen.

Globalisierung der Natur bzw. Umwelt
Themen wie die Verschmutzung der Erdatmosphäre, Klimawandel, Reduzierung der CO_2-Abgase, Zerstörung der Regenwälder lassen sich nur durch internationale Abkommen lösen.

Globalisierung von Technik, Kommunikation und Medien
Die Globalisierung dieser Bereiche war zentrale Voraussetzung und Katalysator für die Globalisierung der Wirtschaft.

Globalisierung der Kultur
Insbesondere durch die Globalisierung von Kommunikation und die verbesserte Transporttechnologie sind ferne Lebensweisen und -modelle transparent und erfahrbar geworden. Hierbei wird kontrovers diskutiert, ob dies – positiv betrachtet – zu einer Weltkultur führen kann oder – negativ betrachtet – den Werteverlust nationaler Kulturmuster bedeutet. Eine

sukzessive weltweite Vereinheitlichung von Lebensgewohnheiten wird z. B. durch den Begriff 'McDonaldisierung' ausgedrückt (vgl. Ritzer 1995).
Die Globalisierung der Kultur macht besonders stark deutlich, dass Globalisierung nicht nur übergeordnete Lebensbereiche betrifft, sondern auch auf der individuellen Ebene von großer Relevanz ist.

Der Überblick über die verschiedenen von Globalisierung betroffenen Lebensbereiche könnte weiter fortgesetzt werden und verdeutlicht, dass sich die Globalisierungsdiskussion „*wie kaum ein anderes Forschungsfeld für eine gemeinsame, die Wissenschafts(teil)disziplinen überschreitende Zusammenarbeit eignet*" (Kutschker und Schmid 2011, S. 171). Hinsichtlich der Forderung nach weiterer interdisziplinärer Forschung (vgl. Friedrichs 1997, S. 10) will das vorliegende Buch einen Beitrag leisten.

Insgesamt lassen die im Überblick dargestellten Objekte der Globalisierung verschiedene Themenfokusse erkennen, die sich in zwei wesentliche Felder unterschieden lassen (vgl. hierzu Müller 2002): zum einen die **Perspektive der politischen Soziologie** und ihre Betrachtung der mit der Transformation von Staaten und Gesellschaften sowie den Identitätskonstruktionen und −verlusten einhergehenden Problemen. Zum anderen die **Perspektive der Ökonomie** und ihre Betrachtung der dynamisch zunehmenden internationalen ökonomischen Verflechtung, der Ausweitung der Märkte und den damit zusammenhängenden Verteilungskämpfen von Einfluss und Macht zwischen Staaten sowie zwischen innerstaatlichen gesellschaftlichen Gruppen. In beiden Perspektiven kommt dem impliziten Verständnis von Globalisierung als interdependenten Beziehungen eine besondere Bedeutung zu.

Im Hinblick auf die Perspektive der Ökonomie kann Globalisierung als am weitesten gehende Form der Internationalisierung verstanden werden. Während im Rahmen des Begriffs der Internationalisierung einerseits von der Ausdehnung des Absatzmarktes und andererseits von einer funktionsübergreifenden Ausdehnung der Aktivitäten eines Unternehmens oder vom Überschreiten der nationalen rechtlichen Rahmenbedingungen gesprochen wird, gehen Perlitz/Schrank davon aus, dass das Phänomen der Internationalisierung das Unternehmen als Ganzes erfasst. So zählt dazu auch die Tatsache, dass sich z. B. ein ausländisches Unternehmen in Konkurrenz zum eigenen Unternehmen auf dem Heimatmarkt befindet. Inwieweit der Grad der Internationalisierung eines Unternehmens mit der Bezeichnung Internationales Unternehmen zusammenhängt, lässt sich nicht eindeutig beantworten.

Der Grad der Internationalisierung kann nicht anhand von Umsätzen, der Mitarbeiterzahl oder der Höhe der Direktinvestitionen im Ausland gemessen werden. Die Heterogenität der Unternehmen lässt diesbezüglich keine standardisieren Messkonzepte zu (vgl. Perlitz und Schrank 2013, S. 10 f.). Digitalisierte Unternehmensformen, wie z. B. virtuelle Unternehmen, lassen sich nicht mehr mit den klassischen Messschemata erfassen. Perlitz und Schrank schlagen daher vor, dann von einer internationalen Unternehmung zu sprechen, wenn „*die Auslandsaktivitäten zur Erreichung und Sicherstellung der Unternehmensziele von wesentlicher Bedeutung sind*" (Perlitz und Schrank 2013, S. 12).

Zusammenfassend soll nachfolgend unter dem Begriff der Internationalisierung eines Unternehmens jegliche wirtschaftliche Tätigkeit eines Dienstleistungsunternehmens verstanden werden, das sich bewusst für grenzüberschreitende wirtschaftliche Aktivitäten mit dem Ziel der Erreichung der Unternehmensziele entscheidet. Der Begriff Globalisierung kann als die am weitesten reichende Form der Internationalisierung von Aktivitäten, die auch wirtschaftlicher Natur sind, angesehen werden. Die Annahme allerdings, dass es im Rahmen der Globalisierung zu einer weltweiten Verflechtung aller Märkte und Unternehmensbereiche kommt, kann als wenig realistisch angesehen werden, sodass eher von einem Trend zur Globalisierung gesprochen werden sollte (vgl. Kutschker und Schmid 2011, S. 172).

Infolgedessen wird im weiteren Verlauf des Buches von der Internationalisierung von Unternehmens- und Marktaktivitäten gesprochen, wobei die Verwendung des Begriffs Globalisierung immer den Trend zur Globalisierung und nicht die bestehende totale Verflechtung alle Märkte und Unternehmensbereiche meint.

Das **Internationalisierungs-Know-how** eines Dienstleistungsunternehmens wird in diesem Buch als eine Know-how Ressource verstanden, die es dem Unternehmen ermöglicht, einen neuen Zielmarkt strukturiert zu bearbeiten -von der Analyse und Bewertung eines potenziellen Zielmarktes bis hin zum Markteintritt und Verhalten vor Ort. Da das Internationalisierungs- Know-how in Personen verortet ist, spielen diese und deren Fähigkeiten eine wichtige Rolle für die zielmarktorientierte Anwendung dieses Know-hows. Dazu gehören Kenntnisse über die rechtlichen, wirtschaftlichen und kulturellen Rahmenbedingungen eines Marktes, die aufgrund der digitalen Informationstechnologien immer leichter beschafft werden können. Darüber hinaus ist zu berücksichtigen, dass der Umgang mit diesen Informationen und die zielmarktspezifische Bewertung dieser Informationen von Personen mit entsprechender Erfahrung und Internationalisierungs-Know-how besser genutzt werden können, als von Personen, die aufgrund des Fehlens dieses Know-hows oft von einer Ähnlichkeitsannahme ausgehen. Ähnlichkeitsannahmen rufen häufig Fehler in der internationalen Marktbearbeitung hervor. Das Internationalisierungs-Know-how beinhaltet neben diesen Kenntnissen vor allem auch die Fähigkeit der kulturellen Empathie und Sensibilisierung für ungewohnte Erscheinungsformen des gesellschaftlichen und wirtschaftlichen Lebens im Gastland. Diese Aspekte werden in den folgenden Ausführungen mitberücksichtigt.

> **Fragen zu Kap. 2:**
>
> 1. Was verstehen Sie unter dem Begriff Globalisierung?
> 2. Was impliziert der Begriff Globalisierung aus der wirtschaftswissenschaftlichen Perspektive?
> 3. Welche Gesellschaftsbereiche sind von der Globalisierung betroffen und wie wirkt sich Globalisierung auf diese Gesellschaftsbereiche aus?
> 4. Worin sehen Sie den Unterschied zwischen den Begriffen Globalisierung und Internationalisierung?

5. Was verstehen Sie unter Internationalisierungs-Know-how als Know-how-Ressource?

Literatur

Angenendt, S.: Wanderungsbewegungen und Globalisierung, in: Butterwegge, C.; Hentges, G. (Hrsg.): Zuwanderung im Zeichen der Globalisierung, 3. Aufl., Wiesbaden 2006, S. 37–55

Butterwegge, C.: Globalisierung als Spaltpilz und sozialer Sprengsatz. Weltmarktdynamik und „Zuwanderungsdramatik" im postmodernen Wohlfahrtsstaat, in: Butterwegge, C.; Hentges, G.(Hrsg.): Zuwanderung im Zeichen der Globalisierung, Wiesbaden, 2006, S. 55–102

Friedrichs, J.: Globalisierung – Begriff und grundlegende Annahmen, in: Aus Politik und Zeitgeschichte, Beilage zur Wochenzeitung „Das Parlament", B 33–34/97, 08. August 1997, S. 3–11

Giddens, A.: Konsequenzen der Moderne, Frankfurt am Main, 1995

Kutschker, M; Schmid, S.: Internationales Management, 7. Aufl., München, 2011

Luhmann, N.: Die Gesellschaft der Gesellschaft, Frankfurt am Main, 1997a

Meckel, M.; Kriener, M.: Internationale Kommunikation. Eine Einführung, Opladen, 1996

Müller, K.: Globalisierung, Frankfurt am Main, 2002

Nuscheler, F.: Globalisierung und ihre Folgen – Gerät die Welt in Bewegung?, in: Butterwegge, C.; Hentges, G. (Hrsg.): Zuwanderung im Zeichen der Globalisierung, Wiesbaden, 2006

Oltmer, J.: Globale Migration. Geschichte und Gegenwart, München, 2016

Perlitz, M.; Schrank, R.: internationals Management, 6. Aufl., Konstanz, München, 2013

Ritzer, G.: Die McDonaldisierung der Gesellschaft, Frankfurt am Main, 1995

Sloterdijk, P.: Philosophische Ansätze der Globalisierung, in: Bundesverband Deutscher Banken (Hrsg.): Deutsche Frage – Wohin führt der globale Wettbewerb?, Berlin, 1998, S. 50–71

Thurow, L.C.: Die Zukunft des Kapitalismus, Düsseldorf, 1996

Vietta, S.: Die Weltgesellschaft. Wie die abendländische Rationalität die Welt erobert und verändert hat, Baden-Baden, 2016

Erklärungsansätze und Motive des „going international" 3

Lernziele:

Nach Lesen dieses Kapitels:

- kennen Sie ausgewählte Theorien der Internationalisierung aus betriebswirtschaftlicher Perspektive,
- haben Sie einen Überblick über die grundlegenden Einstellungen des Managements eines Unternehmens zur Internationalisierung,
- kennen Sie wichtigsten Motive, die dazu führen, dass Unternehmen international agieren möchten.

Sowohl Unternehmen der **old economy** als auch Unternehmen der **new economy** sehen die Welt zunehmend als Quelle für die Beschaffung, die Leistungserstellung und den Absatz. In einer vernetzten Welt kann per Mausklick jedes Unternehmen oder Individuum in einen neuen Markt eintreten. Damit ergeben sich nicht nur Geschäftschancen, sondern auch eine höhere Zahl von Mitbewerbern, die sich sowohl auf einem neuen Zielmarkt bereits befinden als auch neu in den Heimatmarkt eintreten können.

Unternehmen, die sich entscheiden, international aktiv zu werden, durchlaufen in der Regel mehrere Schritte. Die ersten oft vorsichtigen Aktivitäten beginnen mit einem risikoarmen Engagement, wie z. B. dem klassischen Export. Weitere Stufen der Internationalisierung führen zu einem multinationalen Unternehmen, welches vor allem durch **Direktinvestitionen** in einen Zielmarkt gekennzeichnet ist (vgl. Peng 2009, S. 4.).

3.1 Theoretische Erklärungsansätze der Internationalisierung von Unternehmen

Die Literatur erklärt die internationale Tätigkeit von Unternehmen anhand zahlreicher Theorien. Die ersten Ansätze dieser Theorien gehen von einem volkswirtschaftlichen Standpunkt aus und sind den Außenhandelstheorien zuzuordnen. In diesem Zusammenhang seien die Theorien von Smith (absolute Kostenvorteile), Ricardo (komparative Kostenvorteile), Heckscher-Ohlin (Faktorproportionen-Theorem) und Leontief (Neo-Faktorproportionen-Theorem) genannt. Für betriebswirtschaftliche Fragestellungen im Zusammenhang mit der Internationalisierung von Unternehmen eignen sich diese Theorien nur bedingt. Sie können zwar dazu beitragen, bei Entscheidungsträgern ein grundlegendes Bewusstsein für die Herausforderungen der Internationalisierung hervorzurufen, sie eignen sich aber nur bedingt für betriebswirtschaftliche Fragestellungen. Das liegt vor allem daran, dass in der volkswirtschaftlichen Betrachtung Länder und nicht Unternehmen im Fokus der wissenschaftlichen Analyse stehen, sowie in der Annahme der Immobilität der Produktionsfaktoren (vgl. Holtbrügge und Welge 2015, S. 55 ff.).

Theorien, die betriebswirtschaftlichen Fragestellungen im Zusammenhang mit der Internationalisierung eher Rechnung tragen, sind die Theorien der Direktinvestitionen (vgl. dazu Kutschker und Schmid 2011, S. 405 ff.; Holtbrügge und Welge 2015, S. 58 ff.) und die übergreifenden Theorien der Internationalisierung (vgl. dazu Kutschker und Schmid 2011, S. 426 ff.).

Als Beispiel für eine **Theorie der Direktinvestition** sei an dieser Stelle die Produktlebenszyklustheorie von Venon genannt. Die Grundaussage dieses Modells besteht in der Annahme, dass die Internationalisierung in verschiedenen Phasen abläuft:

a) Die Innovationsphase
   Innovationen bieten zumindest für die Anfangszeit eine monopolartige Stellung, die auch durch die mangelnde Reife dazu führt, dass zunächst im Heimatland produziert und verkauft wird.
b) Die Exportphase ist dadurch gekennzeichnet, dass die Innovation zunehmend in anderen Ländern bekannt wird. Da diese Länder aber noch nicht in der Lage sind, diese Innovation zu imitieren, werden die neuartigen Produkte importiert. Das innovative Unternehmen beginnt, seine Innovation zu exportieren.
c) Die Phase der Direktinvestition beginnt mit einem gewissen Reifegrad des neuen Angebots, welcher Standardisierungspotenziale freisetzt. Das Unternehmen startet nun ein intensiveres Engagement im Zielmarkt und beginnt vor Ort zu produzieren und zu verkaufen.
d) Die Reimportphase ist dadurch gekennzeichnet, dass die Auslandsnachfrage größer wird als die Inlandsnachfrage. Der Wettbewerb und damit der Kostendruck werden intensiver, sodass günstige Produktionsbedingungen zum ausschlaggebenden Wettbewerbsfaktor werden. Damit verlagert sich die Produktion komplett in Billiglohnländer. Die Nachfrage im Heimatmarkt wird dann über den Reimport befriedigt (vgl. Holtbrügge und Welge 2015, S. 60 f.).

Als Beispiel für eine **Übergreifende Theorie der Internationalisierung** sei das Uppsala-Modell genannt. Auch dieses Modell ist ein Stufenmodell, welches davon ausgeht, dass Unternehmen zunächst diejenigen Märkte bearbeiten, die ihnen geografisch und kulturell nahe sind. Die Internationalisierung erfolgt in mehreren Schritten, wobei zunächst der Export als Eintrittsstrategie gewählt wird. Die einzelnen Schritte des Markteintritts zeichnen sich in diesem Modell durch ein zunehmendes Marktengagement aus. Der erste Schritt ist durch sporadische Exporte gekennzeichnet, der zweite durch indirekte Exporte, der dritte durch die Gründung einer Verkaufsniederlassung und der letzte Schritt durch Produktionsstätten vor Ort, in Form von Direktinvestitionen. (vgl. Hollensen 2017, S. 85 f.). Damit steigt das Risiko, aber auch der Grad der Wertschöpfung im neuen Zielmarkt von Stufe zu Stufe.

Die exemplarisch betrachteten Erklärungsansätze gehen größtenteils davon aus, dass die Endform eines Internationalisierungsprozesses die Direktinvestition ist. Diese Annahme berücksichtigt nicht die zunehmende Bedeutung von strategischen Allianzen und Netzwerken bis hin zu virtuellen Unternehmen. (vgl. Holtbrügge und Welge 2015, S. 83). Auch wird der Einfluss der modernen Informationstechnologien nicht genügend berücksichtigt. Diese ermöglichen eine schnelle Informationsversorgung, wobei Ländergrenzen keine Barriere mehr darstellen. Der technische Vorsprung eines Landes in einer bestimmten Technologie lässt sich oft nicht lange aufrechterhalten. Weiterhin stehen bei den o. g. Theorien produzierende Unternehmen und nicht Dienstleistungsunternehmen im Fokus der Betrachtung.

Die zunehmende Komplexität in den Entwicklungen von Gesellschaft, Kultur und Technologie erfordern dagegen Erklärungsansätze, die von der Konzentration auf einen Teilbereich oder der stufenweisen Annäherung an einen internationalen Markt abweichen. Die zunehmende Vernetzung von Volkswirtschaften und die immer geringer werdende Bedeutung von Raum und Zeit für wirtschaftliche Transaktionen sowie die zunehmende Bedeutung der Digitalisierung erfordern Erklärungsansätze, die der internationalen Vermarktung von Dienstleistungen eher Rechnung tragen können. Im Folgenden seien zwei Erklärungsansätze beschrieben, die den veränderten Bedingungen durch die Herausforderungen der Informationstechnologien einerseits und den Besonderheiten der Internationalisierung von Dienstleistungen andererseits eher Rechnung tragen können.

3.1.1 Netzwerke

In einer Studie aus dem Jahre 1993 beobachtete Rennie, dass australische Unternehmen kurze Zeit nach ihrer Gründung international agierten, ohne zuvor im Heimatmarkt eine stabile Position eingenommen zu haben. Weitere Autoren stellten fest, dass Unternehmen internationalisierten, ohne das klassische Stufenmodell zu durchlaufen. Infolge dieser Beobachtungen rückten zunehmend die Interaktion mit anderen Marktteilnehmern und das damit verbundene Erfahrungswissen in den Fokus der Analysen (vgl. Gruber-Mücke 2011, S. 95 f.).

Die Kernaussage des Netzwerksansatzes ist, dass Unternehmen immer in Beziehungen zu anderen Marktteilnehmern zu sehen sind. Da Unternehmen oft auf Ressourcen, die von anderen Unternehmen kontrolliert werden, angewiesen sind, ist es notwendig, Beziehungen zu diesen Unternehmen aufzubauen. Nationale Netzwerke können dazu genutzt werden, Beziehungen zu anderen Netzwerken in anderen Ländern aufzubauen (vgl. Hollensen 2017, S. 93). Gruber-Mücke sieht die zentrale Aussage des Netzwerkansatzes darin, „... *dass die Internationalisierungsstrategie Ergebnis zum einen des Ausmaßes an Internationalisierung des Netzwerks, zum anderen des Internationalisierungsgrads des Unternehmens innerhalb des Netzwerkes ist*" (Gruber-Mücke 2011, S. 95–96.). Im Rahmen dieses Ansatzes spielen persönliche Beziehungen zwischen den einzelnen Geschäftspartnern eine wichtige Rolle. Wie von Hollensen erwähnt, besteht eine Annahme für die Netzwerkbildung u. a. darin, dass Unternehmen auf die Ressourcen eines anderen Unternehmens angewiesen sind. Die Beziehungen werden dabei nicht wie im klassischen Marktmodell durch Hierarchien und den Preismechanismus geregelt. Die Bedürfnisse und Fähigkeiten der einzelnen Netzwerkteilnehmer werden über die in den Netzwerken bestehenden Beziehungen vermittelt. Diesen Beziehungen liegen in der Regel keine starren Verträge zugrunde, sondern der Wille der Beteiligten, sich in Netzwerken zu organisieren und auszutauschen. Diese Netzwerke sind lockere Verbunde, die sich einfach und schnell wieder auflösen lassen. Neue Netzwerkpartner können je nach Bedarf und sich verändernden Märkten gewonnen werden. Die diesen Netzwerken zugrunde liegenden Bindungen basieren auf technischen, ökonomischen, rechtlichen und vor allem auf persönlichen Beziehungen. Die bestehenden Netzwerke im Heimatmarkt können als Brücke für den Aufbau von Netzwerken in ausländischen Märkten genutzt werden. Netzwerke, die die Internationalisierung hervorrufen können, haben darüber hinaus den Vorteil, dass diese Netzwerke schlechter von Konkurrenten analysiert und imitiert werden können. Damit können Wettbewerbsvorteile gegenüber der Konkurrenz aufgebaut werden. Eine Basisannahme im Netzwerkmodell ist, dass das einzelne Unternehmen über seine Netzwerke Zugang zu Ressourcen hat, die der Netzwerkpartner kontrolliert. Diese Netzwerke sind zunächst auf das Heimatland bezogen und stellen die Basis für Kontakte zu Netzwerken im Ausland dar. Die Beziehung zu einem wichtigen Kunden im Heimatmarkt kann auch dazu führen, dass der Kunde eines Unternehmens verlangt, dass dieses ihm ins Ausland folgt (vgl. Hollensen 2017, S. 93). So hat das Unternehmen VW z. B. zahlreiche Zulieferer und Subunternehmer mit nach China „gezogen" (vgl. Tauber 2014). Die Beziehungen bzw. Bindungen zwischen den einzelnen Netzwerkpartnern sind oft Bindungen technischer, ökonomischer und rechtlicher Art. Diese Bindungen werden von Menschen geschaffen und damit beeinflusst. Der persönliche Einfluss auf das Netzwerk von denjenigen, die die Beziehungen knüpfen, ist anfangs sehr stark und nimmt im Laufe der Zeit ab, bis schließlich das System bzw. die Organisation dominiert. Der Nutzen eines Netzwerks liegt u. a. in einem schnelleren Markteintritt. Dies ist insbesondere bei Unternehmen der Hightech-Industrie zu beobachten. Hollensen erklärt dies mit den Beziehungen der Unternehmensgründer zu Netzwerkpartnern, die die gleiche Technologie nutzen (vgl. Hollensen 2017, S. 93 f.).

Virtuelle Unternehmen basieren auf Netzwerken, die häufig temporärer Natur sind. Diese Unternehmen haben oft keine institutionalisierten Funktionen, wie z. B. eine eigene Produktion, sondern Kooperationspartner, die die entsprechenden Funktionen zuliefern. Die Bindungen zu diesen Partnern basieren oftmals auf Vereinbarungen, die relativ einfach zu kündigen sind, sodass der Wechsel zu einem neuen Geschäftspartner leicht möglich ist. Die mit dem virtuellen Unternehmen verbundenen Netzwerke, ermöglichen eine schnelle Reaktion auf sich schnell verändernde Märkte und sind aufgrund des Outsourcings von Funktionen kostengünstiger als herkömmliche Unternehmensstrukturen. Sie weisen allerdings den Nachteil der Abhängigkeit vom Funktionieren der Kommunikationsmittel und Beziehungen auf.

Ein Beispiel für ein virtuell agierendes Unternehmen ist die französische Firma Ubisoft. Das Unternehmen hat Entwicklerstudios weltweit und arbeitet mit vielen externen Unternehmen zusammen, die weltweit als „Zulieferer" für die notwendigen Softwarekomponenten dienen (vgl. Wholesgame o. J.). Netzwerke entstehen auch aufgrund der zunehmenden Bedeutung von Global Sourcing. Diese Netzwerke können auch für den internationalen Markteintritt genutzt werden. So besagt eine Studie der HAWK Leipzig aus dem Jahre 2015, dass ca. 48 % der klein- und mittelständischen Unternehmen (KMU) und ca. 70 % der Großunternehmen Global Sourcing betreiben. An dieser Studie haben 178 Unternehmen teilgenommen. Von den 178 Unternehmen waren 55 KMU und 123 Großunternehmen (vgl. Bähr 2016, S. 8).

3.1.2 Born Globals

Auch das Konzept der **Born Globals** ist dadurch gekennzeichnet, dass die typischen Stufen der Internationalisierung nach Venon und dem Uppsala Modell übersprungen werden. Die internationale Ausrichtung ist von Beginn an das Ziel dieser Art von Unternehmen. Diese zeichnen sich durch eine Verdichtung von Raum und Zeit aus. Das Hier und Jetzt ist entscheidend. Ein treibender Faktor dieser Form der Internationalisierung sind erfahrene Gründer, die durch die Nutzung moderner Kommunikationstechnologien ihre Vision eines grenzenlosen Marktplatzes mit all ihren Aktivitäten verfolgen. Gründer von Born-Global-Unternehmen verfügen über Marktkenntnisse und Netzwerke. Die bisherigen Berufserfahrungen der Gründer und vor allem ihr Internationalisierungs-Know-how, welches sie bereits vor der Unternehmensgründung erlangt haben, können entscheidend zur Entscheidung beitragen, welcher Weg der Internationalisierung eingeschlagen wird. Global ausgerichtete Unternehmen suchen nach internationalen Partnern, die ergänzende Ressourcen anbieten können. Der damit verbundene Internationalisierungsprozess zeichnet sich durch Individualität und Situationsspezifität aus. Begünstigt werden Born Globals vor allem durch internationale Beschaffungsaktivitäten, die damit verbundenen Netzwerke, durch immer ähnlicher werdenden Bedürfnisse internationaler Konsumenten sowie durch die internationale Verfügbarkeit finanzieller Ressourcen aufgrund globaler Finanzmärkte.

Born Globals zeichnen sich im Gegensatz zu den klassischen Stufenmodellen durch eine beschleunigte Internationalisierung aus. Während die klassischen Stufenmodelle der Internationalisierung, wie z. B. das Uppsala-Modell, von einer Erfahrungsstufe zur nächsten gehen und im „Alleingang" immer internationaler werden, führen bei Born Globals die verschiedenen und notwendigen Netzwerke, Kooperationen und Partnerschaften zu einem schnellen internationalen Wachstum (vgl. Hollensen 2017, S. 96 ff.).

Die zunehmende Bedeutung von Born Globals wird von unterschiedlichen Autoren anhand bestimmter Faktoren erklärt. Im Folgenden seien einige genannt (vgl. Hollensen 2011, S. 89 f.):

- Marktnischen, die immer bedeutender werden und für große Unternehmen uninteressant sind bieten Born Globals erste Betätigungsfelder.
- Neue Produktionstechnologien, die auf Basis der Mikroprozessorentechnologien und der Digitalisierung den Anbieter in die Lage versetzen, effizienter und direkter auf die Bedürfnisse des globalen Kunden maßgeschneiderte Angebote zu entwickeln.
- Die höhere Flexibilität der in Regel kleinen und mittleren Born-Global-Unternehmen ermöglicht eine schnellere Anpassung an veränderte Marktbedingungen.
- Das Fehlen der klassischen Hierarchiestufen oder aber auch die Tendenz zu einer zunehmenden Virtualisierung der einzelnen Funktionsbereiche erhöht die Reaktionsgeschwindigkeit dieser Unternehmen.

Weitere Faktoren, die Born Globals begünstigen, sind nach 2001 (vgl. dazu Gruber-Mücke 2011, S. 97):

- Erfahrenes und über Netzwerke verfügendes Management
- Kurze Produktlebenszyklen
- International standardisierte Produkte und Leistungen für internationale Kunden
- Willige Investoren
- Die Verfügbarkeit von Informations- und Kommunikationstechnologien

Johnson (2004) unterscheidet bei der Analyse der Internationalisierungsfaktoren zwischen inneren, äußeren und erleichternden Faktoren. Zu den inneren Faktoren zählt u. a. die Unternehmerpersönlichkeit mit ihrer Erfahrung und Vision. Zu den äußeren Faktoren zählen u. a. der Einfluss der Netzwerkpartner, kurze Lebenszyklen und die Reaktion auf die Konkurrenz. Als erleichternde Faktoren wird vor allem ein Vorsprung in den Kommunikations- und Prozesstechnologien gesehen. Zahlreiche Erklärungsansätze für die Internationalisierung von Born Globals rücken immer wieder die Person des Unternehmensgründers, seine Vision, Fähigkeiten und Erfahrungen in den Vordergrund (vgl. dazu Grüber-Mücke 2011, S. 97 ff.). Diese Fähigkeiten und Erfahrungen können zu den Bestandteilen eines Internationalisierungs-Know-hows gezählt werden.

3.2 Annahmen und Einstellungen zur Internationalisierung

Die oben beschriebenen Theorien versuchen, Erklärungsansätze für die Internationalisierung zu liefern. Dabei spielt allerdings auch die Einstellung des Managements zur Internationalisierung eine wichtige Rolle, da dieses entscheidet, ob dessen Unternehmen nach neuen Märkten sucht oder nicht. Die Einstellung beeinflusst dann sowohl die Art des Markteintritts als auch das Verhalten vor Ort. Unternehmenspolitische Überlegungen zur Grundsatzplanung eines Unternehmens betreffen u. a. die Unternehmensphilosophie und -kultur und spiegeln damit die Einstellung des Managements wieder. Sie bewirken ein bestimmtes Denk- und Handlungsmuster und beeinflussen damit Entscheidungen im strategischen sowie operativen Bereich eines Unternehmens und damit auch die Art und Weise des Markteintritts sowie Verhaltens vor Ort. In diesem Zusammenhang sei auf das Modell von Perlmutter (1969) verwiesen. Das EPRG-Modell von Perlmutter geht von vier Grundorientierungen des Managements aus (vgl. Perlitz und Schrank 2013, S. 82–83):

> **Die Ethnozentrische Orientierung (E)** orientiert sich am Heimatland und damit stark an der Muttergesellschaft, die auch die Entscheidungen für die Töchter trifft. Die Tochtergesellschaften sind oft an Weisungen der Muttergesellschaft gebunden. Im Zielmarkt findet eine starke Identifikation mit der Nationalität der Muttergesellschaft statt. Damit die Standards der Muttergesellschaft im Zielmarkt übertragen und gewahrt werden können, zeichnet sich diese Grundorientierung durch eine hohe Entsendungsquote von **Expatriates** (Fach- und Führungskräfte des Heimatlandes, die in die Niederlassung des neuen Zielmarktes entsandt werden) aus. Damit führt diese Grundorientierung auch zu hohen Entsendungskosten.
>
> **Die Polyzentrische Orientierung (P)** orientiert sich am Gastland. Die Tochtergesellschaft zeichnet sich durch eine stärkere Autonomie bei der Entscheidungsfindung als in der ethnozentrischen Orientierung aus. Die Muttergesellschaft gibt wenige Weisungen und die Identifikation mit dem Gastland ist hier stärker ausgeprägt. Die Führungskräfte werden aus dem Gastland rekrutiert. Expatriates werden oft nur für eine Übergangsperiode eingesetzt. Die Tochtergesellschaft entwickelt eigene Standards.
>
> **Die Regiozentrische Orientierung (R)** zeichnet sich durch eine regionale Zusammenarbeit zwischen den einzelnen Töchtern sowie eine Abstimmung zwischen den regionalen Zentralen aus. Hier werden homogene Ländergruppen zusammengefasst und regionale Mitarbeiter werden für Schlüsselpositionen rekrutiert.
>
> **Die Geozentrische Orientierung (G)** ist global orientiert. Es besteht eine starke globale Abhängigkeit zwischen Mutter und Töchtern. Globale Standards dienen als Orientierungsmaßstab. Die Welt ist Beschaffungsmarkt, Produktionsstätte und Absatzmarkt. Folglich findet eine globale Rekrutierung von Führungskräften statt. Eine nationale Identifikation fehlt weitgehend.

Das Modell von Perlmutter hat im Laufe der Zeit zahlreiche Entwicklungen durch andere Autoren erfahren, wie z. B. die vier Organisationskonzepte von Bartlett und Ghoshal (vgl. Barlett und Ghoshal 2002, S. 65 ff.; Barlett und Beamish 2014, S. 216–218). Diese Weiterentwicklungen haben aber oft einen sehr engen Bezug zu dem ursprünglichen EPRG-Modell von Perlmutter, sodass sich die folgenden Ausführungen auf das Ursprungsmodell von Perlmutter beziehen. Trotz der Tatsache, dass die Einteilung dieses Modells in vier Grundrichtungen die Komplexität und Vielfalt der Einstellungen gegenüber der Internationalisierung nicht komplett erfassen kann, liegt dessen Bedeutung vor allem in der Konkretisierung der Unternehmensphilosophie. *„Die Philosophie eines Unternehmens bringt Konsequenzen für Strategie, Organisation und Führung mit sich"* (Schmid 2007, S. 7).

Wie sich die Einstellung des Managements auf konkrete operative Aufgaben im Zusammenhang mit der Internationalisierung auswirkt, ist im Rahmen der Personalpolitik eines international tätigen Unternehmens gut zu erkennen (vgl. dazu Kap. 9).

3.3 Motive der Internationalisierung

Dem Schritt hin zu grenzüberschreitenden Aktivitäten für güterproduzierende Unternehmen und Dienstleistungsanbieter geht in der Regel ein Grund bzw. eine Motivation voraus. Die Motive für die Internationalisierung können unterschiedlicher Natur sein. Einige Unternehmen stellen sich nicht die Frage, ob sie internationalisieren sollen oder nicht. Ihr Geschäftsmodell ist von der Gründung an international aufgestellt. Die Entscheidung eines Unternehmens, international tätig zu sein lässt sich oft nicht auf nur einen Grund zurückführen, vielmehr lässt sich das „going international" auf ein Bündel von Gründen und Motiven zurückführen. Folgende seien hier genannt:

- **Wachstumsmotive:** Nach Ansoff ist eine Wachstumsstrategie die Marktentwicklung (vgl. Ansoff 1957) und damit die Suche nach neuen auch internationalen Märkten für ein bestehendes Angebot. Die Erweiterung des Heimatmarktes auf einen internationalen Markt ermöglicht es, bei standardisierten Angeboten von Fixkostendegressionseffekten zu profitieren. Die angestrebte Reduktion von Kosten lässt sich einerseits auf die Massenproduktion und die damit verbundene Reduktion der Fixkosten pro Stück (Economies of Scale) und andererseits auf die entstehenden Lernkurven zurückführen.

Die diesbezüglichen Ausführungen in der Literatur beziehen sich größtenteils auf die Produktion von Gütern. Diese Erkenntnisse sind aber auch modifiziert auf die Dienstleistungsproduktion zu beziehen. Die Ergebnisse der Lernkurventheorie können auch auf die Verwaltung bezogen werden (Bea und Haas 2019, S. 153 f.). Kostendegressionseffekte kommen bei der Vermarktung von Dienstleistungen immer dann zum Tragen, wenn diese standardisiert, ohne große Anpassungsnotwendigkeiten an den neuen Zielmarkt, angeboten werden können. Das heißt je geringer die geografische und kulturelle Distanz des Zielmarktes zum Heimatmarkt, umso größer ist die Wahrscheinlichkeit, von den Fixkostendegressionseffekten zu profitieren.

Die strategische Entscheidung, wachsen zu wollen und dafür den Weg der Internationalisierung zu beschreiten, kann unterschiedlich ausgelöst werden. Die Erkenntnis, dass der Heimatmarkt gesättigt ist und keine zusätzliche Nachfrage mehr generierbar ist, kann ein Auslöser sein. Ein weiterer Auslöser können die eigenen

Führungskräfte sein, die über ein spezielles Internationalisierungs-Know-how verfügen, welches sie zu Spezialisten für einen neuen Zielmarkt macht. So kann z. B. der Manager mit speziellen Kenntnissen über den südamerikanischen Markt ein stärkeres Engagement seines Unternehmens in diesem Markt initiieren. Aufgrund seines Know-hows werden Marktchancen und ein leichterer Marktzugang vermutet. Dies kann als Wettbewerbsvorteil gesehen werden. In diesem Zusammenhang gilt zu berücksichtigen, dass eine solche Konstellation auch Gefahren mit sich bringen kann. Insbesondere, wenn der eigene Manager im Zielmarkt Direktinvestitionen initiiert und diesem aufgrund seines leichteren Zugangs zu diesem Markt die Führungsverantwortung über diese Direktinvestition übertragen wird, besteht die Gefahr eines **Principal-Agent Konflikts**. Dieser Konflikt ist dadurch gekennzeichnet, dass der Mitarbeiter (Agent) über einen Informationsvorsprung gegenüber seinem Vorgesetzten (Principal) verfügt und diesen Informationsvorsprung zu seinen Gunsten ausnutzt (vgl. Bea und Goebel 2010, S. 145 ff.).

Wachstum als Zielgröße kann auch indirekt durch Steuererleichterungen und Subventionen in einem neuen Zielmarkt angestrebt werden. So bietet z. B. die Freihandelszone Jebel Ali in den Vereinigten Arabischen Emiraten einen Eigentumsbesitz an der Tochtergesellschaft von 100 %, eine Befreiung von Steuern, Zöllen sowie Export- und Importgebühren (vgl. Emirates 2019). Ein anderes Beispiel ist die Schließung der Handysparte von Nokia in Bochum im Jahre 2008. Die Handyproduktion wurde von Bochum nach Rumänien verlagert. Rumänien hatte den Umzug mit 20 Mio. EUR subventioniert (vgl. Der Tagesspiegel, 2011). Nach dem Bekanntwerden der Verlagerung verlangte das Land Nordrhein-Westfalen zuvor gezahlte Subventionen in Höhe von ca. 60 Mio. EUR Beihilfen, aufgrund von Verstößen gegen die Subventionsauflagen zurück (vgl. Wilkens 2008).

Ein weiterer Grund, der das „going international" beeinflussen kann, ist das jeweilige Arbeitsrecht. Insbesondere bei der personalintensiven Leistungserstellung und dem direkten Kontakt zwischen Leistungsersteller und Kunden, wie es oft im Dienstleistungsbereich der Fall ist, kann die Suche nach einem Standort mit einem unternehmerfreundlichen Arbeitsrecht ein Auslöser sein. Allerdings gilt es bei diesem Motiv zu berücksichtigen, dass Länder mit einem arbeitnehmerunfreundlichen Arbeitsrecht oftmals durch unmenschliche Arbeitsbedingungen gekennzeichnet sind, die sich nicht mit den Standards in Europa vergleichen lassen. Solche Standards widersprechen oft den ethischen Ansprüchen europäischer Unternehmen und lassen sich nicht mit der Unternehmensphilosophie und den Leitsätzen des Unternehmens vereinbaren (vgl. Saleh 2018a, S. 3 ff.).

- **Wettbewerbsmotive:**

Der Weg in einen neuen Zielmarkt kann auch durch die Konkurrenz ausgelöst werden – insbesondere dann, wenn die Konkurrenz einen neuen Markt erschließen möchte und die Marktchancen durch eine umfassende Marktforschung bereits bestätigt worden sind. Dies ist oft ein Anreiz, auch in diesen Markt einzutreten. Die Besetzung von Märkten, die Verteidigung eigener Marktanteile und die strategische Ausrichtung gegenüber der Konkurrenz können Gründe sein, um einen neuen Markt bearbeiten zu wollen. Aufgrund der zunehmenden Verflechtung von Märkten kann es ein strategisches Muss sein, auf Maßnahmen der Konkurrenz in der gleichen Art und Weise zu reagieren. Um die eigene Marktposition zu sichern, kann ein Unternehmen, z. B. bei einer Preissenkung durch die Konkurrenz ebenfalls den Preis senken. Ähnlich kann die Reaktion auf den Markteintritt der Konkurrenz in einen neuen Markt ausfallen. In diesem Fall würde ein Unternehmen ebenso wie seine Konkurrenz in den neuen Markt eintreten.

- **Kundenmotive:**
Gerade die Vermarktung von Dienstleistungen erfordert das Einbinden des Kunden. Nicht umsonst wird hier von **Pro/sumenten** gesprochen, da dieser sowohl Konsument als auch Produzent der Dienstleistung ist (vgl. Corsten und Gössinger 2015, S. 49 f.). Die geografische Nähe zum Kunden erlaubt eine direkte Kommunikation und damit auch eine bessere Abstimmung des **Marketing-Mix** auf die Wünsche der lokalen Zielgruppe. Das Marketinginstrument Personnel, welches die Gestaltung des Dienstleistungspersonals meint, ist stark kulturempfindlich. Das Serviceempfinden und die diesbezügliche Erwartungshaltung können von Zielmarkt zu Zielmarkt unterschiedlich sein.
Ein anderer Antriebsgrund, die Nähe des Kunden zu suchen, besteht darin, den ursprünglich aus dem Heimatmarkt stammenden Kunden ins Ausland zu folgen. Als Beispiel können Automobilkonzerne angeführt werden, die durch ihr Engagement im Ausland ihre Zulieferer und Dienstleister nachgezogen haben (vgl. Tauber 2014).

Fragen zu Kap. 3:

1. Welche Bedeutung haben die Erklärungsansätze „Netzwerke" und „Born Globals" für die Internationalisierung von Dienstleistungsunternehmen?
2. Welche Kernaussagen beinhaltet das EPRG-Modell von Perlmutter?
3. Welche Motive können ein Dienstleistungsunternehmen dazu bewegen, international aufzutreten?
4. Was bedeutet der Begriff Pro/sument?

Literatur

Ansoff, I.: Strategies for Diversification, in: Harvard Business Review, 1957, S. 113–124
Bähr, M.: Sind KMU fit für die globale Beschaffung?, 19.09.2016, https://www.htwk-leipzig.de/fileadmin/portal/f_wiwi/forschung_kooperation/einkauf_logistik/Global_Sourcing.pdf, Stand: 07.05.2019
Barlett, C.A.; Ghoshal, S.: Managing Across Borders The Transnational Solution, Boston, 2002
Barlett, C.A; Beamish, P.W.: Transnational Management Text, Cases and Readings in Cross-Border Management, 7th ed., New York, 2014
Bea, F.X.; Goebel, E.: Organisation: Theorie und Gestaltung, 4. Aufl., Stuttgart, 2010
Bea, F.X.; Haas, J.: Strategisches Management, 10. Aufl., München, 2019
Corsten, H.; Gössinger, R.: Dienstleistungsmanagement, 6. Aufl., München, 2015
Emirates: „Freihandelszonen in Dubai", o.J., https://www.emirates.com/de/german/destinations_offers/discoverdubai/businessindubai/dubaifreezones.aspx, Stand: 08.02.2019

Literatur

Gruber-Mücke, T.: Internationalisierung in frühen Unternehmensphasen – Eine empirische Analyse der Wachstumsdynamik von Jungunternehmen, Wiesbaden, 2011

Hollensen, S: Global Marketing, 5th ed., Essex, 2011

Hollensen, S: Global Marketing, 7th ed., Pearson, Harlow, 2017

Holtbrügge, D.; Welge; M.K.: Internationales Management, Theorien, Funktionen, Fallstudien, 6. Aufl., Stuttgart, 2015

Johnson, J.: Factors Influencing the Early Internationalization of High Technology Start-ups: US and UK Evidence, in: Journal of International Entrepreneurship, 2. Jg., 2004, S. 139–154

Kutschker, M; Schmid, S.: Internationales Management, 7. Aufl., München, 2011

Peng, M.: Global Business, South-Western Cengage Learning, 2009

Perlitz, M.; Schrank, R.: internationals Management, 6. Aufl., Konstanz, München, 2013

Saleh, S.: Unternehmenspolitische Entscheidungen des Logistikdienstleisters – Teil I: Die Unternehmensethik, die Philosophie und Vision, in: Pradel, U.; Süssenguth, W.; Piontek, J.; Schwolgin, A. (Hrsg.): Praxishandbuch Logistik, Köln, 2018, Ergänzungslieferung, Februar 2018a

Schmid, S.: Strategien der Internationalisierung, 2. Aufl., München, 2007

Schmidt-Buchholz, A. (2001): Born Globals. Die schnelle Internationalisierung von High-Tech Start-ups, FGF Entrepreneurship Research Monographien, Band 29, Lohmar-Köln, 2009

Tagesspiegel: Nokia schließt Werk in Rumänien Bochumer Standort war dafür aufgegeben worden 2011, in: https://www.tagesspiegel.de/wirtschaft/nokia-schliesst-werk-in-rumaenien-bochumer-standort-war-dafuer-aufgegeben-worden/4674212.html, Stand: 20.12.2019

Tauber, A.: Deutsche Autobauer zwingen Zulieferer ins Ausland, in: WELT, 28.09.2014, https://www.welt.de/wirtschaft/article132706638/Deutsche-Autobauer-zwingen-Zulieferer-ins-Ausland.html, Stand: 14.03.2019

Wholesgame: Ubisoft Game Developer Studios, o.J., https://wholesgame.com/game-companies/developers/ubisoft-game-developer-studios/, Stand: 30.01.2019

Wilkens, A.: Düsseldorf fordert 60 Millionen Euro von Nokia, in: heise online, 11.03.2008, https://www.heise.de/newsticker/meldung/Duesseldorf-fordert-60-Millionen-Euro-von-Nokia-Update-189238.html, Stand: 08.02.2019

Die Besonderheiten bei der internationalen Vermarktung von Dienstleistungen

4

Lernziele:

Nach Lesen dieses Kapitels:

- wissen Sie, was eine Dienstleistung ausmacht und wie sie begrifflich zu verstehen ist,
- verstehen Sie, mit welchen Herausforderungen die Vermarktung von Dienstleistungen verbunden ist,
- wissen Sie, aus welchen Bestandteilen ein Dienstleistungsmarketing-Mix besteht,
- kennen Sie die Einflussfaktoren, die die Internationalisierung von Dienstleistungen beeinflussen.

Die internationale Vermarktung von Dienstleistungen stellt zunächst ähnliche Herausforderungen an das Marketing der Dienstleistungen, wie im nationalen Rahmen. Dennoch sind Entscheidungen im Zusammenhang mit der Internationalisierung von Dienstleistungen komplexer, vielfältiger und risikoreicher, dies vor allem aufgrund der geografischen und kulturellen Distanz zum Zielmarkt. Nichtsdestotrotz sind zunächst ähnliche Herausforderungen zu meistern, die sich vor allem aufgrund der Immaterialität der Dienstleistung ergeben. Diese sollen in den folgenden Abschnitten erörtert werden. Dazu ist zunächst eine begriffliche Abgrenzung notwendig.

4.1 Begriffliche Abgrenzung

Dienstleistungen sind hauptsächlich durch ihren immateriellen Charakter gekennzeichnet. Darüber hinaus sind Dienstleistungen vielfältiger Natur. Nach Corsten und Gössinger lassen sich die vielfältigen Definitionen von Dienstleistungen nach drei Kriterien klassifizieren:

- Das Definieren von Dienstleistungen über das Nennen von Beispielen
- Das Definieren von Dienstleistungen über eine Negativdefinition
- Das Definieren von Dienstleistungen anhand von konstitutiven Merkmalen (vgl. Corsten und Gössinger 2015, S. 17)

Das „reine" Aufzählen von Beispielen ist insbesondere für Marketingaufgaben wenig zielführend, da das Eingehen auf die Dienstleistungsmerkmale nicht differenziert genug erfolgt und das Eingehen auf die Bestandteile einer Dienstleistung unterbleibt.
Eine Negativabgrenzung gegenüber Konsumgütern und Investitionsgütern wird dem vielfältigen Charakter der Dienstleistungen nicht gerecht, zumal sich diese hinsichtlich

Tab. 4.1 Segmentierungskriterien für Dienstleistungsmärkte

Zielgruppenmerkmale für konsumtive Dienstleistungen	Zielgruppenmerkmale für investive Dienstleistungen
1. Demografische Kriterien – Geschlecht – Alter – Familienlebenszyklus – Geografische Kriterien u. a. m.	1. Branchenbezogene Kriterien – Art der Branche – Konkurrenzintensität – Branchenkonjunktur – Bedarfshäufigkeit der Dienstleistung u. a. m.
2. Sozioökonomische Kriterien – Einkommen – Beruf – Ausbildung – Soziale Schicht u. a. m.	2. Unternehmensbezogene Kriterien – Umsatzgröße – Mitarbeiterzahl – Dienstleistungstechnologische – Ausstattung – Budget für Dienstleistungen u. a. m.
3. Psychografische Kriterien – Motive – Einstellung – Lifestyle u. a. m.	3. Gruppenbezogene Kriterien – Größe des Einkaufsgremiums – Rollenverteilung (Entscheider, Nutzer usw.) – Arbeitsaufteilung u. a. m.
4. Verhaltenskriterien – Dienstleistungsbezogene Kriterien – Kommunikationsbezogene Kriterien – Preisbezogene Kriterien – Einkaufsstättenbezogene Kriterien u. a. m.	4. Personenbezogene Kriterien – Demografische Kriterien – Sozioökonomische Kriterien – Psychografische Kriterien – Verhaltenskriterien u. a. m.

(Quelle: Meffert et al. 2018, S. 118)

4.1 Begriffliche Abgrenzung

der Zielgruppenmerkmale, wie in Tab. 4.1 dargestellt, nach konsumtiven und investiven Dienstleistungen unterscheiden lassen (vgl. Bruhn 2015, S. 212).

Anzumerken ist an dieser Stelle, dass angesichts der zunehmenden Bedeutung von **Big Data** zur Erfassung von Zielgruppen digitale Kriterien zur Zielgruppenerfassung immer wichtiger werden als die o. g. klassischen Kriterien der Marksegmentierung.

Die Definition über konstitutive Merkmale einer Dienstleistung führt nach Meffert/ Bruhn/Hadwich zur:

- **Tätigkeitsorientierten** Definition: Die Hauptaussage dieser Definition besteht darin, dass Dienstleistungen an Personen und/oder Gütern erbracht werden. Diese Definition bietet wenig Ansatzpunkte, um marketingspezifische Anhaltspunkte abzuleiten.
- **Prozessorientierten** Definition: Diese Definition beinhaltet die **Simultanität** von **Erstellung** und **Konsum,** d. h., im Augenblick der Produktion der Dienstleistung wird diese auch konsumiert.
- **Ergebnisorientierten** Definition: Hierbei geht es hauptsächlich um das Ergebnis eines Dienstleistungsprozesses. Das Hauptargument für diese Betrachtung ist, dass nur das Ergebnis einer Dienstleistung am Markt wahrgenommen wird und nicht der Prozess der Leistungserstellung.
- **Potenzialorientierten** Definition: Im Rahmen dieser Definition wird davon ausgegangen, dass die Potenziale von Dienstleistungen von Menschen oder Maschinen geschaffen werden. Damit geht ein Leistungsversprechen einher. Das Hotelzimmer wird gebucht und damit „versprochen". Bei der Inanspruchnahme wird der Dienstleistungsprozess vollzogen (vgl. Meffert et al. 2018, S. 13).

Mit Bezug auf die potenzialorientierte Definition gilt es zu berücksichtigen, dass Dienstleistungen mit Gütern verbunden sein können, wie in der Abb. 4.1 ersichtlich. Die Dienstleistung Flugtransport ist beispielsweise mit dem Gebrauchsgut Flugzeug verbunden.

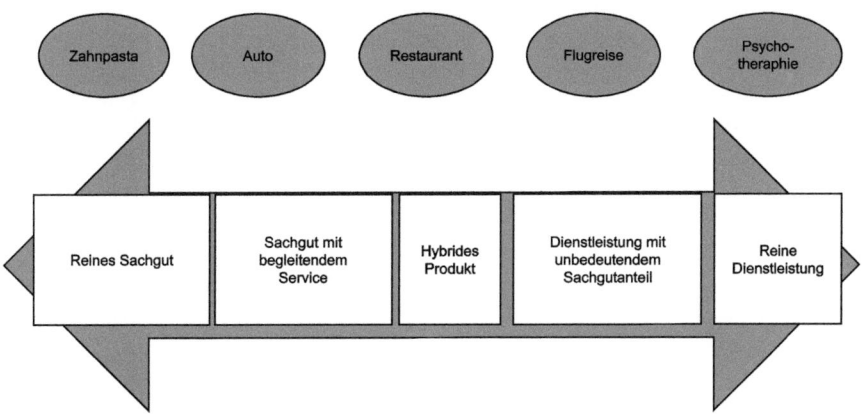

Abb. 4.1 Product-Service-Continuum. (Quelle: Ramme 2015, S. 5)

Dienstleistung und Sachgut vermischen sich zu einem Angebot. Amstrong und Kotler nennen dies **"The Product-Service-Continuum"** (vgl. Amstrong und Kotler 2000, S. 220).

Unter Berücksichtigung der Marketingperspektive und den damit verbundenen Aufgaben lassen sich die Begriffe Dienstleistung und Produkt voneinander abgrenzen. In dieser Hinsicht weisen Dienstleistungen folgende gemeinsame Charakteristika auf:

- **Immaterialität:** Daraus ergibt sich die Schwierigkeit für das Marketing, die Dienstleistung für den Kunden mit den Sinnen erfassbar zu machen. Nicht umsonst wird im Konsumgütermarketing die Produktpolitik oft als das „Herz" des Marketings bezeichnet. Die Immaterialität impliziert die Notwendigkeit des Dienstleisters, Materialisierungs- und damit verbunden Qualitätsindikatoren bereitzustellen.
- Dienstleistungen verbinden die **Simultanität** von **Erstellung** und **Konsum,** d. h., im Augenblick der Produktion der Dienstleistung wird diese auch konsumiert. Hier sei darauf hingewiesen, dass Frietzsche diese Simultanität auf die Dienstleistungsproduktion beschränkt. So erfolgen z. B. Hotelbuchungen zeitlich versetzt zum Konsum der Dienstleistung Hotel (vgl. Frietzsche 2001, S. 131 ff.).
- **Integrationsnotwendigkeit** des **externen Faktors.** Der Faktor (Kunde) muss in den Dienstleistungsprozess integriert werden, da ohne sein Zutun keine Dienstleistung erstellt werden kann. Der externe Faktor ist der Auslöser für den Dienstleistungsprozess. Insofern kommt ihm eine besondere Rolle im gesamten Dienstleistungsprozess zu. Diese besondere Rolle wirkt sich auch auf den Einsatz des marketingpolitischen Instrumentariums, wie z. B. den persönlichen Verkauf, aus.

Die o. g. Charakteristika führen zu einer phasenorientierten Definition, die nach Meffert et al. wie folgt lautet:

> „Dienstleistungen sind selbstständige, marktfähige Leistungen, die mit der Bereitstellung (z. B. Versicherungsleistungen) und/oder dem Einsatz von Leistungsfähigkeiten (z. B. Friseurleistungen) verbunden sind (Potenzialorientierung). Interne (z. B. Geschäftsräume, Personal, Ausstattung) und externe Faktoren (also solche, die nicht im Einflussbereich des Dienstleisters liegen) werden im Rahmen des Erstellungsprozesses kombiniert (Prozessorientierung). Die Faktorenkombination des Dienstleistungsanbieters wird mit dem Ziel eingesetzt, an den externen Faktoren, an Menschen (z. B. Kunden) und deren Objekten (z. B. Auto des Kunden) nutzenstiftende Wirkungen (z. B. Inspektion beim Auto) zu erzielen (Ergebnisorientierung)" (Meffert et al. 2018, S. 15).

Die **Potenzialorientierung** bedeutet für die Vermarktung von Dienstleistungen ein Leistungsversprechen, welches durch die sichtbaren Potenziale des Dienstleisters (saubere und gepflegte Transportmittel, Büroeinrichtung etc.) umgesetzt wird. Das Potenzial eines Dienstleisters vermittelt durch den ersten Eindruck ein Qualitätsversprechen.

Die **Prozessorientierung** stellt die Kernleistung, die eigentliche Abwicklung der Dienstleistung dar, z. B. der Transport, der Haarschnitt oder die anwaltliche Beratung. Diese Abwicklung benötigt die Integration des Kunden in diesen Prozess. Der Kunde ist an der Erstellung der Leistung beteiligt, indem er körperlich (z. B. Sportstudio), emotional

(z. B. Partnervermittlungsbörse) oder intellektuell (z. B. Teilnahme an einem Weiterbildungsangebot) integriert wird (vgl. Meffert et al. 2018, S. 29). Darüber hinaus bedingt eine optimale Prozessorientierung die Kenntnis des Dienstleisters über die Erwartungshaltung des Kunden bezüglich der Durchführung bzw. des Ergebnisses der Dienstleistung. Dies ist nur möglich, wenn der Kunde die Bereitstellung notwendiger Informationen ermöglicht oder diese durch die Marktforschung erhoben werden können.

Die mit der in Anspruch genommenen Dienstleistung verbundene **Ergebnisorientierung** soll zu einer langfristigen Kundenbindung führen. Diese basiert auf dem vom Kunden wahrgenommenen Nutzen. Er wird in der Regel in Grund- und Zusatznutzen unterteilt. Ersterer ergibt sich aus den objektiven, technisch-gestalterischen Komponenten einer Dienstleistung, wie z. B. die Einrichtung eines Anwaltsbüros oder die Sauberkeit des Friseursalons. Letzterer ergibt sich aus der subjektiven Einschätzung des Dienstleisters durch den Kunden. Durch die Erfassung dieser subjektiven Einschätzung ist der Dienstleister in der Lage, die Lücke zwischen Erwartung und Wahrnehmung zu schließen und somit eine subjektiv empfundene Qualität in der Leistungserstellung zu erreichen. Da die Qualitätserwartungen der Kunden sich in subjektiv empfundene und objektiv messbare unterscheiden lassen, ist insbesondere den Erwartungshaltungen der Kunden Rechnung zu tragen. Ist dies nicht der Fall, entsteht eine Qualitätslücke (vgl. dazu das Gapmodell von Parasuraman et al. 1985, S. 41 ff.).

Die Vielschichtigkeit einer Dienstleistung erschwert dem Kunden die Wahrnehmung eines Angebots. Im Gegensatz zu einem Produkt, wie z. B. einem Auto, führen diese Komplexität und mangelnde Transparenz des Angebots zu Unsicherheiten aufseiten des Kunden. Er sucht infolgedessen nach Indikatoren, die ihm eine Konkretisierung der Dienstleistungswahrnehmung ermöglichen und ihn damit vorab in die Lage versetzen, sich ein Urteil über diese Dienstleistung zu bilden. Das Urteil entscheidet dann über Kauf oder Nicht-Kauf. Diese Wahrnehmungsindikatoren vermitteln vorab einen Eindruck und stellen oft ein Qualitäts- und Leistungsversprechen dar. Sie lassen sich nach **Search Qualities** (Prüfeigenschaften), **Experience Qualities** (Erfahrungseigenschaften) und **Credence Qualities** (Vertrauenseigenschaften) unterscheiden (vgl. Kuhnert und Ramme 1998, S. 19).

4.2 Herausforderungen des Dienstleistungsmarketings

Die Vermarktung von Dienstleistungen stellt aufgrund ihrer Immaterialität sowie der besonderen Dreiteilung in Potenzial, Prozess und Ergebnis eine Herausforderung für den Dienstleister dar. Diese Einteilung bietet im Folgenden Ansatzpunkte für den Einsatz des Marketinginstrumentariums für Dienstleistungen. Das Marketinginstrumentarium im klassischen Dienstleistungsmarketing erfährt eine Modifikation der Instrumente des **Marketing-Mix** im Vergleich zu den klassischen Instrumenten des Konsumgütermarketings. Die sogenannten **vier Ps** des Konsumgütermarketings werden um drei weitere Instrumente, nämlich Physical Facilities, Process Management und Personnel ergänzt (vgl. Booms und Bitner 1981, S. 47 ff.; ähnlich Magrath 1986, S. 44 ff.). Damit sprechen wir im Dienstleistungsmarketing nicht mehr nur von den **4 Ps,** sondern von den **7 Ps,** nämlich Product, Price, Place, Promotion, Physical Facilities, Process Management und Personnel.

Da sich Dienstleistungen durch einen **geringen Anteil an Prüfeigenschaften** auszeichnen, sind diese vor dem Kauf nur schwer zu beurteilen, wie z. B. beim Erstbesuch eines Friseurs. Dienstleistungen weisen aber einen **hohen Anteil an Erfahrungseigenschaften** auf, so lässt sich z. B. die Sauberkeit eines Busses nach einer einmonatigen Frequentierung dieses öffentlichen Verkehrsmittels beurteilen. Auch **Vertrauenseigenschaften** sind **ausgeprägt** vorhanden, z. B. das Image eines Arztes oder Rechtsanwalts.

Um die vorhandenen Prüfeigenschaften zu optimieren, bedarf es einer besonderen Beachtung derjenigen Marketinginstrumente, mit denen Prüfeigenschaften besonders zu beeinflussen sind. Dies sind die Physical Facilities, das Personal und die Abwicklung der Prozesse, also das Prozess Management. Der Prozess der Leistungserstellung von Dienstleistungen besteht in der Regel aus **zwei Phasen:** der Vorkombination und der Endkombination (vgl. Corsten und Gössinger 2015, S. 51 ff.).

Die **Vorkombination** baut die Leistungspotenziale wie Lkw, Bus, Flugzeug oder Gebäude auf. Diese sind gleichzusetzten mit den Physical Facilities. Aber auch das Personal des Dienstleisters vermittelt einen ersten Eindruck vom Dienstleister und ermöglicht eine Materialisierung der ansonsten immateriellen Dienstleistung. Die **Endkombination** dagegen beinhaltet den eigentlichen Prozess der Leistungserstellung, indem die Kombination von Physical Facilities mit Personal und dem integrierten externen Faktor (Kunde) die Absatzleistung erstellt. Die in der Vorkombination aufgebauten Leistungspotenziale, wie Physical Facilities und Personal können als Kapazität des Dienstleisters bezeichnet werden. Zu berücksichtigen ist jedoch, dass die Kapazität das generelle Leistungspotenzial meint. Hiervon ist das sofort verfügbare Leistungspotenzial, die Leistungsbereitschaft, zu unterscheiden. Diese kann jederzeit vom Kunden abgerufen werden und somit unabhängig von der tatsächlichen Nachfrage permanent fixe Kosten verursachen (vgl. dazu Corsten und Gössinger 2015, S. 51 ff.; Meffert et al. 2015, S. 27 f.). *„Im Rahmen der Endkombination werden schließlich durch das Zusammenspiel von Leistungsbereitschaft, von weiteren internen Produktionsfaktoren sowie durch die Integration des externen Faktors Absatzleistungen erstellt"* (Meffert et. al. 2018, S. 29).

Im Rahmen der **Physical Facilities** gilt es zu berücksichtigen, dass Dienstleistungen im Zusammenhang mit materiellen Produktionsfaktoren erstellt werden, so z. B. die Ausstattung einer Arztpraxis oder das Gebäude und die Zimmer eines Hotels. Diese Faktoren werden oft als Qualitätsindikatoren herangezogen und können den Physical Facilities im Marketing-Mix eines Dienstleisters zugeordnet werden. Sauberkeit, Funktionalität und hochwertige Ausstattung sind in diesem Zusammenhang Eigenschaften, die eine empfundene Qualität stark beeinflussen.

Die Rolle des **Personals** bei der Vermarktung der Dienstleistungen kann entscheidend sein. So kann kundenorientiertes Personal bis zu einem gewissen Grad Defizite in der Leistungserstellung kompensieren. Darüber hinaus kommt dem Personal die entscheidende Rolle bei der Integration des externen Faktors zu. Die Problematik des externen Faktors (Kunde) bedeutet, dass dieser, wie bereits erwähnt, die Leistung mitproduziert und infolgedessen durch das Personal in den Prozess mit einzubinden ist. Hierfür muss das Personal vor allem durch Schulungen sensibilisiert werden. Andererseits besteht aufseiten des Dienstleisters die Problematik, dass die **Nachfrage** des externen Faktors nach der Dienstleistung nur **schwer zu prognostizieren** ist und Nachfrageschwankungen entstehen können. Die daraus entstehende Gefahr der mangelnden Kapazitätsauslastung hemmt die Investitionsneigung und Modernisierungsmaßnahmen in materielle Produktionsfaktoren (wie Gebäude, Ausstattung etc.). Darunter leidet wiederum die qualitative Abwicklung der Prozesse. Diese potenziellen Schwankungen betreffen aber nicht nur materielle Produktionsfaktoren, wie Maschinen, sondern auch **Mitarbeiter,** die unabhängig von der Nachfrage vorgehalten werden müssen. Dies gilt z. B. für den Busfahrer oder das Hotelpersonal. Hier spielen allerdings nicht nur Aspekte der Aufrechterhaltung der Leistungsbereitschaft, sondern auch rechtliche Fragestellungen eine Rolle. Die Aufrechterhaltung der Leistungsbereitschaft setzt voraus, dass diese hinsichtlich mehrerer Faktoren angepasst werden muss. So sollte eine quantitative Anpassung des Personals durch Umschichtung, Entlassung und Neueinstellung erfolgen. Dieser langfristig orientierten Anpassung folgt die zeitliche Anpassung, die zum Ziel hat, Überstunden und Kurzarbeit zu regeln. Interessanter hinsichtlich der Marketingperspektive erscheint die intensitätsmäßige Anpassung, die sich vor allem auf die Variation der Arbeitsgeschwindigkeit bezieht. Sie kann je nach Branche und Aufgabe sehr unterschiedlich geregelt sein. So spielt bei Verkehrsdienstleistungen die Erhöhung der Geschwindigkeit eine Rolle, wogegen die Beratung durch einen Arzt eher entschleunigt werden sollte. Die qualitative Anpassung dagegen setzt beim notwendigen Qualifikationsniveau an und beinhaltet u. a. die Weiterbildung und Sensibilisierung der Mitarbeiter. Eine weitere Anpassungsnotwendigkeit ergibt sich in räumlicher Hinsicht. Hier geht es um Standortfragen und die Anzahl der Filialen, Betriebshöfe und/oder Niederlassungen (vgl. Meffert et. al. 2018, S. 29 f.). Hinsichtlich der Aufrechterhaltung der Leistungsbereitschaft gilt es zu berücksichtigen, dass gerade bei der quantitativen Anpassung in schwer prognostizierbaren und volatilen Märkten die Neigung besteht, auf selbstständiges Dienstleistungspersonal, Teilzeitkräfte oder kurzfristige Arbeitsverträge zurückzugreifen. Dies birgt zwar ein Kostensenkungspotenzial in sich, allerdings sind die negativen Auswirkungen für die Vermarktung der Dienstleistung zu berücksichtigen. Der Aufbau von langfristigem Mitarbeiter-Know-how ist oftmals so nicht möglich. Nicht außer Acht gelassen werden sollte die demotivierende Wirkung von kurzfristigen Arbeitsverträgen, da sie eine Identifikation mit dem Unternehmen eher verhindern. Aber gerade die Motivation und ein Zugehörigkeitsgefühl im Sinne von „Das ist mein Betrieb!" lassen den Mitarbeiter durch sein Auftreten und seine Kundenorientierung zum Qualitätsindikator werden. Die Search Qualities (Prüfeigenschaften) können durch den kompetenten und kundenorientierten Mitarbeiter zu sogenannten Credence Qualities (Vertrauenseigenschaften) weiterentwickelt werden, die dann zu einer Kundenbindung mit all den damit verbundenen Vorteilen für das Unternehmen führen können. Die

Kundenbindung stellt somit ein Ziel dar, dessen Erreichung zum einen die Schwierigkeit der Prognose der Nachfrage nach Dienstleistungen teilweise kompensiert und zum anderen eine leichtere Integration des externen Faktors ermöglicht.

4.3 Einflussfaktoren auf die Internationalisierung von Dienstleistungen

Die internationale Vermarktung von Dienstleistungen unterscheidet sich von der Vermarktung von Gütern insbesondere durch die Komprimierung von Raum und Zeit. Während produzierende Unternehmen durch eine schrittweise Annäherung an den neuen Markt an Vermarktungserfahrung und Problembewusstsein gewinnen und in der Folge ihre Angebote anpassen können, werden Dienstleistungsunternehmen durch die Simultanität von Produktion und Konsum sofort mit den Problemen des neuen Marktes konfrontiert. Somit sind die Konsequenzen von Entscheidungen bezüglich der internationalen Vermarktung von Dienstleistungen sofort „spürbar".

Die internationale Vermarktung von Dienstleistungen erfordert die Berücksichtigung zahlreicher Einflussfaktoren. Im Folgenden werden einige genannt:

- **Der Einfluss moderner Kommunikationstechnologien**
  Die Nutzung dieser Technologien ermöglicht dem Anbieter, zahlreiche Zielgruppen über die Landesgrenzen hinweg sofort zu erreichen und entsprechend seine Angebote per Mausklick auf verschiedenen Marktplätzen unterzubringen. Damit kann auch das klein- und mittelständische Unternehmen in unmittelbarer Konkurrenz zu großen Unternehmen treten. Die Nutzung von Big Data kann zur erheblichen Verbesserung der Geschäftsprozesse und Vermarktung der Angebote führen. Big Data kann insbesondere auch von Dienstleistungsunternehmen für die internationale Vermarktung von Angeboten genutzt werden. Die Digitalisierung führt zu immer stärker anwachsenden Datenbeständen, die insbesondere für Dienstleistungsunternehmen von zunehmender Bedeutung sind. Neue Formen des Marketings und Vertriebs sowie neue Formen der Interaktion mit dem Kunden ermöglichen dem Dienstleitungsunternehmen seine Angebote zielgruppenspezifischer anzubieten. Insbesondere der Simultanität von Konsum und Produktion kann damit Rechnung getragen werden.
  E-Services und **Cloud Computing** eröffnen immer neuere Wege und Chancen der digitalen Ökonomie. Während E-Services informationsbasierte Produkte und Dienstleistungen über die Interaktion mit Online-Usern anbieten, ermöglicht Cloud Computing den Zugang zu Informationen unabhängig vom Standort oder dem eigenen Computer oder Smartphone. E-Services als Instrument des **Mass Customization** ermöglichen es, jedem Kunden maßgeschneiderte Angebote zu unterbreiten und gleichzeitig von den Vorteilen der Massenproduktion zu profitieren. Der Zugang zu und das Speichern von Informationen wird durch Cloud Computing leichter, schneller und vor allem günstiger. Insbesondere die internationale Vermarktung von Dienst-

leistungen wird durch die Nutzung dieser Technologien begünstigt (vgl. Hollensen 2017, S. 504 f.). Die durch diese Technologien erzeugten Informationen und Daten lassen jedoch auch Bedenken hinsichtlich des Datenschutzes aufkommen. Zwar gibt es in Europa die Datenschutz-Grundverordnung (DSGVO) mit dem Ziel, personenbezogene Daten besser zu schützen (vgl. DSGVO, Art.1 (1)), aber gerade in Ländern mit geringer Rechtsstaatlichkeit sind solche Schutzmechanismen schwer durchsetz- und kontrollierbar. Hier besteht auch die Gefahr, dass Regierungen diese Daten missbrauchen, um oppositionelle Bewegungen besser zu kontrollieren. Als Beispiel sei hier die Informationssammlung und -auswertung sozialer Netzwerke durch die Unternehmensberatung Mc Kinsey genannt. Die Informationen enthielten Angaben über oppositionelle saudische Menschenrechtsaktivisten und Dissidenten. Diese Informationen wurden der saudischen Regierung zugänglich gemacht, was zur Verhaftung der Aktivisten führte (vgl. Spiegel Online 2018).

- **Der Einfluss der Kultur**
Dienstleistungen sind dadurch gekennzeichnet, dass der externe Faktor in den Dienstleistungsprozess integriert wird und damit Dienstleistungen vom Menschen am Menschen erbracht werden. Damit ist der Erfolg oder Misserfolg der Vermarktung dieser Dienstleistungen von dem Werteverständnis der beteiligten Parteien abhängig. Somit sind Dienstleistungen kulturempfindlicher als Produkte. Insbesondere die Unterschiede im Serviceempfinden und der Serviceerwartung können hier herangezogen werden. Als Beispiel sei hier die Servicementalität in US-amerikanischen Supermärkten oder der Dubai Mall genannt. Im Vergleich dazu wird die Situation in deutschen Handelsunternehmen oft als „Servicewüste" bezeichnet (vgl. Tödtmann 2015).
Kulturelle Unterschiede kommen oft in der Beziehung zwischen Anbieter und Konsumenten zum Tragen. Im Business to Business (BtoB)-Bereich dagegen, ist eine kulturelle Anpassungsnotwendigkeit weniger relevant. Sie ist dann erforderlich, wenn bei Geschäftsverhandlungen international nicht so erfahrene Geschäftspartner aufeinandertreffen.

- **Standardisierte versus differenzierte Angebote**
Die Internationalisierung von Unternehmen ist oft von der Frage begleitet, inwieweit das Angebot standardisiert, also unverändert zum Heimatmarkt, angeboten werden kann oder an die Bedingungen des Gastlandes angepasst werden muss.
Prinzipiell streben Unternehmen eine Standardisierung an. Dies ermöglicht Standardisierungseffekte, wie z. B. die „Economies of Scale" und die Vermeidung von kostenintensiven Anpassungsmaßnahmen. Nichtsdestotrotz sind gerade Dienstleistungsunternehmen gezwungen, ihre Angebote an neue Märkte anzupassen. Dies ist insbesondere den Instrumenten des Dienstleistungsmarketing-Mix geschuldet. Dem Instrument Personal z. B. obliegt die Aufgabe, den externen Faktor Kunde in den Dienstleistungsprozess zu integrieren. Damit rücken kulturelle Aspekte der Vermarktung und Kommunikation in den Vordergrund. Insofern ergeben sich bei kultureller Entfernung des Zielmarktes vom Heimatmarkt eine Anpassungsnotwendigkeit und damit differenzierte Angebote (vgl. dazu die Abschn. 6.4.1 und 6.4.2).

Unter Berücksichtigung der o. g. Einflussfaktoren ist zunächst die Frage nach dem Markt und damit verbunden die Frage nach der adäquaten Markteintrittsform zu klären. Diese Fragen und die damit verbundenen Analysen werden in den folgenden Kap. 5 und 6 behandelt.

> **Fragen zu Kap. 4:**
> 1. Wie lassen sich Dienstleistungen über konstitutive Merkmale definieren?
> 2. Welche Charakteristika weisen Dienstleistungen auf?
> 3. Was verstehen Sie unter dem Product-Service Continuum?
> 4. Aus welchen Elementen besteht ein Dienstleitungsmarketing-Mix?
> 5. Warum sind Dienstleistungen kulturempfindlicher als Produkte?
> 6. Inwiefern beeinflusst die Digitalisierung die internationale Vermarktung? von Dienstleistungen?

Literatur

Amstrong, G.; Kotler, P.: Marketing. An Introduction, 5th ed., New Jersey, 2000

Booms, B.; Bitner, M. J.: Marketing Strategies and Organizational Structures for Service Firms, in: Donnelly, J.H.; George, W. R.: Marketing of Services, Chicago, 1981, S. 47–51

Bruhn, M.: Kommunikationspolitik. Systematischer Einsatz der Kommunikation für Unternehmen, 8. Aufl., München, 2015

Corsten, H.; Gössinger, R.: Dienstleistungsmanagement, 6. Aufl., München, 2015

Frietzsche, U.: Externe Faktoren in der Dienstleistungsproduktion: Ansätze zur Lösung von Erfassungs- und Bewertungsproblemen, Wiesbaden, 2001

Hollensen, S: Global Marketing, 7th ed., Pearson, Harlow, 2017

Kuhnert, B.; Ramme, I.: So managen Sie Ihre Servicequalität: Messung und Umsetzung für erfolgreiche Dienstleister, 1. Aufl., Frankfurt am Main, 1998

Magrath, T.: When Marketing Services, 4 Ps Are Not Enough, in: Business Horizons, May/June 1986, S. 44–50

Meffert, H.; Bruhn, M.; Hadwich, K.: Dienstleistungsmarketing, 8. Aufl., Wiesbaden, 2015

Meffert, H.; Bruhn, M.; Hadwich, K.: Dienstleistungsmarketing, 9. Aufl., Wiesbaden, 2018

Parasuraman, A.; Zeithaml, V. A.; Berry, L. L.: A Conceptual Model of Service Quality and Its Implications for Future Research, in: Journal of Marketing, Vol. 49, No. 4, Autumn, 1985, S. 41–50

Ramme, I.: Darstellung und Bedeutung von Dienstleistungen, in: Pepels, W. (Hrsg.): Betriebswirtschaft der Dienstleistungen, 3. Aufl., Berlin, 2015, S. 1–25

Spiegel Online: Saudi-Arabien McKinsey soll Königshaus beim Kampf gegen Kritiker geholfen haben, in: Spiegel Online, 21.10.2018, https://www.spiegel.de/wirtschaft/soziales/saudi-arabien-mckinsey-half-koenigshaus-beim-kampf-gegen-kritiker-a-1234321.html, Stand: 21.10.2018

Tödtmann, C.: Servicewüste Deutschland, Wenn das Unternehmen noch nicht mal das Problem versteht, in: Wirtschaftswoche, 14.10.2015, http://www.wiwo.de/unternehmen/dienstleister/servicewueste-deutschland-wenn-das-unternehmen-noch-nicht-mal-das-problem-versteht/12446774.html, Stand: 21.10.2018

Die Marktselektion

5

Lernziele:

Nach Lesen dieses Kapitels:

- kennen Sie die Bedeutung der Informationsbeschaffung für den darauffolgenden Marktselektionsprozess,
- können Sie zwischen den einstufigen und mehrstufigen Verfahren der Marktselektion differenzieren,
- kennen Sie die Bedeutung des Risikomanagements für die Marktselektion und die internationale Tätigkeit,
- wissen Sie, wie auf Basis einer PEST-Analyse Szenarien für das Gastland entwickelt werden können,
- kennen Sie die Basiskomponenten der Unternehmens- und Marktanalyse.

Die Auswahl von Märkten startet in der Regel mit der Gewinnung von Informationen über die infrage kommenden Märkte. Die Bestimmung der in Frage kommenden Märkte kann das Ergebnis von Vorlieben der Entscheider für bestimmte Länder sein oder auf Geschäftskontakten mit Kunden aus dem Zielmarkt basieren. Sie kann aber auch das Ergebnis von Empfehlungen eigener Mitarbeiter, von Geschäftspartnern und Zulieferern sein. Ebenso kann sie das Ergebnis einer Reaktion auf Aktionen der Konkurrenz sein. Unabhängig davon, wie die Entscheidung zustande gekommen ist, einen oder mehrere Ländermärkte zu bearbeiten, kann die Informationsgewinnung am Anfang des Prozesses darüber entscheiden, ob der Weg in den neuen Markt erfolgreich sein wird oder nicht. Die erlangten Informationen dienen dazu, eine Bewertung der einzelnen Länder hinsichtlich ihrer Erfolgswahrscheinlichkeit vorzunehmen.

5.1 Die Informationsbeschaffung

Die Vorgehensweise zur Beschaffung der zu Beurteilung des Marktes notwendigen Informationen kann mit Bezug auf die Phasen des klassischen Marktforschungsprozesses wie in Abb. 5.1 aussehen:

Nachdem das Problem der Informationsbeschaffung erkannt wurde, stellt sich zunächst die Frage nach der Art der benötigten Informationen: Sind diese qualitativer oder quantitativer Natur? Die Bedeutung qualitativer Informationen zur Beurteilung

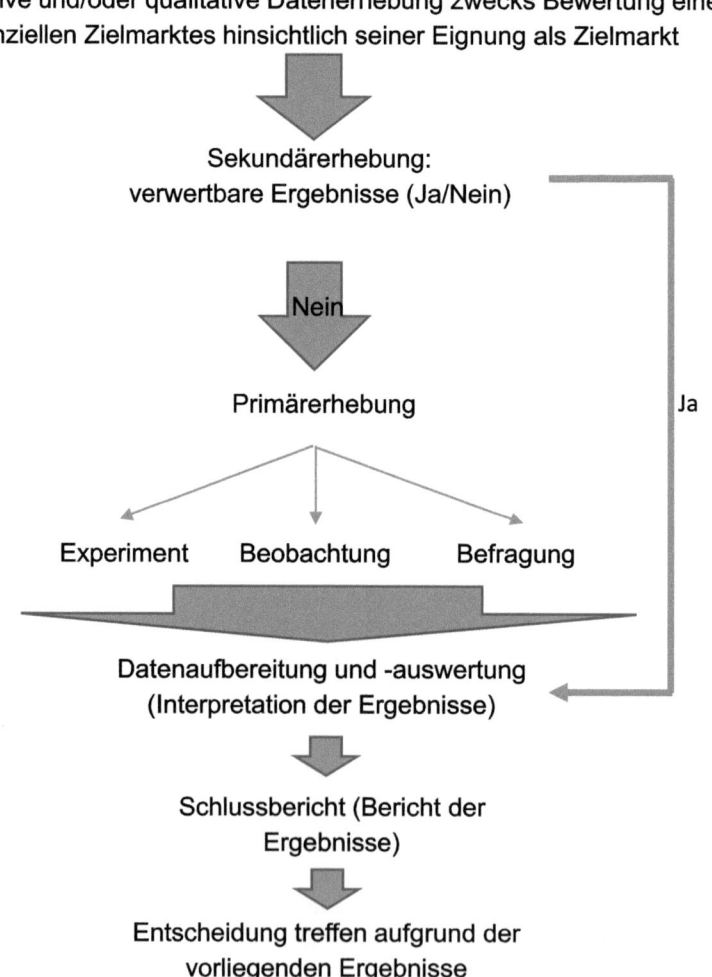

Abb. 5.1 Ablauf des Marktforschungsprozesses

eines Zielmarktes wird umso wichtiger, je spezieller die Branche ist, in der sich das Unternehmen bewegt.

Qualitative Informationen sind u. a. Informationen über spezielle Branchen, über das Rechts- und Wirtschaftssystem sowie über den allgemeinen Außenhandel mit dem Zielmarkt. **Quantitative Informationen** beziehen sich oft auf typische volkswirtschaftliche Kennzahlen, wie das Bruttoinlandsprodukt (BIP), das Pro-Kopf-Einkommen oder die Inflationsrate. Quellen für qualitative Informationen können u. a. Germany Trade and Invest (GTAI), die Gesellschaft für Konsumforschung (Gfk) oder andere global agierende Marktforschungsinstitute sein. Quellen für quantitative Informationen können u. a. nationale und internationale Statistische Ämter, der Business Environment Risk Intelligence-Index (BERI), der Human Development Index (HDI) oder das CIA World-Factbook sein (vgl. dazu Holtbrügge und Welge 2015, S. 98). Die für die Beschaffung von Informationen genutzten Informationsdienste sollten folgende Anforderungen erfüllen:

- Neutralität und Unabhängigkeit
- Berücksichtigung von quantitativen und qualitativen Aspekten
- Zeitvergleiche und Prognosen ermöglichen
- Entscheidungsorientierung
- Transparenz der jeweiligen Bewertungen und Empfehlungen (vgl. Hake 2004, S. 604)

Nachdem die Entscheidung bezüglich der Art der notwendigen Informationen gefallen ist, stellt sich die Frage nach der Art der Informationserhebung, die teilweise auch mit der Art der zu beschaffenden Information zusammenhängt.

Der erste Weg der Informationsbeschaffung wäre die **Sekundärerhebung**. Diese ist oft günstiger als die zweite Form, die Primärerhebung. Die Sekundärerhebung wird häufig für die Gewinnung von quantitativen Daten genutzt, da diese meist von Statistischen Ämtern erhoben und veröffentlicht werden. Diese Informationen sind ohne großen Aufwand, zumindest in Deutschland, leicht beschaffbar. Die Beschaffung quantitativer Informationen über Ämter anderer Länder dagegen kann sich schwieriger gestalten, da in manchen Ländern eine präzise Erhebung eigener volkswirtschaftlicher Daten entweder gar nicht stattfindet oder aber nicht in der Qualität, die in entwickelten Volkswirtschaften gilt. Bruhn und Hadwich sprechen in diesem Zusammenhang von *„politisch motivierter Ergebniskosmetik"* (Bruhn und Hadwich 2016, S. 100). Ergibt sich eine solche Problematik, empfiehlt es sich, im Rahmen der Sekundärerhebung auf die Daten supranationaler Organisationen zurückzugreifen.

Führen die **Sekundärinformationen** nicht zu verwertbaren Informationen, wäre der nächste und oft kostenintensivere Schritt die **Primärerhebung**. Diese kann im Rahmen des Marktforschungsprozesses drei Formen annehmen: die Befragung, die Beobachtung und das Experiment. Die Durchführung von Experimenten ist im frühen Stadium der Internationalisierung nicht zu empfehlen, da hierfür eine stärkere Kenntnis des Marktes und der Zielgruppe notwendig ist. Dies gilt insbesondere dann, wenn es um Entscheidungen bezüglich der Versuchsanordnungen geht. Leichter einzusetzen sind dagegen die Befragung und die Beobachtung. Aber auch hier gilt zu berücksichtigen, dass eine Untersuchung vor Ort eine Anpassung der jeweiligen Untersuchungsmethode erfordert. Die ist umso wahrscheinlicher, je größer die geografische und kulturelle Distanz ist. Diese beeinflusst die Akzeptanz der jeweiligen Untersuchungsmethode. Bei Befragungen beispielsweise besteht oft die Notwendigkeit, die Fragen an vor Ort geltende Höflichkeitsattribute anzupassen oder sozial unerwünschte Fragen ganz zu vermeiden. Die Art der Befragung spielt in diesem Zusammenhang auch eine Rolle, so sind z. B. US-amerikanische Führungskräfte einer E-Mail-Befragung gegenüber offener, als es japanische Führungskräfte sind (vgl. Simmet-Blomberg 1998, S. 300 ff.; Bauer 2009, S. 64 ff.; Berndt et al. 2016, S. 64 f.).

Auch die Methode der Beobachtung kann von unterschiedlichen Rahmenbedingungen der neuen Märkte beeinflusst werden. An dieser Stelle sind vor allem rechtliche Aspekte, wie unterschiedliche Auffassungen bezüglich der Datenerhebung und -verwertung, zu nennen. Die Erhebung und Verwendung personenbezogener Daten bedarf der Zustimmung der betroffenen Personen. Dies gilt nicht bei der Erhebung anonymer Daten, die einer konkreten Person nicht zugeordnet werden können. Beobachtungen allerdings erlauben eine direkte Zuordnung von Erhebungsdaten und unterliegen damit in Deutschland dem Bundesdatenschutzgesetz (BDSG) und der Datenschutz-Grundverordnung (DSGVO). Befragungen müssen in Europa transparent gestaltet sein und der zu Beobachtende muss hierüber informiert werden (vgl. Art. 21 DSVGO). Außerhalb der EU mögen andere Bestimmungen bezüglich des Datenschutzes gelten und evtl. auch Beobachtungen, die eine personenbezogene Zuordnung von Daten ermöglichen, möglich sein (vgl. Chen und Shi-Kupfer 2017, S. 1–2). Das Ausnutzen laxer Datenschutzbestimmungen in anderen Zielmärkten widerspricht in den meisten Fällen der Unternehmensphilosophie und den Grundsätzen europäischer Unternehmen und ist daher nicht zu empfehlen. Das Festhalten an den selbst gesetzten Regeln, die auch in Ländern mit anderen Standards eingehalten werden sollten, ist mit langfristigen Vorteilen verbunden (vgl. Saleh 2018a, S. 3 ff.).

Die Digitalisierung führt bzw. hat bereits dazu geführt, dass die Sekundärerhebung an Bedeutung gewinnt. Digitale Medien führen zu einer immer größeren Menge von Daten, die nicht nur durch die Technologien erhoben werden können (Logfiles), sondern auch von den Nutzern freiwillig bereitgestellt werden, wie es am Beispiel der sozialen Medien wie Facebook etc. zu beobachten ist (vgl. Meffert et al. 2019, S. 170 f.). Die immer größer und komplexer werdenden Datenmengen (Big Data) können auch für die Bewertung eines neuen Zielmarktes, z. B. durch die Auswertung von Facebook Eintragungen von Usern eines speziellen Zielmarktes, herangezogen werden. Allerdings erfordert die Auswertung von Big Data – aufgrund der vier Charakteristika Volume, Velocity, Variety und Veracity – neuere Methoden, die unter den Begriff **Data Science** zusammengefasst werden können (vgl. Meffert et al. 2019, S. 171 f.). Die Erfassung und Auswertung von Big Data unterstützt nicht nur die Qualität, sondern auch die Schnelligkeit der Entscheidungsfindungen des Managements. Dies kann insbesondere bei schnell zu treffenden Entscheidungen, z. B. bei der Preispolitik im Rahmen einer Neueinführung eines Angebots, von Bedeutung sein. So hat z. B. die Firma Starbucks bei einer Neueinführung eines neuen Kaffeeprodukts mithilfe von überwachten Blogs, Twitter und Kaffee-Foren innerhalb eines Tages feststellen können, dass der Preis zu hoch angesetzt war. Nachdem der Preis gesenkt wurde, verschwanden auch die negativen Kommentare über das neue Angebot. Im Gegensatz zur klassischen Vorgehensweise, bei der zunächst auf Umsatzrückmeldungen gewartet werden muss, konnte aufgrund von Big Data Analytics sofort innerhalb eines Tages reagiert werden (vgl. Watson 2014, S. 1251).

Unabhängig davon, wie die Informationen erhoben wurden und welche Art der Informationen zur Bewertung eines Ländermarktes vorliegen, müssen auszuwertende und zu nutzende Daten folgende Voraussetzungen erfüllen:

- Reliabilität
- Validität
- Aktualität
- Ausgewogenes Kosten- und Nutzenverhältnis (vgl. Meffert et al. 2019, S. 178 f.)

Im Rahmen des klassischen Marktforschungsprozesses werden die gewonnenen Informationen aufbereitet und ausgewertet. Die in diesem Zusammenhang oft genannten Methoden der multivariaten statistischen Analysen oder der Data Science (vgl. dazu Meffert et al. 2019, S. 203 ff.) erfordern verlässliche Daten und werden im Zusammenhang mit der Erforschung eines vorab definierten Marktes angewendet. Im Rahmen der Marktauswahl hingegen geht es zunächst darum, unter den infrage kommenden Märkten denjenigen Markt zu finden, der der Zielsetzung eines Unternehmens am besten Rechnung tragen kann. Der Marktauswahl liegt in der Regel ein Selektionsprozess zugrunde, der einstufig oder mehrstufig erfolgen kann. Die im Rahmen der Informationsbeschaffung generierten Daten sind sowohl für die einstufigen- als auch die mehrstufigen Verfahren notwendig.

5.2 Einstufige Verfahren der Marktauswahl

Die einstufigen Verfahren der Marktauswahl können als Verfahren der Grobselektion gewertet werden, da diese zunächst Märkte anhand bestimmter Indikatoren bewerten, um eine Selektionsentscheidung treffen zu können. Eine Selektion ist immer dann notwendig, wenn mehrere potenzielle Märkte zur Auswahl stehen und die vorhandenen Unternehmenskapazitäten nicht ausreichen, mehrere Märkte gleichzeitig zu bearbeiten. Unabhängig davon können diese Indikatoren auch herangezogen werden, wenn die Entscheidung für einen bestimmten Markt bereits getroffen wurde, ohne dass eine Selektion vorab stattgefunden hat. Dann dienen diese Indikatoren dazu, die Chancen und Risiken des Marktes zu erfassen und zu bewerten. Die Gesamtbetrachtung der Chancen und Risiken des Marktes und der Stärken und Schwächen des Unternehmens ermöglicht die Entwicklung von Eintrittsstrategien.

Das **Checklistenverfahren,** die **Nutzwertanalyse** und die **modifizierte Portfolioanalyse** können im Zusammenhang mit der Grobselektion genannt werden.

Eine **Checkliste**, die anhand bestimmter Kriterien die Eignung eines Landes als Zielmarkt überprüft, lässt sich einfach und kostengünstig anwenden. Sekundärinformationen reichen in der Regel aus, um die Erfüllung der Kriterien im potenziellen Zielmarkt zu überprüfen.

Die klassische Checklistentechnik geht in der Regel vom Vorhanden- oder Nicht-Vorhandensein bestimmter Kriterien aus. Es werden auf Basis dieser Checklisten diejenigen Länder aussortiert, die bestimmte Kriterien nicht erfüllen. Das Checklistenverfahren erfreut sich einer größeren Beliebtheit bei Unternehmen als andere Verfahren (vgl. Scharrer 2001, S. 198 f.; Berndt et. al. 2016, S. 162). Dies liegt an den mit dieser Methode verbundenen Vorteilen wie der einfachen Anwendung und den geringen Kosten. Nachteilig ist die subjektive Auswahl der Kriterien. Weiterhin kann in bestimmten Ländern nicht gewährleistet werden, dass die gewonnenen Informationen bezüglich der angesetzten Kriterien zuverlässig sind (vgl. Berndt et. al. 2016, S. 134). Checklisten können darüber hinaus zu einer Fülle von Kriterien führen, deren Bedeutung für den Markteintritt als gleichwertig angesehen wird. Um diesen Nachteil zu umgehen, bietet sich eine **modifizierte Checkliste** an. Dieser etwas differenziertere Ansatz einer Checkliste ist in Abb. 5.2 dargestellt. Die Bewertung der einzelnen Kriterien kann mithilfe der Priorisierungstechnik Must-Should-Could-Won't (MoSCoW) erfolgen. Im Gegensatz zur ähnlich anmutenden Nutzwertanalyse findet hier keine Gewichtung der einzelnen Kriterien statt, sondern eine Priorisierung. Welche Kriterien sind auf jeden Fall zu erfüllen, welche sollen und welche können erfüllt sein? Die Priorisierung dieser einzelnen Kriterien erfolgt in Anlehnung an die MoSCow-Technik nach Dai Clegg. **MoSCow** steht für Must-Should-Could-Won't (vgl. Ferraro und Sichani 2018, S. 90). Diese Methode stammt aus dem Projektmanagement und dient der Priorisierung von Zielen. Analog können die o.g. Kriterien hinsichtlich ihrer Wichtigkeit in Muss, Soll, Kann und Nicht-Kriterien bzw. unbedeutende Kriterien eingeteilt werden. Die Muss-Kriterien (Must) sind von großer Bedeutung für den Erfolg. Der Zielmarkt muss diese auf jeden Fall aufweisen. Als mögliches Beispiel kann an dieser Stelle die Rechtssicherheit aufgeführt werden. Die Soll-Kriterien (Should) sind kritische Kriterien, die den Erfolg gefährden können, so z. B. die Korruption in einem Land. Die Kann-Kriterien (Could) können erfüllt werden, der Erfolg des Markteintritts hängt von ihnen allerdings nicht ab. Sie können den Markteintritt, z. B. durch die Verbreitung der englischen Sprache im Zielmarkt, unterstützen. Das Nicht-Ziel oder Won't-Kriterium hat keinerlei Bedeutung für den Erfolg im Zielmarkt und kann vernachlässigt werden; z. B. hat die Vorschrift von Importkontingenten für ein Dienstleistungsunternehmen i. d. R. keine Bedeutung.

Die grobe Richtlinie der MoSCow-Methode besagt, dass maximal 60 % der Kriterien der Muss-Kategorie entsprechen sollten und die übrigen 40 % sich jeweils zur Hälfte aus Soll- und Kann-Kriterien zusammensetzen sollten (vgl. Ferraro und Sichani 2018, S. 90; Windolph o. J.). Diese Einteilung im Projektmanagement hat zum Ziel, die Kriterien einzugrenzen und nach Wichtigkeit zu kategorisieren.

5.2 Einstufige Verfahren der Marktauswahl

Kriterien	Land A				Land B			
	Must	Should	Could	Won't	Must	Should	Could	Won't
A. Allgemeine Umwelt mit Bezug zur PEST-Analyse								
Politische Situation - Parteienvielfalt - Gewaltenteilung - Rechtsstaatlichkeit - Menschenrechtssituation - Recht auf Privateigentum - Verstaatlichungsgefahr - Schutz des geistigen Eigentums - Ausgereiftes Arbeitsrecht								
- Korruption - Lobbyismus - Datensicherheit - Spionagegefahr - Terrorgefahr - Populismus - Etc.								
Ökonomische Situation - Wirtschaftswachstum - Kaufkraft - BIP - Arbeitslosenquote - Gini-Koeffizient - Anteil des Dienstleistungssektors am BIP - Lohnkosten - Währungskonvertibilität - Zugang zum Kapitalmarkt - Inflationsrate - Etc.								
Soziokulturelle Situation - Demografie - Einfluss der Religion auf Politik, Gesellschaft und Wirtschaft - Einstellung gegenüber Dienstleistungen - Lifestyles - Sprache - Bildungsstand - Etc.								
Technologische Situation - Grad der Digitalisierung - Internetverfügbarkeit - Datenschutzbestimmungen - Innovationskraft - Logistik und Transportwege - Forschungsmittel - Etc.								

Abb. 5.2 Checkliste zur Länderauswahl mit der MoSCoW-Methode

B. Ergebnisse der Beurteilung der Dienstleistungsbranche im Zielmarkt	Must	Should	Could	Won't	Must	Should	Could	Won't
Marktsättigung - Ja - Nein - Bis zu 70%								
Marktpotenzial - Nicht ausgeschöpft - Ausgeschöpft - 30% verfügbar								
Verfügbarkeit von qualifiziertem Personal - Hinsichtlich Quantität - Hinsichtlich Qualität - Lohnkosten - Bildungspotenzial								
Branchenzuwachsraten - 5% - 10% - 15% - 20%								
Konkurrenz - Bedrohlich - Nicht bedrohlich - Verdrängungswettbewerb								
Dienstleistungsbewusstsein - Vorhanden - Nicht vorhanden								
Integrationsmöglichkeiten für den Pro/sumenten - Einfach - Mittel - Schwierig								

Gestaltungsfreiheit bezüglich des Marketing-Mix (7Ps)
- Alle 7Ps
- Einschränkungen bei
  - Price
  - Promotion
  - Physical-Facilities
  - Etc.								

Abb. 5.2 (Fortsetzung)

Zu den weiteren einstufigen Methoden der Marktselektion zählt die **Nutzwertanalyse.** Hier werden die jeweiligen Kriterien zunächst gewichtet. Zusätzlich wird die jeweilige Erfüllung des Kriteriums mit einem Punktwert versehen. Die Multiplikation der jeweiligen Gewichtung mit der jeweiligen Bewertung ergibt für jedes Kriterium einen gewichteten Punktwert. Die Summe der gewichteten Punktwerte der einzelnen Kriterien ergibt einen Gesamtwert. Die Entscheidung würde dann zugunsten des Marktes fallen, der den höchsten Gesamtwert erreicht hat. Abb. 5.3 zeigt eine exemplarische Nutzwertanalyse zur Ländermarktselektion.

5.2 Einstufige Verfahren der Marktauswahl

Kriterien	Gewichtung	Bewertung x Gewichtung			
		Land A	Land B	Land C	Land D
A. Allgemeine Umwelt mit Bezug zur PEST-Analyse	45%				
Politische-rechtliche Situation - Parteienvielfalt - Gewaltenteilung - Rechtsstaatlichkeit - Menschenrechtssituation - Recht auf Privateigentum - Verstaatlichungsgefahr - Schutz des geistigen Eigentums - Ausgereiftes Arbeitsrecht - Korruption - Lobbyismus - Datensicherheit - Spionagegefahr - Terrorgefahr - Populismus - Etc.	15%				
Ökonomische Situation - Wirtschaftswachstum - Kaufkraft - BIP - Arbeitslosenquote - Gini-Koeffizient - Anteil des Dienstleistungssektors am BIP - Lohnkosten - Währungskonvertibilität - Zugang zum Kapitalmarkt - Inflationsrate - Etc.	15%				
Soziokulturelle Situation - Demografie - Einfluss der Religion auf Politik, Gesellschaft und Wirtschaft - Einstellung gegenüber Dienstleistungen - Lifestyles - Sprache - Bildungsstand - Etc.	10%				
Technologische Situation - Grad der Digitalisierung - Internetverfügbarkeit - Datenschutzbestimmungen - Innovationskraft - Logistik und Transportwege - Forschungsmittel - Etc.	5%				

Abb. 5.3 Nutzwertanalyse zur Ländermarktselektion

B. Ergebnisse der Beurteilung der Dienstleistungsbranche im Zielmarkt	55%				
Marktsättigung - Ja - Nein - Bis zu 70%	2%				
Marktpotenzial - Nicht ausgeschöpft - Ausgeschöpft - 30% verfügbar	3%				
Verfügbarkeit von qualifiziertem Personal - Hinsichtlich Quantität - Hinsichtlich Qualität - Lohnkosten - Bildungspotenzial	5%				
Branchenzuwachsraten - 5% - 10% - 15% - 20%	5%				
Konkurrenz - Bedrohlich - Nicht bedrohlich - Verdrängungswettbewerb	10%				
Dienstleistungsbewusstsein - Vorhanden - Nicht vorhanden	10%				
Integrationsmöglichkeiten für den Pro/sumenten - Einfach - Mittel - Schwierig	10%				

Gestaltungsfreiheit bezüglich des Marketing-Mix (7Ps)
 	
- Alle 7Ps
- Einschränkungen bei
  - Price
  - Promotion
  - Physical Facilities
  - Etc.
	10%				

Summe	100%	Score	Score	Score	Score

Abb. 5.3 (Fortsetzung)

Die Nutzwertanalyse als zweites betrachtetes Verfahren ist ähnlich einfach zu handhaben wie das Checklistenverfahren und ermöglicht darüber hinaus, die Kriterien je nach Bedeutung unterschiedlich zu gewichten. Damit beruht die Entscheidung auf einer strukturierteren Basis als beim klassischen Checklistenverfahren. Nachteilig ist, ähnlich wie bei Checklistenverfahren, die subjektive Kriterienwahl. Auch hier besteht die Problematik von unzuverlässigen Informationen bezüglich der einzelnen Kriterien. Weiterhin besteht die Gefahr, dass sich gute und schlechte Bewertungen ausgleichen und damit ein verzerrtes Bild bezüglich eines potenziellen Zielmarktes entstehen kann (vgl. dazu Berndt et. al. 2016, S. 135). Als weiteres Verfahren der Marktselektion ist die **9-Felder-Portfolioanalyse nach Mc Kinsey** anzuführen. Die 9-Felder Portfolioanalyse sieht in ihrer klassischen Ausprägung mit den beiden Dimensionen relativer Wettbewerbsvorteil und Marktattraktivität drei Normstrategien vor. Diese ergeben sich aufgrund der Einteilung der Portfolioanalyse in drei Bereiche, die jeweils drei Felder umfassen. Daraus leiten sich die Strategien der Abschöpfungs-, der Selektions- und der Investitionsstrategie ab (vgl. dazu Bea und Haas 2019, S. 170). Im Rahmen der Anwendung der 9-Felder-Portfolioanalyse für die Marktselektion bietet sich eine differenziertere und modifizierte Vorgehensweise an. Diese Portfoliomethode visualisiert im Gegensatz zu den zuvor genannten beiden Methoden die Marktattraktivität und das Risiko eines Zielmarktes (vgl. dazu Hünerberg 1994, S. 111 f.; Berndt et al. 2016, S. 137 f.). Je nach Position des Zielmarktes in der Portfoliodarstellung lassen sich entsprechende Normstrategien ableiten. Die Abb. 5.4 zeigt die Einteilung der Portfolioanalyse in neun Felder, die als Schwerpunkt-, Gelegenheits-, Präsenz- und Absatzmärkte bezeichnet werden. Jeder Marktkategorie lassen sich Normstrategien zuordnen.

Die Einteilung der Märkte in **Gelegenheits- und Abstinenzmärkte** kann mit Bezug auf die Felder 2 und 4 variieren, je nachdem wie stark das Unternehmen Risiken als Bedrohung empfindet und Bedrohungen managen kann. **Gelegenheitsmärkte** eignen sich für sporadische Geschäfte, die oft als Mitnahmegeschäft bezeichnet werden. Hier ist ein geringes Marktengagement sinnvoll.

Abb. 5.4 Normstrategien der 9-Felder-Portfolioanalyse für die Marktselektion

Bei einer starken Risikoaversion können Gelegenheitsmärkte, wie z. B. Feld 4 mit einem mittleren Risiko und geringer Marktattraktivität, auch als Abstinenzmarkt eingeschätzt werden. Ähnliches gilt für Feld 2. Ist die Risikoaversion hoch, würde auch dieses Feld als Abstinenzmarkt klassifiziert werden. Eine Hilfestellung für eine leichtere Bewertung des Einflusses des Risikos bietet der Bezug auf den **Business Environmental Risk Intelligence Index (BERI).** Das BERI Institut bewertet 50 Länder dreimal im Jahr. Dabei werden drei Kategorien untersucht: das allgemeine Geschäftsklima **(ORI, Operation Risk Index),** das politische Risiko **(PRI, Poltical Risk Index)** und das Transferrisiko bei Rücktransfer von Kapital und Erträgen **(RI, Repatriation Risk Index).** Für jedes Risiko wird aufgrund von Expertenbefragungen bezüglich ORI und PRI und einer BERI- Mitarbeiterbeurteilung bezüglich des RI ein Punktwert ermittelt, der den maximalen Wert von 100 annehmen kann. Je nach Kategorie ergeben sich Punktwertgrenzen, die von einem hohen, mittleren oder geringen Risiko bezüglich Geschäftsklima, Stabilität und Rücktransfer von Kapital ausgehen. Die Gesamtbewertung der Länderrisiken gibt der **Combined Score** an. Dazu werden die Punkte der drei Kategorien addiert und durch die Anzahl der Kategorien geteilt (vgl. Hake 2004, S. 606 ff.).

Der Bezug auf die BERI-Indizes für die Einteilung der 9-Felder einer Portfolioanalyse lässt sich damit begründen, dass BERI bei der Ermittlung der Indizes nicht nur Risiken abzubilden versucht, sondern auch einige Bewertungskriterien berücksichtigt, die die Marktattraktivität beeinflussen. Dies gilt insbesondere für den Operation Risk-Index und den Repatriation Risk-Index.

Der Combined Score lässt mit Bezug **zur oben erwähnten Portfolioanalyse** folgende Schlussfolgerungen zu (vgl. dazu Hake 2004, S. 607 f.):

	Sehr Gering 1	Gering 2	Mittel 3	Gut 4	Sehr Gut 5	Gewichtungsfaktor %	Ergebnis = Gewichtung x Bewertung
Rechtssicherheit			3			15%	0,45
Zahlungsmoral		2				5%	0,1
Politische Unruhen				4		10%	0,4
Politische Abhängigkeit von Großmächten			3			5%	0,15
Aktuelle Regierungspolitik			3			10%	0,3
Soziale Konflikte				4		10%	0,4
Populistische Bedrohungen				4		5%	0,2
Terroristische Bedrohungen			3			5%	0,15
Korruption				4		10%	0,4
Lobbyismus			3			10%	0,3
Schutz des geistigen Eigentums		2				15%	0,3
Summe							3,15

Abb. 5.5 Bestimmung des Risikos für einen Zielmarkt

5.2 Einstufige Verfahren der Marktauswahl

Kriterien	Sehr gering 1	Gering 2	Mittel 3	Gut 4	Sehr gut 5	Gewichtungsfaktor %	Ergebnis= Gewichtung x Bewertung
Marktpotenzial			2			15%	0,3
Marktwachstum		2				10%	0,2
Kaufkraft					5	15%	0,75
Wettbewerbsdruck			3			5%	0,15
Preiselastizität		2				10%	0,2
Komplementäranbieter				4		5%	0,2
Kundenstruktur		2				10%	0,2
Kundensouveränität				4		10%	0,4
Dienstleistungsbewusstsein			3			10%	0,3
Substitutionsangebote und Imitationen			3			5%	0,15
Know-how-Schutz				4		5%	0,2
Summe							3,05

Abb. 5.6 Bestimmung der Marktattraktivität eines Zielmarktes

Abb. 5.7 9-Felder-Portfolioanalyse zur Klassifizierung eines Zielmarktes

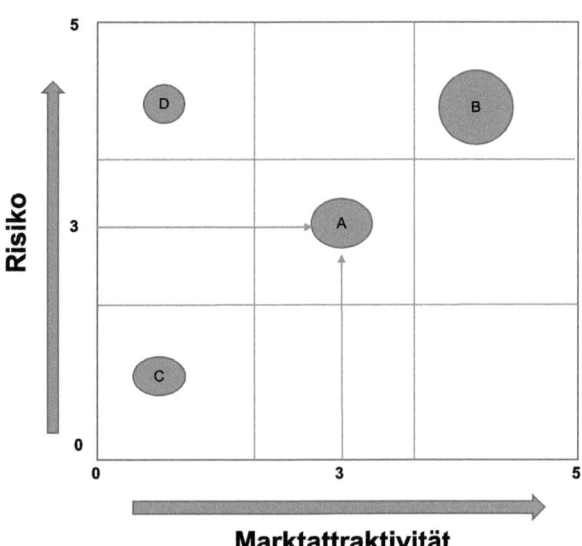

60–100 Punkte	=> Schwerpunktmärkte, Felder 8,9,6
55–59 Punkte	=> Präsenzmärkte, Felder 7,5,3
40–54 Punkte	=> Gelegenheitsmärkte, Felder 2, 4
weniger als 39 Punkte	=> Abstinenzmarkt, Feld 1.

Mit Bezug zum Gelegenheitsmarkt, Feld 2, würde ein BERI-Punktwert von weniger als 39 Punkte dazu führen, diesen Markt als Abstinenzmarkt zu klassifizieren und diesen infolgedessen zu meiden. In derselben Art und Weise lässt sich mit Feld 4 verfahren. Die Vorgehensweise zur Einordnung eines Ländermarktes in die 9-Felder-Portfolioanalyse ist in den Abb. 5.5, 5.6 und 5.7 dargestellt:

- Die Bestimmung des Punktwertes für das Risiko eines Landes A ist in Abb. 5.5 dargestellt:
- Die Bestimmung des Punktwertes für die Marktattraktivität eines Landes A ist in Abb. 5.6 dargestellt:
- Aufgrund der ermittelten Punktewerte ergibt sich eine Einordnung des Ländermarktes wie in Abb. 5.7 dargestellt.

Ist eine Einordnung erfolgt und haben sich die zur Wahl stehenden Märkte als **Abstinenz,- Gelegenheits,- Präsenz- und Schwerpunktmärkte** klassifizieren lassen, stellt sich die Frage, welche Normstrategien sich aus dieser Einordnung ableiten lassen. Der Abb. 5.7 ist zu entnehmen, dass der betrachtete Zielmarkt ein Präsenzmarkt ist, d. h. hier gelten eine selektive Mittelzuweisung und ein fallweises Engagement. Die übrigen dem Schaubild zu entnehmenden Kreise stellen andere Ländermärkte dar, die vorab eine Einordnung erfahren haben. Die Größe des Kreisdurchmessers kann unterschiedliche Größen, je nach Relevanz für das analysierende Unternehmen, annehmen. So könnte der Durchmesser der Kreise entweder die Leistungsstärke der betrachteten Volkswirtschaft, das Pro-Kopf-Einkommens oder aber auch die Kaufkraft in dem jeweiligen Land darstellen. Für ein Dienstleistungsunternehmen können diese Größen in Bezug zur Nachfrage und/oder zur Bedeutung der Dienstleistungen in diesen Märkten gesetzt werden. Die Portfolioanalyse ist ähnlich wie die genannten Verfahren zuvor leicht anwendbar und visualisiert die Einordnung von Zielmärkten anhand der beiden Dimensionen Marktattraktivität und Risiko. Sie ermöglicht die Orientierung anhand von Normstrategien, weist aber ähnliche Nachteile wie die Nutzwertanalyse auf, da die Bewertung der Märkte anhand der Dimensionen Marktattraktivität und Risiko mit Hilfe von Nutzwertanalysen erfolgt. Weiterhin ist oft eine klare Abgrenzung von Marktattraktivität und Risiko nicht möglich, da sich diese beiden Dimensionen hinsichtlich einzelner Kriterien oft überschneiden (vgl. Berndt et. al. 2016, S. 137 f.).

Die o. g. Verfahren dienen in der Regel der **Grobselektion** von Märkten. Eine Feinselektion kann über eine Wirtschaftlichkeitsrechnung mithilfe statischer wie auch dynamischer Methoden erfolgen. Statische Wirtschaftlichkeitsrechnungen haben den Nachteil, dass sie den Zeitwert des Geldes bzw. die Unterschiede in der zeitlichen Entwicklung einer Investition nicht berücksichtigen. Deswegen sollten an dieser Stelle und insbesondere dann, wenn ein langfristiges Engagement in einem ausländischen Markt geplant ist, dynamische Methoden der **Wirtschaftlichkeitsanalyse** herangezogen werden. In diesem Zusammenhang sei auf die **Kapitalwertmethode** verwiesen.

Diese kann nach Berndt et.al. wie in Formel 1 dargestellt aussehen:

Formel 1: Formel der Kapitalwertmethode

$$C_{ol} = - \sum_{t=0}^{T} I_{tl}(1+i)^{-t} + \sum_{t=1}^{T} (E_{tl} - A_{tl})(1+i)^{-t} + L_{Tl}(1+i)^{-T}$$

C_{0l}: Kapitalwert des Ländermarktsegments l (l = 1,.., L),
I_{tl}: Finanzmittelbedarf für das Engagement in Ländermarktsegment l in der Periode t,
E_{tl}: Einzahlungen aus dem Engagement in Ländermarksegment l in der Periode t (t = 1, ..., T),
A_{tl}: Auszahlungen für das Engagement in Ländermarktsegment l in der Periode t,
L_{Tl}: Liquidationserlös für den Austritt aus dem Auslandsmarktsegment l am Ende des Planungszeitraums T,
i: Kalkulationszinsfuß.
(Quelle: Berndt et.al. 2016, S. 152).

Das Entscheidungskriterium für oder gegen einen Ländermarkt ist die Höhe des Kapitalwerts.

Zu den o.g. Verfahren ist anzumerken, dass die einstufigen Verfahren der Marktauswahl die Ausgangssituation der Unternehmen nicht berücksichtigen. Stärken und Schwächen eines Dienstleistungsunternehmens, die den Markteintritt begünstigen oder gefährden können, sind nicht Gegenstand der Betrachtung dieser Verfahren. Die Wahl des richtigen Markteintritts hängt jedoch sowohl von den externen als auch internen Bedingungen ab. Die Wahl der **Markteintrittsform** wiederum bestimmt u. a. den Umfang der Anfangsausgaben, so ist z. B. die Anfangsinvestition bei einer **Direktinvestition** aufgrund der damit verbundenen Kapitalbindung höher als bei einer **Lizenzierung** oder strategischen Allianz. Infolgedessen ist es sinnvoller, eine Wirtschaftlichkeitsrechnung im Zusammenhang mit der Wahl der Markteintrittsform durchzuführen (vgl. dazu Abschn. 6.2.5). Um eine adäquate Markteintrittsform zu entwickeln, sind sowohl externe, aus der Umwelt des Zielmarktes resultierende Faktoren als auch unternehmensinterne Faktoren zu berücksichtigen. Dies führt im Vergleich zu den einstufigen Auswahlverfahren zu einer differenzierteren Betrachtungsweise. In diesem Zusammenhang bietet sich ein mehrstufiges Verfahren der Marktauswahl an.

5.3 Mehrstufiges Verfahren der Marktauswahl

Das mehrstufige Verfahren der Marktauswahl stellt ein sukzessives Vorgehen dar, indem anhand von unterschiedlichen Stufen eine Auswahl von infrage kommenden Ländermärkten erfolgt. Dabei können die Ergebnisse der einstufigen Verfahren Anwendung finden.

5.3.1 Erste Selektionsstufe: Die Risikoanalyse

Im Rahmen eines mehrstufigen Prozesses der Marktselektion bietet sich als erste Stufe eine **Risikoanalyse** an. **Risiken** können politischer, ökonomischer oder soziokultureller Natur sein. Die Risikoanalyse dient im Rahmen der **Marktauswahl** u. a. dazu, zunächst Risiken zu identifizieren, die als Ausschlusskriterium gewertet werden können. Solche Risiken sind derart schwerwiegend, dass auch ein Risikomanagement in Form von Risikoverringerung, -streuung und -überwälzung keinen Sinn macht und diese Länder somit als Abstinenzmärkte einzustufen sind.

Die Risikoanalyse beschränkt sich allerdings nicht nur darauf, diejenigen Risiken zu identifizieren, die im Rahmen der Marktauswahl als **Ausschlusskriterium** herangezogen werden können. Da sich Risiken in ihren Auswirkungen auf Unternehmen unterscheiden, lassen sich bestimmte Risiken, die nicht grundsätzlich zu den Ausschlusskriterien zählen, auch managen. Dazu ist es zunächst notwendig, die Art der Risiken in den infrage kommenden Ländern zu identifizieren, die Bedeutung dieser Risiken für den Unternehmenserfolg zu bewerten, die Wahrscheinlichkeit des Eintretens der ermittelten Risiken zu prognostizieren und Lösungswege für den Umgang mit diesen Risiken zu entwickeln. Auch wenn bestimmte Risiken zunächst als Ausschlusskriterium für einen Markteintritt wirken, sollten diese Risiken im Hinblick auf die dem Unternehmen zur Verfügung stehenden Risikomanagementtechniken analysiert werden, um zu einer genaueren Einschätzung des Bedrohungspotenzials zu kommen. **Risikomanagementmaßnahmen** können vor, während und nach dem Markteintritt Anwendung finden.

Die später folgende PEST-Analyse kann zwar auch zur **Risikoidentifikation** herangezogen werden, allerdings besteht deren Zielsetzung nicht nur darin, Risiken zu identifizieren, sondern auch darin, Chancen zu erkennen, die Kosten des Marktes zu prognostizieren und das Datenmaterial für zu entwickelnde Szenarien und Entscheidungen zu liefern. Insofern wird die PEST-Analyse in der Folge als weitere Stufe der Marktauswahl herangezogen.

Prinzipiell gilt es, bei der Risikoanalyse zwischen den allgemeinen Risiken der wirtschaftlichen Tätigkeit in einem Markt, dem allgemeinen Marktrisiko und dem speziellen Risiko eines bestimmten neuen Ländermarktes, dem Länderrisiko, zu unterscheiden. Das Marktrisiko besteht u. a. darin, den Markt falsch zu bearbeiten, z. B. durch einen nicht zielgruppenorientierten Marketing-Mix, eine falsche Preispolitik oder durch Forderungsausfall, etc. Mit diesen Risiken werden Unternehmen sowohl national als auch international konfrontiert und sind nicht ausschließlich das Ergebnis der internationalen Tätigkeit. Diese allgemeinen Marktrisiken werden im Folgenden nicht weiter thematisiert. Das Länderrisiko wiederum lässt sich in zwei Arten unterscheiden, das allgemeine Risiko, das sogenannte Makrorisiko und das spezielle Branchenrisiko oder Mikrorisiko. Das **Makrorisiko** betrifft die allgemeinen Risiken des Landes wie die politische und ökonomische Ausgangssituation oder spezielle kulturelle Faktoren. Das **Mikrorisiko** ist das Risiko einer speziellen Branche. So kann z. B. ein Länderbewertungsdienst wie z.B. BERI zu einer allgemeinen positiven Einschätzung eines

Ländermarktes hinsichtlich des politischen und operativen Risikos kommen (Makrorisiko). Dennoch können Unternehmen einer bestimmten Branche in diesem Markt von Enteignungen oder rechtlichen Restriktionen, wie z. B. vorgeschriebene Beteiligungen des inländischen **Joint-Venture** Partners, bedroht sein (Mikrorisiko). Die **Cyberkriminalität** als Bedrohung, beispielsweise betrifft Unternehmen unterschiedlich stark. Dienstleistungen, wie z. B. die Leistungen eines Friseurs sind in der Regel durch Cyberkriminalität weniger bedroht, als dies bei Technologiekonzernen der Fall sein kann.

Die folgenden Ausführungen befassen sich zunächst mit allgemeinen Risikomanagementtechniken, um in der Folge direkter auf bestimmte Risikoarten und deren Management einzugehen.

5.3.1.1 Risikomanagement

Nach Bea/Haas ist Risikomanagement *„die Gesamtheit der Maßnahmen zur Handhabung der Risiken"* (Bea und Haas 2019, S. 128). Gleißner geht in seiner Definition weiter und bezieht die Chancen in das Risikomanagement mit ein und definiert Risikomanagement als *„das systematische Denken und Handeln im Umgang mit Chancen und Gefahren (Risiken)"* (Gleißner 2017, S. 21). Ein Punkt, der oft im klassischen Risikomanagement vernachlässigt wird, ist die Möglichkeit, **ein Risiko in eine Chance** umzuwandeln. In diesem Zusammenhang sei auf das Beispiel der Citibank verwiesen, die 1996 als erste westliche Bank eine Islamic Banking Filiale in Bahrain eröffnete (vgl. Schuster 2013, S. 15). In einer Region, in der die Spannungen zwischen den USA und dem politischen Islam seit Jahren eher zunehmen als abnehmen, liegt die Vermutung nahe, dass westliche Unternehmen religiöse Einflüsse eher als Bedrohung empfinden denn als Chancen. Die Citibank dagegen hatte hier eine Marktchance entdeckt. Sie versuchte, das neue Marktsegment des islamkonformen Konsumenten zu erschließen.

Nicht alle Risiken lassen sich in Chancen umwandeln. Insbesondere wenn diese Risiken ad hoc und ohne Vorankündigung auftreten. Lassen sich Risiken gut prognostizieren, so ist ein Unternehmen in der Lage, Reaktionsmöglichkeiten und Gegenmaßnahmen zu entwickeln. Politische Risiken können auch spontan auftreten, wie z. B. der „arabische Frühling" im Jahre 2011. Auch wenn solche Entwicklungen nur schwer prognostizierbar sind, empfiehlt sich dennoch, ein Frühwarnsystem für solche Entwicklungen einzusetzen. Derartige **Frühwarnsysteme** beziehen sich hauptsächlich auf politische Risiken, die eine große Bedeutung bei der Ermittlung von Länderrisiken haben. Dies liegt daran, dass politische Risiken schwerer zu prognostizieren sind und die damit verbundenen Auswirkungen auch andere Risikoarten wie z. B. das ökonomische oder auch kulturelle Risiko beeinflussen. Eine veränderte Gesetzgebung, aufgrund eines Regierungswechsels kann z. B. das Investitionsklima in einem Land durch Enteignungen bedrohen. Gesetzesänderungen können auch kulturelle Aspekte des Zielmarktes in das wirtschaftliche Leben hineintragen, wie z. B. das Zinsverbot in einigen islamischen Ländern. Insofern spielen sogenannte Frühwarnsysteme, insbesondere zu Erfassung der politischen Risiken eine wichtige Rolle. Deresky sieht zwei Möglichkeiten der rechtzeitigen Erfassung von politischen Risiken, erstens die Zuhilfenahme von externen Experten, die den jeweiligen Ländermarkt kennen, zweitens die diesbezügliche Qualifizierung eigener Mitarbeiter (vgl. Deresky, 2014, S. 44). Vor allem für ein langfristiges Engagement in verschiedenen Ländermärkten ist die zweite Variante vorzuziehen. Bea/Hass schlagen die Entwicklung von Früherkennungssystemen vor. Diese scannen die Umwelt, um Bedrohungen rechtzeitig zu erkennen (vgl. dazu Bea und Haas 2019, S. 320 ff.). Die Vorgehensweise des **Scannens** der Umwelt ist mit dem Scannen im Rahmen des Stakeholdermanagements zu vergleichen. Ähnlich wie beim Stakeholdermanagement wird zunächst die Umwelt des Zielmarktes gescannt, die relevanten Veränderungen im Zielmarkt identifiziert, das sogenannte **Monitoring,** und im Rahmen des **Forcastings** Richtung, Ausmaß und Intensität der Veränderung ermittelt. Anschließend folgt das **Assessment,** die Bewertung dieser Veränderungen (vgl. Bea und Haas 2019, S. 122 ff.). Auf Basis dieser bewerteten Veränderungen werden geeignete Maßnahmen entwickelt, um diesen Bedrohungen zu begegnen.

Vergleichbar mit dem **Stakeholdermanagement** stellt das Scanning die schwierigste Phase dar. Es stellt sich die Frage, wo die Grenzen des Scannings zu ziehen sind. Was soll alles in die Betrachtung mit einbezogen werden? Was ist relevant, was weniger wichtig? Hier bietet es sich an, das Scanning auf bestimmte Felder zu konzentrieren, die als Indikatoren qualitativer Natur herangezogen werden können. Die Tab. 5.1 gibt einen Überblick über mögliche Beobachtungsfelder innerhalb eines Ländermarktes.

Die Tab. 5.1 umfasst nicht alle möglichen Scannobjekte eines Ländermarktes und einige der genannten Faktoren betreffen nur bestimmte Branchen. Nichtsdestotrotz ist eine Eingrenzung für eine erste Einschätzung des Ländermarktes wichtig, um sich nicht in der Fülle der möglichen Analyseobjekte zu verlieren. Es gilt allerdings zu berücksichtigen, dass eine zu starke Konzentration auf die genannten Faktoren dazu führen kann, dass nicht genannte Faktoren ausgeklammert bzw. ausgeblendet werden, obwohl diese für die eine oder andere Branche von Bedeutung sein können. Insofern sollten die Scannobjekte sowohl im Zeitablauf als auch branchenbezogen modifiziert bzw. ergänzt werden.

Das Ziel der Analyse der in der Tab. 5.1 genannten Punkte ist es, nach „schwachen Signalen" (vgl. dazu Ansoff 1976) Ausschau zu halten. Um die Umwelt nach schwachen Signalen, die eine mögliche Bedrohung ankündigen können, zu scannen, ist die Einrichtung der Stelle eines Informationsbrokers oder einer entsprechenden Abteilung anzuraten. Diese haben die Aufgabe, die Umwelt nach schwachen Signalen zu scannen. Solche schwachen Signale sind oft qualitativer Natur und werden in Form von Meinungen und Stellungnahmen von Politikern oder anderen Persönlichkeiten mit einem Informationsvorsprung angekündigt (vgl. Bea und Haas 2019, S. 325 ff.). Neben der Fähigkeit des Informationsbrokers solche Aussagen richtig zu deuten und die in diesen Aussagen vorhandenen schwachen Signale zu erkennen, muss dieser neben den traditionellen Medien wie z. B. politische Fernsehberichte, Tageszeitungen oder Fachzeitschriften auch die sozialen Medien wie Twitterbotschaften oder Facebook-Einträge bestimmter Persönlichkeiten und Entscheider auswerten. Die weitere Vorgehensweise entspricht der Vorgehensweise im klassischen Stakeholdermanagement (vgl. weiterführend Freeman 2010; Bea und Hass 2019, S. 122 ff.).

5.3 Mehrstufiges Verfahren der Marktauswahl

Tab. 5.1 Beobachtungsfelder eines Ländermarktes

Externe Faktoren	Interne Faktoren	Regierung des Zielmarktes	Wichtige Stakeholder im Zielmarkt
Konflikte mit Nachbarstaaten	Bevölkerungsentwicklung	Stabilität	Militär und dessen Einfluss auf die Politik und Wirtschaft eines Landes
Regionale Instabilitäten, Kriegsgefahr	Interne Machtkämpfe	Grad der Bürokratie	Gewerkschaften und Arbeitnehmervertreter
Einfluss ausländischer Regierungen auf die Politik und Wirtschaft des Zielmarktes	Konflikte zwischen den lokalen Ethnien	Wirtschaftspolitik • Investitionsanreize • Recht auf Privateigentum Steuerpolitik	Vorhandensein einflussreicher Familien
Grad der Abhängigkeit von ausländischen Ressourcen	Inflation, Arbeitslosenquote, Besteuerung und weitere ökonomische Faktoren	Parteienvielfalt • Demokratische Parteien • Populistische Parteien • Jeweilige Parteiprogramme • Wahlprognosen	Lokale und internationale Umweltorganisationen
Hauptabsatz und -beschaffungsmärkte	Stärke der Opposition	Persönlichkeiten • Einflussreiche Familien • Einflussreiche Politiker • Einflussreiche Unternehmer	Einfluss der intellektuellen Elite eines Landes
	Separatistische Bestrebungen in bestimmten Regionen des Landes	Einfluss der Wirtschaft auf die Politik	Einfluss religiöser Gruppe
	Grad der Digitalisierung	Einfluss der Politik auf die Wirtschaft	Migranten und Migrationsbewegungen
			Potenzielle Kunden

Sind die jeweiligen Risiken erkannt und hinsichtlich ihres Bedrohungspotenzials bewertet worden, stellt sich die Frage nach geeigneten Maßnahmen mit diesen Risiken umzugehen. Die Maßnahmen des Risikomanagements sind auf das jeweilige Unternehmen abzustimmen und können je nach Ländermarkt und Bedrohung unterschiedlich sein. Die Entscheidung darüber, welche Maßnahmen für ein Unternehmen sinnvoll sind, hängt von dem jeweiligen Leistungsangebot und dem Stadium des Engagements im jeweiligen Zielmarkt ab. Folgende Maßnahmen des Risikomanagements können Anwendung finden (vgl. dazu Deresky 2014, S. 441 ff.; Luthans und Doh 2018, S. 373 ff.):

a) **Aufbau von Netzwerken mit Regierungsorganen und wichtigen Entscheidern vor Ort.**
Das Netzwerkmanagement ist in vielen Ländern von großer Bedeutung. Persönliche Beziehungen zu wichtigen Entscheidungsträgern werden in manchen Ländern als Schlüssel zum Erfolg gesehen. So wird im China- Geschäft on „Guanxi", eine Art Beziehungsmanagement, gesprochen (vgl. Müller und Gelbrich 2015, 536 ff.). Ziel dieser Kontakte ist es, Risiken präventiv zu begegnen und/oder Hilfestellung von den Netzwerkpartnern bei der Bewältigung der Risiken im neuen Zielmarkt zu bekommen.

b) **Aufbau einer Verhandlungsmacht im neuen Ländermarkt.**
Ist ein Unternehmen in der Lage, über eine neue schwer kopierbare oder geschützte Technologie zu verfügen, die im neuen Zielmarkt gefragt ist, schützt das für einen gewissen Zeitraum das Unternehmen vor Bedrohungen durch die Gastlandregierung (z. B. durch Verstaatlichung etc.). Dienstleistungsunternehmen können in diesem Zusammenhang über ein spezielles Management Know-how verfügen, welches im Zielmarkt nicht verfügbar ist. Solche Vorteile sind allerdings zeitlich beschränkt, da das Kopieren oder der eigene Aufbau von Technologie und Know-how diesen Vorteil zeitlich befristet.

c) **Stärkeres Einbinden der eigenen Tätigkeiten in die lokale Unternehmensinfrastruktur** im neuen Zielmarkt, sodass der Eindruck eines lokalen Unternehmens entsteht. Dies kann dadurch geschehen, dass bestimmte notwendige Vorleistungen der Leistungserstellung aus dem neuen Ländermarkt lokal beschafft werden (z. B. die Beschaffung von Ausstattungselementen wie Möbel oder Software für den Dienstleister etc.).
Ein weiterer Punkt zur stärkeren Integration im neuen Zielmarkt ist die Beschaffung und der vermehrte Einsatz lokaler Mitarbeiter, insbesondere für Führungspositionen bei gleichzeitiger Verringerung des Einsatzes von Expatriates. Joint Ventures mit lokalen Unternehmen tragen ebenfalls zu einer stärkeren Einbindung im neuen Ländermarkt bei. Dazu kann auch der Aufbau von Beziehungen zu Gewerkschaften und anderen Arbeitnehmervertretungen im Gastland beitragen. Eine zu starke Einbindung in die Unternehmensinfrastruktur des Gastlandes ist allerdings zu vermeiden, wenn die Wahrscheinlichkeit groß ist, dass das unternehmensspezifische Know-how durch diese starke Einbindung gefährdet wird.

d) **Engagement in karitativen und entwicklungspolitischen Maßnahmen im neuen Ländermarkt,** wie z. B. beim Aufbau von Schulen, Krankenhäusern, etc., Solche Maßnahmen haben das Ziel, Vorwürfen seitens der Opposition oder politischer Gruppierungen zu begegnen. Derartige Vorwürfe beinhalten oft die Aussage, dass insbesondere westliche Unternehmen mit kolonialer Vergangenheit ihren „Beutezug" in anderer Form fortsetzen und lediglich die Ausbeutung des Zielmarktes beabsichtigen.
e) **Risikoversicherungen abschließen** (vgl. dazu Euler Hermes Global o. J.)
f) **Kreditaufnahme bei lokalen Banken** oder die Inanspruchnahme von Investitionsanreizen der lokalen Regierung, um Abhängigkeiten zu schaffen.
g) **Risikovermeidung durch Rückzug oder Abstinenz.** Dies wäre immer dann der Fall, wenn die Risiken als zu hoch eingeschätzt werden und Risikomanagementmaßnahmen nicht anwendbar oder in keinem Verhältnis zu einem evtl. Nutzen des Marktengagements stehen würden

Die Anwendung dieser Maßnahmen hängt von der jeweiligen Risikoart ab mit der ein Unternehmen im Ausland konfrontiert werden kann.

5.3.1.2 Risikoarten im internationalen Management

Nachdem verschiedene Risikomanagementtechniken vorgestellt wurden, wird nachfolgend auf bestimmte Risikoarten eingegangen und unter Bezugnahme auf die o.g. Techniken gezeigt wie ein Umgang mit diesen Risiken möglich ist. Die folgenden Risikoarten beziehen sich auf Risiken, die aufgrund der Tätigkeit in speziellen Ländermärkten auftreten können. Diese Risiken können sich ändern und sind dem Wandel der Zeit unterworfen. Der „Global Risks Report 2019" des World Economic Forums kommt im Rahmen einer Befragung unter 916 Experten aus Wirtschaft, Gesellschaft, Politik, Technik und anderen zu dem Schluss, dass vor allem die ökonomische und politische Konfrontation zwischen den Großmächten und die damit verbundene Erosion von multilateralen Vereinbarungen und Regeln als größte Bedrohungen für 2019 zu sehen sind. (vgl. Word Economic Forum 2019, S. 12).

Das „Allianz Risikobarometer" identifiziert z. B. Cyber-Angriffe und Betriebsunterbrechungen als die größten Risiken für 2019. (vgl. Allianz 2019). Die identifizierten Risiken treten global auf und stellen für viele Unternehmen eine Bedrohung dar. Da die Ergebnisse dieser genannten Untersuchungen auf Befragungen beruhen, besteht hier die Gefahr, dass die Antworten durch die in der Gesellschaft und den Medien aktuell diskutierten Themen geprägt sind. Weiterhin ist die Bedeutung der jeweiligen Risiken stark von der Branche abhängig, in der das jeweilige Unternehmen tätig ist.

Insofern ist eine Risikoanalyse im Zusammenhang mit der Bewertung eines Ländermarktes unternehmensindividuell durchzuführen. Sekundärinformationen können zwar für eine erste Orientierung herangezogen werden, dürfen aber nicht die ausschlaggebende Beurteilungsbasis darstellen. Unternehmenseigene Untersuchungen, die das eigene Leistungsangebot im Fokus haben, sind hier anzuraten. Die hierfür zur Verfügung stehenden Instrumente sind zahlreich. Zu nennen sind u. a. Risiko-Checklisten, Delphi Panels, Ursachenbaumanalysen, Benchmarking-Analysen, Risikoworkshops, Statistische

Datenanalysen, Failure Mode and Effects Analysis (FMEA-Analysen) etc. (vgl. weiterführend Gleißner 2017, S. 101 ff.).

Die in einem Ländermarkt möglichen Risiken sind vielfältig und bedürfen einer Kategorisierung. Aufgrund der zunehmenden Bedeutung unternehmensethischer Überlegungen soll zunächst auf die Problematik des Verstoßes gegen die eigenen Unternehmensgrundsätze eingegangen werden. Weitere spezielle Länderrisiken sind rechtlicher, politischer, ökonomischer und kultureller Natur:

a) **Verstoß gegen die eigenen Unternehmensgrundsätze (Compliance Risiken)**
Zielmärkte, die wirtschaftlich attraktiv sind, stellen für jedes Unternehmen eine Chance dar. Widerspricht jedoch das Engagement in diesen Märkten den Unternehmensgrundsätzen, ist die Tätigkeit in diesen Märkten risikobehaftet. Widerspricht z. B. die politische Situation in einem Land der Unternehmensphilosophie und dem Wertesystem eines Unternehmens, so kann dies ein Grund sein, sich in diesem Zielmarkt nicht zu engagieren. Beispielsweise können Unternehmen das Prinzip vertreten, nicht in Ländern tätig zu werden, in denen die Menschenrechte nicht gewahrt werden oder in denen keine Rechtsstaatlichkeit herrscht. So stoppte z. B. die Firma Walt Disney Company im Jahr 2013 die Produktion ihrer Merchandise-Artikel in Bangladesch aufgrund inhumaner Arbeitsbedingungen (vgl. Spiegel Online 2013).

Die Bedeutung von selbst gesetzten Regeln und Verhaltensgrundsätzen spielt in Unternehmen angesichts zahlreicher Skandale eine immer wichtigere Rolle. Die Unternehmensphilosophie und Unternehmensgrundsätze bestimmen die **Corporate Identity** und **Unternehmenskultur.** Diese kommunizieren die Identität des Unternehmens nach außen und nach innen. Die einheitlich gelebte Unternehmensidentität hat zum Ziel, ein stimmiges Denken, Fühlen und Handeln zu erzeugen und damit Authentizität und Integrität nach außen und nach innen aufzuweisen (vgl. Macharzina und Wolf 2018, S. 244). Die gewünschte Wirkung nach innen besteht u. a. darin, die Motivation wie auch die Mitarbeiterproduktivität zu erhöhen. Der Mitarbeiter soll sich mit dem Unternehmen identifizieren und gleichzeitig kundenorientiert verhalten. Die nach außen gewünschte Wirkung besteht darin, Glaubwürdigkeit, Akzeptanz, Vertrauen, Zuneigung und eine emotionale Bindung sowie die damit verbundene Positionierung im Markt zu erreichen (vgl. dazu Bieberstein 2016, S. 365 f.). Es soll damit „*ein schlüssiges und widerspruchsfreies Auftreten aller Mitarbeiter sowohl untereinander (interne Kommunikation) als auch gegenüber den Marktpartnern*" (Bieberstein 2016, S. 370) entstehen. Dieses widerspruchsfreie Auftreten kommt insbesondere bei der Vermarktung von Dienstleistungen zum Tragen. Umgesetzt wird dieses Auftreten durch das Personal des Dienstleistungsunternehmens, welches entscheidend dazu beiträgt, ein Image aufzubauen, das dazu führen soll, dass das Selbstbild des Unternehmens mit dem Fremdbild übereinstimmt (vgl. Schnettler und Wendt 2009, S. 241). Ist dies der Fall, entsteht Vertrauen und im besten Fall eine emotionale Verankerung des Unternehmens beim Kunden. Ein Verstoß gegen Unternehmensgrundsätze wie z. B. das Engagement in einer Diktatur oder der Verstoß gegen Beschlüsse und Gesetze des Heimatlandes hat damit insbesondere für den Dienstleister selbst negative Auswirkungen. Aufgrund der Immaterialität der Dienstleistung sind das Image und der Ruf des Unternehmens als Qualitätsindikator bedeutungsvoll. Ein Widerspruch zwischen propagierten Unternehmensgrundsätzen und tatsächlichem Handeln führt zum Verlust von Integrität, die aber insbesondere für den Dienstleister, der die Erfüllung der Leistung zunächst verspricht, von hoher Relevanz ist. Aufgrund der zunehmenden Bedeutung der Einhaltung von Unternehmensgrundsätzen und Regeln im nationalen wie auch internationalen Kontext gehen immer mehr Unternehmen dazu über, eine Compliance-Organisation und/oder Compliance-Stellen meist in Form eines „**Compliance Officers**" einzurichten. Dieser hat die u. a. die Aufgabe, die Einhaltung der Regeln für ein Unternehmen zu überwachen und weiterzuentwickeln (vgl. VW Geschäftsbericht 2017).

b) **Rechtliche Risiken** sind neue rechtliche Bedingungen, mit denen Unternehmen im neuen Zielmarkt konfrontiert werden können, wie z. B. Regulungen bezüglich der notwendigen Rechtsform oder Vorgaben bezüglich der Anzahl der einheimischen Mitarbeiter. So gab es für viele deutsche Unternehmen, die in China wirtschaftlich tätig sein wollten, die Vorschrift, den Markteintritt nur in Form eine Joint Ventures vorzunehmen (vgl. BDI 2018). Diese Form des Markteintritts bringt aber die Gefahr des Know-how-Abflusses mit sich.

Von der Vorschrift eines Joint Ventures weicht China inzwischen ab, sodass andere Eintrittsformen zurzeit möglich sind. Als Beispiel sei hier die Allianz Versicherungsgesellschaft genannt, die als erstes ausländisches Versicherungsunternehmen eine Holding, ohne die bisher notwendige chinesische Beteiligung, gründen durfte (Handelsblatt 2018).

Auch rechtliche Regelungen des Heimatlandes, die die Art des wirtschaftlichen Umgangs mit einem ausländischen Zielmarkt regeln, können ein Risiko darstellen. So kann z. B. der Verstoß gegen Exportregelungen des Heimatlandes dazu führen, dass bestimmte Länder oder Länderregionen als Abstinenzmärkte zu klassifizieren sind. Als Beispiel hierfür wäre u. a. das deutsche Unternehmen Heckler & Koch zu nennen, welches zwischen 2003 und 2011 Waffen in verbotene Gebiete Mexikos lieferte (vgl. Obermaier und Ott 2015).

Weitere rechtliche Risiken sind die mangelnde **Rechtsstaatlichkeit,** wenn es z. B. um die Durchsetzung von Verträgen geht. Diese Problematik ist in vielen Fällen mit einer Art von politischem Risiko verbunden. Vor allem dann, wenn rechtliche Regelungen eines Landes auf den Weg gebracht werden, die nur bestimmte Unternehmen eines Landes oder eine Branche betreffen, wird von einem mikropolitischen Risiko gesprochen.

Solche Regelungen sind z. B. diskriminierende Behandlung von ausländischen Firmen bei der Durchsetzung von Gesetzen und Regelungen oder Teilverstaatlichungen und Repatriierungsbarrieren (vgl. Deresky 2014, S. 43).

Die Vielfalt der unterschiedlichen Zielmärkte bringt auch unterschiedliche Rechtssysteme mit sich, deren mangelnde Kenntnis ein Risiko darstellen kann. Die Hauptrechtssysteme, mit denen global agierende Unternehmen konfrontiert werden können sind das **Civil Law, Common Law und Islamic Law.** Das **Civil-Law-System** ist hauptsächlich Kontinentaleuropa zu zurechnen und basiert auf dem geschriebenen Gesetz, das von nationalen Gesetzgebern geschaffen wird. Das hauptsächlich im angelsächsischen Raum vorhandene **Common Law** basiert auf dem sogenannten Richterrecht, in dem diese die Rechtsprechung u. a. durch den Bezug auf Präzedenzfälle vollziehen. Das Common Law wird durch die Gerichte weiterentwickelt.

Da das deutsche Rechtssystem zum Civil Law zählt, ist das Engagement in Ländern, die sich diesem Rechtssystem zurechnen, rechtlich als wenig problematisch anzusehen. Anders verhält es sich, wenn es um das Common Law geht. Hier unterscheiden sich die Regelungen, insbesondere beim Vertragsrecht (vgl. Albin 2009).

Das **Islamic Law** leitet sich aus Regeln und Bestimmungen des Korans ab und gewinnt zunehmend nicht nur in der sogenannten islamischen Welt an Bedeutung. Auch europäische Unternehmen nutzen diese Art der Rechtsprechung, um z. B. islamkonforme Produkte, wie zinslose Bankanlagen, anzubieten (vgl. dazu UBL UK o. J.)

Um rechtliche Risiken managen zu können, bietet sich an erster Stelle die Zuhilfenahme von lokalen Juristen und Beratern an. Je nach Ausprägung der Rechtsstaatlichkeit im Zielmarkt können auch international agierende Juristen hilfreich sein. Bei mangelnder Rechtssicherheit dagegen kann ein gut durchdachtes Beziehungsmanagement bzw. Netzwerk hilfreich sein, um rechtliche Probleme zu lösen. Dazu zählen auch Lobbyismus und die Unterstützung von Parteien des Zielmarktes, solange diese Aktivitäten nicht im Widerspruch zum Rechtssystem des Gastlandes stehen.

c) **Politische Risiken**

Politische Risiken sind vielfältig. Dazu gehören die jeweilige Regierungsform, das Fehlen von Rechtsstaatlichkeit, Unruhen, oder der Einfluss von anderen Staaten auf die Politik eines Landes, um nur einige zu nennen.

Politische Risiken sind umso bedeutsamer für ein Unternehmen, je höher die notwendigen Direktinvestitionen in einem Land sind. Im Vergleich zu produzierenden Unternehmen ist die Höhe der Direktinvestitionen für Dienstleistungsunternehmen geringer. Damit ist auch ein geringeres Risiko für Dienstleistungsunternehmen verbunden (vgl. Billen und Raff 2005, S. 159).

Oft bestimmt die Politik eines Landes die Gesetzgebung und damit das Verhältnis dieses Staates zu Eigentum und Auslandsinvestitionen. Politische Risiken sind zwar hauptsächlich im ausländischen Zielmarkt gegeben, aber auch das Heimatland eines Unternehmens oder ein Drittland kann Ursache für ein politisches Risiko sein. Verstößt z. B. ein Unternehmen gegen Exportregeln oder Embargobestimmungen des Heimatlandes, so liegt hier ein politisches Risiko vor. Drittstaaten können auch Ursache für ein politisches Risiko sein, so zogen sich im Jahr 2019 immer mehr deutsche Unternehmen aufgrund des Drucks der USA aus dem Iran-Geschäft zurück (vgl. Handelsblatt 2019).

Politische Risiken sind unterschiedlich in ihrer Ausprägung und erfordern je nach Risiko auch unterschiedliche Maßnahmen. Politische Ursachen wie z. B. das politische System im Zielland, das Fehlen von Rechtsstaatlichkeit, politische Unruhen und Aufstände oder aber auch der unberechenbare Einfluss des Militärs sowie die Bedrohung durch Terrorismus stellen Risiken dar, deren Bedrohungsintensität je nach

Unternehmen unterschiedlich wahrgenommen werden kann. Unternehmen, die über gute Netzwerke und Beziehungen im Zielmarkt verfügen oder Lobbyismus betreiben, können damit gewisse politische Risiken umgehen bzw. managen (vgl. dazu Luthans und Doh 2018, S. 170–172).

Es stellt sich an dieser Stelle allerdings die Frage, inwieweit dieses Beziehungsmanagement gehen darf. Beziehungen zu offiziellen Regierungen, auch wenn diese Diktaturen sind, die die Menschenrechte nicht wahren, werden seitens westlicher Regierungen oft toleriert. Als Beispiele seien die Beziehungen zu Saudi-Arabien oder Ägypten genannt. Hier bleibt es oft dem Unternehmen überlassen, ob ein Engagement in diesen Ländern sich mit dem Selbstverständnis des Unternehmens vereinbaren lässt oder nicht. Werden allerdings die Beziehungen zu repressiven Regimen starker medialer Aufmerksamkeit ausgesetzt, so entscheiden sich Unternehmen oft für den Rückzug aus diesen Ländern. So hatten im Jahre 2018 zahlreiche westliche Unternehmen eine Wirtschaftskonferenz in Saudi-Arabien boykottiert. Grund hierfür war der Mord an dem saudi-arabischen Journalisten Adnan Khashoggi, der dem saudi-arabischen Herrscherhaus angelastet wird (vgl. Spiegel Online 2018).

Völlig anders und weitaus schwieriger zu managen sind terroristische Bedrohungen. Auch wenn westliche Regierungen nach einer gewissen Zeit der kriegerischen Auseinandersetzungen mit Gruppierungen, die als terroristisch gelten, verhandeln, wie z. B. die Friedensverhandlungen der USA mit den Taliban (vgl. dazu Zeit Online, Afghanistan 2019), ist es für Unternehmen äußerst kritisch, diesen Weg zu gehen. Auch wenn es bei Unternehmen darum geht, sich vor dieser Bedrohung zu schützen, kann jeder Kontakt mit derartigen Gruppierungen oft strafrechtliche Konsequenzen zur Folge haben. So ermittelte die französische Justiz gegen den Ex-LafargeHolcim-Chef Eric Olsen wegen Terrorfinanzierung. Dieser trug die Verantwortung für eine Fabrik des Konzerns in Syrien, die ab dem Jahre 2012 von verschiedenen extremistischen Gruppen in der Region bedroht wurde. Um dieser Bedrohung zu begegnen und weiter produzieren zu können, zahlte der Konzern Schutzgelder. Damit entstand der Vorwurf der Terrorfinanzierung. Zwischenzeitlich ist das Verfahren gegen Eric Olsen eingestellt worden (vgl. Bürgi 2017; Daum 2017; Handelszeitung 2019).

Enteignungen und gesetzliche Bestimmungen, die die Anteilsmehrheit des einheimischen Partners bei Joint Ventures vorsehen, stellen weitere Risiken politischer Natur dar (vgl. export.gov 2019). Enteignungen betreffen oft Unternehmen die Leistungen anbieten, die eine hohe Bedeutung für den Zielmarkt haben, wie z. B. Infrastrukturindustrien oder Energieversorger. Um Enteignungen zu vermeiden, kann das Schaffen von Abhängigkeiten sinnvoll sein. So bieten sich Joint Ventures oder das stärkere, vor allem finanzielle, Einbinden von lokalen Partnern an. Eine weitere Möglichkeit wäre die Kreditaufnahme im lokalen Bankensektor. Joint Ventures schaffen Abhängigkeiten vor allem dann, wenn der lokale Partner eine Regierungsinstitution darstellt. Allerdings besteht hier die Gefahr des Know-how-Abflusses, sodass in einem solchen Fall das Einbringen von Schlüsseltechnologien in diesen neuen Markt eher vermieden werden sollte. Das Gleiche gilt bezüglich von

Local-Content-Bestimmungen eines Landes. Diese Vorschrift, die den Anteil der Wertschöpfung an einer Leistung im Zielmarkt festlegt, kann dazu führen, dass ein Unternehmen stärker in die lokale Unternehmensinfrastruktur eingebunden wird und damit ein gewisser Vorschub gegen Enteignungen geleistet werden kann. Local-Content-Bestimmungen stellen immer dann eine Bedrohung dar, wenn die Gefahr des Know-how- Abflusses bestehen kann.

d) **Ökonomische Risiken**

Ländermärkte weisen für Unternehmen in der Regel ähnliche Marktrisiken wie im Heimatland auf. Dazu zählt das allgemeine Marktrisiko wie z. B. falsche Preispolitik oder ein schlechteres Marketing-Mix bzw. der Forderungsausfall. Diese mikroökonomischen Risiken sind aber nicht speziell auf die internationale Tätigkeit zurückzuführen, sondern bestehen in jedem Markt. Anders verhält es sich mit dem makroökonomischen Risiko, welches vor allem durch die wirtschaftliche Ausgangssituation der Volkswirtschaft eines Ländermarktes geprägt ist.

Das Risiko der wirtschaftlichen Tätigkeit in diesen Ländern ist vor allem durch den Entwicklungsstand der Volkswirtschaft oder den Verschuldungsgrad des Landes geprägt. Veränderungen in der Investitionspolitik oder Fiskalpolitik eines Landes können Bedrohungen darstellen und hängen in der Regel mit den politischen Risiken eines Landes zusammen. Insofern können hier je nach Art und Bedeutung der ökonomischen Risiken die o.g. Maßnahmen des Risikomanagements Anwendung finden (vgl. Abschn. 5.3.1.1). Unabhängig davon, ist jedoch eine regelmäßige Bewertung der ökonomischen Situation des Zielmarktes notwendig. Dazu können Kennzahlen wie z. B. der Verschuldungsgrad, das BIP, die Inflationsrate oder aber auch die Arbeitslosenzahl und das Volumen der Direktinvestitionen ausländischer Unternehmen herangezogen werden. Eine Bewertung der ökonomischen Perspektive eines Ländermarktes beinhaltet auch qualitative Aspekte wie die Bewertung der Einstellung und Fähigkeiten der politischen Führung eines Landes. Hier ergeben sich wieder eindeutige Überschneidungen zu den politischen Risiken, sodass ökonomische und politische Risiken bei der Risikoanalyse immer im Gesamtzusammenhang gesehen werden sollten. (vgl. Derseky 2014, S. 45; Holtbrügge und Welge 2015, S. 427).

Zu den ökonomischen Risiken der internationalen Tätigkeit zählt ebenso die Problematik der Gewinnausfuhr. So gibt es in einigen Zielmärkten das Problem, dass Unternehmen Behinderungen beim Rücktransfer von Kapital und Erträgen erfahren (vgl. Knüpffer 2016). Mit dem Rücktransfer sind auch Währungs- und Zinsrisiken verbunden. Die diesbezüglichen Absicherungsinstrumente sind u. a. Forwards, Futures und Swaps (vgl. dazu weiterführend Sure 2017, S. 287 ff.).

e) **Kulturelle Risiken**

Kulturelle Risiken ergeben sich aufgrund von unterschiedlichen Verhaltensweisen von Akteuren aus unterschiedlichen Gesellschaftskulturen. **Kultur** ist nach Hofstede eine mentale Programmierung (vgl. Hofstede 1993, S. 18 f.; s. dazu Abschn. 10.2.2), die das Verhalten von Menschen steuert und damit auch die Kommunikation und Interaktion. Unstimmigkeiten und Konflikte zwischen den Menschen mit unterschiedlicher kultureller Herkunft entstehen oft aufgrund von Ähnlichkeitsannahmen, die zu Missver-

ständnissen führen können. Da vor allem bei Dienstleistungen die Notwendigkeit der Interaktion mit dem Kunden gegeben ist, sind diese kulturempfindlicher als Produkte.
Die kulturelle Komponente der Risikobetrachtung betrifft vor allem **Aspekte der Vermarktung** bzw. der kulturspezifischen Ansprache von Zielgruppen, aber auch die **Führung von Mitarbeitern** mit unterschiedlichem kulturellen Background. In diesem Zusammenhang spielt der angewandten Führungsstil vor Ort eine wichtige Rolle. Nicht zu vernachlässigen ist dabei die **Rolle der Expatriates,** die sich in einem neuen kulturellen Umfeld eingliedern und erfolgreich agieren sollen. **Bei der Vermarktung** der eigenen Leistung kann das kulturelle Risiko durch kulturelle Anpassung der Marketingbotschaft erfolgen. Das betrifft nicht nur die verschiedenen Möglichkeiten, Werbebotschaften zu gestalten, sondern auch die Gestaltung des Physical Facilities und die entsprechende Auswahl des Personals. An dieser Stelle ist aber zu berücksichtigen, dass die Globalisierung und Digitalisierung dazu führen und bereits geführt haben, dass global agierende Unternehmen und deren Leistungen oft der Zielgruppe bereits bekannt sind. Das gilt auch für deren werbliches Auftreten. Eine zu starke Veränderung der Physical Facilities oder der Art und Weise der Kommunikation könnte den Wiedererkennungswert des Unternehmens in einem globalen Markt gefährden. Anders verhält es sich, **wenn es um Führung** geht. Da die Landeskultur das Führungsverhalten stark beeinflusst, stellt sich die Frage nach der kulturspezifischen Führung in einem neuen Zielmarkt. Die klassischen Führungsstile der westlichen Managementlehre finden sich in modifizierter Form in den jeweiligen Zielmärkten wieder. Diese Führungsstile dienen der Orientierung, um den jeweiligen adäquaten Führungsstil im jeweiligen Zielmarkt zu identifizieren und sich entsprechend darauf einzustellen. Hier ist allerdings Vorsicht geboten, da ein Führungsstil zur jeweiligen Führungskraft passen muss. Eine Führungskraft die bisher kooperativ geführt hat, davon zu überzeugen nun autoritär zu führen, wird erfolglos bleiben. Dies aufgrund der Tatsache, dass hinter dem jeweiligen Führungsstil eine Grundüberzeugung bzw. ein Wertesystem steht und sich die Frage stellt, ob dieses Wertesystem nicht doch auf die Akzeptanz der geführten Mitarbeiter im Zielmarkt stoßen kann (vgl. Abschn. 9.1 und 10.2.3).
Die Tätigkeit von **Expatriates** kann ebenfalls von kulturellen Risiken betroffen sein. Expatriates im Auslandseinsatz können einen Kulturschock aufgrund des neuen Arbeitsumfelds erleben. Wenn Anpassungsprozesse unterbleiben und es zu einem vorzeitigen Abbruch der Entsendung kommt, können die Kosten für das Unternehmen sehr hoch sein. Es gilt die Annahme, dass Entsendungskosten das Doppelte des Bruttogehalts des Mitarbeiters im Inland betragen. Bei einer frühzeitigen Rückkehr gehen Unternehmen davon aus, dass aufgrund von Gehalt, Training sowie Reise- und Versetzungskosten der finanzielle Schaden sich auf das Dreifache des Bruttogehalts des Mitarbeiters belaufen kann (vgl. Festing et al. 2011, S. 25) Um solchen Risiken zu begegnen, empfiehlt es sich Mitarbeiter mit interkulturellen Kompetenzen (vgl. Abschn. 10.3.5) in den neuen Zielmarkt zu entsenden. Alternativ können Schulungen, die interkulturelle Kompetenzen vermitteln, eingeführt werden. Diese können zum Aufbau eines eigenen Internationalisierungs-Know-hows beitragen (vgl. Festing et al. 2011, S. 253 ff.).

5.3.2 Zweite Selektionsstufe: Die PEST-Analyse und die Szenarienentwicklung

Die zweite Selektionsstufe bezieht sich auf die Analyse der Umwelt, die durch das Akronym PEST (**P**olitical, **E**conomic, **S**ocio-Cultural und **T**echnological) abgebildet werden kann. Anhand dieser vier Faktoren wird die Unternehmensumwelt analysiert, um zu einer Einschätzung bezüglich der Chancen und Bedrohungen, die aus der Umwelt resultieren, zu kommen.

Die **PEST-Analyse** als Umweltanalyseinstrument erfährt in der Literatur zahlreiche Modifikationen, so wird von der PESTEL- oder aber auch von der STEP-Analyse gesprochen. Da all diese Analysen auf die PEST-Analyse zurückzuführen sind und lediglich stärkere Differenzierungen darstellen, wird im Folgenden von der PEST-Analyse ausgegangen. Die PEST-Analyse betrachtet die politische, ökonomische, soziokulturelle und technologische Umwelt eines Ländermarktes. Jedem Analysepunkt der PEST-Analyse lassen sich Unterpunkte zuordnen, die ein Bild des jeweiligen Analysepunkts zeichnen, um zu einer Einschätzung des Ländermarktes hinsichtlich seiner Eignung als Zielmarkt zu kommen. Weiterhin können auf Basis der Ergebnisse dieser Analyse **Szenarien** über zukünftige Entwicklungen in diesen Märkten gezeichnet werden. Diese Szenarien ermöglichen eine noch präzisere Einschätzung der adäquaten Markteintrittsform, die sich nicht nur auf das Unternehmen und den Ländermarkt bezieht, sondern auch auf zukünftige Entwicklungen in diesen Märkten. Die Fokussierung auf die vier Aspekte der PEST-Analyse birgt aber den gleichen Nachteil wie das zuvor erwähnte Scannen des Ländermarktes nach Risiken. Ähnlich wie bei der Entwicklung von Früherkennungssystemen besteht hier das Problem, dass eine zu starke Konzentration auf die genannten Faktoren dazu führen kann, dass nicht genannte Faktoren ausgeklammert bzw. ausgeblendet werden, obwohl diese für die eine oder andere Branche von Bedeutung sein können. Damit erscheint es sinnvoll, die zu betrachtenden Indikatoren in regelmäßigen Zeitabständen zu überprüfen und gegebenenfalls zu modifizieren. Zur Analyse der Makroumwelt eines Zielmarktes können Faktoren, wie in der Abb. 5.8 dargestellt, den jeweiligen Bestandteilen der PEST-Analyse zugeordnet werden. Diese Faktoren beeinflussen die jeweilige politische, ökonomische, soziokulturelle und technologische Situation des Zielmarktes.

Die in Abb. 5.8 erwähnten Bestandteile der PEST-Analyse stellen nur eine Auswahl möglicher weiterer Betrachtungsobjekte dar. Die Beurteilung der politischen Situation eines Landes ermöglicht eine Einschätzung, inwiefern diese ähnlich derjenigen des Heimatmarktes ist. Handelt es sich um eine Demokratie mit marktwirtschaftlichen Bedingungen, so ist von ähnlichen Verhältnissen wie im Heimatmarkt auszugehen. Dies gilt auch bezüglich des Umgangs mit Dienstleistungen, insbesondere dann, wenn es um berufliche Befähigungsnachweise geht. Auch der Umgang mit Daten kann an dieser Stelle angeführt werden. Der Datenschutz ist vor allem für Dienstleistungsunternehmen, die mit sensiblen Daten arbeiten, von großer Bedeutung, wie es z. B. bei Gesundheitsdienstleistern der Fall ist (vgl. dazu Kerkmann und Micijevic 2019).

Politische Umwelt	Wirtschaftliche Umwelt
Regierungsform Wirtschaftsordnung Rechtssystem Parteienvielfalt Rechtsstaatlichkeit Einreise- und Aufenthaltsbestimmungen Berufliche Befähigungsnachweise Rechtliche Marktzugangsbedingungen Datenschutz	BIP Arbeitslosigkeit Kaufkraft Einkommensverteilung Zinsniveau Verschuldungsgrad
Soziokulturelle Umwelt	**Technologische Umwelt**
Demografie Kulturelle Einflüsse auf Dienstleistungen Geschlechterrollen Konsumverhalten	Grad der Digitalisierung Technologieaffinität der Regierung Technologieaffinität der Konsumenten

Abb. 5.8 Bestandteile der PEST-Analyse

Andererseits wünschen sich Unternehmen auch einen leichten Zugriff auf Daten und keine Behinderungen im Datenfluss, da der leichte und schnelle Zugang zu Daten einen Informationsvorsprung gegenüber Konkurrenten ermöglicht und die Kosten des Markteintritts leichter einschätzbar werden.

Sind die politischen Verhältnisse dagegen entgegengesetzt den Verhältnissen im Heimatland, wie z. B. eine Diktatur mit Enteignungsbedrohungen, sind wie bereits dargestellt Risikomanagementmaßnahmen anzuwenden (vgl. dazu Abschn. 5.3.1.1).

Die **ökonomische Situation** in einem Land kann durch ökonomische Kennzahlen wie z. B. BIP, Kaufkraft oder Einkommensverteilung gekennzeichnet sein. Diese Größen, die oft quantitativer Natur sind, können u. a. für die Prognose des Absatzpotenzials herangezogen werden. Von Bedeutung für die ökonomische Situation sind aber auch das Verhältnis zu anderen Staaten und die wirtschaftlichen Verflechtungen über Abkommen. Da aber einige dieser Abkommen von Staaten auch infrage gestellt werden und diese teilweise neu verhandelt werden, wie z. B. die NAFTA-Verhandlungen im Jahr 2018, ist eine nähere Betrachtung der potenziellen Auswirkungen solcher Veränderungen von Bedeutung. Bilaterale Abkommen mit wirtschaftlichen Inhalten sind politischer Natur mit wirtschaftlichen Auswirkungen, sodass sich politische und ökonomische Faktoren im Rahmen der Analyse der Makroumwelt nicht immer klar trennen lassen. Das Gleiche gilt bezüglich der **soziokulturellen** und der **ökonomischen** Faktoren. So ist das Konsumverhalten oft kulturell geprägt. Die Akzeptanz einer Dienstleistung oder aber auch das Verständnis dafür, dass bestimmte Dienstleistungen bezahlt werden müssen, wird kulturell unterschiedlich bewertet. So ist der Besuch von Sehenswürdigkeiten in der Türkei für Kinder bis zwölf Jahren und in einigen Fällen auch für Teenager bis 18 Jahren in der Regel kostenlos (vgl. Brosnahan o. J.; Topkapisarayi o. J.).

Die soziokulturelle Umwelt beeinflusst die Geschlechterrollen und damit auch die Art und Weise, wie Dienstleistungen im Zielmarkt kulturell beeinflusst werden. Da die Vermarktung von Dienstleistungen u. a. vom eingesetzten Personal abhängt, sind die Verfügbarkeit und Wahl des adäquaten Personals mitentscheidend für den Erfolg oder Misserfolg einer Dienstleistung. Aufgrund der hohen Bedeutung der Kultur für das Internationale Management einerseits und der Bedeutung des Personals für die Vermarktung von Dienstleistungen andererseits wird das interkulturelle Management in Kap. 10 ausführlich behandelt.

Die **technologische Entwicklung** ist insbesondere für Dienstleistungsunternehmen von Bedeutung, die begleitende Technologien als Wettbewerbsfaktor einsetzten möchten. So können z. B. Gesundheitsdienstleister von einer entsprechenden technologischen Infrastruktur profitieren. Die Digitalisierung ermöglicht in diesem Sektor z. B. Ferndiagnosen oder auch die digitale Auswertung von Krankheitsbildern, was nicht nur eine Verkürzung von Raum und Zeit bedeutet, sondern auch die Erhöhung der Qualität der Diagnostik und Behandlung (vgl. dazu Abschn. 8.1). Deswegen benötigen Unternehmen, die diese Technologien einsetzen, eine entsprechende Infrastruktur.

Die Ergebnisse der PEST-Analyse können herangezogen werden, um **Szenarien** der möglichen Zielmarktumwelt zu entwickeln. Diese Szenarien dienen der Ableitung einer präziseren Markteintrittsform. Die Vorgehensweise kann wie folgt aussehen:

Unter der Annahme, dass ein ausgewählter **Ländermarkt A** näher betrachtet werden soll, um Szenarien über dessen zukünftigen Entwicklung zu zeichnen, kann der Prozess der Szenarioentwicklung beschritten werden wie in Abb. 5.9 dargestellt (vgl. dazu von Reibnitz 1992; S. 30 ff.; Geschka 2006, S. 357–372).:

Zunächst ist es notwendig, das Untersuchungsfeld zu definieren, z. B. die Analyse eines bestimmten **Ländermarktes A** hinsichtlich seiner Eignung als Markt für Dienst-

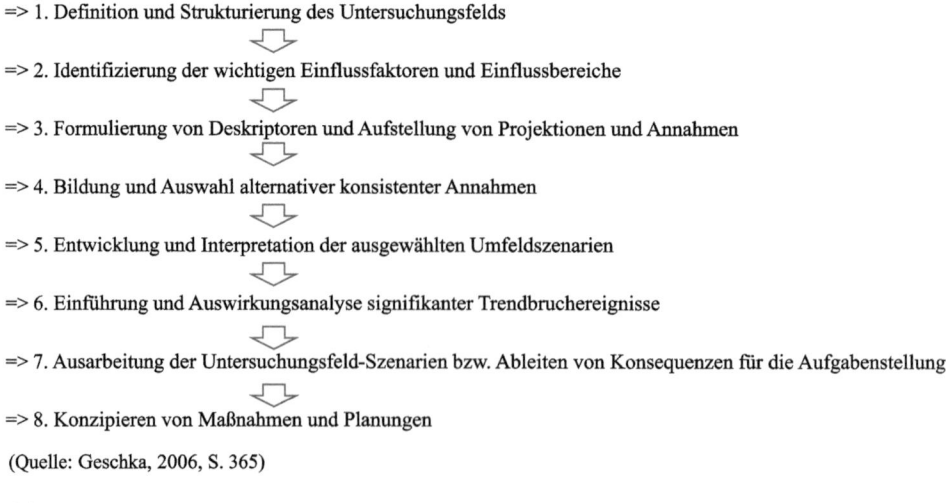

=> 1. Definition und Strukturierung des Untersuchungsfelds

=> 2. Identifizierung der wichtigen Einflussfaktoren und Einflussbereiche

=> 3. Formulierung von Deskriptoren und Aufstellung von Projektionen und Annahmen

=> 4. Bildung und Auswahl alternativer konsistenter Annahmen

=> 5. Entwicklung und Interpretation der ausgewählten Umfeldszenarien

=> 6. Einführung und Auswirkungsanalyse signifikanter Trendbruchereignisse

=> 7. Ausarbeitung der Untersuchungsfeld-Szenarien bzw. Ableiten von Konsequenzen für die Aufgabenstellung

=> 8. Konzipieren von Maßnahmen und Planungen

(Quelle: Geschka, 2006, S. 365)

Abb. 5.9 Die 8 Schritte der Szenarioanalyse

leistungen. Die Betrachtung soll sich auf die kommenden fünf Jahre beziehen Dann werden die **Einflussbereiche** festgelegt, z. B. die vier Elemente der PEST-Analyse (politische, ökonomische, soziokulturelle und technologische Situation des Ländermarktes). Danach werden die **Einflussfaktoren** wie die Regierungsform oder die Wirtschaftsordnung festgelegt. Die Einflussfaktoren beeinflussen die Einflussbereiche. Die **Deskriptoren** ermöglichen ein Messen der Einflussfaktoren und können quantitativer und/oder qualitativer Natur sein (vgl. Geschka 2006, S. 364). Ein Beispiel für das Messen einer Regierungsform ist z. B. der Grad der Gewaltenteilung. Diese wiederum lässt sich z. B. durch die Analyse der jeweiligen Verfassung (qualitativ) und durch die Anzahl der Rechtsurteile, die die Unabhängigkeit der Justiz dokumentieren (quantitativ), erfassen. So kann der Deskriptor Gewaltenteilung herangezogen werden, um festzustellen, ob es sich beim Ländermarkt um eine Demokratie nach westlichen Maßstäben handelt oder nicht.

Die Tab. 5.2, 5.3 und 5.4 zeigen eine beispielhafte Vorgehensweise zur Generierung des Datenmaterials für die Entwicklung von Szenarien.

Die Elemente der PEST-Analyse werden von den Einflussfaktoren beeinflusst. In den Tabellen 5.3 und 5.4 sind die jeweiligen Deskriptoren der Einflussfaktoren dargestellt.

Es stellt sich an dieser Stelle die Frage nach den Messgrößen und Quellen für die Deskriptoren. So können für den Deskriptor **Gewaltenteilung** die Quelle Verfassung und als Messgröße die Anzahl der Gerichtsurteile, die die Unabhängigkeit der Justiz bestätigen, herangezogen werden. Für den Deskriptor **Wahlrecht** wäre ebenfalls die Verfassung die Quelle und als Messgröße könnte die Analyse der Ergebnisse bisheriger Wahlen dienen. Um weitere Deskriptoren zu messen, können amtliche Statistiken und Erhebungen supranationaler Organisationen herangezogen werden. Dies wäre z. B. der Fall, wenn es um die Bestimmung des **Anteils des Dienstleistungssektors am BIP** oder wenn es um die **Inflationsrate** in einem Land geht. Bezüglich der soziokulturellen Deskriptoren, wie die **Stärke der Landeskultur,** kann die GLOBE-Studie (vgl. dazu Abschn. 10.2.3) Aufschluss geben. Weiterhin kann der **Human Development Index**

Tab. 5.2 Einflussbereiche und Einflussfaktoren

Politische Situation	Ökonomische Situation	Soziokulturelle Situation	Technologische Situation
Regierungsform	Leistung der Volkswirtschaft	Werte und Normen	Grad der Digitalisierung
Wirtschaftsordnung	Kaufkraft	Bildungsstand	Innovationsförderung durch die Landesregierung
Rechtsordnung	Arbeitslosigkeit	Gleichberechtigung	
Einkommensverteilung	Bedeutung des Dienstleistungssektors		

Tab. 5.3 Einflussfaktoren und Deskriptoren (politische und ökonomische Situation)

Regierungsform	Rechtsordnung	Wirtschaftsordnung	Einkommensverteilung	Leistung der Volkswirtschaft	Kaufkraft	Arbeitslosigkeit	Bedeutung des Dienstleistungssektors
Gewaltenteilung	Rechtsstaatlichkeit	Marktwirtschaftliche Strukturen	Gini-Koeffizient	BIP	Inflationsrate	Arten von Arbeitslosigkeit	Anteil des Dienstleistungssektors am BIP
Wahlrecht	Grundrechte	Rolle der Arbeitnehmervertretungen	Anzahl der Vermögensmillionäre	Pro Kopf Einkommen	Lohn- und Einkommensstatistik	Beschäftigungsmaßnahmen	Anzahl der Mitarbeiter im Dienstleistungssektor

Tab. 5.4 Einflussfaktoren und Deskriptoren (soziokulturelle und technologische Situation)

Werte und Normen	Bildungsstand	Gleichberechtigung der Geschlechter	Grad der Digitalisierung	Innovationsförderung durch die Landesregierung
Einfluss der Religion	Anzahl der Bildungseinrichtungen oder Bildungslandschaft	Geschlechterrollen in der Gesellschaft	Netzausbau	Forschungsschwerpunkte
Stärke der Landeskultur	HDI	Frauen in Führungspositionen	Anzahl der Dienstleistungsunternehmen, die digitale Technologien einsetzen	Förderungshöhe

5.3 Mehrstufiges Verfahren der Marktauswahl

(HDI) über die United Nations Development Programme (UNDP) bezogen werden, um die Bildungslandschaft in einem Zielmarkt zu beurteilen. Der HDI wird jährlich veröffentlicht. Die technischen Deskriptoren wie z. B. **der Netzausbau** oder **Grad der Digitalisierung in Dienstleistungsunternehmen** können auch über amtliche Statistiken und Erhebungen nationaler und supranationaler Organisationen erfasst werden (vgl. dazu z. B. den Monitoring Report Wirtschaft Digital 2018 des BMWi 2018 und EC 2019). Nachdem das Datenmaterial generiert wurde, findet eine Priorisierung der Einflussfaktoren statt. Um die vorhandene gegenseitige Wirkung der Einflussfaktoren zu erfassen, ist eine **Cross-Impact-Analyse** der Einflussfaktoren wie in **Abb.** 5.10 dargestellt zu empfehlen. Sie hat zum Ziel diejenigen Einflussfaktoren zu erfassen, die andere stark beeinflussen und damit eine Priorisierung bei der Bildung von Szenarien erfahren.

Die Einflussfaktoren werden in einer Matrix gegenübergestellt. Es gibt einen vertikalen (Spalten)-Bereich und einen horizontalen (Zeilen)-Bereich. Überprüft wird der Einfluss des (Spalten)-Bereichs auf den Zeilenbereich. So hat die Regierungsform (Spalte) starken Einfluss auf die Rechtsordnung (Zeile). Der Grad bzw. die Stärke der Beeinflussung wird mit Zahlen ausgedrückt: Eine „2" bedeutet starker Einfluss, eine „1" geringer Einfluss und eine „0" gar keinen Einfluss.

Diese Form der Bewertung ist subjektiver Natur und sollte in der praktischen Umsetzung von einer Bewertungsgruppe durchgeführt werden.

Am unteren Ende (Aktivsumme) sowie der rechten Spalte (Passivsumme) der Matrix werden jeweils Summen gebildet. Wenn ein Faktor eine hohe Aktivsumme aufweist, dann beeinflusst dieser besonders stark die anderen Einflussfaktoren. Die Ergebnisse

Einflussfaktoren	Regierungsform	Rechtsordnung	Wirtschaftsordnung	Einkommensverteilung	Leistung der Volkswirtschaft	Kaufkraft	Arbeitslosigkeit	Bedeutung des Dienstleistungssektors	Werte und Normen	Bildungsstand	Gleichberechtigung	Digitalisierungsgrad	Innovationsförderung	Passivsumme
Regierungsform		2	1	1	1	0	1	0	1	2	1	0	0	10
Rechtsordnung	2		1	1	1	0	1	1	2	2	1	1	1	14
Wirtschaftsordnung	2	2		1	2	0	1	2	2	2	1	1	1	17
Einkommensverteilung	2	2	2		1	1	2	2	2	1	1	0	1	17
Leistung der Volkswirtschaft	2	2	2	1		2	2	2	1	2	1	2	1	20
Kaufkraft	2	2	2	2	2		2	2	1	2	0	1	1	19
Arbeitslosigkeit	1	1	2	1	2	2		2	1	2	0	1	1	16
Bedeutung des Dienstleistungssektors	1	1	2	0	2	1	1		1	1	0	1	1	12
Werte und Normen	2	2	1	1	1	0	1	1		2	2	1	0	14
Bildungsstand	2	2	2	1	2	1	2	1	2		2	1	1	19
Gleichberechtigung	2	2	1	1	1	0	1	1	2	2		0	1	14
Digitalisierungsgrad	1	1	2	1	1	1	0	2	1	2	0		1	13
Innovationsförderung	2	1	2	0	2	0	2	1	2	1	0	2		14
Aktivsumme	**21**	**20**	**20**	**11**	**18**	**8**	**15**	**18**	**17**	**21**	**9**	**11**	**10**	

Quelle: in Anlehnung an v. Reibnitz 1992, S. 27.

Abb. 5.10 Cross-Impact-Analyse

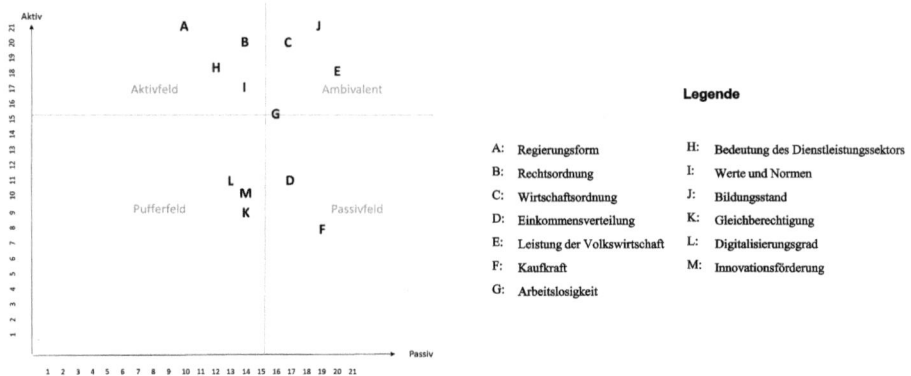

Abb. 5.11 System-Grid. (Quelle: In Anlehnung an von Reibnitz 1992, S. 38)

dieser Matrix in Form der Aktiv- und Passivsummen werden in ein System-Grid, wie der Abb. 5.11 zu entnehmen ist, eingetragen, welches in vier Felder aufgeteilt ist.

Aus der Grafik in Abb. 5.11 lassen sich folgende Schlussfolgerungen ableiten:

Feld Aktiv: Die Faktoren, die aufgrund der Aktiv und Passivsummen in das Feld Aktiv eingeordnet werden sind von besonderer Bedeutung, da diese anderen Faktoren stark beeinflussen, selbst jedoch kaum beeinflusst werden.

Feld Ambivalent: Hier verhält sich die Beeinflussung gleichartig, d. h., die Faktoren in diesem Feld werden im hohen Maße beeinflusst, beeinflussen aber auch im hohen Maße andere Faktoren. Sie sind ebenfals von Bedeutung.

Feld Puffer: Die Faktoren beeinflussen andere im geringen Maße und werden von anderen wenig beeinflusst und haben damit eine geringe Bedeutung.

Feld Passiv: Diese Faktoren werden im hohen Maße von anderen beeinflusst, beeinflussen selbst aber andere Faktoren nur in geringem Ausmaß. Diese Faktoren sind zu vernachlässigen (vgl. von Reibnitz 1992, S. 33 ff.).

In der Folge werden nur diejenigen Faktoren betrachtet, die sich im Feld Aktiv befinden, da diese die anderen Faktoren stark beeinflussen, selbst aber kaum beeinflusst werden. Für die Deskriptoren dieser Faktoren werden Teilszenarien entwickelt (vgl. Abb. 5.12). Diese Entwicklung sollte logisch nachvollziehbar und so weit wie möglich wissenschaft-

5.3 Mehrstufiges Verfahren der Marktauswahl

lich erfolgen, wobei die Szenarien jeweils Begründungen und Maßnahmen aufweisen sollten.

Abschließend werden die positiven Teilszenarien zu einem positiven Gesamtszenario und die negativen Teilszenarien zu einem negativen Gesamtszenario zusammengefasst. Weiterhin sollte noch ein wahrscheinliches Gesamtszenario dargestellt werden.

Positives Szenario
Der Zielmarkt weist eine ähnliche Regierungsform und Rechtsordnung wie der Heimatmarkt auf. Durch die hohe Dienstleistungsaffinität der Zielgruppe wird das Angebot einer standardisierten Dienstleistung erleichtert, sodass mit dem Markteintritt begonnen

	Projektionen Positiv = +, Negativ = -	Begründung	Maßnahmen
Regierungsform	+ stabile Regierung Demokratie	Beispielurteile der Verfassungsgerichte bestätigen die Verankerung der Gewaltenteilung Starke Unterstützung in der Bevölkerung	Regierungsform bestärkt den Markteintritt
	- durch Militär bedroht, Gefahr des Putsches	Äußerungen von Militärs und totalitären Nachbarstaaten	Wahrscheinlichkeit des Bedrohungspotenzials ermitteln und dann Entscheidung bzgl. des Markteintritts treffen und evtl. Risikomanagementmaßnahmen anwenden
Rechtsordnung	+ Verfassung garantiert Gewaltenteilung	Beispielurteile bestätigen die Rechtsstaatlichkeit	Rechtsordnung bestärkt den Markteintritt

Abb. 5.12 Szenarienbildung

	und Rechtsstaatlichkeit	und die Verankerung der Gewaltenteilung	
	- politische Parteien möchten Rechte der Verfassungsgerichte beschneiden, bei Machtergreifung des Militärs droht der Ausnahmezustand	Äußerungen und Wahlprogramme politischer Parteien und/oder des Militärs	Wahrscheinlichkeit des Bedrohungspotenzial ermitteln und dann Entscheidung bzgl. des Markteintritts treffen
Bedeutung des Dienstleistungssektors	+ hohe Dienstleistungsaffinität in der Bevölkerung	hoher Anteil der Dienstleistungen am BIP	überprüfen, ob ein standardisiertes Dienstleistungsangebot akzeptiert wird
	- geringe Dienstleistungsaffinität	geringer Anteil des Dienstleistungssektors am BIP	Entwicklung eines auf die Zielgruppe bezogenenes Marketing-Mix mit Vorrang der Kommunikationspolitik und/oder des Personal Selling
Werte und Normen	+ Werte und Normen begünstigen die Vermarktung von Dienstleistungen	globale Anpassungstendenzen bei der Nachfrage nach der eigenen Dienstleistung	standardisierte Angebote
	- Dienstleistung ist extrem kulturempfindlich	aufgrund der Interaktion zwischen Menschen sind teure Anpassungen notwendig	überprüfen, ob die notwendigen Anpassungsmaßnahmen in Relation zu einem möglichen Erfolg stehen

Abb. 5.12 (Fortsetzung)

werden kann. Die Werte und Normen des Zielmarktes begünstigen den Markteintritt und können für die Kommunikationspolitik als Wertebasis herangezogen werden.

Negatives Szenario
Die Demokratie ist im Zielmarkt stark bedroht. Das Militär und andere totalitäre Bewegungen ergreifen die Macht und unterdrücken die Demokratiebestrebungen. Verfassungsfeindliche politische Parteien und aggressive Nachbarstaaten bedrohen die Stabilität im Zielmarkt. Angesichts dieses Bedrohungspotenzials spielen die anderen

Einflussfaktoren für die weitere Betrachtung keine Rolle mehr. Ein Markteintritt ist zu vermeiden.

Wahrscheinliches Szenario
Die Demokratie ist die herrschende Regierungsform, die aber bedroht erscheint. Eine unmittelbare Bedrohung ist nicht erkennbar, allerdings sollte die politische Situation vor Ort permanent beobachtet und nach Frühwarnindikatoren Ausschau gehalten werden. Präventive Risikomanagementmaßnahmen sollten Anwendung finden.

Störereignisse
Störereignisse können den Gesamttrend abweichen lassen. Störereignisse sind vom Unternehmen nicht beeinflussbar und können sporadisch auftreten, wie z. B. ein Krieg, eine Revolution, Pandemien oder eine Naturkatastrophe. Störereignisse oder Trendbrüche können nach Geschka auch positive Ereignisse darstellen, wie z. B. technologische Fortschritte oder die politische Entspannung eines Konflikts (vgl. Geschka 2006, S. 367). Diese Ereignisse bzw. Trendbrüche führen zu weiteren Szenarien, deren Eintrittswahrscheinlichkeit anhand von Wahrscheinlichkeitskategorien prognostiziert werden kann. Abb. 5.13 zeigt die Projektion der verschiedenen Szenarien inklusive eines Störereignisses und den daraus resultierenden Szenariobruchs. In der Praxis sind mehrere Szenarien möglich. Es empfiehlt sich aber, von drei bis fünf Szenarien auszugehen (vgl. Bea und Haas 2019, S. 314), da der Aufwand für die Entwicklung mehrerer Szenarien zu hoch ist.

Eine wissenschaftliche Beweisführung für das Eintreten eines Szenarios ist schwierig. Szenarien beruhen auf Datenmaterial und teilweise subjektiven Annahmen. Die Qualität des Datenmaterials und die Richtigkeit der Annahmen sind entscheidend für die Entwicklung von Szenarien. Eine Zuweisung bzw. Berechnung von Eintrittswahrscheinlichkeiten für die jeweiligen Szenarien beruht ebenfalls auf Annahmen, die aufgrund ihrer Subjektivität einen Schwachpunkt der Szenarioanalyse darstellen (vgl. Blattner 2003, S. 40). Um ein realistisches Bild vom zukünftigen Markt zu erhalten, sind möglichst viele realistische Szenarien zu entwickeln. Dadurch ergibt sich allerdings das bereits erwähnte Problem, dass der Aufwand der Szenarienentwicklung zu hoch ist. Eine Unterstützung bei der Entwicklung von Szenarien können Softwareprogramme bieten (vgl. dazu die Übersicht von Fichter und Kiehne 2006, S. 19–21).

5.3.3 Dritte Selektionsstufe: Die Unternehmens- und Marktanalyse

Im Rahmen der weiteren Vorgehensweise zur Planung des Markteintritts müssen die Stärken und Schwächen der Unternehmung wie auch die Besonderheiten der Branche bzw. des Marktes im Zielland den Ergebnissen der Umweltanalyse gegenübergestellt werden. Ziel ist es, die Unternehmensbesonderheiten auf die Umwelt im Zielmarkt abzustimmen, um zu einer Markteintrittsform zu kommen, die sowohl den Ausgangsbe-

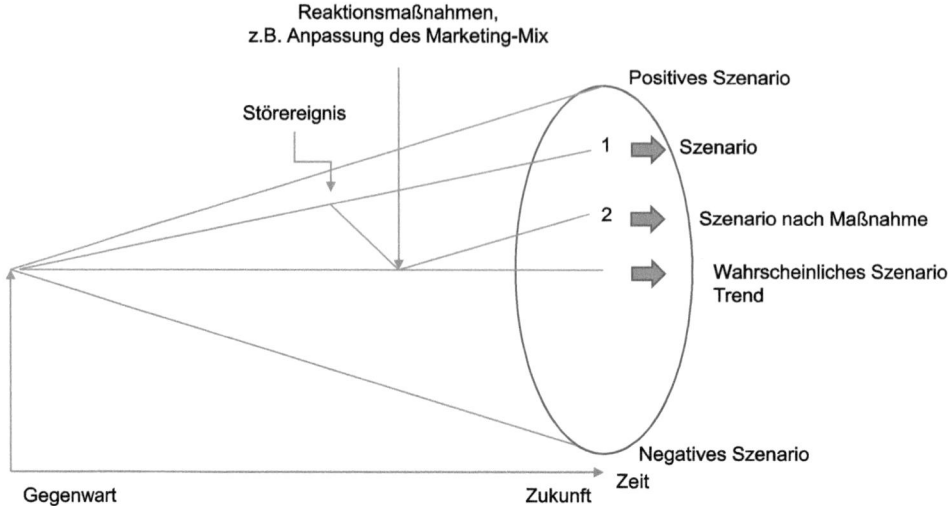

Abb. 5.13 Szenario-Trichter. (Quelle: In Anlehnung an v. Reibnitz 1992, S. 27)

dingungen des Unternehmens als auch den Besonderheiten des Marktes Rechnung tragen kann.

5.3.3.1 Unternehmensinterne Voraussetzungen für einen erfolgreichen Markteintritt

Bevor jedoch auf die Vorgehensweise im Rahmen der Unternehmensanalyse eingegangen werden kann, stellt sich die Frage nach den Voraussetzungen, die ein Dienstleistungsunternehmen mitbringen oder aufbauen sollte, um in internationalen Märkten erfolgreich zu sein. Unternehmen, **die bereits im Heimatland erfolgreich** sind, haben im ausländischen Zielmarkt meistens bessere Erfolgsaussichten als Unternehmen, die in den neuen Markt aufgrund des Wettbewerbs oder schlechter Verkaufszahlen mehr oder weniger gedrängt werden (vgl. Ehlert o. J., S. 4). Bereits im Heimatmarkt etablierte Unternehmen profitieren einerseits von den im Heimatmarkt erwirtschafteten **finanziellen Mitteln,** die u. a. für die Finanzierung der Markterschließung des neuen Zielmarktes genutzt werden können. Andererseits profitieren sie auch von ihren Vermarktungserfahrungen im Heimatland. Die Branchenkenntnisse und die Kenntnis über die Nachfragebesonderheiten der Kunden stellen einen **Erfahrungsschatz** dar, der insbesondere dann von großem Vorteil ist, wenn der neu zu erschließende Markt geografisch und kulturell nicht zu weit vom Heimatmarkt entfernt ist. In diesem Fall kann von Standardisierungspotenzialen profitiert werden. Bei kulturell vom Heimatmarkt weit entfernten Zielmärkten dagegen ist es oft erforderlich, eine entsprechende Anpassung der Vermarktung bei kulturempfindlichen Dienstleistungen vorzunehmen. Inwieweit Anpassungsnotwendigkeiten auch erkannt werden, hängt u. a. von der **Einstellung des**

Managements gegenüber der Internationalisierung ab (vgl. dazu Abschn. 3.2). Diese Einstellung entscheidet auch über die Beschaffung und Qualifikationen des notwendigen **Personals,** welches als eine entscheidende Voraussetzung für den Erfolg im Auslandsgeschäft gesehen werden kann (vgl. Abschn. 9.2.1). Die Einstellung des Managements entscheidet ebenso darüber, wie viel Autonomie einer Tochtergesellschaft oder Niederlassung im neuen Zielmarkt eingeräumt wird, und damit darüber wie die **Organisationsstruktur** im neuen Zielmarkt aussehen wird. Das Management, welches die Werte und somit die Kultur des Unternehmens bestimmt, ist entscheidend für eine flexible und offene **Unternehmenskultur,** die den Herausforderungen neuer Märkte begegnen kann. Eine solche Unternehmenskultur kann auch zum Aufbau und zur Nutzung eines **Internationalisierungs-Know-hows** führen, welches zu einem entscheidenden Wettbewerbsvorteil ausgebaut werden kann. Die **technologische Infrastruktur** ist insbesondere aufgrund der Digitalisierung eine weitere wichtige Voraussetzung für den Erfolg im internationalen Geschäft. Auf diese Weise lassen sich nicht nur Optimierungspotenziale nutzen und die Schnittstellenproblematik reduzieren, sondern auch die Kommunikation mit den Zielgruppen verbessern. Von besonderer Bedeutung ist ein **Dienstleistungs-Marketing-Mix,** welches auf die Zielgruppen flexibel ausgerichtet werden kann und darüber hinaus, im Sinne eines integrierten Marketingansatzes als zentrale Marketingphilosophie, die Abstimmung der Unternehmens- und Funktionsbereiche auf den Kunden bzw. den Markt fordert. Die Unternehmens- und Funktionsbereiche werden im Rahmen einer Unternehmensanalyse untersucht, um festzustellen ob diese als Stärke oder Schwäche des Unternehmens zu definieren sind.

Das folgende Kapitel der Unternehmensanalyse beschränkt sich auf das Instrument der Wertkette nach Porter, um in der Folge eine Prozesswertkette für die Internationalisierung von Dienstleistungsunternehmen zu entwickeln.

5.3.3.2 Die Unternehmensanalyse

Es gibt zahlreiche Instrumente zur Erfassung der Stärken und Schwächen einer Unternehmung (vgl. dazu weiterführend Macharzina und Wolf 2018, S. 306 ff.; Bea und Haas 2019, S. 133 ff.). An dieser Stelle soll exemplarisch als Instrument der Unternehmensanalyse eine modifizierte **Wertkette** in Anlehnung an die Value Chain von Michael Porter dargestellt werden. Die Bedeutung der Wertkette nach Michael Porter liegt u. a. darin, dass sich dieses Konzept nicht nur auf interne Abläufe bezieht, sondern dass es auch auf die Wechselwirkungen zwischen internen und externen Abhängigkeiten eingeht (vgl. Macharzina und Wolf 2018, S. 311). Damit kann nicht nur der Bezug zur Unternehmensumwelt, wie z. B. der neue Ländermarkt, sondern auch ein Bezug zur Branche, wie der Dienstleistungsbranche, hergestellt werden. Die Abb. 5.14 zeigt die klassische Wertkette nach Michael Porter. Die Wertkette geht von zwei grundlegenden Aktivitäten aus, den primären Aktivitäten, die die Hauptaktivitäten darstellen, und den unterstützenden Aktivitäten, die für das Funktionieren der Hauptaktivitäten wichtig sind. Von Bedeutung im Rahmen dieses Konzepts sind die Verflechtungen innerhalb der Wertkette aber auch die Verflechtungen mit den Marktpartnern außerhalb der Wertkette. Das Unter-

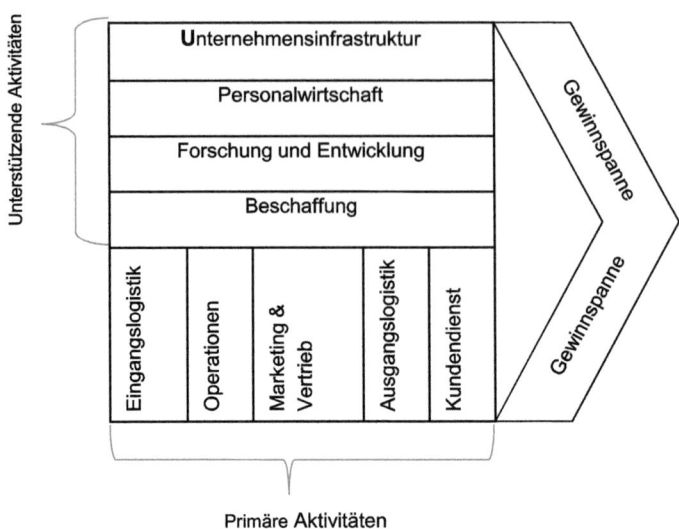

Abb. 5.14 Wertkette nach Michael Porter. (Quelle: Porter 2014, S. 64)

nehmen kann die eigene Wertkette mit denen der Konkurrenz vergleichen, um so eigene Stärken und Schwächen zu erkennen. Die dazu notwendigen Informationen lassen sich über die Methoden der klassischen Marktforschung oder Corporate Intelligence generieren (vgl. dazu Pförtsch und Godefroid 2013, S. 113 ff.). Die Optimierung der

Abb. 5.15 Wertkette für Dienstleistungsunternehmen. (Quelle: Haller 2015, S. 71)

dargestellten Potenziale soll zu einer Steigerung der Gewinnspanne führen. Für Dienstleistungsunternehmen empfiehlt Haller eine modifizierte Wertkette, wie in Abb. 5.15 dargestellt.

Nach Haller sind bei Dienstleistungsunternehmen die Verflechtungen mit den Wertketten der Subkontraktoren zu untersuchen, um weitere Optimierungsmöglichkeiten zu generieren. (vgl. Haller 2015, S. 70–71). Insbesondere bei der Auswahl von Subkontraktoren im ausländischen Zielmarkt ist dies von besonderer Relevanz, um die angestrebten Qualitätsstandards im neuen Markt zu erreichen. Ein Orthopäde, der seine Patienten im neuen Zielmarkt an einen Physiotherapeuten verweisen möchte, muss vorab sicherstellen, dass die Prozesse des Physiotherapeuten sich in die Prozessabwicklung des Orthopäden integrieren lassen. Dies gilt nicht nur hinsichtlich der qualitativen Behandlung der Patienten, sondern auch hinsichtlich der Möglichkeit Optimierungspotenziale zu generieren. Das Gleiche gilt bezüglich der Beschaffungsseite des Orthopäden. Gibt es z. B. im Zielmarkt genügend Lieferanten für den Bedarf von Arztpraxen? Sind diese Lieferanten flexibel genug, um auf die speziellen Wünsche und Bedarfe der Arztpraxis einzugehen? Können mit lokalen Pharmaunternehmen gemeinsame Forschungsprojekte betrieben werden? Wie stark kann und darf eine Verflechtung mit der Beschaffungsseite aus rechtlichen Gründen sein?

Die klassische Wertkette erfährt in der Literatur Kritik. Bea/Haas kritisieren z. B., dass die Unternehmensinfrastruktur als nicht gleichrangige Funktion mit den primären Aktivitäten gewertet wird. Sie argumentieren, dass die Unternehmensinfrastruktur aufgrund ihrer Relevanz für den Unternehmenserfolg eine eigenständige strategische Bedeutung einnimmt (vgl. Bea und Haas 2019, S. 136). Ähnlich kann argumentiert werden, wenn es um die Bedeutung des Personalmanagements für den Erfolg eines Dienstleistungsunternehmens geht. Die Erstellung und Vermarktung von Dienstleistungen erfordert eine Integration des Kunden in den Dienstleistungsprozess. So muss z. B. der Patient dem Gesundheitsdienstleister seine Beschwerden mitteilen und ihm eine Untersuchung am Körper ermöglichen. Die Integration des Kunden erfolgt in der Regel über die Mitarbeiter, das Personal des Dienstleistungsunternehmens. Dieses Personal kann vom Kunden als **Qualitätsindikator** wahrgenommen werden und trägt damit entscheidend zur Kundenbindung bei. Der Kunde eines Dienstleistungsunternehmens ist in der Regel der Auslöser für den Dienstleistungsprozess. Insbesondere immaterielle Dienstleistungen profitieren von einem positiven Image des Unternehmens, welches stark vom eigenen Personal beeinflusst wird. Freundlichkeit, ein schnelles Eingehen auf Kundenanfragen und Aufträge, die Fähigkeit, für das eigene Unternehmen engagiert und begeistert zu wirken, aber auch kundenorientiert Probleme zu lösen, rücken den Mitarbeiter als Qualitätsindikator eines Dienstleistungsunternehmens in den Mittelpunkt. Die Bezeichnung des Personalmanagements als unterstützende Aktivität innerhalb der Wertkette wird der Bedeutung dieser betriebswirtschaftlichen Funktion für die Erstellung und Vermarktung von Dienstleistungen nicht gerecht und sollte als Faktor mit strategischer Relevanz gesehen werden. Mit

Bezug zur Internationalisierung von Dienstleistungsunternehmen stellt sich weiterhin die Frage, ob das **Internationalisierungs-Know-how** nicht auch als strategischer Erfolgsfaktor gewertet werden und damit Einzug in die Wertkette eines international tätigen Unternehmens erfahren sollte. Weitere Faktoren mit strategischer Relevanz für die Internationalisierung von Dienstleistungsunternehmen sind die Unternehmenskultur (vgl. dazu Abschn. 5.3.1.2), das Dienstleistungsmarketing (vgl. dazu Abschn. 4.2) sowie der zunehmende Einfluss der Digitalisierung (vgl. dazu Kap. 8) auf den Dienstleistungsprozess. Aus diesen Überlegungen heraus, lässt sich eine modifizierte Wertkette, die den o.g. Herausforderungen der internationalen Vermarktung von Dienstleistungen Rechnung tragen kann, wie in Abb. 5.16 darstellen.

Die horizontalen Pfeile des Schaubilds stehen für alle Prozesse, die im Zusammenhang mit der Dienstleistungserstellung am Kunden relevant sind. Gleichzeitig verknüpfen sie die vertikalen Pfeile und sorgen für einen Informationsaustausch zwischen den vertikalen Bereichen.

Die **Vorkombination** bezieht sich auf das Leistungspotenzial eines Dienstleisters und beinhaltet damit z. B. den Fuhrpark eines Transportunternehmens (Flugzeug, Bus etc.) oder aber auch das Hotelgebäude mit seinen Zimmern. Der Sachgutanteil an einer Dienstleistung kann unterschiedlich stark ausgeprägt sein und bestimmt damit auch den Wert des Sachgutes für die Dienstleistung. Je wichtiger der Sachgutanteil, umso bedeutender wird auch die Beschaffung und Eingangslogistik für den Dienstleister sein. Während für eine Unternehmensberatung diese Bereiche nur von Bedeutung sind, wenn es um die Beschaffung von Büromaterial etc. geht, spielt im Hotelbetrieb dieser Bereich eine strategische und die Qualität beeinflussende Rolle.

Im Rahmen der **Endkombination** findet die eigentliche Leistungserstellung statt. Der Sachgutanteil (Physical Facilities) wird mit dem ausführenden Personal unter Einbezug des Kunden erstellt. Das Prozessmanagement ist an dieser Stelle von Bedeutung. Unter dem Prozessmanagement werden alle planerischen, organisatorischen und kontrollierenden Maßnahmen verstanden, die zur zielgerichteten Steuerung der Wertschöpfungskette eines Unternehmens, im Hinblick auf die Zielsetzungen Kosten, Zeit, Qualität, Innovationsfähigkeit und Kundenzufriedenheit, eingesetzt werden (vgl. Gaitanides 1994, S. 3). Das Prozessmanagement im Rahmen der Endkombination bei Dienstleistungserstellung muss den Aspekt der **Kundenintegration** berücksichtigen. Die kundenorientierten Prozesse sind regelmäßig hinsichtlich der Optimierungspotenziale bezüglich Zeit, Kapazitäten und Kosten zu überarbeiten.

Das **Ergebnismanagement** setzt sich aus der Sicht des Kunden mit den Ergebnissen des Dienstleistungsprozesses auseinander. Von Bedeutung in diesem Zusammenhang ist es herauszufinden, ob die Kundenerwartung erfüllt worden ist, damit Kundenzufriedenheit und Kundenbindung entstehen können. Es besteht oft die Annahme, dass zwischen der Kundenzufriedenheit und der empfundenen und objektiven Qualität der Dienstleistung ein Zusammenhang besteht. Obwohl dieser Zusammenhang bisher noch nicht endgültig bewiesen werden konnte, erscheint er dennoch nachvollziehbar (vgl. Haller 2015, S. 45 ff.). Eine Qualitätsorientierung kann als Erfolgsfaktor im Wettbewerb bewertet werden. Unterschiedliche Qualitätserwartungen bei den jeweiligen Zielgruppen sind unbestreitbar. Es stellt sich allerdings die Frage nach dem Grad des Einflusses der jeweiligen Landeskultur auf die Qualitätserwartung. Unterschiedliche Erwartungshaltungen bezüglich der Qualität gibt es auch innerhalb eines Landes mit unterschiedlichen Marktsegmenten. Erwartete Qualitätsindikatoren sind z. B. die Physical Facilities oder das Auftreten des Personals. Bruhn/Hadwich sehen an dieser Stelle die Problematik, dass aufgrund unterschiedlicher kultureller Werte, die Verwendung von im Heimatland akzeptierten Symbolen, im Gastland zu Missverständnissen führen kann (vgl. Bruhn und Hadwich 2016, S. 170–171). Diese Aussage ist allerdings zu relativieren, da hierbei der Einfluss der Globalisierung und Digitalisierung auf das Konsumverhalten der Kunden im ausländischen Zielmarkt kaum Berücksichtigung findet. Die Zielgruppen in den Gastländern sind aber oft mit den Konsumverhältnissen und Lebensstilen in anderen Ländern, aufgrund von Reisen und der leichteren Informationsbeschaffung durch das Internet, vertraut. Dies führt u. a. dazu, dass trotz eines Widerspruchs zur eigenen Kultur westliche Konsumstandards übernommen werden. Beispiele dafür sind zahlreich, so wird z. B. in einigen islamischen Ländern der Tannenbaum zu Weihnachten an öffentlichen Plätzen aufgestellt. Ein anderes Beispiel ist der Wunsch japanischer Bräute in Weiß zu heiraten, obwohl diese Farbe in Japan mit Trauer und Tod assoziiert wird (vgl. Müller und Gelbrich 2015, S. 314).

Die Erkenntnisse des Ergebnismanagements fließen über die vertikalen Pfeile in die kundenorientierte Gestaltung der Vor- und Endkombination ein und dienen damit dazu, den Dienstleistungsprozess kundenorientiert zu gestalten. Optimierungsnotwendigkeiten aus der Kundenperspektive lassen sich in der Phase des Ergebnismanagements erkennen. Weiterhin kann die Einrichtung eines Beschwerdemanagements Rückmeldungen der Kunden ermöglichen, die in Verbesserungsmaßnahmen für die Vor- und Endkombination resultieren können.

Die **vertikalen Pfeile** stehen für alle Prozesse, die die Phasen der Dienstleistungsverrichtung beeinflussen und entscheidend zum Erfolg beitragen können. Diese Prozesse verknüpfen die drei Elemente der Dienstleistung und sorgen für einen Informationsaustausch zwischen den Bereichen Vorkombination, Endkombination und Ergebnismanagement. Die vertikalen Prozesse beeinflussen die Gestaltung der Vorkombination und die Durchführung der Endkombination. Die Vor- und Endkombination werden in ihrem Gestaltungspotenzial von den Ergebnissen des Ergebnismanagements maßgeblich beeinflusst.

Ein Schlüsselfaktor, um Dienstleistungen am Absatzmarkt zu positionieren, ist die Zielgröße **Image**. (vgl. hierzu Saleh 2015, S. 491). Diese Größe wird stark vom eigenen Personal beeinflusst. Seine Freundlichkeit, sein schnelles Eingehen auf Kundenanfragen und Aufträge, seine Fähigkeit, für das eigene Unternehmen engagiert und begeistert zu wirken, aber auch kundenorientiert Probleme zu lösen, lassen den Mitarbeiter als Qualitätsindikator eines Dienstleistungsunternehmens erscheinen. Dies führt im günstigsten Fall zu Vertrauen in den Dienstleister und damit zu einer Kundenbindung. Damit besteht eine enge Beziehung zwischen dem Prozess Personal und dem Marketingprozess. Diese

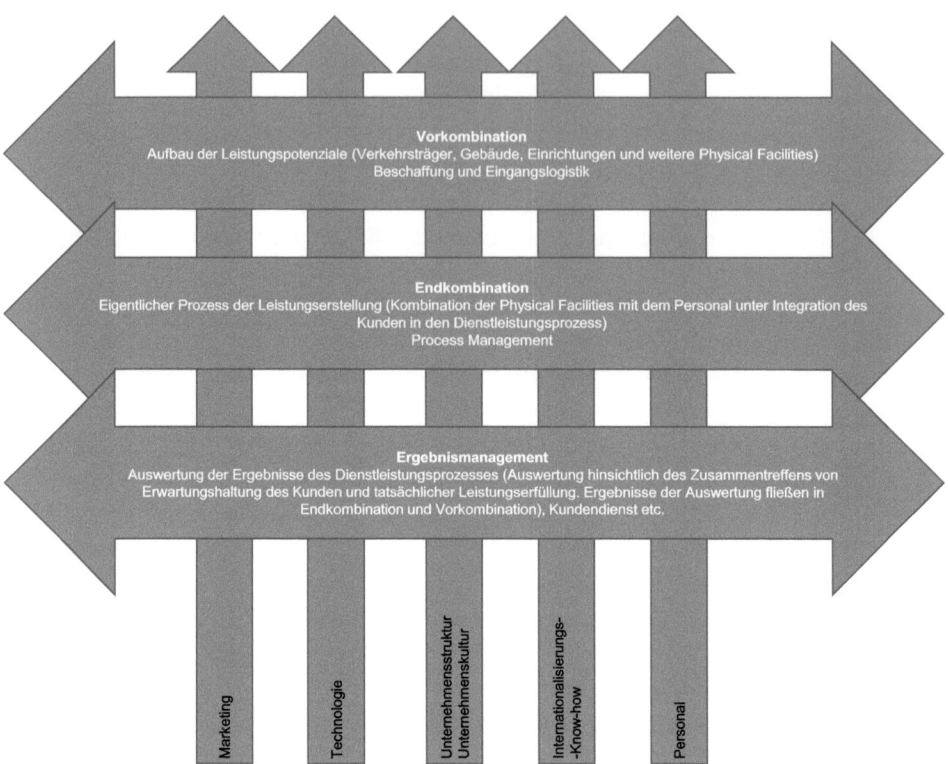

Abb. 5.16 Prozesswertkette für internationale Dienstleistungsunternehmen

Beziehung wird durch die verbindende Funktion der horizontalen Pfeile hergestellt. Zu den Aufgaben des Prozesses Personal gehören u. a. die Auswahl, der Einsatz und das Training des Personals unter Bezugnahme auf den neuen Zielmarkt. Die besondere Rolle des Personals wird insbesondere durch die Integrationsnotwendigkeit des Pro/sumenten deutlich. Dem Mitarbeiter zu vermitteln, dass eine marktorientierte Dienstleistung nur in Zusammenarbeit mit dem Kunden erstellt werden kann, stellt somit eine wichtige Zielsetzung diesbezüglicher Weiterbildungsmaßnahmen dar. Diese sollen auch interkulturelle Kompetenzen vermitteln, da Dienstleistungen in der Regel kulturempfindlicher sind als Produkte. Dies insbesondere aufgrund der Tatsache, dass Dienstleistungen durch Menschen am Menschen verrichtet werden und das Verstehen oder Missverstehen der Kommunikationsbotschaft, die einer jeden Dienstleistung inhärent ist, stark durch die Kultur geprägt ist (vgl. dazu Abschn. 10.4 und Abschn. 10.4.1).

Der **Marketingprozess** bezieht sich vor allem auf die Gestaltungsaufgabe des Dienstleistungsmarketing-Mix vor Ort. Die Leistungserstellung wird direkt von den sieben Elementen des Dienstleistungs-Marketing-Mix beeinflusst (vgl. dazu Abschn. 4.2). Die Wahrnehmung der Dienstleistungen durch den Kunden wird durch die 7Ps entscheidend geprägt. Deren Gestaltung unterliegt den politischen, ökonomischen und soziokulturellen Bedingungen des neuen Zielmarktes. So ist insbesondere die Kommunikationsbotschaft von den kulturellen und rechtlichen Rahmenbedingungen im Zielmarkt abhängig. Da sich die einzelnen Elemente des Marketing-Mix in den horizontalen Prozessen wiederfinden, besteht für das Marketing eine Koordinierungsaufgabe. Die Erkenntnisse des Ergebnismanagements fließen über den vertikalen Pfeil Marketing in die Gestaltung von Vor- und Endkombination ein. Da das Marketing die Verantwortung für die Materialisierung der Dienstleistung und die Integration des externen Faktors hat, besteht eine enge Verbindung zwischen dem Personalbereich und dem Marketing, da wie bereits erwähnt das Personal einerseits als ein Qualitätsindikator und damit als Materialisierungsinstrument gesehen werden kann und andererseits die Interaktion mit dem Kunden und damit seine Integration in den Dienstleistungsprozess sicherstellt.

Die **technologische Entwicklung** der letzten Jahre hat insbesondere aufgrund der **Digitalisierung** dazu geführt, den Stellenwert der Technologie von einer unterstützenden Aktivität hin zu einer primären Aktivität zu bewerten. Die Elemente der klassischen Wertschöpfungskette erfahren durch die Digitalisierung Verbesserungen, die die Bedeutung der Technologie für die Wertkette hervorheben. Die digitale Wertschöpfung führt zu neuen Geschäftsmodellen (vgl. Abschn. 8.1). E-Procurement, der elektronische Vertrieb bzw. die elektronische Produktion zeigen, dass die Digitalisierung nicht nur eine Optimierung dieser Funktionsbereiche ermöglicht, sondern auch zu einer Vernetzung führt. Diese geht über die Unternehmensbereiche hinaus und betrifft damit auch die Marktpartner auf der Beschaffungs- und Absatzseite. Big Data, soziale Netze und Künstliche Intelligenz (KI) sind nur einige Stichwörter deren Bedeutung für das wirtschaftliche Leben zeigt, dass es zu einer Neuinterpretation von Geschäftsprozessen kommen wird. Die Boston Consulting Group geht davon aus, dass es weniger als 20 Jahre dauern wird, bis die Wirtschaft vollkommen digitalisiert ist (vgl. Macharzina und Wolf 2018, S. 1059 ff.).

Die **Unternehmensinfrastruktur** beinhaltet u. a. das Management, die Verwaltung und das Rechnungswesen. Das Management bestimmt und beeinflusst die **Unternehmenskultur,** die das Wertesystem des Managements widerspiegelt. Diese Denk- und Verhaltensmuster beeinflussen einerseits die **Dienstleistungskultur** und andererseits die Art und Weise der **Internationalisierung** eines Unternehmens. Eine starke Dienstleistungskultur führt dazu, dass die Mitarbeiter diese Kultur auch verinnerlichen und im Kundenkontakt anwenden. Sowohl der Personalbereich als auch der Marketingbereich sind von der Dienstleistungskultur besonders betroffen, da einerseits die Marketinginstrumente und andererseits das mit dem Kunden in Interaktion tretende Personal von der Dienstleistungskultur entscheidend geprägt werden.

Die Art und Weise, wie die Internationalisierung eines Dienstleistungsunternehmens vollzogen wird, hängt von der Einstellung des Managements ab. Eine ethnozentrische Einstellung des Managements z. B. führt oft dazu, dass Unternehmen im Ausland eine Art Duplikation des Heimatunternehmens oder des Geschäftsmodells erreichen möchten. Bei einer polyzentrischen Ausrichtung dagegen passt sich das Unternehmen den Verhältnissen im neuen Zielmarkt an, was u. a. an der Zahl der rekrutierten Führungskräfte aus dem Zielmarkt zu erkennen ist (vgl. Abschn. 3.2). Unternehmen, die ein langfristiges Engagement im Ausland anstreben, entwickeln oft eine geozentrische Unternehmenskultur, die global ausgerichtet und mit den entsprechenden Führungskräften und einem Internationalisierungs-Know-how ausgestattet ist. Diese Unternehmen sind nicht nur mit den politisch-rechtlichen Bedingungen in ihren Zielmärkten vertraut, sondern verfügen auch über eine Kultursensibilität, die die Gefahren eines Kulturschocks vermindern kann (vgl. Bruhn und Hadwich 2016, S. 249 ff.).

Eine erfolgreiche **Internationalisierung** sowie die Ausrichtung eines Unternehmens auf internationale Märkte erfordern von Unternehmen, die bisher noch nicht international aktiv waren, eine Anpassung der Unternehmensorganisation an die neuen Bedingungen. Die Organisationsformen internationaler Dienstleistungsunternehmen sind vielfältig und lassen sich nach dem Grad der Integration der internationalen Aktivitäten im Unternehmen unterscheiden. So trennen integrierte Formen nicht zwischen Inlands- und Auslandsgeschäft, differenzierte Formen dagegen schon (vgl. dazu Kap. 7). Internationale Märkte sind oft aufgrund einer schlechten Informationslage schwerer einzuschätzen und zu prognostizieren als es auf heimischen Märkten der Fall ist. Flexible Unternehmensstrukturen, die sich auf unerwartete Ereignisse einstellen können sind hier gefragt. Die Digitalisierung verstärkt die Forderung nach flexiblen Strukturen. Die meisten deutschen Unternehmen sind funktional und ca. 30 % in Form einer Matrix organisiert. Nur 3 % der Unternehmen sind flexibel bzw. agil ausgerichtet (vgl. Dettmas und Jochmann 2017, S. 5). Hybride und Prozesstrukturen bieten eine Flexibilität, die funktional ausgerichtete Strukturen nicht bieten. Darüber hinaus sind solche Strukturen aufgrund der unterschiedlichen Ausgangsvoraussetzungen von Dienstleistungsunternehmen anpassungsfähiger. Unabhängig davon, welche Organisationsform gewählt wird, sollte diese sicherstellen, dass das im Unternehmen vorhandene Internationalisierungs-Know-how genutzt werden kann.

Das **Internationalisierungs-Know-how** beinhaltet Wissen und Erfahrungen im Umgang mit ausländischen Märkten. Dieses Wissen beschränkt sich nicht nur auf technische Fragen wie z. B. die Internationale Vertragsgestaltung oder die Finanzierungsabwicklung, sondern beinhaltet auch Kenntnisse über die Landeskulturen sowie Kenntnisse der Markt- und Konkurrenzverhältnisse in den Gastländern. Das Internationalisierungs-Know-how ist in der Regel an Mitarbeiter gebunden, die über ein solches Wissen verfügen. Auch wenn internationale Abteilungen und Divisionen im Unternehmen eingerichtet werden, bleibt das spezielle auf bestimmte Märkte ausgerichtete Know-how immer mit Menschen und deren Wissen und Erfahrungen verbunden (vgl. Hünerberg 1994, S. 75–76). Insofern sind Strukturen notwendig, die eine Entfaltung dieses Know-hows durch die entsprechenden Mitarbeiter möglich machen. Dieses Know-how wirkt beeinflussend und verbindend auf die Vor- und Endkombination und erfährt durch den Zugriff auf die Erkenntnisse des Ergebnismanagements eine ständige Weiterentwicklung und Aktualisierung.

Die Überschneidungen zwischen den horizontalen und vertikalen Pfeilen führen ähnlich wie bei einer Matrix zu einer Vernetzung der einzelnen Bereiche und damit zu einem

Informationsaustausch und besseren Abstimmung. Damit können nicht nur Führungskräfte entlastet, sondern auch Entscheidungen von Experten an den entsprechenden Schnittstellen getroffen werden. Flache Hierarchien, vernetzte Teams, und ein auf den Kunden sowie über die Funktionsgrenzen hinaus ausgerichtetes Arbeiten können daraus folgen. Damit lassen sich agile Arbeitsmethoden, die eine höhere Flexibilität und stärkere Vernetzung bieten, leichter implementieren.

Die Möglichkeit, die o.g. Prozesse zielorientiert umzusetzen, basiert auf der Verfügbarkeit von Ressourcen. Der diesbezügliche Ressourcenansatz gründet auf der Annahme, dass die Qualität der Ressourcen ein Garant für den dauerhaften Unternehmenserfolg ist. Bea/Haas unterscheiden die Ressourcen in Leistungs- und Führungspotenziale, wobei Erstere den Leistungsprozess, das Kapital, das Personal sowie die Technologie beinhalten und Letztere die Planung, Kontrolle, Informationsmanagement Organisation und Unternehmenskultur. Von zunehmender Bedeutung ist die Ressource Wissen, die als wichtige Quelle für einen Wettbewerbsvorteil gegenüber der Konkurrenz angesehen werden kann. So ist das Know-how einer Unternehmensberatung oder die Kompetenz eines Arztes die entscheidende Ressource, die eine Abgrenzung von Angeboten der Konkurrenz ermöglicht (vgl. Bea und Haas 2019, S. 30–33). Auch in Produkten steckt Wissen bzw. Know-how, wie es insbesondere z. B. bei der Neuentwicklung neuer Antriebstechnologien im Automobilbau der Fall ist. Das Internationalisierungs-Know-how eines Dienstleistungsunternehmens ist ebenso als Ressource zu werten, vor allem dann, wenn dieses einen Wettbewerbsvorteil beim Eintritt in neue Märkte bieten kann. Ob diese Ressource und andere o.g. wichtige Ressourcen einen dauerhaften Wettbewerbsvorteil bieten, ist zu überprüfen, da die Ergebnisse einer solchen Prüfung Entscheidungen über den Ausbau und eine Investition in diese Ressourcen erleichtern. Für die Überprüfung der infrage kommenden Ressourcen bietet sich die **VRIO-Methode** von Jay Barney an (vgl. Barney 2014, S. 129–140). Diese Methode ermittelt diejenigen Kernkompetenzen des Unternehmens, die Wettbewerbsvorteile darstellen können. Die VRIO-Methode bezieht sich hauptsächlich auf Ressourcen, wie z. B. Fähigkeiten der Mitarbeiter, Markenrechte und Patente oder die Unternehmenskultur. Auch das Internationalisierungs-Know-how kann in diesem Zusammenhang gesehen werden. Insofern stellt sich angesichts der Herausforderungen der Internationalisierung von Dienstleistungsunternehmen die Frage nach den dafür notwendigen Kernkompetenzen eines Unternehmens. Weiterhin ist zu überprüfen, ob diese Kompetenzen Wettbewerbsvorteile darstellen können. Die VRIO-Methode kann dafür Anhaltspunkte geben. Das Akronym VRIO steht für (vgl. Barney 2014, S. 129–140):

Value: Wert oder Nutzen einer Fähigkeit.
Kann diese Fähigkeit Chancen nutzen oder Risiken abwehren, zu Erträgen führen oder Kosten senken? Kann das Internationalisierungs-Know-how im eigenen Unternehmen dazu führen, Fehler zu vermeiden und damit Kosten zu sparen? Dies wäre dann der Fall, wenn aufgrund des vorhandenen Know-hows die Zielgruppe im neuen Markt besser ver-

standen wird und damit Fehler beim Erstellen eines kostenintensiven Marketing-Mix vermieden werden können.
Raritiy: Seltene Ressource.
Ist diese Ressource nur im eigenen Unternehmen verfügbar? Das kann der Fall sein, wenn das Unternehmen über Mitarbeiter verfügt, die den neuen Zielmarkt besonders gut kennen, weil sie aus diesem stammen oder dort über einen längeren Zeitraum tätig waren. Darüber hinaus können persönliche Beziehungen dieser Mitarbeiter zu wichtigen Entscheidungsträgern eine weitere Ressource darstellen.
Imitability: Imitierbarkeit der Ressource.
Anlog zu dem bereits erwähnten Aspekt der seltenen Ressource kann die schwere Imitierbarkeit, z. B. eine starke persönliche Beziehung zu Entscheidungsträgern vor Ort, den Wert dieser Ressource steigern.
Organization:
Ist die Organisation des Unternehmens so aufgebaut, dass die Ressource im vollen Umfang genutzt werden kann? Prozessstrukturen ermöglichen z. B. agile Arbeitsmethoden, die eine bessere Ressourcennutzung bieten können.
Tab. 5.5 gibt an, ob die Ressource zu einem Wettbewerbsvorteil führen kann oder nicht. Weiterführend kann wie in Tab. 5.6 dargestellt auch ein Zusammenhang zwischen dem VRIO-Konzept und den Stärken und Schwächen eines Unternehmens hergestellt werden. Trotz der mit diesem Modell verbundenen Vorteile sind jedoch auch einige Kritikpunkte an diesem Modell anzumerken, wie z. B. die Grobmaschigkeit und die unterstellte Unabhängigkeit der vier Kriterien (vgl. Macharzina und Wolf 2018, S. 337).

5.3.3.3 Die Marktanalyse

Als Teilgebiet der Marktforschung untersucht die Marktanalyse, auf Basis der in der Marktforschung gewonnenen Daten, zeitpunktbezogen den Markt. Die Zielsetzung der Marktanalyse ist es, die Struktur und Attraktivität des Marktes beurteilen zu können. Eine präzise Beurteilung des Marktes ermöglicht eine bessere Anpassung bzw. Ausrichtung des Marketing-Mix an die Verhältnisse des Marktes. Analysiert werden z. B. die Kunden, Konkurrenten, Beschaffungs- und Absatzkanäle, Besteuerungsverhältnisse, Medien und Markteintrittsbarrieren, um nur einige zu nennen. Im Rahmen der internationalen Tätigkeit sind die Marktzugangsbedingungen, die auch als Eintrittsbarrieren

Tab. 5.5 Der Zusammenhang zwischen dem VRIO-Konzept und Wettbewerbsvorteilen

Wertvolle Ressource?	Seltene Ressource?	Teuer zu imitierende Ressource?	Nutzbar durch die Unternehmensorganisation?	Schlussfolgerung für die Wettbewerbsvorteile
Nein			Nein	Wettbewerbsnachteil
Ja	Nein			Wettbewerbsgleichstand
Ja	Ja	Nein		Vorübergehender Wettbewerbsvorteil
Ja	Ja	Ja	Ja	Nachhaltiger Wettbewerbsvorteil

(Quelle: in Anlehnung an Barney 2014, S. 140)

Tab. 5.6 Der Zusammenhang zwischen dem VRIO-Konzept und den Stärken und Schwächen eines Unternehmens

Wertvolle Ressource?	Seltene Ressource?	Teuer zu imitierende Ressource?	Nutzbar durch die Unternehmensorganisation?	Stärke oder Schwäche
Nein			Nein	Schwäche
Ja	Nein			Stärke
Ja	Ja	Nein		Stärke und eindeutige Kompetenz
Ja	Ja	Ja	Ja	Stärke und nachhaltige eindeutige Kompetenz

Quelle: In Anlehnung an Barney 2014, S. 140

verstanden werden können, von Bedeutung. Dazu zählen z. B. Einreise- und Aufenthaltsbestimmungen, Befähigungs- und Ausbildungsnachweise für die Tätigkeit im Zielmarkt, Finanzierungsvorschriften bei Unternehmensbeteiligungen, Regeln und Voraussetzungen bei der Bewerbung um öffentliche Aufträge oder aber auch personalrechtliche Bestimmungen (vgl. Hallscheidt et al. 2015, S. 17). Ein wichtiger Bestandteil der Marktanalyse sind aber auch Kennzahlen, die Aufschluss über die zu erzielbaren Renditen im neuen Zielmarkt geben können. So zählt dazu z. B. das **Marktvolumen,** welches Aufschluss über die tatsächlich abgesetzten Leistungseinheiten in einem Markt gibt. Diese Größe kann sich wertmäßig auf den Umsatz oder aber auch mengenmäßig auf die Leistungseinheiten beziehen und meint immer den Absatz bzw. Umsatz aller Marktteilnehmer für ein bestimmtes Produkt oder eine Dienstleistung. Das Marktvolumen ist Teil des Marktpotenzials, welches ebenfalls in Leistungseinheiten oder in Umsatz angegeben werden kann. Das Marktpotenzial gibt an, wie hoch der Absatz oder Umsatz in einem definierten Markt maximal werden kann. Der **Sättigungsgrad** eines Marktes bezieht sich auf die Größen **Marktvolumen** und **Marktpotenzial.** So lässt sich der Sättigungsgrad nach Formel 2 wie folgt berechnen:

Formel 2: Sättigungsgrad

$$Sattigungsgrad = \frac{Markvolumen}{Marktpotenzial} * 100$$

Je geringer die Sättigung, desto attraktiver wird der Markt, da dieser noch Potenzial für Newcomer bietet und nicht von einem Verdrängungswettbewerb auszugehen ist.

Um strategische Entscheidungen treffen zu können, benötigen Unternehmen nicht nur Marktkennzahlen, sondern auch Kennzahlen über Leistungen und Möglichkeiten ihres Unternehmens. So gibt die Größe **Absatzvolumen** den tatsächlichen bzw.

bereits realisierten Absatz eines Unternehmens in einem Markt an. Da sich das Absatzvolumen auf die Menge bzw. Leistungseinheiten bezieht, würde eine diesbezügliche wertmäßige Kennzahl das Umsatzvolumen darstellen. Analog verhält es sich mit den Begriffen **Absatzpotenzial** und Umsatzpotenzial. Während sich das Absatzpotenzial auf den mengenmäßig möglichen Absatz eines Unternehmens in einem bestimmten Markt bezieht, gibt die Größe Umsatzpotenzial den maximal möglichen Umsatz eines Unternehmens in einem bestimmten Markt an.

Mit diesen Größen lassen sich weitere Kennzahlen berechnen, wie z. B. der **absolute Marktanteil** eines Unternehmens. Dieser berechnet sich gemäß Formel 3 folgendermaßen:

Formel 3: Absoluter Marktanteil

$$\text{Absoluter Marktanteil} = \frac{(Umsatz - oder\ Absatzvolumen)}{(Marktvolumen(wert - oder\ mengenmaßig))} * 100$$

Der weitaus wichtigere Marktanteil, insbesondere wenn es um die Wettbewerbssituation des eigenen Unternehmens geht, ist der **relative Marktanteil.** Dieser berechnet sich nach Formel 4 wie folgt:

Formel 4: Relativer Marktanteil

$$\text{Relativer Marktanteil} = \frac{(\text{eigener Marktanteil})}{(\text{Marktanteil des starksten Wettbewerbers})} * 100$$

Die Berechnung dieser Größen und deren Aussagekraft hängen stark von der Qualität der erhobenen Daten ab. Dies gilt auch für die Berechnung des Zentralitätsgrads, der insbesondere für die Standortbestimmung von Handelsbetrieben in einem Zielmarkt von Bedeutung ist. Der Zentralitätsgrad berechnet sich nach Formel 5 wie folgt:

Formel 5: Zentralitätsgrad

$$\text{Zentralitatsgrad} = \frac{(\text{Verkaufsflache der Wettbewerber} * \text{branchenublicher Umsatz/Quadratmeter})}{(\text{Marktpotenzial})} * 100$$

Lässt sich der **Zentralitätsgrad** auf Basis zuverlässiger Daten ermitteln, so gibt ein Zentralitätsgrad von mehr als 100 % einen Versorgungsüberschuss an und beinhaltet die Schlussfolgerung eines Verdrängungswettbewerbs. Ein Zentralitätsgrad von weniger als 100 % lässt die Schlussfolgerung zu, dass eine Versorgungslücke besteht und sich Chancen für Newcomer ergeben können (vgl. Haller 2014, S. 293–294).

Die Ermittlung der notwendigen Daten für die Berechnung des Zentralitätsgrads kann sich in internationalen Märkten schwierig gestalten. Die Verkaufsfläche der Konkurrenz lässt sich durch eigene Beobachtungen ermitteln. Die Ermittlung des branchenüblichen Umsatzes oder des Marktpotenzials dagegen ist eine Sekundärinformation, die je nach Ländermarkt unterschiedliche Qualitäten aufweisen kann. Ländermärkte westlicher

Ökonomien verfügen oft über eine Informationsinfrastruktur, die Unternehmen unterstützen und fördern soll, wie z. B. die Außenhandelskammern, Industrie- und Handelskammern oder Germany Trade and Invest. Andere Ländermärkte dagegen verfügen nicht über eine solche Informationsinfrastruktur, sodass Unternehmen auf internationale Marktforschungsinstitute oder internationale Unternehmensberatungen für die Datenbeschaffung angewiesen sind. Vorsicht ist geboten, wenn Daten von Regierungsbehörden bestimmter Länder bezogen werden. Oft betreiben Länder mit mangelnder Rechtssicherheit und autoritären Strukturen eine Art politisch motivierte „Ergebniskosmetik", die zu unzuverlässigen Daten führt. (vgl. dazu Abschn. 5.1).

Aufgrund der vielen Aspekte, die die Attraktivität eines Marktes ausmachen und um sich nicht in der Fülle der Analysemöglichkeiten zu verlieren, empfiehlt es sich, sich auf diejenigen Faktoren zu konzentrieren, die speziell für die eigene Dienstleistungsbranche von Bedeutung sind. Für eine Branchenanalyse wird in der Literatur oft auf das **Five-Forces-Modell** von Michael Porter verwiesen. Zielsetzung dieses Modells ist es,

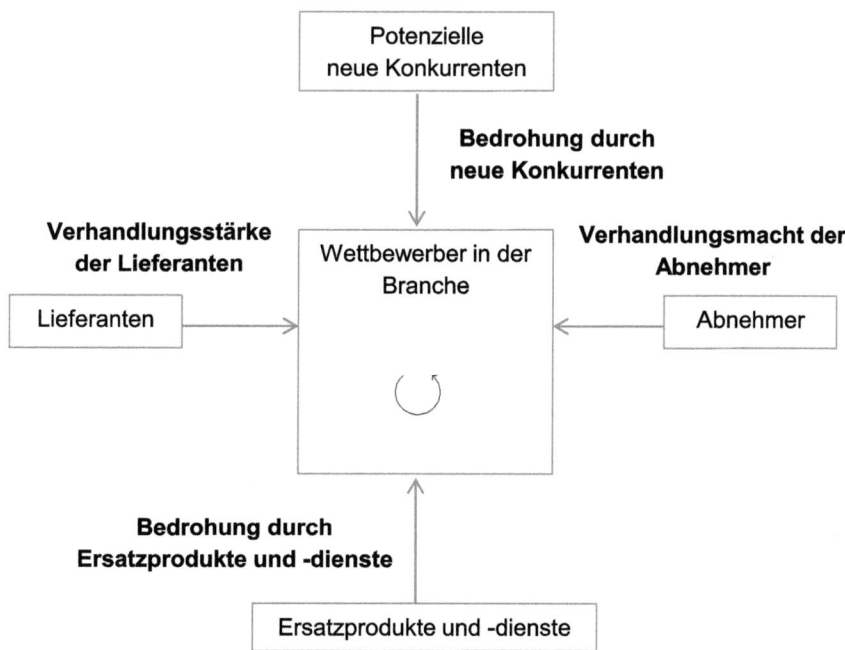

Abb. 5.17 Five Forces nach Michael Porter. (Quelle: Porter 2013, S. 38)

diejenigen strukturellen Merkmale einer Branche zu definieren, die den Wettbewerb und damit die Rentabilität einer Branche bestimmen. Die Kenntnis dieser Merkmale erlaubt eine bessere Einschätzung der eigenen Stärken und Schwächen, was zu einer besseren Strategieentwicklung in Bezug auf den Wettbewerb führen kann.

Dieses Analyseinstrument ist nach Porter sowohl auf Industrie- als auch auf Dienstleistungsunternehmen sowie internationale Märkten anwendbar (vgl. Porter 2013, S. 37 ff.). Das Modell von Porter betrachtet die Wettbewerbskräfte aus der Perspektive eines Unternehmens, das sich bereits in einem Markt befindet und sich diesen Wettbewerbskräften ausgesetzt sieht. Es kann auch aus der Sicht eines Unternehmens, welches den Markteintritt in einen neuen Ländermarkt vollziehen möchte, betrachtet werden. Nach Porter lassen sich wie in Abb. 5.17 dargestellt fünf Wettbewerbskräfte zur Charakterisierung einer Branche heranziehen.

Inwieweit die einzelnen Wettbewerbskräfte die Attraktivität einer Branche beeinflussen, hängt von der Stärke der jeweiligen Wettbewerbskraft ab.

Die Stärke der jeweiligen Wettbewerbskraft hängt von einer Fülle von Elementen ab. Die wichtigsten Einflussfaktoren werden im Folgenden dargestellt (vgl. dazu Porter 2014, S. 37 ff.):

- Um sich vor der **Bedrohung durch neue Anbieter** zu schützen, bauen lokale Unternehmen Markteintrittsbarrieren auf. Mit diesen Barrieren haben Unternehmen, die in diesen Markt neu eintreten möchten, zu kämpfen. Mit den folgenden Markteintrittsbarrieren können Unternehmen in einem neuen Markt konfrontiert werden:
  - Economies of Scale, die die Konkurrenz vor Ort bereits realisiert hat.
  - Differenzierte Angebote, die bereits zu einer Kundenloyalität bei den lokalen Unternehmen geführt haben.
  - Hoher Kapitalbedarf für den Markteintritt, weil z. B. eine teure Einführungswerbung nötig ist oder Rechte erworben werden müssen.
  - Aufgrund hoher Umstellungskosten beim Wechsel von Kunden zu einem neuen Anbieter ist die Abwerbung von Kunden der etablierten Konkurrenz schwierig.
  - Zugang zu Vertriebskanälen.
  - Subventionen des Staates für lokale Unternehmen stellen für diese einen Wettbewerbsvorteil dar.

Die Eintrittsbarrieren können teilweise auch als Risiken des Markteintritts verstanden werden, insbesondere dann, wenn sie den Eintritt bzw. das wirtschaftliche Engagement in diesem Markt gefährden können. Diesen Barrieren können Unternehmen mit Risikomanagementmaßnahmen begegnen, wie z. B. Netzwerkbildung, Lobbyismus oder durch den Aufbau einer Verhandlungsmacht (vgl. dazu Abschn. 5.3.1). Den Vorteilen der Konkurrenz vor Ort kann durch Kooperationsvereinbarungen begegnet werden.

Obwohl Porter in seinem Model die Kooperation als eine strategische Überlegung nicht erwähnt, ist bezüglich des neuen Markteintritts diese Vorgehensweise zu empfehlen. In diesem Zusammenhang sind auch die Markteintrittsformen des Joint Ventures oder der strategischen Allianz zu nennen (vgl. Abschn. 6.2.3).

- **Der Grad der Rivalität der Wettbewerber in einer Branche** ist für Newcomer oft ein schwer einzuschätzendes Risiko. Die Rivalität unter den Unternehmen in einem Markt ist umso größer, je mehr Wettbewerber ähnliche Ausgangsbedingungen aufweisen oder auch bei einem langsamen Wachstum der Branche. Hohe Fixkosten im Markt führen dazu, die Kapazitäten zunächst auslasten zu wollen, was bei vorhandenen Überschusskapazitäten zu Preissenkungen führt, die wiederum den Wettbewerb unter Druck setzen. Hohe Austrittsbarrieren und homogene Angebote, die wenige Unterscheidungsmöglichkeiten bieten, feuern darüber hinaus den Konkurrenzkampf an. Dienstleistungsunternehmen, die in Märkte mit einer hohen Rivalität eintreten möchten, können sich zwar auf einen Konkurrenzkampf einstellen, jedoch sollte berücksichtigt werden, dass dieser Konkurrenzkampf die Struktur der gesamten Branche gefährden und alle Beteiligten in einen ruinösen Preiskampf treiben kann (vgl. Hollensen 2017, S. 114–115). Besteht die Zielsetzung des Unternehmens darin, sich langfristig im neuen Markt zu engagieren, sollte ein Preiskampf vermieden und durch die Kenntnis der eigenen Preisuntergrenzen entschieden werden, wie lange Verluste aus strategischen Gründen hingenommen werden können.
- **Die Verhandlungsstärke der Lieferanten** kann die Attraktivität eines Marktes mindern, da diese über ihre Preise die Rentabilität einer Branche senken können. Die Macht der Lieferanten ist umso stärker, je eher diese konzentriert auftreten und von wenigen Unternehmen beherrscht werden. Weiterhin hängt die Macht der Lieferanten von den Substitutionsmöglichkeiten ihres Angebotes sowie von der Bedeutung der Kunden für den Lieferanten ab. Wenig Substitutionsmöglichkeiten sowie die Einschätzung eines Kunden als unbedeutend, erhöhen die Verhandlungsmacht des Lieferanten. Lieferanten werden für Unternehmen umso wichtiger, je wichtiger deren Input für die Leistungserstellung ist und je höher die Umstellungskosten, d. h. der Wechsel zu einem anderen Lieferanten oder einem anderen Input, sind. Für Dienstleistungsunternehmen haben Lieferanten oft nicht den gleichen Stellenwert wie für produzierende Unternehmen. Der Input von Dienstleistungsunternehmen besteht hauptsächlich im Aufbau des Potenzials durch eine Vorkombination, wie z. B. die Einrichtung eines Hotels, einer Arztpraxis oder die Büroausstattung. In den meisten Fällen verfügen die Lieferanten über keine große Verhandlungsmacht, da insbesondere international ausgerichtete Unternehmen die Möglichkeit haben, auf internationale Beschaffungsquellen zurückzugreifen, oder über bereits aufgebaute Netzwerke mit einer Rückwärtsintegration in Verhandlungen drohen können. Insbesondere virtuell ausgerichtete Unternehmen, die über Netzwerke rechtlich und

wirtschaftlich unabhängige Beziehungen aufbauen, sind an dieser Stelle zu nennen (vgl. dazu Scholz 2000).

- **Die Verhandlungsmacht der Abnehmer** ist umso stärker, je höher deren Nachfrage ist und je stärker diese konzentriert am Beschaffungsmarkt auftreten. Eine starke Position nehmen Kunden immer dann ein, wenn die nachgefragten Produkte oder Leistungen homogen sind, zahlreiche Substitutionsmöglichkeiten vorhanden sind und das nachgefragte Angebot für den Kunden keinen allzu großen Stellenwert hat. Viele Lieferanten am Markt erleichtern darüber hinaus die Verhandlungsposition der Kunden. Die bereits erwähnte Drohung mit einer Rückwärtsintegration schwächt die Position des Lieferanten gegenüber dem Kunden. Um der Verhandlungsmacht der Kunden begegnen zu können, bietet sich für Dienstleistungsunternehmen eine Diversifikation ihres Angebots an. Dies kann dann der Fall sein, wenn sie in der Lage sind, mehrere Ländermärkte zu bedienen. Eine weitere Möglichkeit dieser Bedrohung zu begegnen besteht darin, ein entsprechendes Markenimage aufzubauen sowie einen Marketing-Mix zu kreieren, welcher auf die Kunden zugeschnitten ist. Das Marketinginstrument des Personell Sellings kann als ein Instrument genannt werden, welches in der Lage ist, die **Individualität der Leistungserstellung** entsprechend den Kundenanforderungen herauszuarbeiten und über den Aufbau von persönlichen Beziehungen zum Kunden diesen an das eigene Angebot zu binden (vgl. dazu Czenskowsky et al. 2019, S. 218 ff.). Nicht zu unterschätzen ist in diesem Zusammenhang auch der Country-of-Origin-Effekt, welcher dann auftritt, wenn Produkte oder Leistungen nur aufgrund ihre Herkunftslandes als positiv oder negativ bewertet werden (vgl. Bruhn und Hadwich 2016, S. 172). Dieser Effekt kann durch eine entsprechende Kommunikationspolitik die positiven Ländermerkmale, wie z. B. die Qualität und das Image deutscher Automobilbauer, auf das eigene Angebot übertragen. So kann „Made in Germany" auch für die internationale Vermarktung von Dienstleistungen herangezogen werden. Deutsche Managementleistungen werden in vielen internationalen Märkten als qualitativ hochwertig angesehen. Beispielsweise sind Direktoren zahlreicher Luxushotels in den Vereinigten Arabischen Emiraten deutsche Staatsbürger (vgl. Hospitalitynet 2018). Allerdings gilt es zu berücksichtigen, dass nach Usunier/Lee der Einfluss des Country-of-Origin-Effekts auf Kaufentscheidungen nicht so stark ist wie angenommen. Dies gilt insbesondere dann, wenn Markenimage, Preis und Garantien in die Kaufentscheidung mit einbezogen werden (vgl. Usunier und Lee 2013, S. 345).
- **Substitute** stellen immer dann eine Bedrohung dar, wenn das Preis-Leistungs-Verhältnis des Substituts im Vergleich zu den etablierten Angeboten besser ist. Hohe Renditen in einem Markt stellen Anreize für Wettbewerber dar, mit Substituten aufzuwarten. Insbesondere Me-too-Angebote, die leicht veränderte Substitute bisheriger Angebote sind, bilden eine Gefahr. Der Konkurrent kann dabei von der Ähnlichkeit zum bisherigen Angebot und dem bereits vorhandenen Bekanntheitsgrad bei den Kunden profitieren.

Flugreisen, die auf bestimmten Strecken günstiger sind als Bahnreisen, stellen solche Substitute dar. Das Preis-Leistungs-Verhältnis ist aber nicht immer der einzige Grund für einen Wechsel. So führt z. B. das zunehmende Klimabewusstsein dazu, dass bei der Inanspruchnahme von Dienstleistungen, wie z. B. Personentransporte, der sogenannte CO_2-Footprint ein Kriterium für den Wechsel ist. Umfragen zeigen, dass zumindest das Bewusstsein und der Wille, umweltverträglicher zu konsumieren, steigen (vgl. booking.com 2019). Um Substituten begegnen zu können, sind Kundenbindungsmaßnahmen zu empfehlen. Diese erhöhen oft die Wechselkosten und erzeugen Loyalität und Markentreue. Ein auf die Zielgruppe zugeschnittener Marketing-Mix kann eine Kundenbindung mit all den damit verbundenen weiteren Vorteilen ermöglichen (vgl. Winkelmann 2013, S. 155 ff.). Ein weiteres Instrument, das an dieser Stelle zu nennen ist, wäre das Churn Management, welches als Teil des Customer-Relationship-Management zum Ziel hat, Signale der Kundenabwanderung rechtzeitig zu erkennen und diese zu vermeiden (vgl. dazu weiterführend Papenhoff und Lübke 2017, S. 163–170)

Fragen zu Kap. 5:

1. Welchen Anforderungen müssen Daten genügen, die für die Bewertung eines Ländermarktes herangezogen werden können?
2. Wie lässt sich die klassische Checklistentechnik zur Länderauswahl modifizieren?
3. Worin sehen Sie die Nachteile einer Nutzwertanalyse für die Länderauswahl?
4. Welche Risikomanagementmaßnahmen würden Sie für welche der Ihnen bekannten Risiken anwenden?
5. Welche Schritte gehen einer Szenarioentwicklung voraus?
6. Warum kann das Internationalisierungs-Know-how eines Unternehmens als Ressource mit strategischer Relevanz bezeichnet werden?
7. Beschreiben Sie die Bestandteile einer Prozesswertkette für internationale Dienstleistungsunternehmen.

Literatur

Albin, W.: Vertragsgestaltung: Die Tücken des Common Law, in: Handelsblatt, 20.03.2009, https://www.handelsblatt.com/finanzen/steuern-recht/steuern/vertraege-werden-immer-oefter-nach-englischem-recht-geschlossen-vertragsgestaltung-die-tuecken-des-common-law/3138970.html, Stand: 12.09.19

Allianz: Allianz Risk Barometer, 15.01.2019, https://www.allianz.com/de/presse/news/studien/190115_allianz-risk-barometer-2019.html, Stand: 26.08.2019.

Ansoff, I.: Managing Surprise and Discontinuity – Strategic Response to Weak Signals, in: Zeitschrift für betriebswirtschaftliche Forschung, 28, Jg, 1976, H.28 S. 129–152

Barney, J.B.: Gaining and Sustaining Competitive Advantage, 4th ed. Harlow Essex, 2014

Bauer, E.: Internationale Marketingforschung, 4. Aufl., München, 2009

BDI, Pressemitteilung: BDI zu China Ankündigung einer Marktöffnung, Ende des Joint-Venture-Zwangs erster wichtiger Schritt, 19.04.2018, https://www.presseportal.de/pm/6570/3921161, Stand: 27.08.2019

Bea, F.X.; Haas, J.: Strategisches Management, 10. Aufl., München, 2019

Berndt, R.; Fantapie´ Altobelli, C.; Sander, M.: Internationales Marketing-Management, 5. Aufl., Berlin Heidelberg, 2016

Bieberstein, I.: Dienstleistungsmarketing, 4. Aufl., Ludwigshafen, 2016

Billen, P.; Raff, T.: Länderauswahlentscheidungen im Hinblick auf eine Internationalisierung von Dienstleistungsunternehmen, in: Bruhn, M.; Stauss, B. (Hrsg.): Internationalisierung von Dienstleistungen, Wiesbaden, 2005, S. 149–170

Blattner, P.: Globales Risikomanagement für Banken, München, 2003.

BMWi (Bundesministerium für Wirtschaft und Energie): Monitoring-Report Wirtschaft DIGITAL 2018, Berlin, 2018, https://www.bmwi.de/Redaktion/DE/Publikationen/Digitale-Welt/monitoring-report-wirtschaft-digital-2018-langfassung.pdf?__blob=publicationFile&v=12, Stand: 24.11.2019

Booking.com: Nachhaltiges Reisen – Booking.com zeigt, wie deutsche und international Reisende zu sustainable travel stehen, München, 16.05.2019, https://news.booking.com/nachhaltiges-reisen--bookingcom-zeigt-wie-deutsche-und-international-reisende-zu-sustainable-travel-stehen/, Stand: 02.02.2020

Brosnahan, T.: Ayasofya/Hagia Sophia-Istanbul, o. J., https://turkeytravelplanner.com/go/Istanbul/Sights/Sultanahmet/Ayasofya.html, Stand: 27.09.2019

Bruhn M.; Hadwich, K: Internationales Dienstleistungsmarketing, Strategien – Instrumente – Methoden, Stuttgart, 2016

Bürgi, M.: Wie Syrien den CEO von LafargeHolcim stürzen ließ, 08.12.2017, https://www.handelszeitung.ch/management/wie-syrien-den-ceo-von-lafargeholcim-sturzen-liess, Stand: 09.09.2019

Chen, G.C.; Shi-Kupfer, K.: China Massenhaft Nutzer – mangelhafter Datenschutz, in: Zeit Online, 20.08.2017, www.zeit.de/politik/ausland/2017-08/china-datenschutz-digitalisierung-gesetze, Stand: 11.02.2019

Daum, M.: Zementkonzern soll „Islamischem Staat" Geld gezahlt haben, in: Zeit Online, 28.04.2017, https://www.zeit.de/wirtschaft/unternehmen/2017-04/lafarge-schweiz-zementproduzent-islamischer-staat-zusammenarbeit-syrien, Stand: 06.09.19

Derseky, H.: International Management; Managing Across Borders and Cultures, 8th ed., Harlow Essex, 2014

Dettmas, S.; Jochmann, W.: Organigramm deutscher Unternehmen. In welchen Strukturen Fachkräfte künftig arbeiten wollen, Köln, Düsseldorf, 2017, https://media.kienbaum.com/wp-content/uploads/sites/13/2019/03/2017_Studie_Organigramm-deutscher-Unternehmen_Kienbaum-Stepstone-Studie_2017.pdf, Stand: 30.10.2019

EC: The Digital Economy and Society Index (DESI), DESI 2019, https://ec.europa.eu/digital-single-market/desi, Stand: 08.01.2020

Ehlert, J.: Leitfaden zur Planung von Auslandsexpansionen, Eine Analyse der relevanten Schlüsselfaktoren, o. J., in: Lichter, J. (Hrsg.): Handelsblatt Research Institute, o. J., https://www.handelsblatt.com/downloads/9035184/1/leitfaden-zur-planung-von-auslandsexpansionen.pdf, Stand: 24.02.2019

Euler Hermes Global: Our activities o. J., https://www.eulerhermes.com/en_global/discover-euler-hermes/our-activities.html, Stand: 16.09.2019

Export.gov.: United Arab Emirates – Joint Ventures/Licensing, 08.07.2019, Stand: 09.09.2019

Ferraro, G.; Sichani, A.-M.: Designing as Part of the Plan: Introducing Agile Methodology in Digital Editing Projects, in: Bleier, R.; Bürgermeister, M.; Klug, H.W.(Hrsg.): Digital Scholary Editions As Interfaces – Schriften des Instituts für Dokumentologie und Editorik 12, Norderstedt, 2018

Festing, M.; Dowling, P.J.; Weber, W.; Engle, A.D.: Internationales Personalmanagement, Wiesbaden, 2011

Fichter, K.; Kiehne D.O.(Hrsg.): Trendmonitoring im Szenario-Management Eine erste Bestandsaufnahme informationstechnischer Unterstützungspotenziale, nova-net Konsortium, und Fraunhofer-Institut für Arbeitswirtschaft und Organisation IAO, Stuttgart, 2006

Freeman, E.: Strategic Management A Stakeholder Approach, Cambridge, 2010

Gaitanides, M.: Prozessmanagement, München, 1994

Geschka, H.: Szenariotechnik als Instrument der Frühaufklärung, in: Gassmann, O.; Kobe, C. (Hrsg.); Management von Innovation und Risiko – Quantensprünge in der Entwicklung erfolgreich managen, 2. Aufl., Berlin, Heidelberg, 2006, S. 357–372

Gleißner, W.: Grundlagen des Risikomanagements – Mit fundierten Informationen zu besseren Entscheidungen. 3. Aufl., München, 2017

Hake, B.: Bewertung des Risikos von Auslandmärkten: Das BERI Konzept, in: Zentes, J.; Morschett, D.; Schramm-Klein, H. (Hrsg.): Außenhandel, Marketingstrategien und Marketingkonzepte, Wiesbaden, 2004, S. 599-613

Haller, S.: Dienstleistungsmanagement, 6. Aufl., Wiesbaden, 2015

Hallscheidt, S.; Heuwinkel, S.; Leinwand, J.; Neugebauer, B.; Proba, M.; Regner, O.; Scherer, V.; Wellmann, P.: Internationalisierung von Dienstleistungen – Ein Leitfaden für Unternehmen DIHK, Berlin, 2015

Handelsblatt: Meilenstein für Allianz: Konzern darf nach China, in: Handelsblatt, 25.11.2018, https://www.handelsblatt.com/finanzen/banken-versicherungen/versicherung-meilenstein-fuer-allianz-konzern-darf-nach-china/23678240.html?ticket=ST-3969640-Aa9JOCkM4mMc1gxVObzJ-ap2, Stand: 24.08.2019

Handelszeitung: Frankreich stellt Verfahren gegen Ex-LafargeHolcim-Chef ein, in: Handelszeitung, 06.03.2019, Stand: 09.09.2019

Hofstede, G.: Interkulturelle Zusammenarbeit – Kulturen – Organsiationen – Management, Wiesbaden, 1993

Hollensen, S: Global Marketing, 7th ed., Pearson, Harlow, 2017

Holtbrügge, D.; Welge; M.K.: Internationales Management, Theorien, Funktionen, Fallstudien, 6. Aufl., Stuttgart, 2015

Hünerberg, R.: Internationales Marketing, Landsberg/Lech, 1994

Kerkmann, C.; Micijevic, A.: Millionen Patientendaten ungeschützt im Netz aufgetaucht, in: Handelsblatt, 17.09.2019, https://www.handelsblatt.com/technik/sicherheit-im-netz/ungesicherte-server-millionen-patientendaten-ungeschuetzt-im-netz-aufgetaucht/25023120.html, Stand: 02.10.19

Knüpffer, G.: China: Gewinnausfuhr wird erschwert, in: Produktion, 08.12.2016, https://www.produktion.de/wirtschaft/china-gewinnausfuhr-wird-erschwert-128.html, Stand: 09.09.2019

Luthans, F.; Doh, J.P.: International Management, Culture, Strategy, and Behavior, 10th. ed., New York, 2018

Macharzina, K.; Wolf, J.: Unternehmensführung, Das internationale Managementwissen, Konzepte – Methoden – Praxis, 10 Aufl., 2018

Meffert, H.; Burmann, C.; Kirchgeorg, M; Eisenbeiß, M.: Marketing Grundlagen marktorientierter Unternehmensführung, 13. Aufl., Wiesbaden, 2019

Müller, S.; Gelbrich, K.: Interkulturelles Marketing, München, 2015

Obermaier, F.; Ott, K.: Illegale G36-Lieferungen nach Mexiko Heckler & Koch – Mitarbeiter müssen mit Anklage rechnen, in: Süddeutsche Zeitung, 07.05. 2015, https://www.sueddeutsche.de/politik/g-bedenklich-unbedenklich-1.2469098, Stand: 14.03.2019

Pförtsch, W.; Godefroid, P.: Business-to-Business-Marketing, 5. Aufl. in: Weis, H.C. (Hrsg.) Modernes Marketing für Studium und Praxis, Herne, 2013

Porter, M.E.: Wettbewerbsstrategie – Methoden zur Analyse von Branchen und Konkurrenten, 12. Aufl., Frankfurt am Main/New York, 2013

Porter, M.E.: Wettbewerbsvorteile Spitzenleistungen erreichen und behaupten, 8. Aufl., Frankfurt am Main/New York, 2014

Reibnitz, U.v.: Szenario-Technik Instrumente für die unternehmerische und persönliche Erfolgsplanung, 2. Aufl, Wiesbaden, 1992

Saleh, S.: Gesundheits-Dienstleistungen, in: Pepels, W. (Hrsg.): Betriebswirtschaft der Dienstleistungen, 3. Aufl., Berlin, 2015, S. 465-495

Saleh, S.: Unternehmenspolitische Entscheidungen des Logistikdienstleisters – Teil I: Die Unternehmensethik, die Philosophie und Vision, in: Pradel, U.; Süssenguth, W.; Piontek, J.; Schwolgin, A. (Hrsg.): Praxishandbuch Logistik, Köln, 2018, Ergänzungslieferung, Februar 2018a

Scharrer, J.: Internationalisierung und Länderselektion Eine empirische Analyse mittelständischer Unternehmen in Bayern, München, 2001

Schnettler, J; Wendt, G.: Marketing und Marktforschung, 3. Aufl., Berlin, 2009

Scholz, C.: The virtual cooperation: emprirical evidences to a three dimensional model – Paper Presented at the Academy of Management 2000 Conference in Toronto– Revised Conference Version –, 2000, https://pdfs.semanticscholar.org/e580/86459d0368acf296e657ad73532acf567ce5.pdf, Stand: 09.11.2019

Schuster, F.: Perspektiven des Islamic Banking im deutschen Bankenwesen unter Betrachtung der Finanzstabilität, des Gewinnstrebens deutscher Banken und Berücksichtigung des deutschen Absatzmarktes, in: Deutsches Institut für Bankwirtschaft – Schriftenreihe, Band 10 (b) (12/2013), https://deutsches-institut-bankwirtschaft.de/archive/wp-content/uploads/2013/12/Schuster-Islamic-Banking-in-Deutschland.pdf, Stand: 02.09.2019

Simmet-Blomberg, H.: Interkulturelle Marktforschung im Europäischen Transformationsprozess, Stuttgart, 1998

Spiegel Online: Disney zieht Produktion aus Bangladesch zurück, in: Spiegel Online, 03.05.2013, https://www.spiegel.de/wirtschaft/unternehmen/walt-disney-stoppt-nach-fabrik-einsturz-produktion-in-bangladesch-a-897829.html, Stand: 02.05.2019

Spiegel Online: Saudi-Arabien McKinsey soll Königshaus beim Kampf gegen Kritiker geholfen haben, in: Spiegel Online, 21.10.2018, https://www.spiegel.de/wirtschaft/soziales/saudi-arabien-mckinsey-half-koenigshaus-beim-kampf-gegen-kritiker-a-1234321.html, Stand: 21.10.2018

Sure, M.: Internationales Management, Grundlagen, Strategien, Konzepte, Wiesbaden, 2017

Topkapisarayi: Visit Information, o. J., https://topkapisarayi.gov.tr/en/visit-information, Stand: 27.09.19

UBL UK: Islamic banking, o. J., https://www.ubluk.com/, Stand: 30.08.2019

Usunier, J.C; Lee, J.A.: Marketing Across Cultures, 6th ed., Harlow, 2013

VW: VW-Geschäftsbericht 2017, https://geschaeftsbericht2017.volkswagenag.com/konzernlagebericht/corporate-governance-bericht/compliance.html, Stand: 21.08.2019

Watson, H.J.: Tutorial: Big Data Analytics: Concepts, Technologies, and Applications, in: Communications of the Association for Information Systems, April 2014, Vol. 34, Article 65, p. 1247–1268, https://pdfs.semanticscholar.org/2b87/d63638c9a2282c5ca7de074a50658cdce098.pdf, Stand: 01.09.2019

Windolph, A.: Wie du Ziele mit der Moscow-Methode priorisierst, o. J., https://projekte-leichtgemacht.de/blog/pm-methoden-erklaert/moscow-methode/, Stand: 23.03.2019

Winkelmann, P.: Vertriebskonzeption und Vertriebssteuerung, Die Instrumente des integrierten Kundenmanagements – CRM, 5. Aufl., München, 2013

World Economic Forum: The Global Risks Report 2019, 14th ed., 2019, Stand: 29.08.2019

ZEIT ONLINE: Afghanistan: USA sehen sich kurz vor einem Friedensvertrag mit den Taliban, in: Zeit Online, 01.09.2019, https://www.zeit.de/politik/ausland/2019-09/afghanistan-usa-taliban-friedensgespraeche-angriff-kundus, Stand: 09.09.2019

Der Markteintritt und die Marktbearbeitung

Lernziele:

Nach Lesen dieses Kapitels:

- wissen Sie, welche Markteintrittsformen einem Dienstleistungsunternehmen zur Verfügung stehen,
- sind Ihnen die Vorüberlegungen bekannt, die der Wahl einer Markteintrittsform vorausgehen,
- kennen Sie die jeweiligen Vor- und Nachteile der gängigen Markteintrittsformen,
- wissen Sie, welche Verfahren der Auswahl einer Markteintrittsform zur Verfügung stehen,
- wissen Sie, welche zeitlichen Aspekte des Markteintritts zu berücksichtigen sind,
- kennen Sie die strategischen Komponenten der Marktbearbeitung im Gastland.

Nachdem die Umwelt des Gastlandes und das Unternehmen analysiert worden sind, sollten die Entscheidungsträger in der Lage sein, die Chancen und Risiken des Marktes, aber auch die Stärken und Schwächen des eigenen Unternehmens beurteilen zu können. Mit diesen Kenntnissen kann die Entscheidung für oder gegen den Markteintritt getroffen werden. Der Markteintritt kann jedoch je nach gewählter Eintrittsform auf unterschiedliche Weise erfolgen. Um die adäquate Markteintrittsform zu wählen, sind die vorab erlangten Erkenntnisse im Rahmen der Marktselektion heranzuziehen.

6.1 Vorüberlegungen zum Markteintritt

Die klassischen Markteintrittsformen beziehen sich größtenteils auf produzierende Unternehmen. Diese Strategien sind aber auch für Dienstleistungsunternehmen anwendbar. Die Wahl der adäquaten Markteintrittsform hängt u. a. von der Entscheidung ab, ob man den Eintritt in **Eigenregie, in Form einer Kooperation oder über den Kauf**

Tab. 6.1 Markteintritt in Eigenregie

Vorteile	Nachteile
• keine Teilung des Gewinns • Know-how Schutz • eigene Kontroll- und Gestaltungsmöglichkeiten • keine Abhängigkeiten • einheitliche Positionierung • bessere Einordnung der Auslandsaktivitäten in die nationale Geschäftspolitik	• Internationalisierungs-Know-how erforderlich • Bedarf an finanziellen und menschlichen Ressourcen • keine Teilung des Risikos • schwere Überwindung von Markteintrittsbarrieren

(vgl. Hünerberg 1994, S. 118 f.)

Tab. 6.2 Markteintritt über eine Kooperation

Vorteile	Nachteile
• schneller Markteintritt • Nutzung von Synergien • Partner bringt Ressourcen ein (auch Marktkenntnisse und Beziehungen); dadurch Überwindung von Markteintrittsbarrieren • Auftritt als nationales Unternehmen führt zu Akzeptanz bei ausländischen Konsumenten (Überwindung von „buy national") • Risiko und Kosten „lasten auf mehreren Schultern"	• Abstimmungsnotwendigkeit mit Partnern; dadurch ist die Flexibilität eingeschränkt • hohe Koordinationskosten • Streit und Abstimmungsbedarf bei gemeinsam genutzten Ressourcen • aus Partner kann in Zukunft ein Wettbewerber werden, insbesondere bei Know-how Überlassung

(vgl. Hünerberg 1994, S. 118 f.)

Tab. 6.3 Markteintritt über Akquisition

Vorteile	Nachteile
• Beschaffung von Know-how und Ressourcen aus dem Zielmarkt • schnelle Penetration des Zielmarkts • Umgehung von Markteintrittsbarrieren • Nutzung des Images des gekauften Unternehmens (z. B. als „einheimisches" Unternehmen)	• hohe finanzielle Mittel erforderlich • Risiko des Fehlkaufs • Notwendigkeit einer kostenintensiven Due Diligence • Integrationsproblem

(vgl. Hünerberg 1994, S. 118 f.)

eines lokalen Unternehmens vollziehen möchte. Alle drei Formen weisen jeweils Vor- und Nachteile auf, wie in den Tab. 6.1, Tab. 6.2 und Tab. 6.3 ersichtlich (vgl. Hünerberg 1994, S. 118 f.).

Neben dem Abwägen der jeweiligen o. g. Vor- und Nachteile spielt für die Wahl der Markteintrittsform der Internationalisierungsgrad eines Unternehmens eine große Rolle. Verfügt ein Unternehmen über Internationalisierungs-Know-how und Internationalisierungserfahrung, wird ein eigenständiges Vorgehen wahrscheinlicher sein, als wenn der geplante Markteintritt der erste in der Geschichte des Unternehmens ist. Findet sich ein guter Joint-Venture-Partner oder ist diese Form des Markteintritts seitens des Gastlandes sogar vorgeschrieben, so ist eine Kooperation vorgegeben. Unternehmen, die von den Ressourcen und insbesondere vom Kundenstamm eines Unternehmens im Gastland profitieren möchten, und dabei gleichzeitig ein langfristiges Engagement planen, werden dagegen versuchen, Unternehmen vor Ort aufzukaufen. All diese Überlegungen beeinflussen die Wahl der richtigen Markteintrittsform.

6.2 Markteintrittsformen

Die Markteintrittsformen in der betriebswirtschaftlichen Literatur sind zahlreich und können u. a. nach der Intensität der Managementleistungen, dem Kapitaleinsatz im Ausland und den Kontrollmöglichkeiten der Auslandsaktivitäten unterschieden werden. Die Abb. 6.1 gibt eine Übersicht über Markteintrittsformen, die für Dienstleistungsbetriebe infrage kommen können (vgl. dazu Bruhn und Hadwich 2016, S. 133 ff.).

Wie bereits oben dargestellt, beeinflussen zahlreiche Überlegungen und Ausgangsbedingungen die Wahl der richtigen Markteintrittsform. Die in der klassischen Literatur des internationalen Managements erwähnten Markteintrittsformen beziehen sich überwiegend auf produzierende Unternehmen. Dienstleistungsunternehmen, die den internationalen Markteintritt beabsichtigen, können sich größtenteils auch auf diese Markteintrittsformen beziehen. Oft durchlaufen Unternehmen einen Prozess der Internationalisierung, der mit risikoarmen Formen, wie dem Export beginnt und mit Formen der stärksten Wertschöpfung und des größten Risikos vor Ort, wie z. B. einer Direktinvestition, endet. Durch die Digitalisierung verändert sich die Bedeutung dieser Formen, da eine physische Präsenz vor Ort in bestimmten Fällen durch den Einsatz von entsprechenden Technologien relativiert wird. Dies ist z. B. der Fall, wenn eine Softwareimplementierung und -wartung nicht mehr vor Ort stattfinden muss, sondern auch vom Stammhaus des Mutterunternehmens aus erfolgen kann. Nichtsdestotrotz bleibt bei bestimmten Dienstleistungen der persönliche Kontakt zum Dienstleister weiterhin wichtig. So besteht z. B. bei medizinischen Dienstleistungen zwar auch die Möglichkeit der Ferndiagnose und -therapie, dennoch ist ein persönlicher Kontakt gerade in dieser Branche, nicht nur im Hinblick auf die Integration des Kunden, wichtig (vgl. Abschn. 4.1). So vertraut der Patient auf die Fachkompetenz und Menschlichkeit des

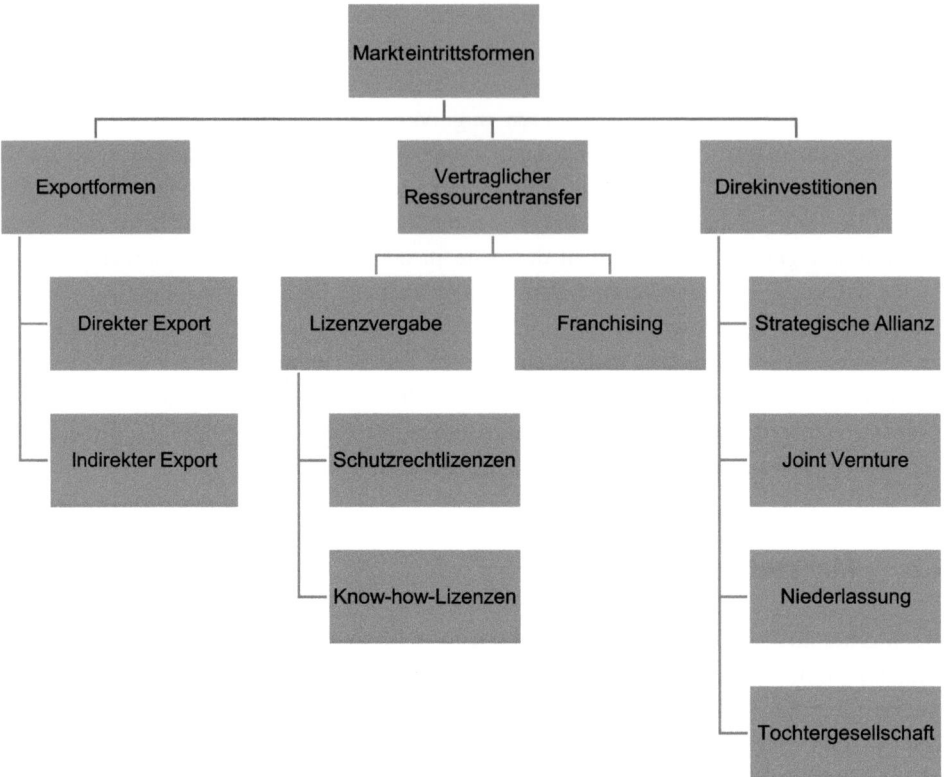

Abb. 6.1 Markteintrittsformen

medizinischen Personals, was wiederum eine emotionale Verankerung dieser Dienstleistung ermöglicht. Eine emotionale Verankerung bzw. Bindung ist nur über den persönlichen Kontakt möglich, was eine Präsenz vor Ort erfordert (vgl. Saleh 2015, S. 468). Ob eine Präsenz vor Ort oder andere Formen des Markteintritts zum Tragen kommen, hängt von vielen Aspekten und Einflussfaktoren ab. Prinzipiell stehen Dienstleistungsunternehmen die folgenden Formen des Markteintritts zur Verfügung.

6.2.1 Exportformen

Der klassische **Export** lässt sich in **direkten und indirekten** Export unterscheiden. Wichtige Voraussetzungen aller Exportformen sind ein freier Güter- und/oder Dienstleistungs- und Zahlungsverkehr und offene Vertriebskanäle. Der **direkte Export** birgt für Unternehmen Vor- und Nachteile, die in Tab. 6.4 aufgelistet sind (vgl. Hünerberg 1994, S. 125; Berndt et al. 2016, S. 167).

6.2 Markteintrittsformen

Tab. 6.4 Vor- und Nachteile des direkten Exports

Vorteile	Nachteile
• zunächst kein Kapital-, Management- und Personaltransfer nötig. Damit eignet sich diese Form für Unternehmen, die am Anfang der Internationalisierung stehen • Erwerb von spezifischem Ländermarkt Know-how durch Feedback der Kunden • Nutzung von Maßnahmen zur Exportförderung	• Abhängigkeit von administrativen und rechtlichen Ex- und Importbestimmungen/-beschränkungen • Wechselkursrisiken • schwierig bei schwer transportierbaren Gütern • Bedarf an Internationalisierungs-Know-how

(vgl. Hünerberg 1994, S. 125; Berndt et al. 2016, S. 167)

Beim Export von Dienstleistungen, wie z. B. den Leistungen einer Unternehmensberatung oder eines Arztes würde der Export darin bestehen, dass die Dienstleister für bestimmte Zeiträume entsendet und im Gastland ihr Know-how zur Anwendung bringen. Diese Form des Exports ist stark personen- und Know-how-gebunden. Allerdings kann diese Leistung aufgrund digitaler Medien auch ohne Reisetätigkeit erfolgen, z. B. in Form virtueller Entsendungen als eine Form des Exports einer Dienstleistung. Virtuelle Entsendungen zeichnen sich dadurch aus, dass kein Ortswechsel stattfindet, sondern die Tätigkeit in der Regel vom Standort des Mutterunternehmens aus erfolgt. Moderne Kommunikations- und Informationstechnologien kommen hier zum Einsatz. Kennzeichnend für eine virtuelle Entsendung ist somit, dass die räumliche Trennung zwischen dem Wohnort bzw. Arbeitsort im Heimatland und dem ursprünglichen Entsendungsort im Gastland entfällt. Nach Schillo wird vor allem dann von einer virtuellen Entsendung gesprochen, wenn neben den Merkmalen der geografischen Trennung zwischen physischer und virtueller Arbeitswelt, auch die kulturelle und sprachliche Trennung vorhanden ist. Beispielsweise nutzt die Firma SAP virtuelle Entsendungen zur Systemimplementierung und -wartung bei ausländischen Kunden. Die virtuell entsandten Mitarbeiter befinden sich physisch in der Unternehmenszentrale und werden von Vertriebsmitarbeitern vor Ort unterstützt. So kann SAP teure Spezialisten je nach Projekt zusammenstellen, ohne die Kosten einer physischen Entsendung tragen zu müssen (vgl. Schillo 2009, S. 20 ff.). Diese Form der Entsendung kann auch in anderen Dienstleistungsbranchen zur Anwendung kommen, wenn z. B. Ärzte Fernoperationen anbieten (vgl. Mth 2019).

Exportierende Unternehmen wagen bei zunehmendem Exportvolumen die physische Präsenz im Gastland. Dies vor allem, weil sie die Nähe des Kunden suchen, um das Angebot spezifischer auf seine Wünsche abstimmen zu können. Je nachdem, wie groß die mit dem Engagement im Gastland verbundenen Investitionen sind, entwickeln sich hieraus Niederlassungen.

Der Export kennt neben der o. g. direkten Form auch noch die **indirekte Form,** in der Absatzmittler zwischengeschaltet werden. Die Absatzmittler fungieren als Dienstleister, deren wichtigste Ressource die Kenntnisse und Kontakte über einen bestimmten Zielmarkt ist. So lassen sich folgende Formen des indirekten Exports unterscheiden:

Tab. 6.5 Vor- und Nachteile des indirekten Exports

Vorteile	Nachteile
• geringe Kosten und geringes Risiko (Wechselkursrisiko) • Exportmittler verfügen über spezielles Länder-Know-how • geringer Ressourcenanspruch • lässt sich schnell wieder rückgängig machen (Flexibilität) • Penetration mehrerer Ländermärkte ohne länderspezifische Kenntnisse möglich	• Abhängigkeit vom Exportmittler • kein bzw. geringer Einfluss auf die Absatzaktivitäten im Zielland • keine optimale Ausschöpfung des Markt-/Absatzpotenzials • nicht für alle Angebote geeignet (Dienstleistungen und Investitionsgüter) • kein direkter Kontakt zu den Kunden • keine eigenständige Entwicklung von Internationalisierungs-Know-how

(vgl. dazu Hünerberg 1994, S. 125; Kutschker und Schmid 2011; S. 856 ff.; Berndt et al. 2016, S. 167 ff.)

- **Exporteigenhändler:** Inländische Exporthändler oder Exporthäuser, die sich auf bestimmte Länder und Sortimente spezialisiert haben. Sie vermarkten die Leistungen auf eigene Rechnung und auf eigenen Namen.
- **Exportagenten:** Handelsvertreter und Handelsmakler, die den Verkauf von Leistungen auf fremde Rechnung betreiben. Das Eigentum an der Leistung und die Risiken des Vertriebs verbleiben beim Hersteller
- **Exportkooperationen:** Zusammenschlüsse von exportierenden Unternehmen, die für den gemeinsamen Export ein Exportorgan haben (vgl. Berndt et al. 2016, S. 167–168).

Der **indirekte Export** spielt für Dienstleistungsunternehmen keine bedeutende Rolle und sollte nur mangels anderer Alternativen herangezogen werden. Insbesondere aufgrund der Notwendigkeit, den direkten Kontakt zum Kunden herzustellen, scheint eine Übertragung der Leistungserstellung auf ein Absatzorgan wenig sinnvoll. Wird der indirekte Absatz allerdings aus der Perspektive des Absatzmittlers betrachtet, so bietet dieser an, den Markteintritt von Produkten für einen Hersteller als Dienstleistung zu übernehmen. Der Haupt-USP dieses Dienstleisters sind seine Kenntnisse über Exportmärkte, verbunden mit einem in der Regel fundierten Internationalisierungs-Know-how. So kann dieser Dienstleister gegenüber dem Hersteller mit Vorteilen argumentieren, denen aber auch Nachteile gegenüberstehen wie in Tab. 6.5 dargestellt (vgl. dazu Hünerberg 1994, S. 125; Kutschker und Schmid 2011; S. 856 ff.; Berndt et al. 2016, S. 167 ff.).

6.2.2 Vertraglicher Ressourcentransfer

Im Rahmen eines vertraglichen Ressourcentransfers werden meistens Know-how und ähnliche Ressourcen einem Vertrags- bzw. Lizenznehmer gegen eine Gebühr überlassen. Diese Form des Markteintritts ermöglicht den Markteintritt ohne ein personelles und kapitalintensives Engagement des Mutterunternehmens. Das Risiko der Marktbearbeitung im Gastland wird auf den Lizenznehmer übertragen. Die Lizenzierung und das Franchising sind typische Erscheinungsformen des vertraglichen Ressourcentransfers.

a) **Lizenzierung:**
Um Lizenzen als Markteintritt vergeben zu können, müssen Unternehmen über einen schützenswerten Vorteil in Form eines technologischen Vorsprungs und/oder eines Markennamens oder Know-hows verfügen. Diese Form des Markteintritts bietet sich an, wenn ein Unternehmen über zu wenig Kapital für Direktinvestitionen verfügt oder tarifäre und nichttarifäre Handelshemmnisse den Markteintritt erschweren und das Risiko für Direktinvestitionen zu hoch ist (vgl. Hünerberg 1994, S. 126 f.; Berndt et al. 2016, S. 170). Die Lizenzen lassen sich wie folgt kategorisieren (vgl. Hünerberg 1994, S. 126 f.; Berndt et al. 2016, S. 170; Bruhn und Hadwich 2016, S. 135 f.):

- Schutzrechtslizenzen:
  - Patentlizenz: erlaubt, eine Erfindung zu gebrauchen. Für die Dienstleistungsbranche können die SAP Software und die damit zusammenhängenden Schulungsangebote, die ebenfalls einer Lizenz bedürfen, genannt werden.
  - Markenzeichenlizenz: erlaubt, Waren und Dienstleistungen mit einer Marke zu kennzeichnen. Für die Dienstleistungsbranche können Beispiele aus dem Fitnessbereich wie Tae-Bo etc. genannt werden.
- Know-how-Lizenzen:
  - Management Contracting: ermöglicht die Übertragung von Management Know-how und zum Teil personellen Ressourcen an ein ausländisches Unternehmen gegen Entgelt. Bei den Anbietern dieses Management-Know-hows handelt es sich oft um Unternehmensberatungen. Beispielsweise können Hotels im Rahmen von Managementverträgen von Unternehmen, im Auftrag der Hoteleigentümer, geführt werden. Das Gleiche kann für Häfen gelten, die von internationalen Hafenbetreibern geführt werden (vgl. Rabe 2006; Lakshmi 2018).
  - Contract Manufactoring: bedeutet die Vergabe von Fertigungsaufträgen, verbunden mit der Überlassung von Know-how, wie z. B. Blaupausen und technische Normen für die Produktion. Das hergestellte Produkt wird anschließend Unternehmen eigenständig vermarktet. Dies ist oft der Fall in der Textilindustrie.
  - Schulungs- und Ausbildungsverträge vermitteln im Gastland technisches oder Management-Know-how durch Schulungen für die Mitarbeiter vor Ort.

Die Vergabe von Lizenzen ist mit Lizenzgebühren verbunden, die folgende Erscheinungsformen annehmen können (vgl. Berekoven 1985, S. 45; Kutschker und Schmid 2011, S. 869 ff.; Berndt et al. 2016, S. 170):

- Lump Sums: Pauschallizenzgebühren, die einmalig oder periodisch wiederkehrend sein können
- Royalities: laufende Lizenzgebühren, die stück-, umsatz- oder gewinnbezogen sein können
- Cross Licensing: Lizenzaustausch
- Kapitalbeteiligung
- Gebühren für Unterstützung und Serviceleistungen

Tab. 6.6 Vor- und Nachteile der Lizenzierung

Vorteile	Nachteile
• kostengünstige Vermarktung im Ausland • kaum Ressourcenverbrauch • Umgehung von Handelshemmnissen • keine Gefahr der Expropriation • Marktkenntnisse des Lizenznehmers werden genutzt	• nicht für alle Angebote geeignet • evtl. negatives Image des Lizenznehmers • beschränkte Kontrollmöglichkeiten des Lizenznehmers

(vgl. Hünerberg 1994, S. 126 f.; Berndt et al. 2016, S. 170; Bruhn und Hadwich 2016, S. 135 f.)

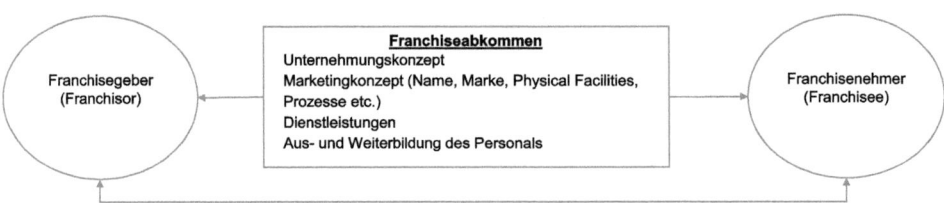

Abb. 6.2 Franchising. (Quelle: In Anlehnung an Holtbrügge/Welge 2015, S. 110)

Die Vergabe von Lizenzen ist mit Vor- und Nachteilen für den Lizenzgeber verbunden (siehe Tab. 6.6).

b) **Franchising:** Beim Franchising gewährt der Franchisegeber (Franchisor) einem Franchisenehmer (Franchisee) eine Lizenz, die es dem Franchisenehmer erlaubt, das Unternehmenskonzept des Franchisegebers zu nutzen. Zu diesem Nutzungsrecht gehören Name, Marke, Ausstattung, sowie Dienstleistungen wie z. B. Beratungen und Schulungen des Personals (vgl. dazu Holtbrügge und Welge 2015, S. 110). Der Franchisegeber hat das Recht, die Geschäftstätigkeit des Franchisenehmers zu kontrollieren. Der Franchisenehmer muss bestimmte Güter des Franchisegebers wie auch die gesamte Marketingkonzeption übernehmen. Typische Franchisekonzepte sind bei den großen Fastfoodketten, wie McDonald's oder Subways vorzufinden (vgl. Mcdonalds o. J). Abb. 6.2 zeigt die Zusammenhänge beim Franchising. Das Franchising hat aus Sicht des Franchisegebers Vor- und Nachteile, die Tab. 6.7 zu entnehmen sind.

6.2.3 Direktinvestitionen

Direktinvestitionen sind dadurch gekennzeichnet, dass ein hoher Management- und Kapitaltransfer ins Ausland stattfindet. Die Hauptwertschöpfung erfolgt somit im Gastland und nicht mehr wie beim klassischen Export im Heimatunternehmen. Direkt-

6.2 Markteintrittsformen

Tab. 6.7 Vor- und Nachteile des Franchising

Vorteile	Nachteile
schneller Markteintritt ohne großen Kapitaleinsatz Risikominimierung Kontrollrechte gegenüber dem Franchisenehmer	aufwendige Steuerung und Kontrolle evtl. Demotivation des Franchisenehmers evtl. leidet das Image des Franchisegebers, wenn sich die Qualität des Franchisekonzepts im Gastland nicht halten lassen kann eignet sich nur für standardisierte Angebote

(vgl. Kutschker und Schmid 2011, S. 879 f.)

investitionen bieten sich für Dienstleistungsunternehmen immer dann an, wenn die Nähe zum Kunden besonders wichtig und seine Integration in den Dienstleistungsprozess nur durch eine Präsenz vor Ort möglich ist. Die Bedeutung der Präsenz vor Ort nimmt allerdings angesichts der zunehmenden Digitalisierung für bestimmte Dienstleistungen, wie z. B. Softwaredienstleistungen, immer mehr ab. Andererseits spielt die persönliche Präsenz des Dienstleisters vor Ort immer dann eine wichtige Rolle, wenn ein Vertrauensverhältnis aufgebaut werden muss, welches aus Dienstleistersicht zu einer emotionalen Verankerung der Dienstleistung beim Kunden führen soll. Dies ist oft bei medizinischen und kosmetischen Dienstleistungen der Fall, bei denen ein Patient z. B. eine persönliche Behandlung von einem bestimmten Arzt oder von medizinischem Personal wünscht.

Folgende Markteintrittsformen, die jeweils geringere oder höhere Investitionen erfordern, stehen Dienstleistungsunternehmen zur Wahl (vgl. Kutschker und Schmid 2011, S. 887–909; Perlitz und Schrank 2013, S. 405 ff.; Berndt et al. 2016, S. 173 ff., S. 568 ff.):

a) **Joint Ventures (JV):** sind zwei oder mehrere rechtlich selbstständige Unternehmen, die sich zu einer gemeinschaftlichen Unternehmung mit eigener Rechtspersönlichkeit zusammenschließen. Meist befindet sich ein JV-Partner bereits im Gastland. Joint Ventures können sich auf einzelne Bereiche, wie z. B. Marketing, Beschaffung etc. oder auf die gesamte Wertkette beziehen. Folgende Formen von Joint Ventures sind möglich:
   – Contractual-JV: kein Unternehmen mit eigener Rechtspersönlichkeit, Zusammenarbeit im Rahmen eines Projekts
   – Fade-out-JV: stufenweise Erhöhung des Eigenkapitals bis zur Eigenständigkeit eines Partners => meist Vorstufe zur eigenständigen Tochtergesellschaft
   – X-JV: Unternehmen der gleichen Branche
   – Y-JV: Unternehmen aus unterschiedlichen Branchen => Geeignet für Unternehmen mit Kapitalknappheit.

Tab. 6.8 Vor- und Nachteile eines Joint Ventures

Vorteile	Nachteile
• Markt- und Landeskenntnisse des ausländischen Partners • Kontakte des ausländischen Partners zu Lieferanten, Behörden etc. • Risikoverteilung • schneller Markteintritt • Fixkostendegression • Reduktion der Rivalität • Know-how des Partners kann genutzt werden • geeignet für Unternehmen mit Kapitalknappheit	• staatliche Bestimmungen bezüglich der Beteiligung • Tendenz zur Instabilität • Teilung des Gewinns • eingeschränkte Handlungsfreiheit des Investors • hohes Konfliktpotenzial • evtl. wettbewerbsrechtliche Probleme • richtiger Partner?

Tab. 6.9 Vor- und Nachteile einer strategischen Allianz

Vorteile	Nachteile
• Economies of Scale durch Größeneffekte • Economies of Scope durch die Bündelung von komplementären Ressourcen, Fähigkeiten und Kompetenzen • beschleunigter Marktzugang • Flexibilität	• Suche nach dem richtigen Partner • Gefahr von Know-how-Abfluss • Wettbewerbsrechtliche Bedenken • Unstimmigkeiten • hoher Abstimmungsbedarf bei Strategischen Allianzen

Mit einem Joint Vernture sind zahlreiche Vor- und Nachteile verbunden (siehe Tab. 6.8).

b) **Strategische Allianzen**: sind Kooperationen selbstständiger Partner, die in bestimmten Geschäftsfeldern kooperieren, wie z. B. im Rahmen gemeinsamer Beschaffungsaktivitäten oder gemeinsamer Forschungs-und Entwicklungsprojekte. Die Kooperationspartner bleiben rechtlich selbstständig, unter Umständen können bestimmte Entscheidungen an eine Kooperationsinstanz abgegeben werden. Die Vor- und Nachteile Strategischer Allianzen sind in Tab. 6.9 dargestellt.

c) **Virtuelle Unternehmen**: stellen eine Art Kooperation zwischen Unternehmen dar, die zeitlich begrenzte Chancen nutzen möchten. Virtuelle Unternehmen arbeiten in Netzwerken zeitlich befristet zusammen, wobei jedes Unternehmen seine Stärken einbringt. Dieses Netzwerk tritt nach außen wie ein einheitliches Unternehmen auf. Die zentrale Verbindung zwischen diesen Unternehmen erfolgt mithilfe moderner Informations- und Kommunikationstechnologien. Diese Kooperationen erstrecken sich auch auf Unternehmen aus unterschiedlichen Ländern. Im Rahmen der Softwareentwicklung sind solche Kooperationen vorzufinden (vgl. die Abschn. 3.1.1 und 7.5). In Tab. 6.10 sind die Vor- und Nachteilen dieser Kooperationsform aufgeführt.

d) **Niederlassungen:** sind rechtlich unselbstständige Organisationseinheiten im Gastland. Für diese haftet das Mutterunternehmen. Niederlassungen können verschiedene Formen annehmen (vgl. Backhaus und Voeth 2010, S. 197; Kutschker und Schmid 2011, S. 905–906; Berndt et al. 2016, S. 169):

Tab. 6.10 Vor- und Nachteile von virtuellen Unternehmen

Vorteile	Nachteile
• Flexibilität und schnelle Angebotsentwicklung • Bündelung der Kernkompetenzen • Reduktion von Kosten und Risiken	• Gefahr des Know-how-Abflusses • Abhängigkeit von Informationstechnologien • oft sind rechtliche Fragen, wie Haftung oder Gewinnverteilung nicht geklärt • geringe Stabilität

- Das **Repräsentanzbüro**, welches in der Regel die erste Form der physischen Repräsentanz im Gastland darstellt. Dieses Büro ist rechtlich nicht selbstständig und hat die Aufgabe, den Markt zu erschließen, Ansprechpartner für vor Ort ansässige Kunden zu sein und Schritte für ein weitergehendes Engagement im Gastland einzuleiten. Für Dienstleistungsunternehmen bietet sich diese Form insbesondere dann an, wenn die Präsenz vor Ort für den Aufbau von Netzwerken und die Kundenakquise genutzt werden soll. Ein Repräsentanzbüro bietet darüber hinaus den Vorteil, die Dienstleistung zu materialisieren.
- **Zweigniederlassungen** stellen die Weiterentwicklung von Repräsentanzbüros dar. Sie zeichnen sich gegenüber Repräsentanzbüro durch weitergehende Entscheidungsbefugnisse aus.
- Die **Vertriebsniederlassung** zeichnet sich durch die höchste Kapitalintensität aus. Produzierende Unternehmen nutzen diese Form, um eingeführte Produkte zu lagern sowie um Wartungs- und Serviceleistungen vor Ort durchzuführen. Je nachdem, wie stark der Sachgutanteil an einer Dienstleistung ist, kann diese Form für Dienstleistungsbetriebe von Bedeutung sein, insbesondere dann, wenn die Aktivitäten im Gastland ausgeweitet werden sollen. Allgemein ist der Einfluss der Muttergesellschaft in einer Niederlassung stärker als bei einer Tochtergesellschaft, was eine einheitliche Unternehmenspolitik ermöglicht. Auch sind die Risiken dieser Form geringer als die einer Tochtergesellschaft. Andererseits ist diese Form im Rechtsverkehr umständlich und oft mit Unsicherheiten verbunden. Weiterhin hinterlässt sie bei einem langfristigen Engagement im Gastland kein positives Image bei den Geschäftspartnern.

e) **Tochtergesellschaften** sind rechtlich selbstständige Unternehmen, die mit dem im Ausland investierten Kapital haften. Gewinne werden im Ausland versteuert. Eine Ausnahme besteht bei Gewinnen, die an das Mutterunternehmen transferiert wurden. Der Einfluss der Muttergesellschaft ist geringer als bei der Niederlassung. Tochtergesellschaften können neu gegründet oder gekauft werden. Bei einer Neugründung wird von einem Greenfield-Investment und bei einer Übernahme eines bestehenden Unternehmens von einem Brownfield-Investment gesprochen. Die Vor- und Nachteile einer Tochtergesellschaft sind der Tab. 6.11 zu entnehmen.

Tab. 6.11 Vor- und Nachteile einer Tochtergesellschaft

Vorteile	Nachteile
• besseres Image im Gastland • größere Unabhängigkeit • Know-how kann im Unternehmen besser geschützt werden • keine langwierigen Abstimmungen nötig • bessere Durchsetzbarkeit der eigenen Strategien • erhöhen die Marktmacht des Mutterunternehmens	• Investitionsbestimmungen in den Gastländern können den Aufbau von Tochtergesellschaften verhindern oder behindern • Risiken der Kapitalbindung • Risiko der Enteignung • teuer und zeitintensiv • Ressourcen und Risiken werden von einem Unternehmen getragen • langfristiges Engagement nötig

(vgl. Backhaus und Voeth 2010, S. 197; Kutschker und Schmid 2011, S. 905–906; Berndt et al. 2016, S. 169)

6.2.4 Weitere Formen des Markteintritts

Weitere Formen des Markteintritts ergeben sich durch Handelsgeschäfte, die aufgrund von Abkommen meistens zeitlich beschränkt und im Rahmen von Projekten entstehen. Solche Geschäfte werden als Kompensationsgeschäfte oder Countertrade bezeichnet. Zudem können andere Formen des Markteintritts aufgrund der Möglichkeiten, die digitale Technologien bieten, entstehen. In diesem Zusammenhang sei der Markteintritt über Netzwerke und virtuelle Unternehmen zu nennen. Da diese Formen auch andere Organisationsstrukturen mit sich bringen, werden sie im Rahmen der internationalen Organisation von Dienstleistungsunternehmen in den Abschn. 7.4 bzw. 7.5 behandelt.

6.2.4.1 Countertrade
Countertade-Geschäfte stellen eine weitere Form des Markteintritts dar. Solche Kompensationsgeschäfte basieren auf der Verpflichtung von Geschäftspartnern, Waren und/oder Dienstleistungen gegenseitig abzunehmen. Das Angebot einer Leistung wird verbunden mit der Verpflichtung, eine andere Leistung abzunehmen. Monetäre Zahlungsströme müssen nicht fließen. Nach Berndt et al. ist ein Markteintritt in Malaysien im Rahmen von öffentlichen Ausschreibungen nicht möglich, wenn die Kompensation nicht 40 % des Auftragswerts beträgt. Die Countertrade-Geschäfte können unterschiedliche Formen annehmen. So wird etwa nach Industriekompensation, Handelskompensation und Finanzkompensation unterschieden. Sie lassen sich jeweils weiter nach bestimmten Geschäftsformen unterscheiden, wie z. B, Bartergeschäften (reiner Gütertausch) oder Clearinggeschäfte (gegenseitige Verpflichtung, während eines festgelegten Zeitraums zu einem bestimmten Wert Güter voneinander abzunehmen) etc. (vgl. dazu ausführlich Berndt et al. 2016, S. 179–183).

6.2.4.2 Der digitale Markteintritt

Wie bereits erwähnt zählen zu den digitalen Markteintrittsformen Netzwerke und virtuelle Unternehmen, die in den Abschn. 7.4 und 7.5 behandelt werden. Zum digitalen Markteintritt können auch Formen des **E-Business** wie der **E-Commerce** gezählt werden. Während der Begriff E-Business alle internen und externen Geschäftsprozesse eines Unternehmens erfasst, die elektronisch unterstützt werden, bezieht sich der Begriff E-Commerce auf den Austausch von Gütern und Leistungen auf elektronischem Wege (vgl. Macharzina und Wolf 2018, S. 1038). *„Die Koordination beider Bereiche geschieht über E-Management, das die Handhabung von elektronischen Geschäftsmodellen und die Planung, Gestaltung und Steuerung von elektronischen Geschäftsprozessen und elektronischen Märkten zum Gegenstand hat"* (Macharzina und Wolf 2018, S. 1038). Somit beinhaltet der Begriff E-Management auch den internationalen Markteintritt, indem auf elektronischen Marktplätzen Produkte und Dienstleistungen international gehandelt werden. Rohstoffe, Vorprodukte und Softwarekomponenten werden via **E-Procurement** elektronisch beschafft, wobei bestimmte Vorprodukte auch über den 3D-Druck online beschafft werden können. Damit ermöglicht diese Technologie neue Formen der digitalen Wertschöpfung und Optimierung (vgl. Abschn. 8.1). Die Vorteile dieser Form des Markteintritts liegen in schnellen und qualitativ verbesserten Prozessen aufgrund geringerer Schnittstellen. Weiterhin besteht die Möglichkeit einer direkten Kontrolle aller distributiven Tätigkeiten seitens des Anbieters. Alle Aktivitäten lassen sich schnell beenden, langfristige Bindungen bestehen in der Regel nicht. Der weltweite Zugang zu Märkten über die digitalen Medien ist risikoärmer und weniger investitionsintensiv, als es bei den klassischen Formen des Markteintritts der Fall ist. Weiterhin können Kundendaten leichter gewonnen und ausgewertet werden. Als Nachteile des digitalen Markteintritts können rechtliche Unsicherheiten in den jeweiligen Ländern bezüglich der Gewinnung und Verwendung von Kundendaten genannt werden sowie die Abhängigkeit und evtl. Anfälligkeit der digitalen Technologien. Der Markteintritt über E-Commerce ist teilweise vergleichbar mit dem direkten Export (vgl. Perlitz und Schrank 2013, S. 409 f.; Backhaus und Voeth 2010, S. 205).

Für den digitalen Markteintritt werden **soziale Medien** zunehmend wichtiger. Diese können zur Steuerung globaler Netzwerkstrukturen eingesetzt werden. Die Nutzung von sozialen Netzwerken, wie Facebook, Xing, Twitter, LinkedIn oder Kommunikations-Afpps wie WhatsApp können von Unternehmen für die Kommunikation und Kooperation genutzt werden. Die einfache weltweite Präsenz und die Überbrückung kultureller Distanzen zählen zu den Vorteilen dieser Medien für den internationalen Markteintritt. Mit diesen Medien sind aber auch Nachteile verbunden. Nachrichten und Informationen lassen sich über soziale Medien nur schwer kontrollieren. Sie können schnell ins Negative umschlagen und sich zu einem „Shitstorm" entwickeln, wie das Beispiel der geplanten Internetsteuer in Ungarn im Jahre

2015 oder der Streik der Gewerkschaft deutscher Lokomotivführer aus dem Jahre 2014 zeigten. Diese Form der Massenkritik an einem Unternehmen bedarf einer Reaktion in Form einer Krisen-PR (vgl. Meffert et al. 2018, S. 320.). Weiterhin besteht insbesondere bei der Rekrutierung von Mitarbeitern über soziale Medien oft eine Überschneidung von privaten und beruflichen Informationen, die rechtliche Konsequenzen mit sich bringen kann. Darüber hinaus gibt es noch keine zufriedenstellenden Belege über einen nachweisbaren Erfolg des Einsatzes von sozialen Medien für betriebliche Zwecke (vgl. Perlitz und Schrank 2013, S. 415). Soziale Medien erfahren für den Unternehmensgebrauch Weiterentwicklungen, sodass eine Unternehmenssoftware, wie z. B. **Enterprise Resource Planning** (ERP) mit sozialen Medien verbunden werden und diese damit fester Bestandteil einer modernen Unternehmenssoftware werden können (vgl. SAP 2018).

6.2.5 Auswahl der Markteintrittsform

Die Auswahl der geeigneten Markteintrittsform kann zunächst sehr allgemein anhand bestimmter Kriterien, wie beispielsweise anhand der Vor- und Nachteile der jeweiligen Eintrittsform, erfolgen. Um hier zu einer übersichtlichen Auswahl von Kriterien zu kommen, empfiehlt es sich, die Bestimmungsfaktoren Kapital, Kompetenz, Transaktionsparameter und Kontrolle heranzuziehen. Diese Faktoren lassen sich jeweils weiter, wie in Tab. 6.12 dargestellt, differenzieren (vgl. Backhaus und Voeth 2010, S. 212 f.).

Diese sehr **allgemeine Form einer Grobanalyse** kann allerdings nur der ersten Orientierung dienen. Die Besonderheiten der Märkte und die speziellen Voraussetzungen und Ziele der jeweiligen Unternehmen erfordern auch in der Grobanalyse ein Selektionsverfahren, das anhand bestimmter, auf das jeweilige Unternehmen abgestimmter, Kriterien erfolgen kann. Diese abgestimmten Kriterien bedürfen einer unternehmensspezifischen Gewichtung, da die Kriterien je nach Markt und Ausgangsbedingungen der Unternehmen eine unterschiedliche Bedeutung für die Unternehmen haben können. Eine daraus resultierende Nutzwertanalyse ist als **ein Verfahren der Grobselektion** immer unternehmensindividuell durchzuführen. Abb. 6.3 zeigt beispielhaft anhand ausgewählter Kriterien, wie eine solche Nutzwertanalyse aussehen kann.

Die Markteintrittsform hat sich an die Bedingungen des jeweiligen Marktes zu richten, sodass diese Nutzwertanalyse immer einen Bezug zu den Bedingungen des Gastlandes haben muss. Ein geringes Marktvolumen im Gastland spricht für Eintrittsformen mit geringem Investitionsvolumen, wie z. B. die Lizenzierung oder eine strategische Allianz. Die Bedeutung des jeweiligen Kriteriums für den Erfolg im Gastland wird durch die Gewichtung des jeweiligen Kriteriums zum Ausdruck gebracht. Die Bewertung zeigt, wie gut die jeweilige Eintrittsform die Erreichung des Kriteriums ermöglicht. Durch die Multiplikation von Bewertung und Gewichtung entsteht eine gewichtete Bewertung

6.2 Markteintrittsformen

Tab. 6.12 Allgemeine Bestimmungsfaktoren für die Wahl der Markteintrittsform

Kapital	Kompetenz	Transaktionsparameter	Kontrolle
• notwendiger Kapitaleinsatz • Risikolast bei einem evtl. Fehlschlag des Markteintritts	• Markt- und Branchenkenntnis • Fähigkeit zur Überwindung kultureller Distanzen durch generiertes Internationalisierungs-Know-how	• Geschwindigkeit des Markteintritts • Flexibilität zur Anpassung an neue Gegebenheiten	• Steuerung von Entscheidungsprozessen im Gastland • Geheimhaltungsmacht
Schlussfolgerung: Ein Markteintritt ist umso vorteilhafter, je niedriger der direkte Kapitaleinsatz und das Risiko der Markteintrittsform ist	**Schlussfolgerung:** Ein Markteintritt ist umso vorteilhafter, je stärker das Internationalisierungs-Know-how durch die Markteintrittsform gefördert wird und je besser diese Form des Markteintritts dazu beiträgt, kulturelle Distanzen zu überwinden	**Schlussfolgerung:** Eine Markteintrittsform ist umso vorteilhafter, je agiler diese ist und einen schnellen Markteintritt ermöglicht	**Schlussfolgerung:** Eine Markteintrittsform ist umso vorteilhafter, je stärker diese dazu beiträgt, Prozesse im Ausland steuern zu können und schützenswertes Unternehmens-Know-how geheim zu halten

(vgl. Backhaus und Voeth 2010 S. 212 f.)

Markteintrittsform Kriterien	Gewichtung	Export		Lizenzierung		Joint Venture		Strategische Allianz		Tochtergesellschaft	
		Bewertung	Bewertung x Gewichtung	Bewertung	Bewertung x Gewichtung	Bewertung	Bewertung x Gewichtung	Bewertung	Bewertung x Gewichtung	Bewertung	Bewertung x Gewichtung
Kapitalbindung	5%										
Schnelligkeit des Markteintritts	15%										
Investitionsvolumen	5%										
Know-how –Transfer	10%										
Know-how –Schutz	10%										
Bedarf an Internationalisierungs-Know-how	15%										
Wertschöpfung	10%										
Ressourcen-beanspruchung	10%										
Kundennähe	20%										
Punktwert											

Abb. 6.3 Die Nutzwertanalyse als ein Verfahren der Grobselektion

des jeweiligen Kriteriums. Werden alle gewichteten Bewertungen addiert, so führt dies jeweils zu einem Punktwert, dessen Höhe das Entscheidungskriterium für oder gegen die jeweilige Eintrittsform sein kann. Da oft Punktwerte beieinanderliegen können und Entscheidungen, die über eine Nutzwertanalyse getroffen werden subjektiver Natur sind, empfiehlt sich eine weitere, feinere Analyse, in Form der **Feinauswahl** über eine **Wirtschaftlichkeitsanalyse**. Für eine ergänzende Wirtschaftlichkeitsanalyse sprechen auch die Nachteile einer Nutzwertanalyse, die bereits unter Abschn. 5.2 thematisiert wurden. Die Feinauswahl kann über eine klassische Gewinnermittlung bzw. -prognose erfolgen, sollte aber aufgrund der strategischen Bedeutung des Markteintritts mithilfe der Kapitalwertmethode vollzogen werden (vgl. Berndt et al. 2016, S. 191 ff.). Wie bereits in Abschn. 5.2 erwähnt, kann u. a. darüber die Attraktivität eines Marktsegments in einem Ländermarkt ermittelt werden. Allerdings sollte hierbei auch die Markteintrittsform berücksichtigt werden, da diese mit unterschiedlichen Kapitalanforderungen und Kosten verbunden sein kann. Das bedeutet, dass jede Eintrittsform eine unterschiedliche Form der Kapitalwertberechnung erfordert. So kann z. B. die Kapitalwertberechnung gemäß Formel 6 wie folgt aussehen:

Formel 6: Kapitalwert nach Markteintrittsform

$$C_s = -\sum_{t=0}^{T} \frac{I_{s,t}}{(1+i)^t} + \sum_{t=1}^{T} \frac{E_{s,t}}{(1+i)^t} + \frac{L_s}{(1+i)^T}$$

C_s: Kapitalwert der jeweiligen Markteintrittsform s,
$I_{s,t}$: Notwendige Investition für die Markteintrittsform s zum Zeitpunkt t,
$E_{s,t}$: Einzahlungsüberschuss im Jahre t für die Markteintrittsform s,
T: Planungshorizont,
L_s: Liquidationserlös am Ende des Planungshorizontes T,
I: Kalkulationszinsfuß.
(Quelle: Perlitz/Schrank 2013, S. 343)

Nach Perlitz/Schrank ergeben sich bei der Bestimmung des Kapitalwerts zahlreiche Schwierigkeiten bei der Erfassung der für die Berechnung des Kapitalwertes notwendigen Daten, sodass ein **„Adjusted Net Present Value"**, also ein angepasster Kapitalwert vorgeschlagen wird. Angepasst insofern, als dass der für die Diskontierung im Rahmen der Kapitalwertmethode zum Einsatz kommende Zinssatz so gewählt wird, dass er das Risiko der unsicheren Daten widerspiegelt (vgl. Perlitz und Schrank 2013, S. 343 f.).

Zu berücksichtigen ist, dass die o. g. Ausführungen aus Gründen der Übersichtlichkeit auf eine segmentspezifische Darstellung verzichten. Diese sollte aber immer als Kombination aus Auslandsmarktsegment und Eintrittsform erfolgen (vgl. Berndt et al. 2016, S. 192 f.).

6.3 Markteintrittszeitpunkte

Die Wahl des Markteintrittszeitpunktes richtet sich zunächst nach der Entscheidung, ob ein bestimmter Markt oder mehrere Märkte bearbeitet werden sollen. Je nachdem welche strategischen Entscheidungen getroffen werden, ergeben sich die folgende zeitliche Strategiealternativen.

6.3.1 Festlegung des Markteintrittszeitpunkts für einen bestimmten Markt

Möchte ein Dienstleistungsunternehmen nur einen Markt bearbeiten, so befindet es sich oft in Konkurrenz mit anderen Unternehmen. Ob ein Wettbewerbsvorteil über den Markteintritt generiert werden kann, hängt häufig von der Schnelligkeit der Präsenz vor Ort ab. Eine diesbezügliche strategische Entscheidung kann auch darin bestehen zunächst abzuwarten, um festzustellen, ob konkurrierende Unternehmen quasi als „Versuchskaninchen" sich in diesem neuen Umfeld bewähren können oder ob die Risiken des Markteintritts zu hoch sind. Aus diesen Überlegungen heraus ergeben sich folgende zeitpunktbezogene Überlegungen des Markteintritts (vgl. Kutschker und Schmid 2011, S. 986 ff.; Berndt et al. 2016, S. 187; Sure 2017, S. 95 ff.; Macharzina und Wolf 2018, S. 299 ff.):

> **Die First-Mover-Strategie.** Die First Mover Strategie wird auch als Pionierstrategie bezeichnet und bedeutet, dass ein Unternehmen versucht, als Erstes im neuen Zielmarkt präsent zu sein. Diese, auf die Konkurrenz ausgerichtete Strategie bezieht sich auf die internationale und nicht auf die nationale Konkurrenz, da die nationale Konkurrenz sich schon im Gastland als nationales Unternehmen befindet. Mit dieser Strategie sind, die in Tab. 6.13 dargestellten Vor- und Nachteile verbunden.
> Ein Beispiel für einen erfolgreichen Pionier ist Wikipedia. Wikipedia konnte sich als Pionier gegenüber Wissenmedia, einer Bertelsmann Tochter, durchsetzen. Wissenmedia wollte die Brockhaus Enzyklopädie als Webangebot und damit als Folger von Wikipedia anbieten, scheiterte jedoch damit, da dieses Angebot gegenüber dem Angebot von Wikipedia kostenpflichtig war. Die Vermutung, dass der Pionier aufgrund der Tatsache, dass er als Erster im Markt ist, immer einen Wettbewerbsvorteil gegenüber der Konkurrenz hat, lässt sich

Tab. 6.13 Vor- und Nachteile der First Mover Strategie

Vorteile	Nachteile
• Generierung von auf das Gastland bezogenem Internationalisierungs-Know-how • evtl. frühzeitiger Aufbau von Markteintrittsbarrieren für die internationale Konkurrenz • Etablierung von Kundenbindungsmaßnahmen und damit Aufbau von Markentreue • frühzeitige Nutzung von Kostenvorteilen • frühzeitiger Imageaufbau	• Anfangsrisiko, da noch keine eigenen Erfahrungen oder Erfahrungen der Konkurrenz bestehen • hohe Kosten der erstmaligen Markterschließung • Nachahmer profitieren von geringeren Markterschließungskosten, die der Pionier im Rahmen der erstmaligen Erschließung des Marktes zu tragen hatte

Tab. 6.14 Vor- und Nachteile der Followerstrategie

Vorteile	Nachteile
• Vermeidung der Fehler der Pioniere • Imitationsmöglichkeiten • Markterschließungskosten sind geringer • effizientere Gestaltung des Ressourceneinsatzes	• Überwindung der Markteintrittsbarrieren der Pioniere • Erfahrungsdefizite gegenüber den Pionieren • keine vergleichbaren Kostendegressionseffekte wie beim Pionier

allerdings nicht bestätigen. Untersuchungen dagegen bestätigen, dass die Strategie des frühen Followers die erfolgreichere ist (vgl. Macharzina und Wolf 2018, S. 301).

Die Followerstrategie lässt sich in die Strategien des frühen und späten Followers unterscheiden. Während der frühe Follower kurz nach dem Pionier in den neuen Markt eintritt und teilweise Standards mitbestimmen kann, beschränkt sich der späte Follower oft auf Imitationen und Nischen. Wie bereits erwähnt, muss die Strategie des Followers nicht unbedingt nachteilig gegenüber dem Pionier sein, da der Follower von den Fehlern der Pioniere profitieren kann. Allgemein lassen sich Vor- und Nachteile, mit der Followerstrategie verbinden, die in Tab. 6.14 dargestellt sind:

6.3.2 Festlegung des Markteintrittszeitpunkts für mehrere Märkte

Bei der Bearbeitung mehrerer Ländermärkte ist zu überlegen, ob diese Märkte einzeln nacheinander oder simultan bearbeitet werden. Daraus ergeben sich folgende Strategiealternativen (vgl. dazu Kreutzer 1989, S. 238 ff.; Kutschker und Schmid 2011, S. 991 ff.; Meckl 2014, S. 144 f.; Berndt et al. 2016, S. 184 ff.; Sure 2017, S. 97 f.):

a) **Die Wasserfallstrategie:**

Die Wasserfallstrategie bedeutet, dass der Markteintritt in mehrere Länder nacheinander vollzogen wird. Da ein Land nach dem anderen bearbeitet wird ähnelt diese Strategie einem Wasserfall, der von Felsvorsprung zu Felsvorsprung fließt (vgl.

6.3 Markteintrittszeitpunkte

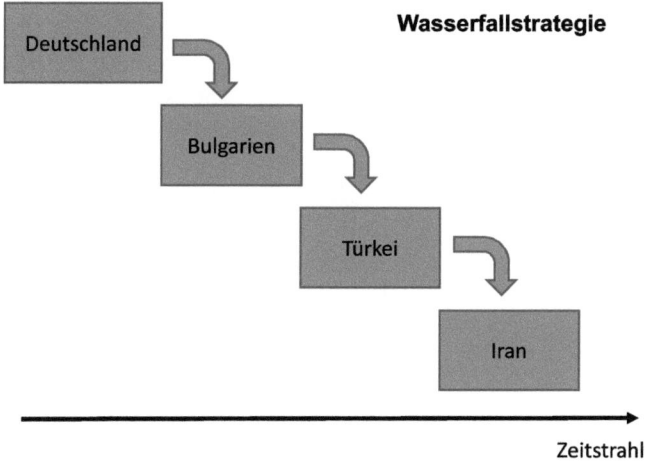

Abb. 6.4 Wasserfallstrategie. (Quelle: In Anlehnung an Kreutzer 1989, S. 238 ff.; Hünerberg 1994, S. 132)

Abb. 6.4). Diese Vorgehensweise eignet sich für Unternehmen, die nicht über jene Ressourcen verfügen, die notwendig sind, um Märkte simultan bearbeiten zu können. Weiterhin eignet sich diese Strategie bei Märkten mit hohen Markteintrittskosten und heterogenen rechtlichen Bedingungen und Konsumgewohnheiten.
Die Vor- und Nachteile dieser Strategie sind in Tab. 6.15 aufgeführt.

b) **Die Sprinklerstrategie:**
Im Rahmen der Sprinklerstrategie werden mehrere Märkte simultan bearbeitet. Diese Vorgehensweise eignet sich bei „Cross Cultural Target Groups" (gleiche Zielgruppen, die sich in jeder Kultur wiederfinden lassen) und Märkten mit geringen Markteintrittsbarrieren. Abb. 6.5 zeigt die Vorgehensweise im Rahmen der Sprinklerstrategie.
Die Vor- und Nachteile dieser Strategie sind in Tab. 6.16 dargestellt.
Die Wasserfallstrategie kann auch zu einer **Brückenkopfstrategie** führen, immer dann, wenn ein erfolgreicher Markt als Referenzmarkt für andere Märkte herangezogen werden kann. So ist Frankreich oft ein Referenzmarkt für seine ehemaligen

Tab. 6.15 Vor- und Nachteile der Wasserfallstrategie

Vorteile	Nachteile
• Berücksichtigung der Zielmarktbesonderheiten • geringes Risiko des Markteintritts • Vermarktungserfahrung steigt im Laufe der Zeit • Erkenntnisgewinn für Folgemärkte und damit Flopreduktion • Möglichkeit des kalkulatorischen Ausgleichs	• Vorwarnung der Konkurrenz =>Gegenmaßnahmen drohen • langwieriges Vorgehen

Abb. 6.5 Sprinklerstrategie. (Quelle: In Anlehnung an Kreutzer 1989, S. 238 ff.; Hünerberg 1994, S. 132)

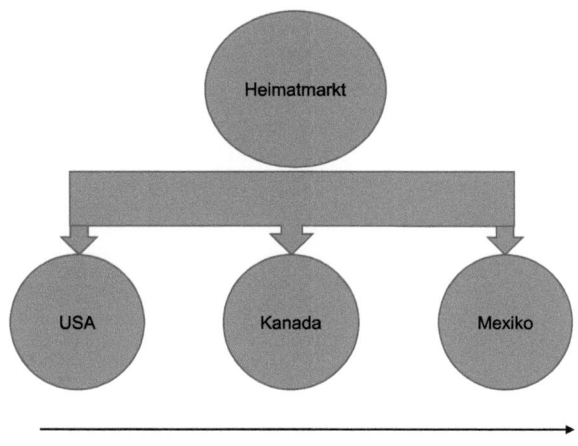

Tab. 6.16 Vor- und Nachteile der Sprinklerstrategie

Vorteile	Nachteile
• Verringerung der Amortisationszeiten und gleichzeitige Penetration von mehreren Ländermärkten • evtl. Schaffung von Standards als First Mover • Risikoausgleich • Standardisierungspotenziale nutzbar	• Märkte werden nicht optimal bearbeitet, da die Ressourcen aufgeteilt werden müssen • In der Einführungsphase schwache Marktstellung => Angreifbarkeit • Marktbesonderheiten können nicht berücksichtigt werden

Kolonialgebiete in Nordafrika oder die Vereinigten Arabischen Emirate für die Länder des arabischen Golfs.

c) Die **kombinierte Strategie:**

Im Rahmen der kombinierten Strategie werden die Wasserfall- und Sprinklerstrategie kombiniert, was dazu führt, dass die jeweiligen Vor- und Nachteile in abgeschwächter Form auftreten. *„Die kombinierte Wasserfall-Sprinkler-Strategie wird beispielsweise dann gewählt, wenn einige Ländermärkte als ähnlich wahrgenommen werden und der Markteintritt in diese Märkte, die eine Unternehmung als Ländercluster betrachtet, aus diesem Grund zeitgleich angesetzt wird"* (Kutscher und Schmid 2011, S. 997).

6.4 Strategien für die Marktbearbeitung im Gastland

Sind die jeweilige Eintrittsform und der Markteintrittszeitpunkt gewählt, so stellt sich die Frage nach der Strategie der Marktbearbeitung, die vor Ort verfolgt werden soll.

Prinzipiell können im Gastlandmarkt die gleichen Strategien wie im Heimatmarkt angewendet werden, wenn die vor Ort herrschenden Bedingungen dies ermöglichen bzw. erfordern. Die verschiedenen zur Verfügung stehenden Strategien lassen sich nach unterschiedlichen Kriterien einteilen. Klassische **Wachstumsstrategien** nach der Produkt-Markt-Matrix von Ansoff können mit Bezug zu Dienstleistungen genauso Anwendung finden wie die klassischen **Wettbewerbsstrategien** nach Porter (vgl. dazu Czenskowsky et al. 2019, S. 98 ff.). Das Gleiche gilt für die Herausforderungen der Internationalisierung. So lässt sich nach Perlitz und Schrank die Produkt-Markt-Matrix von Ansoff dahin gehend erweitern, dass die zu betrachtenden Märkte innerhalb der Matrix in Inlands- und Auslandsmärkte unterschieden werden. Somit ergeben sich insgesamt acht Wachstumsstrategien. Analog lassen sich auch die Wettbewerbsstrategien von Porter nach Inlands- und Auslandsmärkten differenzieren. So ergeben sich bei ausschließlicher Betrachtung der Strategien der Kostenführerschaft und Differenzierung insgesamt acht Wettbewerbsstrategien (vgl. dazu Perlitz und Schrank 2013, S. 238 ff.).

Eine der strategischen Hauptherausforderungen bei jedem internationalen Engagement ist jedoch zunächst zu klären, ob die Leistung unverändert, also **standardisiert,** oder den Gastlandbedingungen angepasst, also **differenzier**t angeboten wird. Die Markteintrittsform bestimmt teilweise diese Entscheidung. Wenn z. B. eine Standardisierung des Dienstleistungskonzepts mit einem einheitlichen Auftreten über die Ländergrenzen hinweg beabsichtigt wird, bietet sich das Franchising an. Andere Formen wie z. B. eine selbstständige Tochtergesellschaft können Differenzierungen und eine stärkere Anpassung an die Bedingungen des Gastlandes begünstigen. So gilt es, zunächst die Frage zu beantworten, ob eine standardisierte oder differenzierte Vorgehensweise im Gastland verfolgt werden sollte. Daran anschließend ist zu klären, wie sich diese Entscheidung auf den Marketing-Mix vor Ort auswirkt.

6.4.1 Standardisierung vs. Differenzierung des Dienstleistungsprozesses im Gastland

Generell sprechen oft Kostengründe sowie der Wunsch nach einem einheitlichen Auftritt und damit einem hohen Wiedererkennungswert im Markt für eine Standardisierung des Dienstleistungsprozesses. Standardisierungen ermöglichen eine leichtere Optimierung der Marketingaktivitäten. Allerdings schränken die Umweltbedingungen des Gastlandes, wie z. B. technische, rechtliche und kulturelle Rahmenbedingungen, häufig die Möglichkeiten der Standardisierung ein. In diesen Fällen sind Differenzierungen notwendig, für die vor allem unterschiedliche Kundenbedürfnisse und Erwartungen sowie die erwähnten Rahmenbedingungen sprechen. Allerdings sind Differenzierungsmaßnahmen in der Regel sehr teuer und verhindern das Profitieren von Größenvorteilen (vgl. Berndt et al. 2016, S. 207 ff.).

Weiterhin sprechen folgende Gründe für eine Standardisierung des Dienstleistungsprozesses (vgl. dazu auch Bruhn und Hadwich 2016, S. 156 f.; Berndt et al. 2016, S. 207 ff.):

- Der Dienstleistungsprozess kann nach einem festgelegten Schema ablaufen, um damit eine einheitliche Qualität und ein einheitliches Image zu sichern.
- Economies of Scale lassen sich in verschiedenen Funktionsbereichen aufgrund einer standardisierten Vorgehensweise realisieren.
- Gleiche Konsumgewohnheiten wie im Heimatmarkt, insbesondere eine gleiche Erwartungshaltung bezüglich der Integration des Pro/sumers.
- Eine ethnozentrische Grundorientierung des Managements.
- Notwendiger Know-how-Transfer durch die Heimatlandmitarbeiter.

Gegen eine Standardisierung und damit für eine Differenzierung des Dienstleistungsprozesses sprechen u. a.:

- Anpassungen des Dienstleistungsprozesses an kulturelle und rechtliche Bedingungen im Gastland sind notwendig.
- Die Rolle des Pro/sumenten und die Art seiner Integration werden unterschiedlich gehandhabt.
- Starke Autonomie der Tochtergesellschaft.
- Unterschiedliche Kaufkraft und Konsumgewohnheiten können dazu führen, dass unterschiedliche Varianten einer Dienstleistung angeboten werden müssen.
- Polyzentrische Orientierung des Managements.

Aus diesen Überlegungen heraus können Dienstleistungsunternehmen sich an folgenden Internationalisierungsstrategien orientieren (vgl. dazu Barlett und Ghoshal 2002, S. 65 ff.; Meckl 2014, S. 137 ff.; Barlett und Beamish 2014, S. 215–218):

a) **Globale Strategie:** Diese Strategie zeichnet sich durch eine starke Standardisierung aus, die vor allem von einem starken Preiswettbewerb und geringen Anpassungsdrucks nationaler Märkte gekennzeichnet ist. Damit eignet sich dieser Ansatz für Märkte mit gleichen Nachfragebedingungen bzw. kulturfreien Angeboten. Durch die Standardisierungsmaßnahmen werden Economies of Scale und Lernkurveneffekte realisiert. Allerdings kann bei Nachfrageveränderungen auf den lokalen Märkten nicht schnell genug reagiert werden, da diese nicht gesondert betrachtet wurden. Weiterhin fehlt bei diesem Ansatz i. d. R. eine Risikodiversifikation.
b) **Multinationale Strategie:** Dieser Ansatz geht, aufgrund stark abweichender Bedingungen zum Heimatmarkt, von einer hohen Anpassungsnotwendigkeit an die Gastlandbedingungen aus. Die Besonderheiten der jeweiligen Gastländer werden berücksichtigt. Für die Anpassungsnotwendigkeit gibt es allerdings im Gegensatz

zur globalen Strategie keinen Kostendruck. Die multinationale Strategie ermöglicht das Ausschöpfen der Marktpotenziale der Gastländer und den Aufbau eines auf das Gastland bezogenen Internationalisierungs-Know-how, von dem bei weiteren Markteintritten profitiert werden kann. Allerdings kann diese Strategie auch die Gefahr mit sich bringen, sich einer heimischen Konkurrenz gegenüberzusehen, die über einen Heimvorteil in Form von Beziehungen und Marktkenntnissen verfügt. Weiterhin besteht bei dieser Strategie die Gefahr, dass die Kostenseite zu wenig Berücksichtigung findet und damit, trotz hoher Umsätze, aber geringer Margen, die Kostenseite zur Belastung wird.

c) **Internationale Strategie:** Diese Strategie kann oft in Nischenmärkten angewendet werden, da sich dieser Ansatz auf Märkte bezieht, die weder Kostendruck verursachen noch eine Anpassungsnotwendigkeit an lokale Bedingungen erfordern. So wird diese Strategie hauptsächlich von klein- und mittelständischen Unternehmen angewendet, die ihre Angebote unverändert in Nachbarmärkten vertreiben. Da kein großer Aufwand bei dieser Strategie betrieben werden muss, profitieren Unternehmen von Kostenvorteilen, die sich allerdings nur in wenigen Nischenmärkten realisieren lassen.

d) **Transnationale Strategie:** Im Rahmen dieser Strategie wird versucht, den „goldenen Mittelweg" zwischen der lokalen Anpassung und der globalen Integration zu gehen. Dabei wird versucht, die Vorteile der anderen Strategien zu kombinieren, sodass auch von einer Mischstrategie oder globalen Strategie gesprochen werden kann. So müssen die Standardisierungs- und Differenzierungsvorteile für jede Aktivität individuell geprüft werden. Dabei sollen all diejenigen Aktivitäten, die im direkten Kontakt mit dem Kunden entstehen, dezentralisiert werden und damit in der Verantwortung der jeweiligen Tochtergesellschaft liegen.

Dies ist besonders relevant bei der Vermarktung von Dienstleistungen, die sich durch eine Integration des Kunden in den Dienstleistungsprozess auszeichnen und vor allem aufgrund der kulturellen Empfindlichkeit von Dienstleistungen eine individuelle und gastlandbezogene Vorgehensweise erfordern. Das bedeutet, dass im Gegensatz zu produzierenden Unternehmen weitaus mehr Aktivitäten im direkten Kundenkontakt stehen, wie z. B. die Prozessdurchführung am Kunden (z. B. medizinische/kosmetische Behandlung), die Schulung und das Training des Personals sowie die Gestaltung der Physical Facilities. Diejenigen Aktivitäten eines Unternehmens, die nicht im unmittelbaren Kontakt zum Kunden stehen, sollen nach dem transnationalen Ansatz zentralisiert werden, wie z. B. die Beschaffung oder die Forschung und Entwicklung.

Zu berücksichtigen ist, dass die Wahl des jeweiligen Ansatzes mit der gewählten Eintrittsform zusammenhängt. Hierbei stellt sich die Frage, welche Entscheidung zuerst zu treffen ist, die nach der Eintrittsform oder die nach der zu verfolgenden Strategie. Wie bereits erwähnt, muss die Eintrittsform zu den Umweltbedingungen des Gastlandes und den Unternehmensbedingungen des eintretenden Unternehmens passen. Die Frage nach der Strategie kann immer dann beantwortet werden, wenn der Markt und die Fähigkeiten des Unternehmens in ausreichendem Maße analysiert wurden. Die Ergebnisse dieser Analysen können dann herangezogen werden, um sich für eine Eintrittsform und Strategie zu entscheiden. Oft bedingen sich beide Entscheidungen gegenseitig und sind dem zeitlichen Wandel der Entwicklung der internationalen Aktivitäten eines Unternehmens unterworfen.

6.4.2 Auswirkungen von Standardisierungs- und Differenzierungsüberlegungen auf den Marketing-Mix

Der Dienstleistungsprozess wird stark vom festgelegten Dienstleistungsmarketing-Mix bestimmt. Der Auftritt im Gastland sowie die Verrichtung der Prozesse spiegeln sich im Marketing-Mix wider (vgl. Abschn. 4.2), welches i. d. R. von Standardisierungs- und Differenzierungsüberlegungen betroffen sein wird.

Prinzipiell besteht die Möglichkeit, das heimische **Angebot** standardisiert ins Gastland zu transferieren. Diese Vorgehensweise bietet sich immer dann an, wenn ein internationales Markenimage umgesetzt werden soll, Qualitätsstandards sichergestellt und kommuniziert werden sollen sowie ein hoher Wiedererkennungswert im Markt angestrebt wird. Sie ist oft im Rahmen von Franchisekonzepten vorzufinden. Eine Differenzierung der Angebote nach Gastländern bietet sich immer dann an, wenn die Erwartungen der Kunden im Gastland sich stark von den Erwartungen der Kunden im Mutterland unterscheiden. So kann sich z. B. das **Angebotsdesign** einer medizinischen Leistung an den verschiedenen Ebenen eines Dienstleistungsangebots orientieren (vgl. dazu Saleh 2015, S. 488). Das Basis- oder Kernangebot ist in der Regel standardisiert, wie z. B. die medizinische Untersuchung und Behandlung durch einen Arzt. Diese zunächst standardisierte Dienstleistung muss u. U. erweitert werden und kann je nach Markt mehr oder weniger Komponenten enthalten. So kann in einem bestimmten Markt die Erwartungshaltung an das medizinische Personal höher sein als in einem anderen, wenn es z. B. um die Patientenbetreuung geht. Andererseits kann auch die Erwartung bestehen, dass die medizinische Leistung um Zusatzangebote wie Ernährungsberatung oder kosmetische Behandlungen ergänzt wird. Solche Anpassungsmaßnahmen können eigenständig erfolgen oder aber auch das Resultat des Kaufs eines lokalen Unternehmens sein, welches diese Zusatzleistungen mit in das Angebot einbringt. Die unterschiedlichen Erwartungshaltungen der Zielgruppen in den jeweiligen Gastländern aber auch der Wunsch nach standardisierten Angeboten lassen es als sinnvoll erscheinen, das Kernangebot (z. B. die medizinische Untersuchung) als Basismodul standardisiert anzubieten. Dieses Basismodul kann um weitere Leistungselemente, wie z. B. die kosmetische Behandlung oder Ernährungsberatung, ergänzt werden. Diese Zusatzmodule können entweder im Rahmen der eigenen Tochtergesellschaft oder Niederlassung eigenständig erstellt und angeboten werden oder durch den bereits erfolgten Ankauf eines lokalen Unternehmens generiert worden sein. Kooperationen in Form von Joint Ventures oder strategischen Allianzen stellen weitere Möglichkeiten für die Generierung von Zusatzangeboten dar.

Die **Preispolitik** ist oft nicht standardisiert anwendbar, da je nach Zielmarkt eine unterschiedliche Kaufkraft bzw. rechtliche Regelungen die Preise am Markt bestimmten, sodass oft eine differenzierte Preispolitik notwendig ist. Eine Preisdifferenzierung lässt sich gegenüber den Kunden analog zur Angebotspolitik über inhaltliche Differenzierungen rechtfertigen, sodass auch hier von Preisen für ein Basisangebot und Zusatzangeboten gesprochen werden kann. Die Gefahr einer differenzierten Preispolitik nach Ländermärkten besteht allerdings oft darin, dass Preisunterschiede aufgrund der entsprechenden Preisvergleichsportale im Internet und anderer Webseiten schnell wahrgenommen und genutzt werden. Der medizinische Tourismus in Osteuropa oder der Türkei kann hier als Beispiel angeführt werden. Insofern muss der Dienstleister Wechselbarrieren aufbauen, die die Inanspruchnahme der preiswerteren Leistung unattraktiv erscheinen lassen und den Kunden gegenüber Preisdifferenzierungen teilweise immunisieren. Solche Wechselbarrieren sind im Zeitalter der Digitalisierung emotionaler und psychischer Natur. Eine starke Markenidentität und ein qualitativ hochwertiges Image können dazu beitragen, derartige Wechselbarrieren aufzubauen. Darüber hinaus spielt die emotionale Verankerung der Dienstleistung beim Kunden eine wichtige Rolle. Einigen Dienstleistungen, wie z. B. medizinischen Leistungen, sind emotionale Aspekte immanent, da es bei solchen Leistungen neben dem körperlichen oft auch um ein emotionales Wohlbefinden geht. Darüber hinaus wird eine Vertrauensbasis zum behandelnden Mediziner und seinem Personal aufgebaut. Andere Dienstleister können aber auch mit den Aspekten des Vertrauens und der emotionalen Verankerung eine Wechselbarriere aufbauen. Kundenorientierte Denk- und Handlungsweisen der Mitarbeiter geben dem Kunden das Gefühl, dass seine Probleme vom **Personal** ernst genommen und gelöst werden können. So wird der Kunde eines Logistikunternehmens in der Regel Vertrauen zum Personal aufbauen, wenn dieses eine optimale Abwicklung des Verladeprozesses bewiesen und aufgetretene Probleme im Sinne des Kunden gelöst hat. Kundenbindungsmaßnahmen, die über eine emotionale Ebene die Kunden ansprechen, basieren vor allem auf Erfahrungen, Referenzen und Umgangsformen. Die Bedeutung des Personals, welches im direkten Kontakt mit den Kunden steht, wird oft in Bezug auf die Kundenwirkung unterschätzt. Der Kunde aber betrachtet das Personal als Qualitätsindikator. Das Personal ist in der Lage, den Kunden zu binden, sodass dieser gegenüber Preisschwankungen unempfindlicher wird.

Die Herausforderungen der **Vertriebspolitik** sind im nationalen wie internationalen Bereich ähnlich. Die Entscheidung über direkten und/oder indirekten Vertrieb hängt u. a. von der Verfügbarkeit der Vertriebskanäle und der bestmöglichen Erreichbarkeit der Zielgruppe ab. Die diesbezüglich zu beantwortenden Fragen sind gleichartig, erfahren aber national und international Herausforderungen durch die Digitalisierung (vgl. Kap. 8), die nicht nur den Vertrieb verändert, sondern auch die Kommunikation. Die **Kommunikation** ist zwar stark in einen kulturellen Kontext eingebunden und sollte vor allem bei kulturempfindlichen Dienstleistungen, wie z. B. kosmetischen Dienstleistungen, den Gastlandbedingungen angepasst werden. Allerdings führt auch an dieser Stelle die Digitalisierung zu einer Vereinheitlichung der Kommunikationsbotschaft. Dies ist insbesondere bei Webseitenauftritten, die global aufgerufen werden können, der Fall. Um einen einheitlichen und damit hohen Wiedererkennungswert zu gewährleisten, empfiehlt es sich, eine standardisierte Kommunikationsbotschaft in allen eingesetzten Medien anzustreben. Differenzierte und je nach eingesetztem Medium unterschiedliche Botschaften bzw. Werbeauftritte führen aufgrund der digitalen Verfügbarkeit von Kommunikationsbotschaften zu Widersprüchen und schaden damit dem Image und der Glaubwürdigkeit der Kommunikationsbotschaft. An dieser Stelle gilt es allerdings zu berücksichtigen, dass Kommunikationsbotschaften aufgrund ethisch-rechtlicher Vorstellungen in bestimmten Ländern Restriktionen unterworfen sein können. Beispielsweise können erotische Motive in arabischen und asiatischen Ländern auf Verbote stoßen, was vor allem bei den Printmedien oder der Fernsehwerbung eine große Rolle spielt. Diese Problematik lässt sich durch eine modulare Anpassung umgehen, indem die Kernaussage der Werbebotschaft beibehalten wird und bestimmte Gestaltungselemente an die Kulturbegebenheiten angepasst werden. Wenn z. B. ein medizinisch-kosmetischer Dienstleister mit Schönheit und dadurch mit Erfolg im privaten und beruflichen Leben wirbt, so wären die Gestaltungselemente in westlichen Ländern, erfolgreiche und schöne Menschen im privaten und beruflichen Leben zu zeigen (zum kulturbedingten Schönheitskonzept vgl. Abschn. 10.1.1.3). Dabei spielt auch das Zeigen körperlicher Merkmale und seine Veränderungen vor und nach der Behandlung eine Rolle. In Ländern mit diesbezüglich anderen moralisch-ethischen Vorstellungen können zwar auch erfolgreiche Menschen als Gestaltungselemente dargestellt werden, allerdings gibt es hier Einschränkungen bezüglich der Darstellung des Körpers. So können z. B. in einigen arabischen und asiatischen Ländern beseitigte Falten im Gesicht oder aufgespritzte Lippen gezeigt werden, geschlechtsspezifische Körpermerkmale, wie die weibliche Brust dagegen nicht.

Das **Prozessmanagement**, insbesondere die Verrichtung des Dienstleistungsprozesses am Kunden, muss oft standardisiert ablaufen, um eine angestrebte Qualität sowohl national als auch international zu erreichen und zu sichern. Die Verrichtung der Kernleistung hat sich an Standards zu orientieren und wird durch Ausbildung und Schulung des Personals umgesetzt. Durch den digitalen Auftritt des Dienstleisters wird global eine Erwartungshaltung geschaffen, die sich am dargestellten Standard orientiert. So stellt eine einheitliche Vorgehensweise des Gesundheits- und/oder Kosmetikdienstleisters immer dann einen Qualitätsindikator dar, wenn dabei die Erwartungshaltung des Kunden bestätigt wird. Allerdings kann die standardisierte Prozessverrichtung dann an ihre Grenzen stoßen, wenn die Rahmenbedingungen des Gastlandes eine Standardisierung verhindern. Diesbezügliche Grenzen können sowohl rechtlicher und/oder soziokultureller Natur sein.

Das einheitliche Auftreten der **Physical Facilities** ist im Fastfood-Bereich inzwischen die Norm. Ein hoher Wiedererkennungswert und eine gleichbleibende Qualität über die Ländergrenzen hinweg sollen durch ein einheitliches Auftreten vermittelt werden. Die mit dieser Branche oft verbundene Markteintrittsform ist das Franchising, welches insbesondere im Fastfood-Bereich einen einheitlichen Auftritt gewährleisten soll. Aber auch hier können Anpassungserfordernisse notwendig sein. So gab es bis Ende 2019 in Saudi-Arabien die Vorgabe, dass Restaurants zwei separate Eingänge aufweisen müssen: einen Eingang für männliche Singles und einen Eingang für Familien (vgl. Zeit Online 2019).

6.4.3 Ausgewählte Strategien mit besonderer Bedeutung für die Internationalisierung von Dienstleistungsunternehmen

Die internationale Ausrichtung eines Unternehmens bringt Strategien mit sich, die insbesondere eine Relevanz für Dienstleistungsunternehmen und deren internationale Aktivitäten haben können. Da Dienstleistungen den direkten Bezug zum Kunden durch dessen Integration in den Dienstleistungsprozess haben, bieten sich hier zahlreiche Ansätze für Innovationen und Modifikationen je nach Lifestyle, Kultur, Alter, Familienstand etc. an. Als Beispiel für eine Strategie, die innovativ durch ein neues Angebot eine neue Form des Konsums und Lifestyles generieren kann, ist die Blue-Ocean-Strategie zu nennen.

Weiterhin kann ein internationales Engagement zeitlich befristet sein bzw. ein Rückzug aus zahlreichen Gründen notwendig werden. So wird im Rahmen der Feinauswahl der Markteintrittsform über die Kapitalwertmethode (vgl. Abschn. 6.2.5) mit einem Liquidationserlös am Ende des Planungszeitraum gerechnet, sodass in diesem Zusammenhang auch Desinvestitions- bzw. Rückzugsstrategien von Relevanz sind.

6.4.3.1 Blue Ocean

Die Blue-Ocean-Strategie nach Kim und Mauborgne orientiert sich im Gegensatz zu den herkömmlichen Strategien nicht am Wettbewerb und an Kosten, sondern versucht, neue wettbewerbslose Märkte zu generieren. Dies bedingt innovative Fähigkeiten, Risikobereitschaft, ein Gespür für den Zeitgeist und den damit verbundenen Lifestyle. Dabei werden die bisherigen Erfolgsfaktoren hinterfragt und es findet ein Loslösen von der klassischen Auffassung statt, dass nur mit hohen Kosten eine hohe Wertschöpfung erreicht werden kann (vgl. Sure 2017, S. 102). Die klassische Betrachtungsweise von

Tab. 6.17 Kennzeichen roter und blauer Ozeane

Rote Ozeane	Blaue Ozeane
• starker Wettbewerb im vorhandenen Markt, Ziel ist es, die Konkurrenz zu schlagen oder ihr Marktanteile abzunehmen • es besteht ein direkter Zusammenhang zwischen Kosten und Nutzen • die verfolgten Hauptstrategien sind die Wettbewerbsstrategien der Differenzierung oder Kostenführerschaft	• ein neuer Markt soll geschaffen werden • keine Konfrontation mit der Konkurrenz • neue Nachfrage generieren • Abweichung von der Annahme des direkten Zusammenhangs zwischen Nutzen und Kosten • die verfolgte Hauptstrategie ist die Differenzierung bei gleichzeitig zu realisierenden niedrigen Kosten

(Quelle: In Anlehnung an Kim und Mauborgne 2016, S. 16)

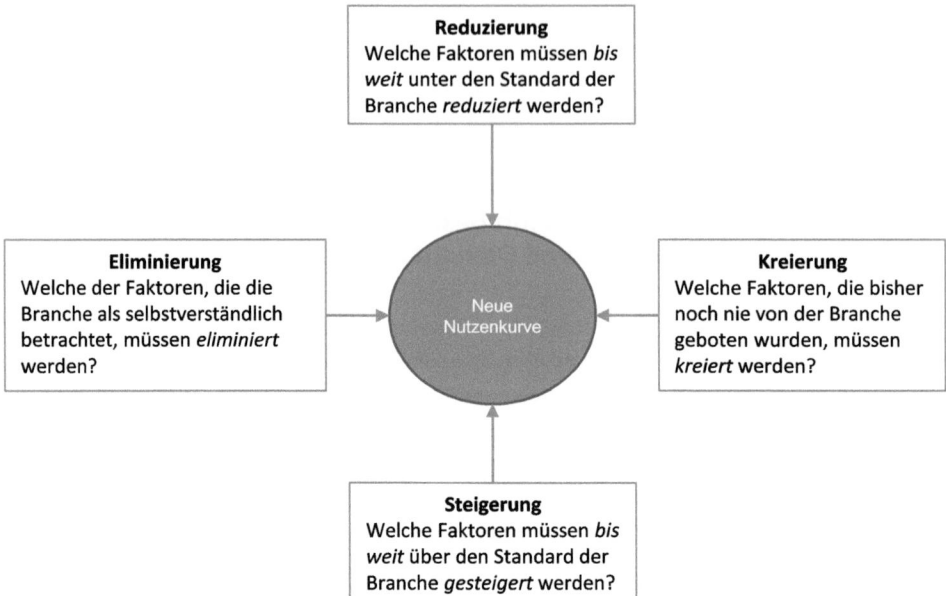

Abb. 6.6 Vier-Aktionen-Format ESKR. (Quelle: Kim und Mauborgne 2016, S. 29)

Märkten, die von vorhandenen Wettbewerbern und einem Zusammenhang zwischen Kosten und Wertschöpfung ausgeht, führt zum Begriff **Red Ocean**, der sich aufgrund des Wettbewerbs „blutrot" färbt (vgl. Kim und Mauborgne 2016, S. IX; S. 4). Die Tab. 6.17 zeigt die unterschiedlichen Kennzeichen für rote und blaue Ozeane.

Die Blue-Ocean-Strategie hat zum Ziel, eine neue Nutzenkurve zu schaffen, die sich von der klassischen Wert- und Kostenbetrachtung unterscheidet. Diese neue Nutzenkurve basiert auf einer Neubewertung und Definition des unternehmerischen Angebots (vgl. Kim und Mauborgne 2016, S. 24 ff.). Dies wird dadurch erreicht, dass vier Handlungsfelder bearbeitet werden, die in Abb. 6.6 dargestellt sind: Eliminierung, Steigerung, Kreierung, Reduzierung (ESKR).

Die Fragen nach der Eliminierung und Reduzierung sollen zeigen, wie die Kostenstruktur im Vergleich zur Konkurrenz gedrückt werden kann. Die Fragen nach Kreierung und Steigerung sollen zusätzlichen Nutzen für den Kunden und damit neue Nachfrage schaffen (vgl. Heupel et al. 2019, S. 17). Am Beispiel des kanadischen Unternehmens Cirque du Soleil zeigen Kim und Mauborgne, wie das Vier-Aktionen-Format Anwendung findet. Abb. 6.7 zeigt die entsprechende Umsetzung des ESKR-Quadrats am Beispiel des Cirque du Soleil.

Um zu einem robusten Geschäftsmodell zu kommen, empfehlen Kim und Mauborgne die Einhaltung der strategischen Abfolge, die dazu führen soll, dass Nutzen für den Kunden aufgebaut, der richtige Preis festgesetzt und die Zielkosten eingehalten werden. Darüber hinaus muss sich das Unternehmen mit Hindernissen beschäftigen, die die Annahme der Geschäftsidee behindern bzw. gefährden können. Damit sieht die strategische Abfolge wie in Abb. 6.8 dargestellt aus.

6.4 Strategien für die Marktbearbeitung im Gastland

Eliminierung	Steigerung
- Stars - Tiernummern - Verkauf von Getränken, Knabbereien und Fanartikeln	- Einzigartiger Veranstaltungsort - Preis
Reduzierung	**Kreierung**
- Spaß und Humor - Sensation und Gefahr	- Thema - Kultivierte Umgebung - Mehrfachproduktionen - Künstlerische Musik und Tanz

Abb. 6.7 ESKR-Quadrat für den Cirque du Soleil. (Quelle: Kim und Mauborgne 2016, S. 36)

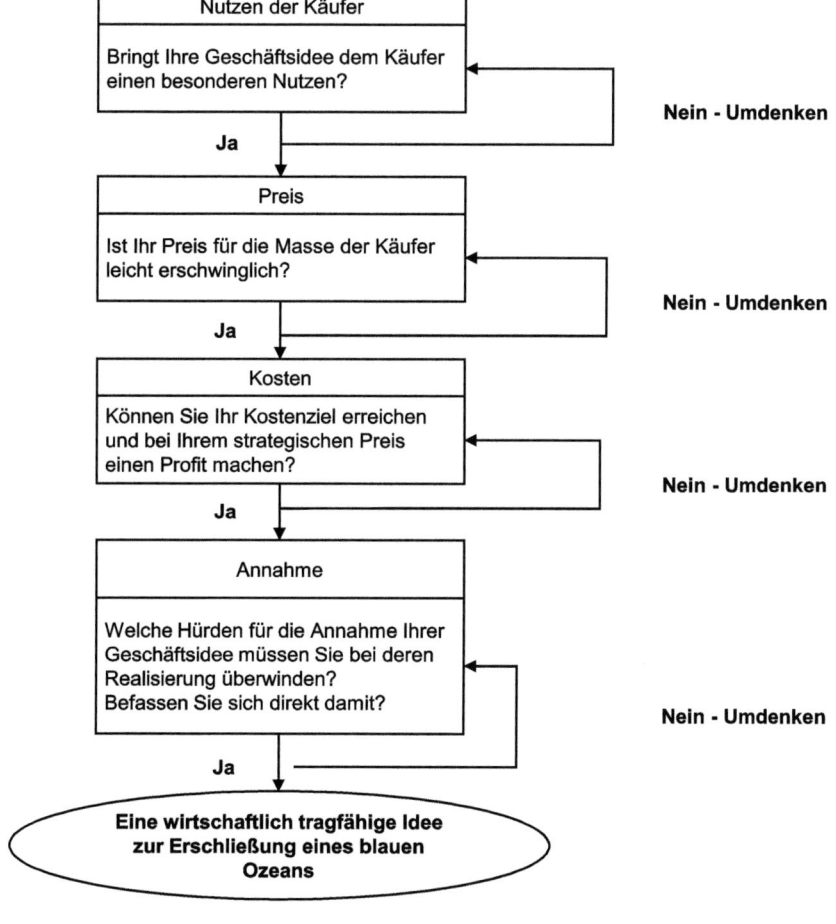

Abb. 6.8 Strategische Abfolge der Blue-Ocean-Strategie. (Quelle: Kim und Mauborgne 2016, S. 112)

Starbucks, Lush, iTunes und Cirque du Soleil sind nur einige Beispiele erfolgreicher Blue-Ocean-Strategien und Beispiele international agierender Unternehmen. Die Blue-Ocean-Strategie ist aufgrund der Zielsetzung der Schaffung einer neuen Nachfrage international ausgelegt. Die Digitalisierung begünstigt das Entstehen blauer Ozeane, da durch den Einsatz digitaler Technologien differenzierte Angebote bei gleichzeitiger Reduktion der Leistungserstellungskosten entstehen können.

6.4.3.2 Rückzugsstrategien

International agierende Unternehmen müssen während ihres Engagements im Gastland mit sich verändernden Rahmenbedingungen rechnen. Neue Regierungsformen mit einer anderen Wirtschaftspolitik, eine veränderte Nachfrage im Gastland, Embargos, Pandemien, Verstaatlichungen oder politische Konflikte können in bestimmten Gastländern die wirtschaftliche Tätigkeit eines international agierenden Unternehmens bedrohen. Der Rückzug aus dem bedrohten Markt kann eine strategische Alternative sein (vgl. dazu Abschn. 5.3.1.1). So zog sich z. B. die Firma Coca-Cola Ende der 1970er Jahre aus dem indischen Markt zurück, weil die indische Regierung von dem Unternehmen verlangte, das Geheimnis der „Formel 7x" preiszugeben (vgl. Rau 1977). Die in diesem Zusammenhang anzuwendenden Rückzugsstrategien können unterschiedlich ausgestaltet werden. Rückzugsstrategien können darin bestehen, eine investitionsintensive Eintrittsform zugunsten einer risikoärmeren und weniger investitionsintensiven Form aufzugeben. Beispielsweise kann eine Niederlassung oder Tochtergesellschaft aufgegeben und der Markt nur noch über den direkten Export bearbeitet werden. Eine Rückzugsstrategie kann aber auch darin bestehen, den Markt komplett zu verlassen, wie es das Beispiel Coca-Cola in Indien Ende der 1970er Jahre zeigte. Neben den bereits o. g. Gründen, die eine Rückzugsstrategie ins Auge fassen lassen, sind weitere Gründe zu nennen:

- Schwierigkeiten beim Know-how-Transfer
- Das Fehlen von notwendigen ergänzenden Ressourcen vor Ort, wie z. B. qualifiziertes Personal
- Gesättigte Märkte
- Politischer Druck aus dem Heimatland oder dem Gastland
- Kulturkonflikte aufgrund des Zusammenprallens zweier Unternehmenskulturen im Rahmen eines Merger-&-Akquisitions Prozesses
- Neue strategische Ausrichtung des Mutterunternehmens

Zu berücksichtigen ist allerdings auch, dass ein Rückzug aus einem Gastland nicht nur aufgrund von schlechten Renditen oder steigenden Risiken in Betracht zu ziehen ist. In bestimmten Fällen kann es auch eine unter Umsatz- und Gewinnaspekten sinnvolle Entscheidung sein, z. B. dann, wenn es ein lukratives Kaufangebot für die Tochtergesellschaft gibt oder die Desinvestition die Gesamtliquidität des Unternehmens verbessert. Der Austritt aus einem Markt kann allerdings durch Barrieren verhindert werden. Solche Barrieren können u. a. sein:

- Bereits getätigte Investitionen im Gastland, die sich noch nicht amortisiert haben
- Verpflichtungen und Verantwortungsbewusstsein gegenüber den Angestellten
- Schlechtes Image aufgrund des Rückzugs (vgl. dazu auch Bea und Haas 2019, S. 118; S. 201–202)

Die Desinvestition kann unterschiedliche Formen annehmen. Entweder führt die Desinvestition zu einer kompletten Aufgabe des Engagements im Gastland, indem die Tochtergesellschaft aufgelöst wird oder das Desinvestitionsobjekt wird veräußert. Entscheidet sich das Unternehmen, seine Tochtergesellschaft zu liquidieren, so wird diese stillgelegt. Die einzelnen Assets werden verkauft und damit das gebundene Kapital freigesetzt. Entscheidet sich das Unternehmen dagegen. die Tochtergesellschaft oder Teile davon zu verkaufen, so bleibt das Desinvestitionsobjekt erhalten. Diesbezüglich lassen sich folgende Formen anführen:

- **Management Buy-Out:** Diese Form der Desinvestition zeichnet sich dadurch aus, dass das bisherige Management des Unternehmens die Tochtergesellschaft oder Teile der Tochtergesellschaft als Eigentümer übernimmt und weiterführt. Wird die Tochtergesellschaft dagegen von den Angestellten übernommen, wird von einem **Employee Buy-out** gesprochen. Wird der Unternehmenskauf durch eine hohe Kreditaufnahme finanziert, um den Leverage-Effekt zu nutzen, wird von einem **Leverage Buy-Out** gesprochen.
- **Spin-off:** Ein Spin-off bezieht sich auf den Unternehmensteil einer AG, der abgespalten und im Rahmen einer eigenen Rechtsform rechtlich verselbstständigt wird. Die Altaktionäre erhalten von dem neuen Unternehmen Gratisaktien oder das Recht, diese zu kaufen. An der Eigentümerstruktur ändert sich damit zunächst nichts, sodass noch nicht von einer Desinvestition gesprochen werden kann. Die Desinvestition tritt dann ein, wenn nach der Abspaltung die Altaktionäre ihre Anteile an der neuen Firma verkaufen.
- **Sell-off:** Beim Sell-off werden Teile oder das ganze Unternehmen an Externe verkauft. Dazu ist eine Unternehmensbewertung notwendig, die oft im Zusammenhang mit einer Due Diligence erfolgt (vgl. Bea und Haas 2019, S. 203 f.).

Fragen zu Kap. 6:

1. Welche Vorüberlegungen sind im Zusammenhang mit der Wahl einer Markteintrittsstrategie anzustellen?
2. Welche Markteintrittsstrategie empfehlen Sie einem medizinischen Dienstleistungsunternehmen und warum?
3. Welche Markteintrittsstrategie erachten Sie als die am meisten risikobehaftete und warum?
4. Welche Nachteile bringt die Nutzwertanalyse als Instrument der Auswahl der Markeintrittsform mit sich?

5. Was spricht für eine Standardisierung des Leistungsangebots im Gastland und was dagegen?
6. Welche zeitlichen Aspekte sind beim Markteintritt zu berücksichtigen?
7. Eignet sich aus Ihrer Sicht die Blue-Ocean-Strategie für internationale Dienstleistungsunternehmen? Begründen Sie Ihre Meinung
8. In welchen Fällen kann aus Ihrer Sicht der Rückzug aus einem Markt für ein Dienstleistungsunternehmen sinnvoll sein?

Literatur

Backhaus, K.; Voeth, M.: Internationales Marketing, 6. Aufl., Stuttgart, 2010
Barlett, C.A; Beamish, P.W.: Transnational Management Text, Cases and Readings in Cross-Border Management, 7th ed., New York, 2014
Barlett, C.A.; Ghoshal, S.: Managing Across Borders The Transnational Solution, Boston, 2002
Bea, F.X.; Haas, J.: Strategisches Management, 10. Aufl., München, 2019
Berekoven, L.: Internationales Marketing, 2. Aufl., Herne/Berlin, 1985
Berndt, R.; Fantapie´ Altobelli, C.; Sander, M.: Internationales Marketing-Management, 5. Aufl., Berlin Heidelberg, 2016
Bruhn M.; Hadwich, K: Internationales Dienstleistungsmarketing, Strategien – Instrumente – Methoden, Stuttgart, 2016
Czenskowsky, T.; Ernst, H.; Kadgiehn, H.; Saleh, S.: Dienstleistungsmarketing in Verkehr und Logistik – Dargestellt an Beispielen aus der Praxis, Berlin, 2019
Heupel, T.; Barsch, T.; Niesar, T.; Yesilkaya, V.: Vom konventionellen Strategischen Management zur Blue Ocean Strategy, in: Barsch, T.; Heupel, T.; Trautmann, H. (Hrsg.): Die Blue-Ocean-Strategie in Theorie und Praxis Diskurs und 16 Beispiele erfolgreicher Anwendung, Wiesbaden, 2019
Holtbrügge, D.; Welge; M.K.: Internationales Management, Theorien, Funktionen, Fallstudien, 6. Aufl., Stuttgart, 2015
Hünerberg, R.: Internationales Marketing, Landsberg/Lech, 1994
Kim, W.C.; Mauborgne, R.: Der Blaue Ozean als Strategie, Wie man neue Märkte schafft, wo es keine Konkurrenz gibt, 2. Aufl., München, 2016
Kutschker, M; Schmid, S.: Internationales Management, 7. Aufl., München, 2011
Lakshmi, A.: DP World gewinnt Congo Port Concession, 30.03.2018, https://de.maritimeprofessional.com/news/world-gewinnt-congo-port-concession-240055, Stand: 12.12.19
Macharzina, K.; Wolf, J.: Unternehmensführung, Das internationale Managementwissen, Konzepte – Methoden – Praxis, 10 Aufl., 2018
Mcdonald's: Franchise-Modell, o. J., https://www.mcdonalds.com/de/de-de/ueber-uns/franchise-modell.html, Stand: 12.12.19.
Meckl, R.: Internationales Management, 3. Aufl., München, 2014
Meffert, H.; Bruhn, M.; Hadwich, K.: Dienstleistungsmarketing, 9. Aufl., Wiesbaden, 2018
Mth: Erste Telemedizin-Operation in Echtzeit via 5G, 06.03.19, https://www.zm-online.de/news/nachrichten/erste-telemedizin-operation-in-echtzeit-via-5g/, Stand: 12.12.19
Perlitz, M.; Schrank, R.: internationals Management, 6. Aufl., Konstanz, München, 2013
Rabe, C.: DP World liebäugelt noch immer mit dem US-Markt, 07.04.2006, https://www.handelsblatt.com/unternehmen/handel-konsumgueter/hafenbetreiber-dp-world-liebaeugelt-noch-immer-mit-dem-us-markt-seite-2/2638884-2.html, Stand: 12.12.19.

Rau, J.: Indien. Im Clinch mit Coca-Cola, in: Zeit Online, 19.08.1977, https://www.zeit.de/1977/35/im-clinch-mit-coca-cola/komplettansicht, Stand: 30.12.2019

Saleh, S.: Gesundheits-Dienstleistungen, in: Pepels, W. (Hrsg.): Betriebswirtschaft der Dienstleistungen, 3. Aufl., Berlin, 2015, S. 465-495

SAP: SAP Live Link 365 beherrscht nun Kommunikation über Social-Media-Kanäle, 11.09.2018, https://news.sap.com/germany/2018/09/live-link-365-social-media/, Stand: 21.12.2019

Schillo, K.: Virtuelle Auslandsentsendungen, Diss., Erlangen-Nürnberg, 2009

Sure, M.: Internationales Management, Grundlagen, Strategien, Konzepte, Wiesbaden, 2017

ZEIT ONLINE: Saudi-Arabien beendet Geschlechtertrennung in Restaurants, in: Zeit Online, 09.12.2019, https://www.zeit.de/gesellschaft/2019-12/frauenrechte-saudi-arabien-geschlechtertrennung-restaurants, Stand: 28.12.2019

Internationale Organisation von Dienstleistungsunternehmen

Lernziele:

Nach Lesen dieses Kapitels:

- kennen Sie anhand der unterschiedlichen Unternehmensstrukturen den Einfluss der Internationalisierungsprozesse auf den organisatorischen Unternehmensaufbau,
- können Sie zwischen integrierten und differenzierten Strukturen unterscheiden und diese hinsichtlich ihrer Vor- und Nachteile bewerten,
- kennen Sie die verschiedenen Formen von Netzwerkstrukturen im internationalen Geschäft,
- kennen Sie das Wesen und die verschiedenen Formen virtueller Unternehmen.

Der Ansatz „*structure follows process follows strategy*" (Gaitanides 2012, S. 177) betont die Prozessdominanz was bedeutet, dass Prozesse die Unternehmensstruktur bestimmen und sich an der Unternehmensstrategie ausrichten sollen. So beeinflussen bzw. bestimmen die Internationalisierungsprozesse sowohl die Unternehmensstruktur des Mutterunternehmens als auch die Unternehmensstruktur der gewählten Markteintrittsform, wie z. B. Niederlassung oder Tochtergesellschaft. Während z. B. die Niederlassung oder Tochtergesellschaft die Struktur nach den erforderlichen Prozessen und angestrebten Strategien im Gastland wählt, muss das Mutterunternehmen nach Wegen suchen, die Niederlassung oder Tochtergesellschaft organisatorisch in die Geschäftsprozesse des Mutterunternehmens einzubinden. Je nachdem, wie die Orientierung des Managements bezüglich der internationalen Aktivitäten ist (ethnozentrisch, polyzentrisch oder geozentrisch), bestimmt diese Einstellung den Grad der Autonomie einer Niederlassung oder Tochtergesellschaft. Eine zu stark autonom agierende Niederlassung oder Tochtergesellschaft kann eine einheitliche Corporate Identity und die Gesamtstrategie

Tab. 7.1 Gründe für bzw. gegen eine Zentralisierung

Zentralisierung	Dezentralisierung
Wahrung eines einheitlichen Corporate Identity	Volatile Märkte
Kontrolle über finanzielle Ressourcen	Differenzierungsnotwendigkeit der Angebote aufgrund unterschiedlicher Konsum- und Lebensgewohnheiten
Ressourcenaustausch zwischen den einzelnen Töchtern	Partizipatives Management = höhere Entscheidungsqualität
Kostenersparnis durch Koordinierung des Ressourceneinsatzes	Lokale Führungskräfte kennen den Markt
Etablierte Prozesse der Muttergesellschaft können schneller umgesetzt und die Prozessqualität besser kontrolliert werden	Aufbau von Internationalisierungs-Know-how
Leichterer Know-how Transfer	Kürzere Entscheidungsdauer
Besserer Schutz des geistigen Eigentums	Einfachere Personalbeschaffung, keine hohen Entsendungskosten
Etablierung einheitlicher globaler Standards	Aufbau lokaler Netzwerke

(vgl. Sure 2017, S. 106 f.; Ehlert o. J., S. 6)

des Unternehmens gefährden. Eine zu starke Beschneidung der Autonomie dagegen kann die notwendige Flexibilität im Gastland gefährden. Eine generelle Aussage bezüglich weniger Autonomie – und damit einer starken Zentralisierung – oder mehr Autonomie – und damit Dezentralisierung – kann somit nicht getroffen werden kann. Tab. 7.1 stellt Gründe für und gegen eine Zentralisation dar.

Die Entscheidung für oder gegen eine Zentralisierung bzw. Dezentralisierung beeinflusst auch die organisatorische Struktur eines multinationalen Unternehmens. Folgende Strukturierungsprinzipien werden in der Literatur diskutiert (vgl. Holtbrügge und Welge 2015, S. 232 ff.; Bruhn und Hadwich 2016, 228 ff.; Berndt et al. 2016, S. 515 ff.):

7.1 Unspezifische Strukturen

Je dezentraler die Ausrichtung der Tochtergesellschaft erfolgt, umso wahrscheinlicher kommen unspezifische Organisationsformen zum Tragen. Diese Organisationsformen zeichnen sich dadurch aus, dass das Auslandsgeschäft keine allzu große Bedeutung hat und quasi als Nebenprodukt gesehen wird. Solche Situationen ergeben sich meist zu Beginn der Internationalisierung. Hier wird das Resultat der Auslandsaktivitäten abgewartet, bevor weitere organisatorische Schritte unternommen werden. Unspezifische Organisationsformen entstehen auch, wenn ein Unternehmen im Gastland gekauft und diesem weitgehende Autonomie eingeräumt wird (vgl. Berndt et al. 2016, S. 516). Die Abb. 7.1 zeigt ein Organigramm, das die **unspezifische Struktur** verdeutlichen soll.

Die Vor- und Nachteile unspezifischer Strukturen sind in Tab. 7.2 dargestellt.

7.2 Integrierte Strukturen

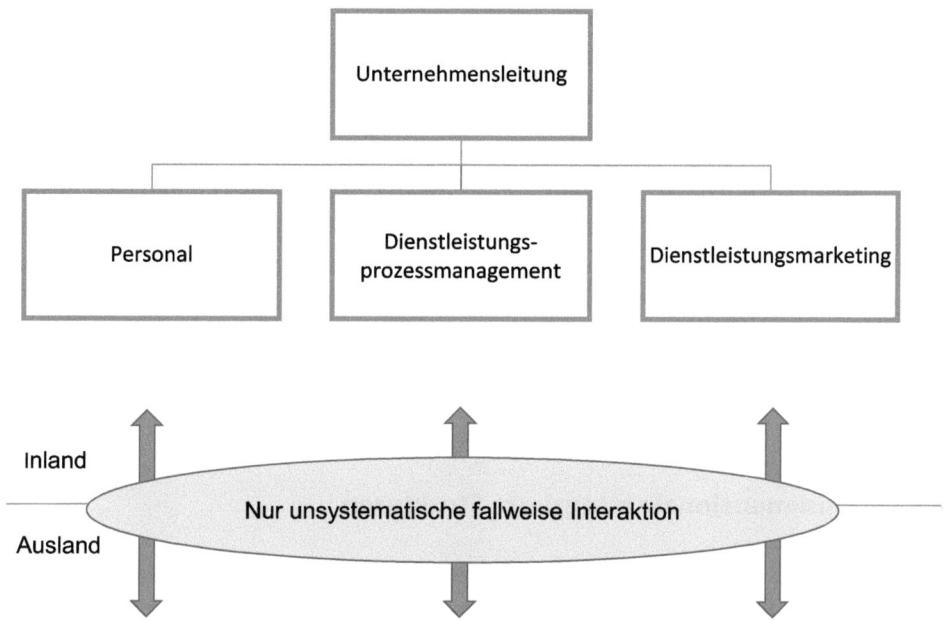

Abb. 7.1 Unspezifische Struktur. (Quelle: In Anlehnung an Berndt et al. 2016, S. 517)

Tab. 7.2 Vor- und Nachteile unspezifischer Strukturen

Vorteile	Nachteile
• hohes Gewicht internationaler Aspekte bei unternehmungspolitischen Entscheidungen, da Konzentration aller internationaler Aktivitäten in der Unternehmensleitung	• Überlastung der Unternehmensleitung • fehlende institutionelle Unterstützung der Internationalisierung

(Quelle: Holtbrügge und Welge 2015, S. 243)

7.2 Integrierte Strukturen

Je intensiver und länger das Engagement im Ausland und je höher der Umsatzanteil des ausländischen Marktes am Gesamtumsatz ist, umso größer ist die Wahrscheinlichkeit, dass die Unternehmensstruktur angepasst wird. Diesbezüglich erwähnt Ehlert unter Bezugnahme auf eine Studie der KfW Creditreform aus dem Jahre 2012, *„dass spätestens ab einem Umsatzanteil des Auslandsbereiches von mehr als 20 % am Gesamtumsatz die Unternehmensstruktur und das Geschäftsmodell angepasst werden müssen"* (Ehlert o. J. S. 5–6). Es stehen unterschiedliche Arten von Organigrammen zur Strukturierung von Unternehmen zur Verfügung. Sie sind vergleichbar mit den Strukturen national tätiger Unternehmen, unterscheiden sich jedoch *„in der Art der Integration des internationalen Geschäfts in das Unternehmen"* (Bruhn und Hadwich 2016, S. 228). Klassische Organisationsformen wie die funktionale-, divisionale- oder

Matrixstruktur lassen sich auch international ausrichten (vgl. dazu Sure 2017, S. 106–113). Der Grad der Internationalisierung innerhalb des jeweiligen Organigramms hängt von der Entscheidung des Managements ab, inwieweit zwischen Auslands- und Inlandsgeschäft getrennt werden soll. **Integrierte Organisationsformen** trennen nicht zwischen In- und Auslandgeschäft, **differenzierte Organisationsformen** dagegen schon. Bei den integrierten Strukturen werden die Auslandsaktivitäten in die Struktur des Mutterunternehmens eingebunden. Die Verantwortlichen der Funktionsbereiche oder Sparten tragen die Verantwortung für das Inlands- und Auslandsgeschäft. Ein weiteres Kennzeichen solcher Strukturen ist die Zentralisierung von Autorität und Verantwortung. Für solche Strukturen sprechen vor allem homogene und standardisierte Angebote, die keiner großen Anpassung bedürfen (vgl. Bruhn und Hadwich 2016, S. 229 f.; Berndt et al. 2016, S. 522 ff.).

7.2.1 Eindimensionale integrierte Strukturen

Klassische eindimensionale integrierte Strukturen sind z. B. funktionale und divisionale Strukturen. Im Rahmen einer **funktionalen Struktur** wird das Unternehmen nach Funktionen strukturiert. Im Rahmen der **divisionalen Struktur** wird das Unternehmen nach Sparten ausgerichtet, die sich entweder nach Dienstleistungsangeboten, Regionen oder Kunden richten können.

Die funktionale integrierte Struktur zeichnet sich dadurch aus, dass die Auslandsaktivitäten in die Funktionsbereiche des Mutterunternehmens integriert werden. Diese Vorgehensweise bietet sich immer dann an, wenn die Notwendigkeit einer weltweiten Abstimmung der Hauptfunktionen besteht. Solche Strukturen sind meistens bei Unternehmen anzutreffen, deren Auslandsaktivitäten noch keinen großen Stellenwert haben und sich durch Exporte auszeichnen (vgl. Holtbrügge und Welge 2015, S. 236).

Als Beispiel für solche Strukturen können Logistikunternehmen genannt werden. Diese verfügen über relativ homogene Angebote, wie z. B. die klassischen KULT-Angebote (Kommissionierung, Umschlag, Lager, Transport). Hier ist das Auslandsgeschäft oft in die Unternehmensstruktur integriert. Ähnlich verhält es sich mit Unternehmen der Systemgastronomie (vgl. Bruhn und Hadwich 2016, S. 229).

Abb. 7.2 zeigt anhand von allgemeinen Dienstleistungsfunktionen, wie eine integrierte Funktionalstruktur aussehen kann.

Wie aus Abb. 7.2 ersichtlich, ist das Auslandsgeschäft in die Funktionen Facility Management, Personal und Prozessmanagement integriert. Das Facility Management hat die Aufgabe, Gebäude und Anlagen, die als dienstleistungsbegleitender Sachgutanteil eine wichtige Rolle bei der Erstellung der Dienstleistung spielen, zu managen. Als Beispiel können die Hotelgebäude eines international ausgerichteten Hotelkonzerns oder aber auch der Fuhrpark internationaler Speditionen genannt werden. Das Personal im In- und Ausland zählt ebenso dazu, wie die Verrichtung der Dienstleistungsprozesse im In- und Ausland im Rahmen des Prozessmanagements. Die Vor- und Nachteilen der integrierten Funktionalstruktur werden in Tab. 7.3 dargestellt.

7.2 Integrierte Strukturen

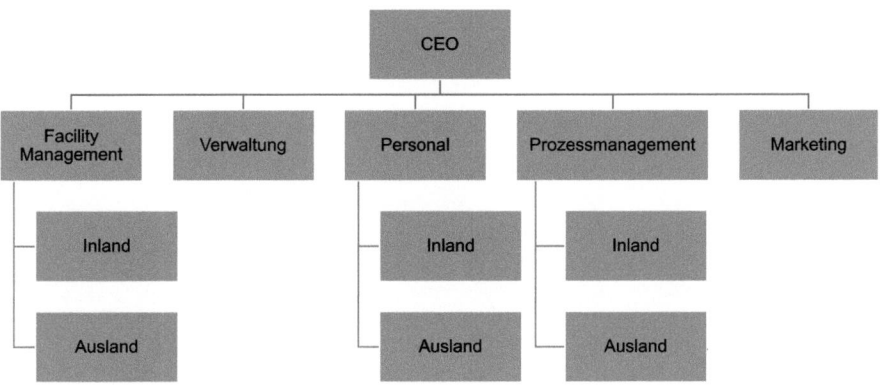

Abb. 7.2 Allgemeine integrierte Funktionalstruktur. (Quelle: In Anlehnung an Perlitz und Schrank 2013, S. 375)

Tab. 7.3 Vor- und Nachteile der integrierten Funktionalstruktur

Vorteile	Nachteile
• leichte Abstimmung der Hauptfunktionen • Erzielung von Spezialisierungs- und Synergieeffekten • hohe Effizienz bei geringem Diversifikationsgrad	• problematische Zuordnung von Tochtergesellschaften, die mehrere Funktionen ausüben • hohe Koordinationserfordernisse • hohe Belastung der Konzernführung

(Quelle: Holtbrügge und Welge 2015, S. 243).

Sparten- oder divisionale Strukturen, die nicht zwischen In- und Auslandsgeschäft trennen, zählen ebenso zu den eindimensionalen integrierten Strukturen. Diese lassen sich nach Dienstleistungsangeboten oder Kunden einteilen.

Eine nach Angeboten ausgerichtete Unternehmensstruktur weist Sparten der jeweiligen Dienstleistungsangebote auf, wobei das Auslandsgeschäft in die Verantwortlichkeit der Division übertragen wird. Diese wird als Profit-Center mit Kosten- und Ertragsverantwortung geführt (vgl. Berndt et al. 2016, S. 524). So kann z. B. ein medizinischer Dienstleister, der sowohl medizinische als auch kosmetische Behandlungen anbietet, eine Einteilung seines Unternehmens in eine medizinische und kosmetische Sparte vornehmen. Abb. 7.3 zeigt, wie eine integrierte Divisionalstruktur aussehen kann. Tab. 7.4 zeigt Vor- und Nachteile der integrierten Spartenstruktur.

Die Ausrichtung der Sparten kann neben der Ausrichtung nach Angeboten auch nach Kundentypen und Regionen erfolgen. Eine Ausrichtung nach Kunden ist immer dann empfehlenswert, wenn der Hauptumsatz mit einigen Großkunden (Key- Accounts) erzielt wird. Das kann beispielsweise der Fall sein, wenn große Architekturbüros oder Unternehmensberatungen für einige wenige, aber dafür umsatzstarke Kunden im In- und Ausland arbeiten. Die Einteilung nach Regionen bedeutet, dass in- und ausländische Tätigkeiten zu Regionen, die sich wiederum voneinander unterscheiden, zusammen-

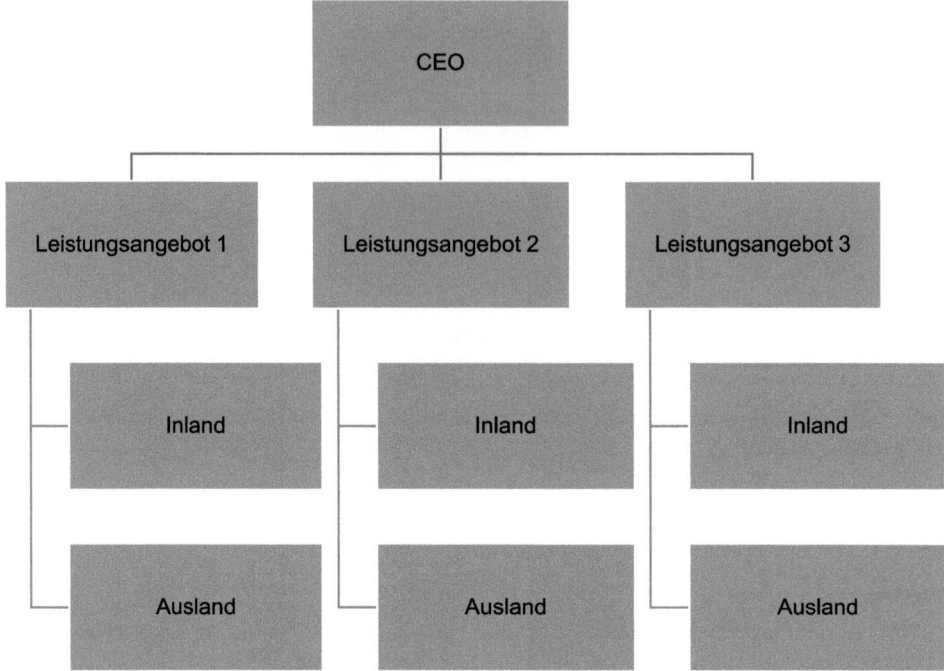

Abb. 7.3 Integrierte Divisionalstruktur. (Quelle: In Anlehnung an Perlitz und Schrank 2013, S. 376)

Tab. 7.4 Vor- und Nachteile der integrierten Spartenstruktur

Vorteile	Nachteile
• leichte weltweite Angebotskoordination • Vermeidung von Angebotszersplitterung • leichtere Ergebniszuordnung	• ungenügende Berücksichtigung geografischer Besonderheiten • Koordinationsprobleme bei Mehrspartentochtergesellschaften

(Quelle: In Anlehnung an Holtbrügge und Welge 2015, S. 243).

gefasst werden. Auch hier können Profit-Center gebildet werden (vgl. dazu Holtbrügge und Welge 2015, S. 239 f.; Bruhn und Hadwich 2016, S. 229 f.).

7.2.2 Mehrdimensionale integrierte Strukturen.

Die o. g. integrierten Strukturen sind eindimensionale Strukturen. Zu den mehrdimensionalen integrierten Strukturen zählen die Matrix- und die Tensorstruktur.

7.2 Integrierte Strukturen

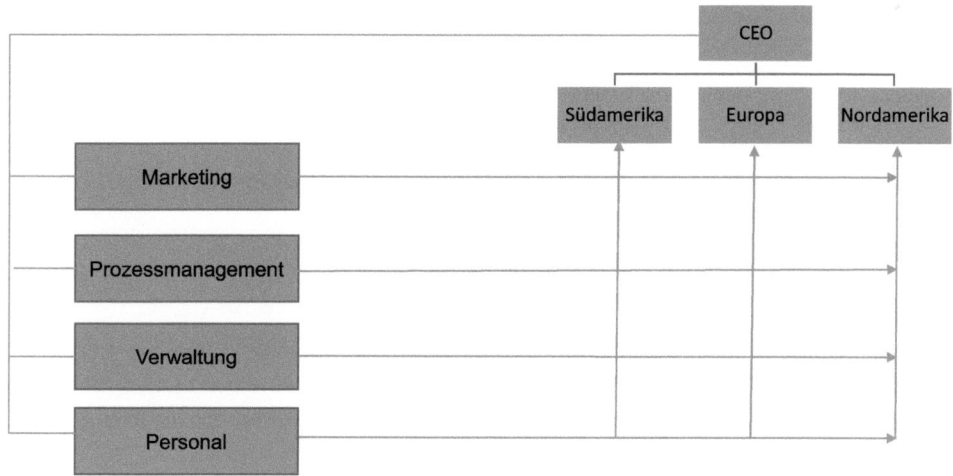

Abb. 7.4 Matrixstruktur. (Quelle: In Anlehnung an Perlitz und Schrank 2013, S. 377)

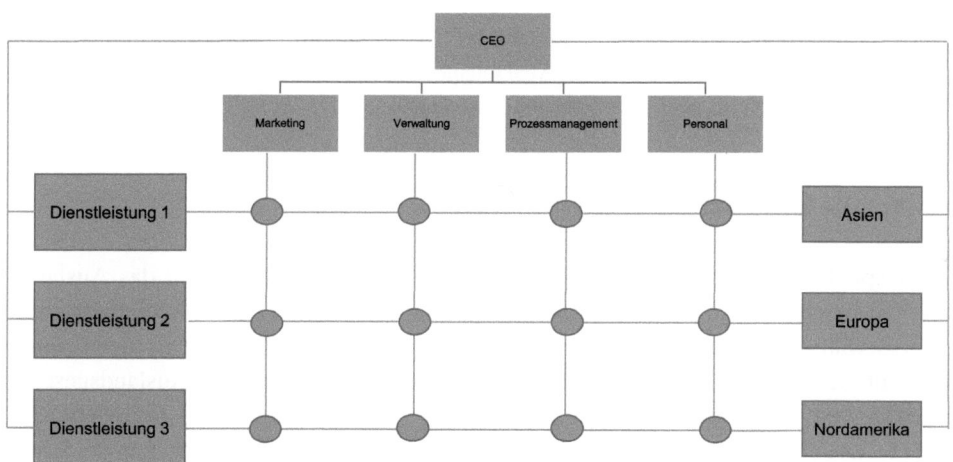

Abb. 7.5 Tensorstruktur. (Quelle: In Anlehnung an Hünerberg 1994, S. 468)

Die **Matrixorganisation** ist zweidimensional aufgebaut und weist neben der horizontalen auch eine vertikale Struktur auf. Eine Dimension ist dabei regional, die andere funktional aufgebaut. Eine **Tensororganisation** dagegen weist drei Dimensionen auf, wobei eine Dimension funktional, die zweite regional und die dritte auf Angebote ausgerichtet ist (vgl. Berndt et al. 2016, S. 528). Organisationsstrukturen mit mehreren Dimensionen werden mit zunehmender Internationalisierung wichtiger. Die Bedeutung der jeweiligen Dimension für ein Unternehmen variiert von Unternehmen zu Unternehmen und von Ländermarkt zu Ländermarkt. Innerhalb einer mehrdimensionalen

Tab. 7.5 Vor- und Nachteile mehrdimensionaler Strukturen

Vorteile	Nachteile
• gleichzeitige Berücksichtigung funktionaler, regionaler und dienstleistungsspezifischer Anforderungen • Förderung des Kommunikationsflusses und des kreativen Potenzials	• Problem der Mehrfachunterstellung • hoher Koordinations- und Abstimmungsbedarf • langwierige Entscheidungsprozesse

(Quelle: In Anlehnung an Holtbrügge und Welge 2015, S. 243).

Struktur können je nach veränderten Bedingungen die Weisungsstrukturen modifiziert werden. Die Abb. 7.4 und 7.5 zeigen jeweils den Grundaufbau einer Matrix- und einer Tensororganisation. Diese mehrdimensionalen Strukturen weisen die in Tab. 7.5 aufgelisteten Vor- und Nachteile auf.

7.3 Differenzierte Strukturen

Im Gegensatz zu den integrierten Strukturen erfolgt bei den differenzierten Strukturen eine eindeutige Trennung von Inlands- und Auslandsgeschäft. Differenzierte Strukturen gestalten den Auslandsbereich oft als Exportabteilung, internationale Division oder Holding.

7.3.1 Die Exportabteilung

Die **Exportabteilung** wird in der Regel immer dann gegründet, wenn das Auslandsgeschäft derart wächst, dass integrierte Strukturen das Volumen dieser Geschäfte nicht mehr bewältigen können. Eine schwächere Form der Exportabteilung ist der **Exportreferent**, der immer dann zum Tragen kommen kann, wenn das Auslandsgeschäft weniger stark ausgeprägt ist (vgl. Österle 2004, S. 936 f.; Bruhn und Hadwich 2016, S. 232). Die Einbindung einer Exportabteilung bzw. eines Exportreferenten in die Unternehmensstruktur kann, wie in Abb. 7.6 dargestellt, aussehen.
Die in Tab. 7.6 angeführten Vor- und Nachteile sprechen für bzw. gegen diese Struktur.
Eine Exportabteilung eignet sich nicht für alle Dienstleistungen. Beispielsweise lässt sich die operative Leistung eines renommierten Facharztes nicht ohne Weiteres exportieren, da dieser einerseits vor Ort sein muss und andererseits ein bestimmtes Equipment, wie z. B. ein Operationssaal mit entsprechender Ausstattung verfügbar sein muss. Dienstleistungen, die leicht zu exportieren sind, wären z. B. Softwaredienstleistungen, die über digitale Plattformen angeboten werden können. Es stellt sich allerdings gerade bei digital auftretenden Unternehmen die Frage, ob eine Export-

7.3 Differenzierte Strukturen

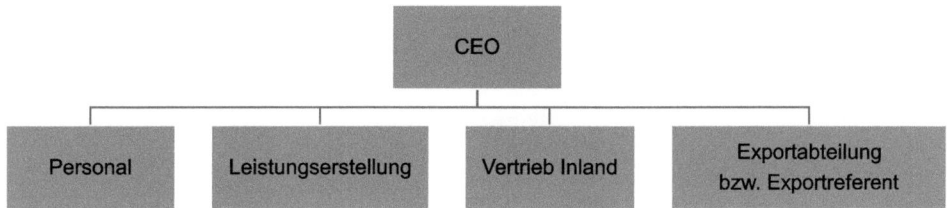

Abb. 7.6 Die Exportabteilung innerhalb einer funktionalen Grundstruktur. (Quelle: In Anlehnung an Berndt et al. 2016, S. 519)

Tab. 7.6 Vor- und Nachteile einer Exportabteilung

Vorteile	Nachteile
• risikoarme Art des Vertriebs • Zentralisierung des Auslandsgeschäfts in einer Abteilung und damit bessere Steuerung und Kontrolle • keine großen finanziellen Vorlaufrisiken	• mögliche Konflikte zwischen Inlands- und Auslandsabteilung, z. B. bei der Ressourcenverteilung • teilweise schwierige Koordination zwischen Inlands- und Auslandsgeschäft

(Quelle: In Anlehnung an Berndt et al. 2016, S. 518).

abteilung überhaupt sinnvoll ist, da diese in der Regel mit der Gründung global ausgerichtet sind und die Welt als einen Gesamtmarkt sehen. Dies wird insbesondere durch die Tatsache unterstrichen, dass bestimmte Softwaredienstleistungen als kulturfreie Angebote angesehen werden können.

7.3.2 Die internationale Division

Eine Weiterentwicklung der Exportabteilung stellt die internationale Division dar (siehe dazu Abb. 7.7). Diese ist speziell für das Auslandsgeschäft geschaffen worden und zwar immer dann, wenn das Auslandsgeschäft an Bedeutung gewonnen hat, das Inlandsgeschäft aber immer noch überwiegt (vgl. Kutschker und Schmid 2011, S. 503; Bruhn und Hadwich 2016, S. 232).

Eine internationale Division ist aber auch in der klassischen Spartenstruktur zu finden. In Abb. 7.8 ist ersichtlich, dass die internationale Division gleichberechtigt mit den anderen Sparten ist. Vor- und Nachteile einer solchen Struktur sind in Tab. 7.7 dargestellt. Internationale Divisionen bieten sich für Dienstleistungsunternehmen an, die beratend arbeiten oder Systemlösungen anbieten.

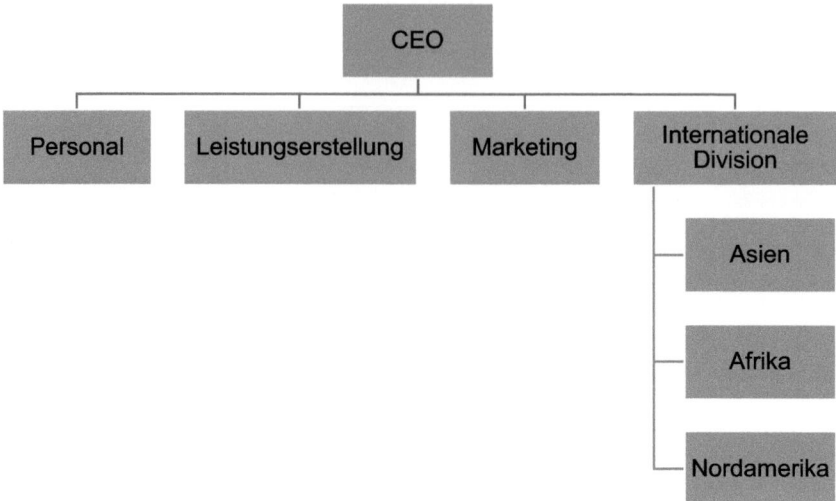

Abb. 7.7 Die internationale Division innerhalb einer funktionalen Grundstruktur. (Quelle: In Anlehnung an Kutschker und Schmid 2011, S. 502)

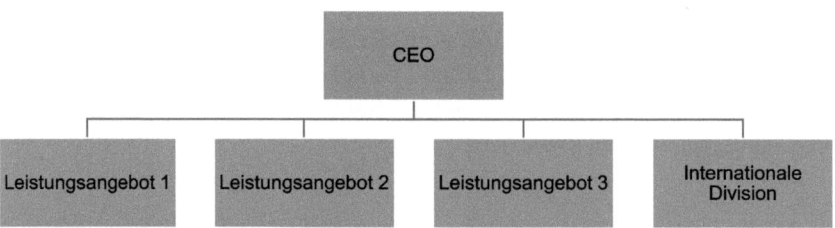

Abb. 7.8 Die internationale Division innerhalb einer Spartenstruktur. (Quelle: In Anlehnung an Kutschker und Schmid 2011, S. 502)

Tab. 7.7 Vor- und Nachteile der internationalen Division

Vorteile	Nachteile
• Trennung zwischen Inlands- und Auslandsgeschäft ermöglicht eine eindeutige Kompetenzabgrenzung • erhöht die Bedeutung des internationalen Geschäfts für die Gesamtunternehmung • leichtere Teambildung innerhalb einer Division • Schnelle Entscheidungsfindung innerhalb der Division • Aufbau von Internationalisierungs- Know-how innerhalb der Division • schnelle Anpassung an die Besonderheiten ausländischer Märkte möglich	• Doppelausführung von Aufgaben • evtl. Rivalität zwischen Inlands- und Auslandsdivision • Ressourcenkonflikte • gegenseitige Abschottung der Divisionen Inland und Ausland • Behinderung der Entwicklung einer einheitlichen Unternehmenskultur • Informations-, Kommunikations- und Koordinationsprobleme

(Quelle: In Anlehnung an Kutschker und Schmid 2011, S. 503 ff.)

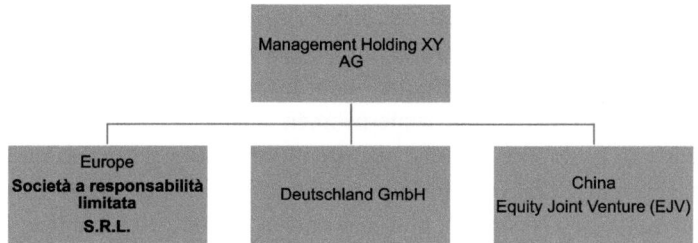

Abb. 7.9 Beispiel einer Managementholdingstruktur

7.3.3 Die Holding

Die Holding ist rechtlich selbstständig und wird als Profit-Center geführt, sodass der wirtschaftliche Erfolg des Auslandsgeschäfts gesondert betrachtet werden kann. Die Holding ist an mehreren rechtlich selbstständigen Unternehmen beteiligt. Die betrieblichen Funktionen werden von den Beteiligungsunternehmen ausgeübt und nicht von der Holding. Es gibt verschiedene Holdingformen, so haben sowohl die Finanz- als auch Managementholding Einfluss auf das internationale Geschäft. Während sich z. B. die Finanzholding hauptsächlich um das Finanzmanagement der Auslandsbeteiligungen kümmert, bestimmt die Managementholding die strategische Ausrichtung der Auslandsbeteiligungen (vgl. Bruhn und Hadwich 2016, S. 233; Sure 2017, S. 115). Eine Managementholding kann wie in Abb. 7.9 aussehen, wobei die rechtliche Selbstständigkeit der Holdingunternehmen durch die jeweiligen Rechtsformen in den Zielmärkten zum Ausdruck kommt.

Da sich die Holding und die internationale Division organisatorisch stark ähneln, kann von den gleichen Vor- und Nachteilen dieser Organisationsstrukturen ausgegangen werden (vgl. Berndt et al. 2016, S. 521).

7.4 Netzwerke

Netzwerkstrukturen stellen eine weitere Form der Organisation im internationalen Geschäft dar. Diese lassen sich in intraorganisationale und interorganisationale Strukturen unterscheiden. Bei den intraorganisationalen Strukturen geht es um Strukturen innerhalb der Unternehmung und speziell um das Verhältnis von Mutter- und Tochterunternehmung. Bei den interorganisationalen Strukturen geht es um Beziehungen zwischen rechtlich selbstständigen Unternehmen (vgl. Kutschker und Schmid 2011, S. 535 ff.; Sure 2017, S. 114 f.).

7.4.1 Intraorganisationale Strukturen

Netzwerkstrukturen verflechten Mutterunternehmen und Tochtergesellschaften zu sogenannten transnationalen Unternehmen, bei denen das Mutterunternehmen als

Zentrale und die Tochtergesellschaft die gleichen Rollen haben. Die Aufgaben, die in den klassischen Strukturen die Zentrale innehatte, werden nun auf mehrere Einheiten verteilt. So sind die Tochtergesellschaften nicht mehr auf den Transfer von Ressourcen und Informationen aus dem Mutterunternehmen angewiesen. Das dadurch neu entstandene integrierte Netzwerk zeichnet sich durch unabhängige Einheiten aus, die über Spezialisierungen und Kernkompetenzen verfügen. Die Beziehungen zwischen diesen Einheiten sind durch den Austausch von Ressourcen sowie eine komplexe Koordination und Kontrolle gekennzeichnet. Das bedeutet, dass die Beiträge und das gemeinsam entwickelte Wissen der einzelnen Einheiten zu integrierten weltweiten Aktivitäten führen. Die Netzwerkmitglieder befinden sich damit im ständigen Austausch miteinander (vgl. Barlett und Ghoshal 2002, S. 85 ff.; Kutschker und Schmid 2011, S. 534 ff.; Perlitz und Schrank 2013, S. 385 ff.; Berndt et al. 2016, S. 568 ff.; Sure 2017, S. 113 ff.). Das auf Barlett und Ghoshal beruhende Konzept des integrierten Netzwerks ist in Abb. 7.10 dargestellt (vgl. Barlett und Ghoshal 2002, S. 102).

Die dem Netzwerk angehörenden Einheiten können unterschiedliche Rollen einnehmen, wobei ein Unternehmen die Rolle des strategischen Führers für ein bestimmtes Teilgebiet übernehmen kann.

Den Vorteilen, die sich aus den unabhängigen Einheiten des Netzwerks ergeben, steht der Nachteil der Bedrohung durch Spaltung gegenüber, was ständige Koordinationsprozesse erfordert (vgl. Perlitz und Schrank 2013, S. 387).

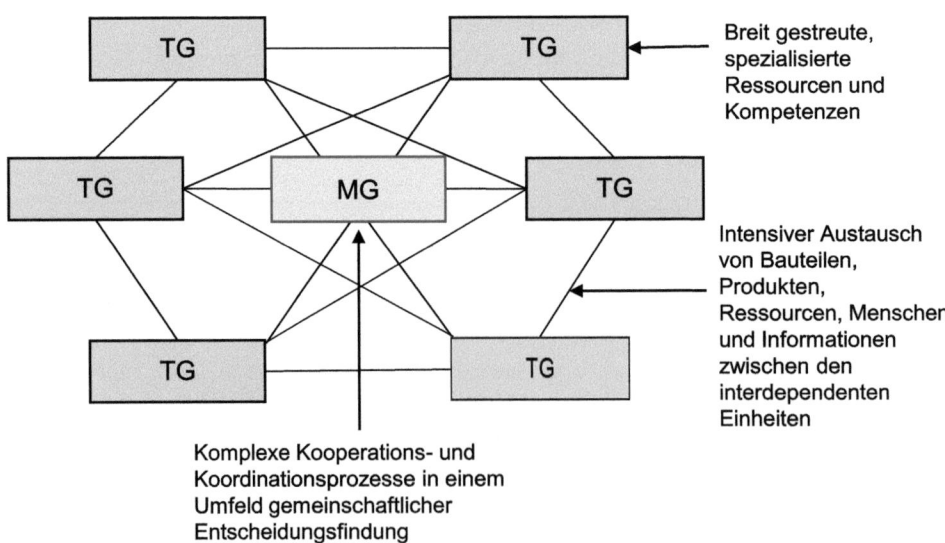

Abb. 7.10 Integriertes Netzwerk nach Barlett und Ghoshal. (Quelle: Kutschker und Schmid 2011, S. 537)

7.4.2 Interorganisationale Strukturen

Hierbei handelt es sich um Beziehungen zwischen rechtlich selbstständigen Unternehmen, die einen Teil ihrer Selbstständigkeit zwecks Kooperation mit anderen Unternehmen aufgeben. Dabei können Ausgliederungen (Outsourcing) von bestimmten Unternehmensfunktionen erfolgen. Die damit verbundene Verringerung der Leistungstiefe und -breite führt dazu, dass Abhängigkeiten entstehen und Unternehmen ohne Netzwerkpartner nicht überleben können. Neben der Ausgliederung besteht aber auch noch die Möglichkeit, externe Funktionen zu integrieren (vgl. Kutschker und Schmid 2011, S. 538 f.). Dies ist dann der Fall, wenn rechtlich selbstständige Unternehmen zusammenarbeiten, z. B. in Form von strategischen Kooperationen in der Forschung und Entwicklung oder in der gemeinsamen Markterschließung. Das Problem interorganisationaler Strukturen liegt im Spannungsverhältnis zwischen Kooperation und Wettbewerb, da der Kooperationspartner bereits Wettbewerber auf bestimmten Märkten ist oder werden kann (vgl. Sure 2017, S. 114). Netzwerke, die global auftreten, werden immer mehr über digitale Technologien, Cloud-Computing, soziale Netzwerke und Koordinationsprogramme gesteuert, die in diesem Zusammenhang immer wichtiger werden (vgl. dazu Kap. 8).

7.5 Internationale virtuelle Unternehmen

Digitale Technologien sind auch für das Funktionieren von virtuellen Unternehmen von entscheidender Bedeutung und zählen zu den Kerncharakteristika virtueller Unternehmen (vgl. Kutschker und Schmid 2011, S. 541). Virtuelle Unternehmen stellen einen zeitlich befristeten Zusammenschluss von Unternehmen mit einem gemeinsamen Geschäftszweck dar. Jedes Unternehmen bringt seine Kernkompetenzen ein. Insbesondere durch den Einsatz digitaler Technologien entsteht ein einheitliches Erscheinungsbild nach außen, z. B. durch eine einheitliche Webseite. Virtuelle Unternehmen eignen sich besonders für die Bearbeitung von Projekten. Das federführende Unternehmen der „Makler" übernimmt Koordinationsaufgaben. Virtuelle Unternehmen zeichnen sich durch Prozessorientierung sowie durch das Fehlen von unflexiblen Funktionsbereichen aus. Virtuelle Unternehmen sind weiterhin durch eine hohe Flexibilität und optimale Nutzung der durch die einzelnen Unternehmen eingebrachten Ressourcen gekennzeichnet. Eine schnellere Innovationsfähigkeit und situationsspezifische Problemlösungen sind weitere Merkmale. Nachteilig, sind hingegen die Abhängigkeit von digitalen Technologien, die Gefahr des Know-how-Abflusses an die beteiligten Partnerunternehmen und die geringe Stabilität dieser Organisationsform (vgl. Perlitz und Schrank 2013, S. 408 f.; Berndt et al. 2016, S. 570 f.).

Virtuelle Unternehmen lassen sich in drei Arten unterscheiden:

Das **virtuelle Generalunternehmen:** Hierbei werden die Kompetenzen der Partner auf unterschiedlichen Stufen der Wertkette verteilt und ein Unternehmen tritt als Koordinator der Aktivitäten auf.

Das **virtuelle Verteilungsnetzwerk:** Hierbei handelt es sich um den Zusammenschluss bzw. die Kooperation von Partnern mit gleichen Kompetenzen, um eine schnelle Kapazitätsanpassung zu erreichen. Auch hier gibt es eine Koordinierungseinheit, die bei unterschiedlichen Interessen einen Ausgleich zwischen den Partnern anstrebt.

Das **virtuelle Unterstützungsnetzwerk:** Hierbei kooperieren Partner, die über komplementäre, also sich ergänzende Kompetenzen verfügen.

Es gibt zahlreiche Beispiele für virtuelle Unternehmen, insbesondere in der Softwareentwicklung sind diese vorzufinden. So ist z. B. das Betriebssystem Linux oder das Programm Samba für Druckerdienste entstanden. Am bekanntesten in diesem Zusammenhang ist wahrscheinlich Wikipedia, welches über eine virtuelle Zusammenarbeit im Rahmen einer Open Source Community entstand (vgl. Macharzina und Wolf 2018, S. 542 f.).

Fragen zu Kap. 7:

1. Welche Gründe sprechen für eine stärkere organisatorische Autonomie einer Tochtergesellschaft?
2. Inwiefern unterscheiden sich unspezifische, integrierte und differenzierte Strukturen voneinander?
3. Wann würden Sie einem international ausgerichteten Dienstleistungsunternehmen empfehlen, einen differenzierten Aufbau seiner Unternehmensstruktur vorzunehmen?
4. Welche Bedeutung haben Netzwerke für international agierende Dienstleistungsunternehmen?
5. Was verstehen Sie unter virtuellen Unternehmen? Welche unterschiedlichen Formen sind Ihnen bekannt?

Literatur

Barlett, C.A.; Ghoshal, S.: Managing Across Borders The Transnational Solution, Boston, 2002

Berndt, R.; Fantapie´ Altobelli, C.; Sander, M.: Internationales Marketing-Management, 5. Aufl., Berlin Heidelberg, 2016

Bruhn M.; Hadwich, K: Internationales Dienstleistungsmarketing, Strategien – Instrumente – Methoden, Stuttgart, 2016

Ehlert, J.: Leitfaden zur Planung von Auslandsexpansionen, Eine Analyse der relevanten Schlüsselfaktoren, o.J., in: Lichter, J. (Hrsg.): Handelsblatt Research Institute, o.J., https://www.handelsblatt.com/downloads/9035184/1/leitfaden-zur-planung-von-auslandsexpansionen.pdf, Stand: 24.02.2019

Gaitanides, M.: Prozessorganisation, 3. Aufl., München, 2012

Holtbrügge, D.; Welge; M.K.: Internationales Management, Theorien, Funktionen, Fallstudien, 6. Aufl., Stuttgart, 2015

Hünerberg, R.: Internationales Marketing, Landsberg/Lech, 1994

Kutschker, M; Schmid, S.: Internationales Management, 7. Aufl., München, 2011

Macharzina, K.; Wolf, J.: Unternehmensführung, Das internationale Managementwissen, Konzepte – Methoden – Praxis, 10 Aufl., 2018

Österle, M-J-: Organisation außenhandelorientierter Unternehmen, in: Zentes, J.; Morschett, D.; Schramm-Klein, H.: Außenhandel Marketingsstrategien und Marketingkonzepte, Wiesbaden 2004

Perlitz, M.; Schrank, R.: internationals Management, 6. Aufl., Konstanz, München, 2013

Sure, M.: Internationales Management, Grundlagen, Strategien, Konzepte, Wiesbaden, 2017

Digitalisierung 8

Lernziele:

Nach Lesen dieses Kapitels:

- kennen Sie einige Erscheinungsformen der Digitalisierung,
- kennen Sie die Inhalte der digitalen Wertschöpfung sowie die Einflüsse der Digitalisierung auf die Dienstleistungsbranche,
- kennen Sie den Einfluss der Digitalisierung auf das Verhältnis zwischen Mutter- und Tochterunternehmen,
- können Sie beurteilen, inwiefern die Digitalisierung das Kommunikationsverhalten im internationalen Geschäft beeinflusst.

Wie bereits im Zusammenhang mit virtuellen Unternehmen erwähnt, hat die Digitalisierung eine zunehmende Bedeutung für internationale Unternehmen. Was ist aber genau unter der Digitalisierung zu verstehen und welche Herausforderungen entstehen hierdurch für international ausgerichtete Unternehmen der Dienstleistungsbranche? Unter der Digitalisierung kann zum einen die Umwandlung von analogen Informationen in digitale Werte und Formate und zum anderen die Durchdringung aller Arbeits- und Lebensbereiche mit Informations- und Kommunikationstechnologien verstanden werden. Diese Technologien verändern Unternehmen derart, dass auch von disruptiven Technologien gesprochen wird. Disruptiv bedeutet stören oder unterbrechen und meint mit Bezug zur Digitalisierung, dass diese die bestehenden Technologien stören bzw. unterbrechen, wobei die Disruption nach Thönnessen nicht unbedingt einen radikalen Charakter haben muss. Disruption bedeutet auch, dass neue Gedanken und Technologien derart zusammengeführt werden, dass dadurch etwas Neues entsteht.

Kennzeichen der **Disruption** ist, dass Bestehendes bedroht oder abgelöst wird (vgl. Thönnessen 2020, S. 27 ff.).

Kennzeichen der Digitalisierung sind u. a. global vernetzte Systeme, die Selbststeuerung sowie Kommunikation von Maschinen untereinander, aber auch mit Lieferanten, Kunden und anderen Systemen. **Künstliche Intelligenz** (KI), **Internet of Things** und die damit verbundenen Schnittstellen zwischen realer und digitaler Welt oder der neue Mobilfunkstandard 5.0 befeuern die rasante Entwicklung der Digitalisierung und sorgen gleichzeitig dafür, dass immense Datenmengen erhoben und verwertet werden. Diese Daten dienen nicht nur dazu – wie oft befürchtet –, den gläsernen und gut manipulierbaren Menschen zu schaffen, sondern ermöglichen es auch Abläufe für Industrie- und Dienstleistungsunternehmen zu optimieren, indem z. B. **digitale Zwillinge** zur Planung und Simulierung der Ablaufoptimierung geschaffen werden. Digitale Zwillinge stellen Abbildungen von realen Prozessen dar, wie z. B. Produktionsabläufe oder Transportketten. Durch diese Simulationen lassen sich Fehler leichter entdecken und Optimierungsmaßnahmen virtuell testen. Das Sammeln und Auswerten der Daten sind Dienstleistungen, die von den großen Datenunternehmen, wie Google oder Facebook, betrieben werden. Die Nutzbarmachung dieser Daten erfolgt mit Hilfe von Data Science und durch den Einsatz von Künstlicher Intelligenz (KI). So ist z. B. ein Spediteur dadurch in der Lage, Transportwege in Echtzeit zu kontrollieren und zu optimieren (vgl. Ravling 2019). Daten sind somit ein wichtiger Rohstoff der Wirtschaft, das sogenannte „neue Öl", wobei diese im Vergleich zum Öl nicht verbraucht, sondern mehrfach und für unterschiedliche Zwecke gebraucht werden können. Der Wert des Datenmaterials in den USA betrug z. B. 2016 ca. 130 Mrd. EUR (vgl. Rusche 2018).

Die Digitalisierung führt zu neuen Erscheinungsformen in der Industrie. Es werden immer mehr Vorprodukte und Bauteile eigenständig durch 3-D-Druck hergestellt werden können. Dadurch wird die Geschäftsgrundlage vieler Lieferanten verändert. Neue Geschäftsmodelle, die die Sammlung, Aufbereitung und Auswertung der Daten für Unternehmen zum Ziel haben, werden entstehen.

Die Bedeutung der Dienstleistungen mit Datenbezug wird immer wichtiger. Waren in der Vergangenheit Dienstleistungskomponenten als Ergänzung zu Produkten oft auf Service- und Wartungsleistungen beschränkt, wird die Datendienstleistung als unabdingbarer Bestandteil eines Produktes immer wichtiger. Unternehmen, die diese Daten auswerten und Algorithmen entwickeln, um Muster zu erkennen und Prognosen abgeben zu können, werden immer bedeutungsvoller für den Unternehmenserfolg. Diese Entwicklung betrifft alle Branchen und Funktionen im Unternehmen. Das bedeutet wiederum, dass alte Berufsbilder verschwinden und neue entstehen können. Insbesondere das Substituierbarkeitspotenzial in den Dienstleistungsbranchen ist hoch.

Prognosen gehen davon aus, dass in den kommenden Jahrzenten teilweise mehr als die Hälfte der Arbeitsplätze in China, in den USA und in Deutschland bedroht sind (vgl. Matzler et al. 2016, S. 14). Diese Tendenz wird aller Voraussicht nach im Zuge der Weiterentwicklung der Einsatzgebiete der KI zunehmen (vgl. PWC o. J.). Länder wie China, in denen Datenschutzbestimmungen eine andere Rolle spielen als in Europa, sind diesbezüglich einige Schritte weiter. So nutzt das Guangzhou Krankenhaus in

China einen mit KI ausgestatteten Roboter mit dem Namen Xiaoyi. Dieser Roboter hat eine medizinische Zulassungsprüfung bestanden. Mithilfe der App **WeChat** werden Patientendaten erhoben, die nicht nur eine Gesichtserkennung der Patienten beinhalten, sondern es werden auch CT-Scans gesammelt, Diagnosen abgegeben und Behandlungen vorgeschlagen (vgl. Galeon 2017; Huang 2018; Lauterbach 2019).

8.1 Die Digitalisierung in der Dienstleistungsbranche

Die durch die Digitalisierung hervorgerufenen Geschäftsmodelle entwickeln sich immer schneller. Neue Formen der digitalen Wertschöpfung entstehen. Die bislang entstandenen Geschäftsmodelle generieren ihre Erlöse direkt, indem der Nutzer Gebühren für die Nutzung bestimmter Inhalte zahlt, wie z. B. die Filmportale Netflix und Maxdome oder die Wirtschaftsdatenbank Genios. Erlöse können aber auch indirekt erzielt werden, indem Inhalte zwar kostenlos zur Verfügung gestellt werden, diese aber durch Werbebanner und Verlinkungen auf andere Seiten finanziert werden und damit indirekt Erlöse entstehen. Es lassen sich verschiedene Geschäftsmodelle unterscheiden, die in Tab. 8.1 dargestellt sind.

Diese Modelle berücksichtigen nicht diejenigen Geschäftsmodelle, die im Zusammenhang mit der Generierung von Daten über die Verwendung von Produkten entstehen. Die generierten Daten ermöglichen eine neue Form der digitalen Wertschöpfung, in deren Fokus nicht mehr das Produkt, sondern die durch das Produkt generierten Daten stehen. Die Erfassung und Auswertung der Daten wiederum rückt die Bedeutung der damit verbundenen Dienstleistungen in den Vordergrund.

Wie bereits unter Abschn. 4.1 dargestellt, hängen Dienstleistungen oft mit Produkten zusammen. Dienstleistungen können einen bestimmten Sachgutanteil aufweisen, wie z. B. das Flugzeug bei einer Flugreise. Produkte sind zudem auch oftmals mit Dienstleistungskomponenten verbunden, wie z. B. die Inspektion bei einem Pkw oder die regelmäßige Wartung einer Maschine oder Anlage. Diese Dienstleistungskomponenten betreffen nicht alle Produkte, wie z. B. Zahnpasta. Die Digitalisierung führt dazu, dass immer mehr Produkte mit smarter Technologie ausgestattet werden (Internet of Things). Diese Technologien generieren Daten, die erhoben und ausgewertet werden, um daraus nicht nur Schlussfolgerungen für das vermarktende Unternehmen, sondern auch für den Kunden abzuleiten. Beispielsweise können Smart Watches nach einer Studie von Wissenschaftlern des Deutschen Zentrums für Herz-Kreislauf-Forschung (DZHK) an der Universität Greifswald und Wissenschaftlern des Universitätsspitals Basel Herzrhythmusstörungen, wie Vorhofflimmern, entdecken. Das frühzeitige Erkennen dieser Störung kann dann dazu genutzt werden, um rechtzeitig Blutgerinnungshemmer einzunehmen (vgl. DZHK 2019).

Anhand dieses Beispiels zeigt sich, dass das Produkt Mittel zum Zweck ist und die Dienstleistung medizinische Diagnose und Behandlung in den Vordergrund gerückt wird. Medizinische Leistungen von Ärzten und Pflegepersonal können dank smarter Technologien unabhängig von Raum und Zeit am Patienten angewandt werden. Digitale Diagnosetools, medizinische **Chatbots** und patientenunterstützende Netzwerke können zu erheblichen Einsparungspotenzialen im Gesundheitswesen führen (vgl. Hehner

Tab. 8.1 Erlösmodelle

Geschäfts-modelle	Commerce	Content	Connection	Context	Coordination
Inhalte	Geschäftsanbahnung und Verhandlung, Abwicklung von Geschäften. In diesem Zusammenhang werden oft folgende Begriffe verwendet: **E-Attraction, E-Bargaining, E-Negotiation, Service Broker, E-Transactions und E-Tailing**	Bereitstellung Inhalten wie Entertainment, Infotainment und Bildung	Informationsaustausch in Netzwerken. Insbesondere soziale Netzwerke und Mailing Services werden hierfür genutzt. Der Informationsaustausch kann technisch, kommerziell oder kommunikativ sein. In diesem Zusammenhang wird oft folgender Begriff verwendet: **soziale Netzwerke**	Informationen im Internet werden klassifiziert und systematisiert ⇒ Unterstützung beim Auffinden von Inhalten über Suchmaschinen und Webbrowser	Unterstützt das Arbeiten in Teams durch Programme, die u.a. Terminfindung und Teamwork unterstützen. Diese basieren meistens auf Cloud-gestützte Technologien. In diesem Zusammenhang werden oft folgende Begriffe verwendet: **Scheduling, Teamwork, Supportive Collaboration**
Erlösmodell	direkt und indirekt	direkt und indirekt	direkt und indirekt	direkt und indirekt	direkt und indirekt
Beispiele	Amazon, Ebay	Genios. Maxdome, Netflix,	Gmail, GMX Xing, Facebook	Yahoo, Lycos, Mozilla	Doodle, Evernote

(Quelle: In Anlehnung an: Marcharzina und Wolf 2018, S. 1044 ff.; Ruoss 2015)

et al. 2018, S. 4 ff.). Diese Technologien ermöglichen auch, dass der Dienstleister Arzt seine Patienten unabhängig von Raum und Zeit betreuen und behandeln kann. Damit erleichtert diese Technologie die Internationalisierung der medizinischen Dienstleistung, indem einerseits bestimmte medizinische Diagnosen und Behandlungen mithilfe der o. g. Technologien auf die Patienten übertragen werden und andererseits das medizinische Personal Ferndiagnosen und Fernbehandlungen bzw. Therapien durchführen kann.

Dieses Beispiel zeigt, dass die digitale Wertschöpfung dazu führt, dass die Dienstleistung der Datenerhebung, -verarbeitung und -auswertung in den Vordergrund gerückt wird und das Produkt sich zu einem Medium der Generierung von Daten entwickelt. Damit wird das Produktdatenmanagement immer wichtiger und entwickelt sich somit zum entscheidenden Wettbewerbsvorteil (vgl. Ad Agents 2019; Michel 2018). So gelten als Erfolgsfaktoren digitaler Geschäftsmodelle die zunehmende Vernetzung mit Kunden und Partnern, das Angebot von Lösungen und Systemen statt Produkten sowie der Ausbau von Serviceleistungen für den Kunden. Damit geht es bei digitalen Geschäftsmodellen nicht mehr nur um Produkte, sondern um Lösungen, die sich aus Produkten und Dienstleistungen zusammensetzen (vgl. Büllingen 2017, S. 4–6). Beispielsweise bietet das Unternehmen LM Solutions Group AG in Lübeck eine OnlinePlattform für freie Druckressourcen an. So gehört zum Angebot der Firma das selektive Laserschmelzen für den 3-D-Druck von metallischen Bauteilen. Mit der geschaffenen Online-Plattform hat das Unternehmen die Auslastung seiner 3D-Drucker verbessern und ein neues Geschäftsmodell entwickeln können (vgl. Albers 2017, S. 16–18).

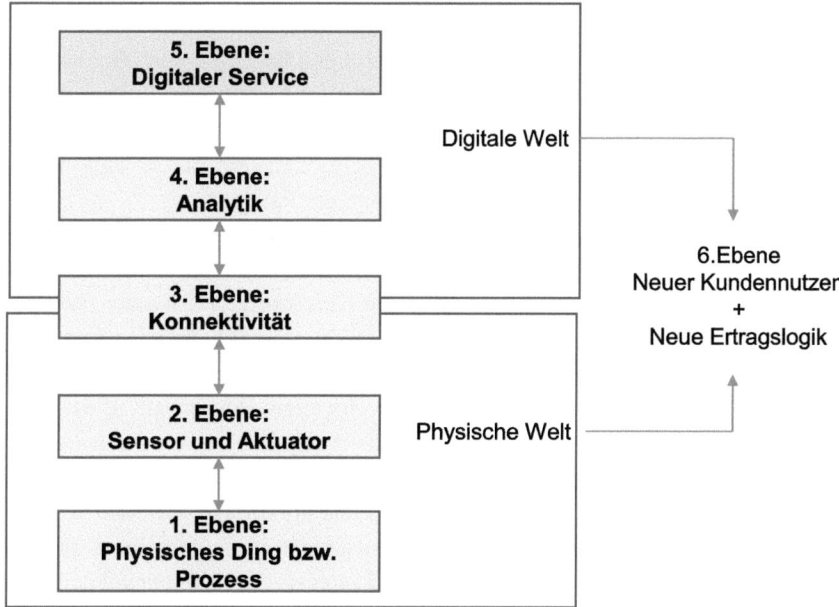

Abb. 8.1 Stufen der digitalen Wertschöpfung. (Quelle: Matzler et al. 2016, S. 23)

Abb. 8.1 verdeutlicht die Stufen der digitalen Wertschöpfung, die zu neuen Geschäftsmodellen führen können. Es wird die physische mit der digitalen Welt verbunden und Daten werden generiert, die notwendig sind, um digitale Dienstleistungen anzubieten und um zu einer **digitalen Wertschöpfung** zu kommen.

Beispielsweise kann eine Waschmaschine (1. Ebene) mit IP-fähigen Sensoren (2. Ebene) ausgestattet werden. Damit kann diese mit anderen Objekten kommunizieren und Daten austauschen (3. Ebene). Diese Daten werden von den Anbietern, der mit Sensoren ausgestatteten Produkte ausgewertet (4. Ebene). So kann je nach Haushalt der Verbrauch der Geräte geregelt werden, indem a.) die Daten der Konsumgewohnheiten der Bewohner, b.) die Netzauslastung durch andere Geräte, die miteinander kommunizieren, und c.) die Zeiten günstiger Stromtarife so analysiert werden, dass anschließend der Verbrauch der Geräte gesteuert werden kann. Damit bieten Unternehmen nicht mehr nur das Produkt an, sondern auch digitale Dienstleistungen (5. Ebene). Dadurch werden ein neuer Kundennutzen und eine neue Ertragslogik generiert, die zu einem neuen Geschäftsmodell führen (6. Ebene) (vgl. Matzler et al. 2016, S. 23–24).

8.2 Die Digitalisierung und Internationalisierung

Die Digitalisierung, die wie bereits erwähnt eine disruptive Technologie mit drastischen Veränderungen darstellt, verändert Unternehmen in vielerlei Hinsicht. Die Vernichtung von Arbeitsplätzen und Unternehmen ist eine der drastischen Veränderungen, die prognostiziert werden. So besagen Studien, dass 40 % der 500 umsatzstärksten US-Unternehmen innerhalb von zehn Jahren infolge der digitalen Disruption nicht mehr existieren werden (vgl. Rossi 2019). Die Veränderungen betreffen nach Schwaferts auch die Unternehmensgröße, die es zu hinterfragen gilt (vgl. Schwafert 2020, S. 10). Kleine agile Unternehmen können sich den Herausforderungen der Digitalisierung und Internationalisierung besser entgegenstellen, als es bei großen und durch langwierige Entscheidungsprozesse gekennzeichneten Unternehmen der Fall ist.

Die Digitalisierung begünstigt die Entwicklung zu einer größeren Flexibilität und Agilität durch eine Standardisierung in der Kommunikation und Kollaboration. So können z. B. bestimmte Geschäftsprozesse in eine Cloud verlagert werden, wie z. B. die Gehaltsabrechnung oder das Marketing. In diesem Zusammenhang wird von „Business Process as a Service" (BPaaS) gesprochen. Dadurch lassen sich nicht nur Kosten sparen, sondern BPaaS ermöglicht auch den weltweiten Zugriff auf diese Prozesse. Damit trägt diese Technologie zu einer Standardisierung und besseren Zusammenarbeit in den Abstimmungsprozessen zwischen Mutter- und Tochterunternehmen bei und das unabhängig vom Standort dieser Unternehmen. Abstimmungen zwischen Mutterunternehmen im Inland und Tochterunternehmen im Ausland werden erleichtert. Es lässt sich eine einheitliche Unternehmenspolitik über die Landesgrenzen hinweg leichter durchsetzen. Indem das Mutterunternehmen die Datenhoheit besitzt, entsteht eine digitale Abhängigkeit vom Mutterunternehmen, über die eine einheitliche Unternehmenspolitik im In- und Ausland leichter umgesetzt werden kann (vgl. Schwafert 2020, S. 10). Das

Cloud Computing erfreut sich bei immer mehr deutschen Unternehmen zunehmender Beliebtheit. So gaben im Rahmen der Bitkom-Studie aus dem Jahre 2019 von den im Jahre 2018 befragten Unternehmen an, dass drei von vier Unternehmen Cloud-Dienste nutzen. Im Rahmen dieser Studie wurden 553 Unternehmen befragt. Im Vergleich mit vergangenen Studien zeigt sich, dass die Beliebtheit von Cloud Computing in den Unternehmen zunimmt (vgl. Pols und Vogel 2019, S. 2). Das Cloud Computing lässt sich in zwei Erscheinungsformen unterteilen (vgl. Pols und Vogel 2017, S. 7–10):

a) **Private Cloud:** Diese lässt sich in vier unterschiedliche Typen unterscheiden:
   - **Interne Private Cloud**: Die interne IT wird nach dem Cloud-Prinzip aufgebaut. Die Infrastruktur und die Daten bleiben im Unternehmen.
   - **Managed Private Cloud**: Ein externer Dienstleister betreibt die Cloud für das Unternehmen. Die Infrastruktur bleibt auch bei dieser Lösung im Unternehmen.
   - **Hosted Private Cloud**: Hier verhält es sich ähnlich wie bei der Managed Private Cloud mit dem Unterschied, dass sich die Infrastruktur nicht mehr im Unternehmen befindet, sondern im Rechenzentrum des Outsourcing- Anbieters.
   - **Community Cloud**: Die Nutzung dieser Cloud beschränkt sich auf wenige Unternehmen einer Branche.
b) **Public Cloud:** Diese lässt sich auch nach vier unterschiedlichen Typen unterscheiden:
   - **Software as a Service** (SaaS): Hierbei handelt es sich um Anwendungen wie z. B. die Office-Programme oder Mail- und Kalendertools.
   - **Infrastructure as a Service** (IaaS): Diese Cloud bietet Rechenleistung und Datenspeicher.
   - **Business Process as a Service** (BPaaS): Mithilfe dieser Cloud werden Geschäftsprozesse, wie z. B. die Gehaltsabrechnung ausgelagert.
   - **Platform as a Service** (PaaS): Diese Plattform ist für Entwickler von Anwendungen im Internet gedacht.

In der Bikom-Studie aus dem Jahre 2019 zeigt sich, dass die E-Commerce-Anwendungen beim Cloud Computing überwiegen, gefolgt von Industrie 4.0 und Internet of Things-Anwendungen sowie Data-Management-Plattformen zur Speicherung von Rohdaten. Künstliche Intelligenz- und Blockchain-Anwendungen dagegen kommen kaum zur Anwendung (vgl. Pols und Vogel 2019, S. 4).

Die oben beschriebenen Anwendungen sind über die Cloud weder an Raum noch Zeit gebunden und erleichtern damit die Internationalisierung von Unternehmen – die digitale Welt kennt keine Grenzen.

8.3 Einfluss der Digitalisierung auf das Kommunikationsverhalten im internationalen Geschäft

Nach Hall lassen sich Kulturen in High-Context und Low-Context-Kulturen unterscheiden (vgl. Abschn. 10.2.1). In High-Context Kulturen spielt das Beziehungsgeflecht zur sozialen Umwelt eine große Rolle. Die Kommunikation erfolgt implizit und ist in den

Kontext der sozialen Umgebung eingebettet, was dazu führt, dass Informationen auch durch diesen Kontext aufgenommen werden. Dies zu erkennen, fällt Menschen aus einer Low-Context-Kultur schwer. In einer Low-Context-Kultur ist die Kommunikation explizit und die Beziehungen spielen eine geringere Rolle als in einer High-Context-Kultur. Es ist nicht nötig, zwischen den Zeilen lesen zu können. Was explizit kommuniziert wird, ist in der Regel auch so gemeint. Zu den High-Context-Kulturen zählen nach Hall arabische Länder und der asiatische Kulturraum, während Länder wie die USA oder Nordeuropa zu den Low-Context-Kulturen gehören (vgl. Hall und Hall 1990, S. 6–8). In Managementtrainings wird immer wieder auf diese Unterschiede hingewiesen und von der Schwierigkeit gesprochen, sich als Mitglied einer Low-Context-Kultur in einer High-Context-Kultur in Kommunikationssituationen zurechtzufinden. High-Context-Kulturen werden von Mitgliedern einer Low-Context-Kultur oft als diffus und ungenau empfunden (vgl. Scheitza und Leenen 2018, S. 14). Es stellt sich allerdings die Frage, ob sich im Zeitalter der intensiven Nutzung sozialer Medien in der Kommunikation nicht eine standardisierte Form der Kommunikation einstellen wird. Die Nutzung von Kommunikationsmedien, wie z. B. WhatsApp führt oft zum Gebrauch von Abkürzungen und Emojis, die sich auch im E-Mail-Verkehr wiederfinden. Dies führt zu der Vermutung, dass die Kommunikation schneller und expliziter wird und High-Context-Elemente, wie z. B. ein langer einführender Smalltalk, immer unbedeutender werden. Auch in High-Context-Ländern wie China, in denen WhatsApp verboten ist, sind solche Formen der Kommunikation auf allen Gesellschaftsebenen zu finden. In China erfreut sich die Kommunikations-App „WeChat" einer sehr großen Beliebtheit: Diese App wird auch von europäischen Expatriates in China genutzt (vgl. Orange 2018; Experteninterview 2019/2020). Allerdings hat eine Befragung unter Expatriates aus Industrie und Dienstleistung ergeben, dass die Face-to-Face- Kommunikation und die Berücksichtigung von High-Context-Elementen in High-Context-Kulturen immer noch wichtig für die Anbahnung von Geschäftsbeziehungen, das Netzwerkmanagement und Geschäftsverhandlungen sind (vgl. Experteninterview 2019/2020).

Die Nutzung sozialer Medien nimmt an Bedeutung zu und beeinflusst zunehmend die Kommunikation und Kollaboration innerhalb und außerhalb der Unternehmen. Unternehmen nutzen Soziale Medien aber nicht nur für die Kommunikation. Abb. 8.2 zeigt eine Übersicht über mögliche unternehmensbezogene Einsatzfelder sozialer Netzwerke (vgl. dazu weiterführend Perlitz und Schrank 2013. S. 411 ff.).

Unternehmen können über soziale Netzwerke weltweit präsent sein und versuchen, die Kundenmentalität durch entsprechende Kampagnen zu steuern. Kulturelle Distanzen können leichter überbrückt werden, insbesondere dann, wenn die diesbezügliche Zielgruppen-Community die gleiche Sprache nutzt. Viele Webseiten sozialer Medien bieten neben der nationalen Sprache auch Versionen der eigenen Webseite in der englischen Sprache an. Trotz der Vorteile, die mit der Nutzung sozialer Medien verbunden sind, sollten die damit verbundenen Gefahren, wie z. B. Massenkritik in Form von „Shitstorms" etc. nicht unterschätzt werden (vgl. dazu Abschn. 6.2.4.2). Die verschiedenen Ebenen der Kommunikation im internationalen Geschäft können nicht alleine

8.3 Einfluss der Digitalisierung auf das Kommunikationsverhalten …

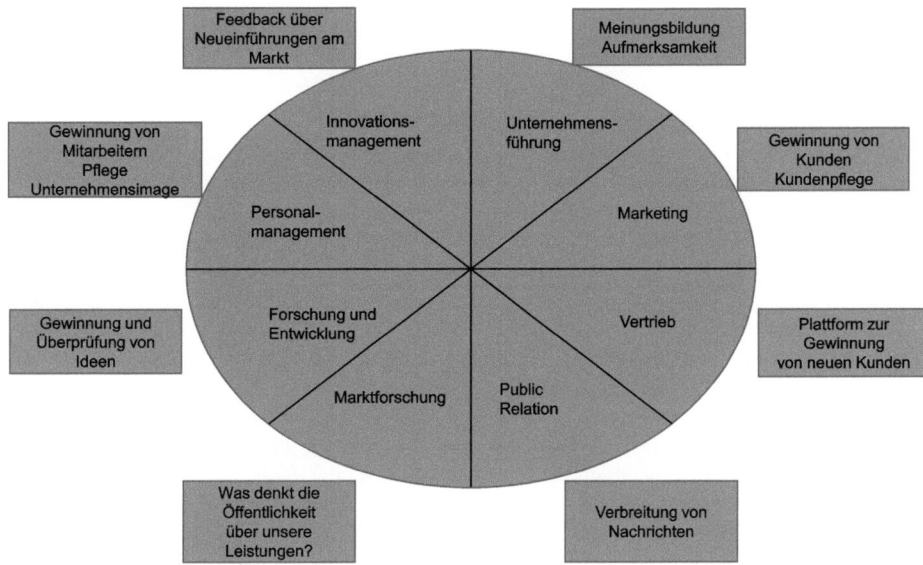

Abb. 8.2 Einsatzfelder sozialer Medien. (Quelle: Perlitz und Schrank 2013. S. 411

über die verfügbaren digitalen Medien bewerkstelligt werden. Insbesondere, wenn es um die Anbahnung einer Geschäftsbeziehung mit Kunden im BtoB-Bereich oder mit Kooperationspartnern im Gastland geht, ist die Face-to-Face Kommunikation nicht zu ersetzen. An dieser Stelle spielen die Mitarbeiter des Dienstleistungsunternehmens die entscheidende Rolle. Wie gut sind diese auf den Auslandseinsatz vorbereitet worden? Wie ist deren Motivation, ins Ausland zu gehen, und welche persönlichen Voraussetzungen müssen sie für den Auslandseinsatz mitbringen? Dies sind nur einige Fragen, die sich im Zusammenhang mit der Tätigkeit von Mitarbeitern aus dem Heimatland im Gastland ergeben. Diese und weitere Fragen, die sich auf der personalwirtschaftlichen Ebene im Zusammenhang mit der Internationalisierung von Dienstleistungsbetrieben ergeben, werden im folgenden Kapitel erörtert.

Fragen zu Kap. 8:

1. Worin sehen Sie die Bedeutung von Dienstleistungen mit Datenbezug?
2. Welche Erlösmodelle kennen Sie?
3. Was verstehen Sie unter der digitalen Wertschöpfung?
4. Verändert Ihrer Meinung nach die Digitalisierung das Verhältnis von Mutter- und Tochtergesellschaft?
5. Vermuten Sie, dass die Kommunikation sich aufgrund der Digitalisierung zukünftig global verändern wird?

Literatur

Ad Agents: Produktdatenmanagement im E-Commerce, 10.07.2019, https://www.ad-agents.com/produktdaten-management-ecommerce/, Stand: 05.12.2019

Albers, A.: Im Fokus I, Maschinenbauer erobert 3D-Druckressourcen-Handel, So entwickelt man neue digitale Geschäftsmodelle, in: Bundesministerium für Wirtschaft und Energie, BMWI (Hrsg.) Themenheft Digitale Geschäftsmodelle, Frankfurt am Main 2017, S. 16–18, https://www.bmwi.de/Redaktion/DE/Publikationen/Mittelstand/mittelstand-digital-digitale-geschaeftsmodelle.pdf?__blob=publicationFile&v=16, Stand: 05.12.2019

Büllingen, F.: Digitale Geschäfts-Modelle, in: Bundesministerium für Wirtschaft und Energie, BMWI (Hrsg.) Themenheft Digitale Geschäftsmodelle, Frankfurt am Main, 2017, S. 4–7, https://www.bmwi.de/Redaktion/DE/Publikationen/Mittelstand/mittelstand-digital-digitale-geschaeftsmodelle.pdf?__blob=publicationFile&v=16, Stand: 05.12.2019

DZHK: Vorhofflimmern rechtzeitig erkennen dank smartwatch, Pressemitteilung des Deutschen Zentrums für Herz-Kreislauf- Forschung e.V., 12.03.2019, https://dzhk.de/aktuelles/news/artikel/vorhofflimmern-rechtzeitig-erkennen-dank-smartwatch/, Stand: 01.12.2019

Experteninterviews: Experteninterviews zum Einfluss der Globalisierung und Digitalisierung auf das kulturelle Selbstverständnis von Expatriates, durchgeführt am Institut für Logistikmanagement der Karl Scharfenberg Fakultät der Ostfalia HAW im Wintersemester 2019/2020

Galeon, D.: For the First Time, a Robot Passed a Medical Licensing Exam, 20.11.2017, https://futurism.com/first-time-robot-passed-medical-licensing-exam, Stand: 28.11.2019

Hall, E.T.: Hall. M.R.: Understanding Cultural Differences, Germans, French and Americans, Boston, London, 1990

Hehner, S.; Biesdorf, S.; Möller, M.: Digitalisierung im Gesundheitswesen: die Chancen für Deutschland, in: Digital McKinsey, 10/2018, http://www.healthcare.mckinsey.com/sites/default/files/Healthcare%20Economic%20Model%20Germany%20-%20Whitepaper%20lang%20de.pdf, Stand: 01.12.2019

Huang, E.: This Chinese hospital is putting its patients in the hands of AI, in: World Economic Forum/Quartz, 06.04.2018, https://www.weforum.org/agenda/2018/04/a-chinese-hospital-is-betting-big-on-artificial-intelligence-to-treat-patients, Stand: 28.11.2019

Lauterbach, A.: KI in der Medizin bietet große Chancen – was fehlt, sind die Daten, in: Wirtschaftswoche, 15.10.2019, https://www.wiwo.de/erfolg/management/fuehrungswechsel-ki-in-der-medizin-bietet-grosse-chancen-was-fehlt-sind-die-daten/25117568.html, Stand: 28.11.2019

Matzler, K.; Bailom, F.; von den Eichen, S.F.; Anschober, M.: Digital Disruption. Wie Sie Ihr Unternehmen auf das digitale Zeitalter vorbereiten, München, 2016

Michel, S.: Daten und Informationen zukünftig wichtiger als Produkte, 21.11.2018, https://www.maschinenmarkt.vogel.de/daten-und-informationen-zukuenftig-wichtiger-als-produkte-a-777953/, Stand: 05.12.2019

Orange by Handelsblatt, 24.04.2018, https://orange.handelsblatt.com/artikel/43605, Stand: 04.12.2019

Perlitz, M.; Schrank, R.: internationals Management, 6. Aufl., Konstanz, München, 2013

Pols, A.; Vogel, M.: Cloud Monitor 2017: Eine Studie von Bitkom Research im Auftrag von KPMG –Pressekonferenz, 14.03.2017, https://www.bitkom.org/sites/default/files/pdf/Presse/Anhaenge-an-PIs/2017/03-Maerz/Bitkom-KPMG-Charts-PK-Cloud-Monitor-14032017.pdf, Stand: 05.12.2019

Pols, A.; Vogel, M.: Cloud Monitor 2019: Eine Studie von Bitkom Research im Auftrag von KPMG –Pressekonferenz, 18.03.2019, https://www.bitkom.org/sites/default/files/2019-06/bitkom_kpmg_pk_charts_cloud_monitor_18_06_2019.pdf, Stand 05.12.2019

Ravling, J.: Was ist Industrie 4.0? Die Definition von Digitalisierung, in: Wirtschaftsförderung Bremen, WFB, 20.09.2019, https://www.wfb-bremen.de/de/page/stories/digitalisierung-industrie40/was-ist-industrie-40-eine-kurze-erklaerung, Stand: 01.12.2019

Rossi, B.: Digital disruption will wipe out 40 % of Fortune 500 firms in next 10 years, say c-suite execs, 17.02.2017, https://www.information-age.com/65-c-suite-execs-believe-four-ten-fortune-500-firms-wontexist-10-years-123464546/Stand: 06.12. 2019

Ruoss, S.: Die fünf Geschäftsmodelltypen in der digitalen Welt: Content, Commerce, Context, Connection und Coordination, 21.06.2015, https://svenruoss.ch/2015/06/21/teil-7-die-funf-geschafts-modelltypen-in-der-digitalen-welt-content-commerce-context-connection-und-coordination/, Stand: 10.12.2019

Rusche, Ch.: Datenhandel Sind Daten das neue Öl?, in: Institut der Deutschen Wirtschaft Köln, IW, 09.05.2018, https://www.iwkoeln.de/presse/in-den-medien/beitrag/christian-rusche-sind-daten-das-neue-oel.html, Stand: 01.12.2018

Schwafert, D.: Digital Business Development – Die Agilität des digitalen Zeitalters managen, in: Gatziu-Grivas, S. (Hrsg.): Digital Business Development, Die Auswirkungen der Digitalisierung auf Geschäftsmodelle und Märkte, Berlin, 2020, S.5–25

Thönnessen, F.: Start-ups und Unternehmen im Zeitalter der digitalen Disruption, in: Gatziu-Grivas, S. (Hrsg.): Digital Business Development, Die Auswirkungen der Digitalisierung auf Geschäftsmodelle und Märkte, Berlin, 2020, S.27–52

Internationales Personalmanagement in Dienstleistungsunternehmen

9

> **Lernziele:**
>
> Nach Lesen dieses Kapitels kennen Sie:
>
> - die Kernaufgaben des Internationalen Personalmanagements,
> - die unterschiedlichen Personalherausforderungen, die sich jeweils bei den Gastlandmitarbeitern und Expatriates ergeben,
> - die besonderen Herausforderungen, mit denen Expatriates konfrontiert werden können, von der Vorbereitung bis zur Reintegration,
> - die verschiedenen Expatriatetypen und deren Bedeutung für die Generierung eines Internationalisierungs-Know-hows.

Das **Personalmanagement** in Dienstleistungsunternehmen nimmt eine besondere Rolle ein, da sich das Personal wie bereits erwähnt als Element des Marketing-Mix im direkten Kontakt mit den Kunden befindet. Es sorgt für die Integration des Kunden in den Leistungsprozess. Mitarbeiter eines Dienstleistungsunternehmens fungieren als Instrument der Materialisierung der immateriellen Dienstleistung. Sie können damit als ein Indikator für eine potenzielle Qualität, nach der der Kunde sucht, wahrgenommen werden (vgl. Abschn. 4.2). Im Zusammenhang damit ist die Bedeutung des Personalmanagements für den Erfolg eines Unternehmens nicht zu unterschätzen. So sieht Hill das Personalmanagement in der Verantwortung, die Gestaltung der Organisationsarchitektur eines Unternehmens zu beeinflussen. Das Personalmanagement hat in diesem Zusammenhang die Aufgabe, das Personal so zu gestalten und zu führen, dass die Organisationsarchitektur konsistent zur Unternehmensstrategie gestaltet wird. Wie aus

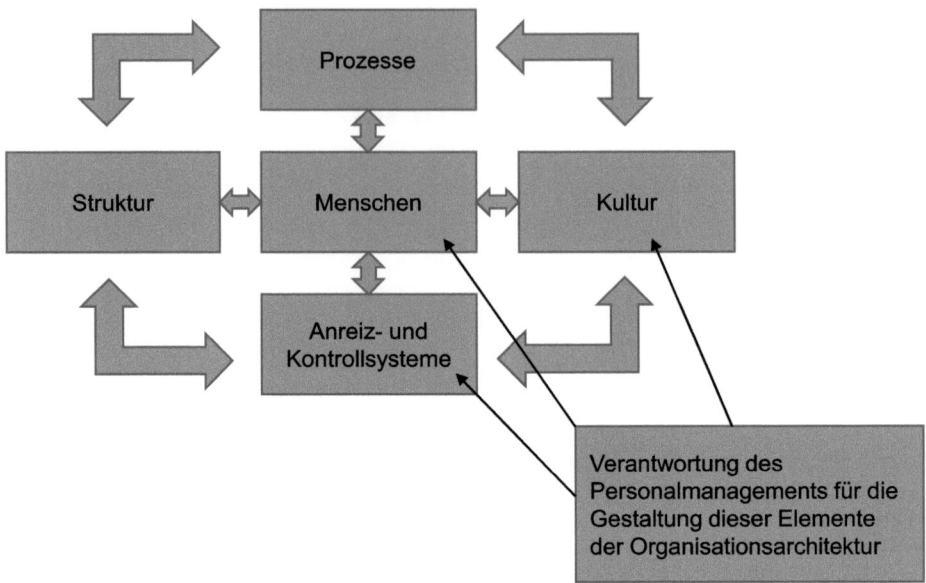

Abb. 9.1 Die Bedeutung des Personalmanagements für die Organisationsarchitektur. (Quelle: In Anlehnung an Hill 2014, S. 571)

der Abb. 9.1 ersichtlich, besteht die Organisationsarchitektur aus der Aufbaustruktur, dem Anreiz- und Kontrollsystem, der Organisationskultur, den Prozessen und den Menschen bzw. Mitarbeitern (vgl. Hill 2014, S. 411).

Das Personalmanagement mit seinen Funktionen beeinflusst alle Elemente der Organisationsarchitektur und hat im Hinblick auf die Internationalisierung von Dienstleistungsunternehmen eine Gestaltungsaufgabe. Diese muss unter Berücksichtigung der Unternehmensstrategie erfolgen. Besonders deutlich wird dies, wenn die Personalmanagementstrategie im Hinblick auf die internationale Ausrichtung des Unternehmens festgelegt wird. Wie bereits in Abschn. 3.2 dargestellt, wird das Denk- und Handlungsmuster des Managements nach Perlmutter (1969) von vier Grundorientierungen beeinflusst. Diese korrespondieren in den Grundsätzen mit den internationalen Personalmanagementstrategien, wie in Tab. 9.1 ersichtlich. So orientieren sich die internationale Personalmanagementstrategie am Mutterunternehmen und die multinationale Personalmanagementstrategie an den Bedingungen des jeweiligen Gastlands. Die globale Strategie geht von einer weltweiten Orientierung und damit auch von einer einheitlichen standardisierten Personalpolitik für alle Zielmärkte aus. Die transnationale Personalmanagementstrategie dagegen berücksichtigt sowohl die Vorteile der Globalisierung als auch die der Lokalisierung (vgl. Holtbrügge und Welge 2015, S. 353–356). Tab. 9.1 verdeutlicht die idealtypischen Gestaltungsalternativen des Personalmanagements in Multinationalen Unternehmungen.

Tab. 9.1 Idealtypische Gestaltungsalternativen des Personalmanagement in Multinationalen Unternehmungen

Personalmanagement-strategie Merkmale	International	Multinational	Global	Transnational
Unternehmenskultur	Ethnozentrisch	Polyzentrisch	Geozentrisch	Synergetisch
Nationalität der Führungskräfte	Inländer	Gastlandangehörige und wenige Inländer	Inländer und im Inland ausgebildete Gastlandangehörige	Ohne Bedeutung (beyond passport)
Entsendungsziele	Know-how-Transfer, Kompensation fehlender inländischer Führungskräfte	Kontrolle, Schutz vor ungewollter Know-how-Diffusion	Weltweite Koordination	Weltweite Koordination, Integration, Personal- und Organisationsentwicklung
Anforderungsmerkmale	Technische und kaufmännische Kenntnisse, ausreichende Englischkenntnisse	Kulturelle Sensibilität für das Gastland und Kenntnis der Gastlandsprache	Offenheit für fremde Kulturen, Durchsetzungsvermögen, sehr gute Englischkenntnisse	Interkulturelle Flexibilität, umfangreiche Auslandserfahrung, Kenntnis mehrerer Sprachen
Anforderungen an die Mobilität	Ohne große Bedeutung	Bereitschaft zu längeren Auslandsaufenthalten	Bereitschaft zu häufigen Auslandsreisen	Bereitschaft zu längeren Auslandsaufenthalten und häufigen Ortswechseln
Führungskräfte-Typ	Funktionsspezialisten	Gastlandspezialisten	One-World-Manager	Transnationale Grenzgänger
Vorbereitung	Keine	Kurz und landesspezifisch	Kurz und landesübergreifend	Kontinuierlich und landesübergreifend
Entgeltgestaltung	Stammhausorientiert	Gastlandorientiert	Unternehmungseinheitliche Regelung	Gesamtunternehmungsorientiert (hybrid)
Reintegration	Teilweise schwierig	Sehr schwierig	Weniger schwierig	Professionally easy
Bedeutung für die Karriere	Negativ	Eher hinderlich	Wichtig für Top-Positionen	Essenziell

(Quelle: Holtbrügge und Welge 2015, S. 354)

Tab. 9.2 Vor- und Nachteile der ethno-, poly- und geozentrischen Besetzungspolitik

Ethnozentrische Besetzungspolitik	Polyzentrische Besetzungspolitik	Geozentrische Besetzungspolitik
Vorteile: • leichtere Implementierung einer einheitlichen CI-Politik • leichter Transfer von technischem und Management Know-how durch den Einsatz von Expatriates • Entwicklungsmaßnahme der Stammhausmitarbeiter • hohe Identifikation der Entsandten mit der Muttergesellschaft	Vorteile: • geringere Personalkosten als bei der ethnozentrischen Besetzungspolitik • Tochtergesellschaft wirkt nach außen wie ein nationales Unternehmen • Gastlandmitarbeiter können hohe Positionen erreichen = > Motivationssteigerung • Kontinuität in der Führung und im Betriebsklima	Vorteile: • Beschaffungsmarkt für Mitarbeiter ist die Welt = > hohes Potenzial an qualifizierten Kandidaten und damit auch hohe Flexibilität in der Personalbeschaffung • Entwicklung eine globalen Führungskultur und damit Schaffung von Internationalisierungs-Know-how
Nachteile: • Bevorzugung der Stammhausdelegierten = > beschränkte Aufstiegsmöglichkeiten der inländischen Mitarbeiter • Schwierigkeiten bei der Entwicklung eines Führungsstils, der den Bedingungen des Gastlands gerecht wird • häufiger Wechsel bei den Expatriats gefährdet eine einheitliche Führung und das Betriebsklimas	Nachteile: • Schwierigkeiten bei Abstimmungsprozessen zwischen Mutter- und Tochtergesellschaft • höhere Kommunikationskosten • Gastlandmitarbeiter können keine Karriere im Stammhaus machen = > Demotivation • evtl. Loyalitätsprobleme der Gastlandmitarbeiter	Nachteile: • kostenintensiv • Mitarbeiter sind oft mit den Gastlandbedingungen nicht vertraut • hohe Anforderungen an internationale Manager • Entwicklung und Aufbau einer einheitlichen CI ist schwierig

(Quelle: In Anlehnung an Holtbrügge und Welge 2015, S. 327)

Die jeweilige Personalmanagementstrategie wird durch konkrete Maßnahmen umgesetzt. So würde eine multinationale Strategie z. B. Personalentwicklungsmaßnahmen erfordern, die u. a. eine kulturelle Sensibilisierung und ein Sprachentraining beinhalten. Die Auswahl und Besetzung des Personals werden auch von der jeweiligen Strategie bestimmt. In Anlehnung an das EPRG-Modell von Perlmutter zeigt Tab. 9.2 das Für- und Wider der jeweiligen Besetzungspolitik, die mit den Personalmanagementstrategien korrespondiert.

Die Anforderungen, die im Rahmen der Internationalisierung an das Dienstleistungspersonal zu stellen sind, sind höher als im nationalen Rahmen, da aufgrund der unterschiedlichen Bedingungen im neuen Zielmarkt sowohl die Auswahl als auch der Einsatz und das Training der Mitarbeiter anderen, meist komplexeren, Bedingungen ausgesetzt sind. Menschen erbringen Dienstleistungen am Menschen. Sie haben Wertvorstellungen, die je nach kultureller Sozialisation unterschiedlich sein können. Diese kulturell geprägten Wertvorstellungen führen zu unterschiedlichen Vorstellungen bezüglich der zu erbringenden Dienstleistung und machen damit die Dienstleistung kulturempfindlicher, als es bei Produkten der Fall ist (vgl. Ramme 2015, S. 15).

Der Einfluss der jeweiligen **Landeskultur** auf die Führung lokaler Mitarbeiter oder aber auch die Entsendungspolitik von Stammhausmitarbeitern, muss angesichts des Einflusses einer globalisierten und digitalisierten Welt berücksichtigt werden. Das immer wieder bemühte Modell von Geert Hofstede (vgl. Abschn. 10.2) kann diese Problematik nicht hinreichend beantworten. Obwohl die Kritik an diesem Modell in der Literatur bekannt ist, wird es von zahlreichen Autoren für Schlussfolgerungen im Rahmen der internationalen Personalpolitik herangezogen, ohne zwischen der Ebene der propagierten Werte „society should be" und den tatsächliche gelebten Werten „society as is" zu unterscheiden. Diese Unterscheidung ist allerdings wichtig, da in einigen Ländern festzustellen ist, dass es Diskrepanzen zwischen propagierten Werten und der Umsetzung in der Realität gibt (vgl. House et al. 2004, S. 192 ff., und Abschn. 10.2.3).

Unabhängig von der kulturellen Prägung eines Landes bleiben die Aufgaben des internationalen Personalmanagements – wie z. B. die Personalplanung, die Personalbeschaffung, der Personaleinsatz, die Personalführung, die Personalentwicklung, die Personalorganisation, die Personalbeurteilung, die Personalentlohnung und die Personalfreisetzung – größtenteils die gleichen. Sie unterscheiden sich aufgrund der internationalen Herausforderungen in Teilaufgaben. So muss bei der Personalbeschaffung die Frage geklärt werden, ob die gleichen Auswahlverfahren wie im Heimatland anzuwenden sind oder wie im Rahmen der Entsendung von Exaptriates die Reintegration zu gestalten ist. Weitere Aufgaben, die sich stellen, sind u. a. die Vermittlung von interkulturellen Kompetenzen oder die Fragen nach dem adäquaten Führungsstil und der Entlohnung im Gastland. Diese Aufgaben werden umso komplexer, je unterschiedlicher die Mitarbeitertypen sind, mit denen sich das Personalmanagement auseinandersetzen muss. So lassen sich hauptsächlich vier Typen von Mitarbeitern für die internationale Tätigkeit unterscheiden (vgl. Luthans und Doh 2018, S. 513 ff.):

- **Stammhausmitarbeite** (Parent-Country Nationals), die in Niederlassungen und Tochtergesellschaften entsandt werden und bei einem Aufenthalt ab drei Jahren als Expatriates bezeichnet werden.
- **Gastlandmitarbeiter** (Host-Country Nationals), die im Gastland rekrutiert werden und meistens Positionen im unteren und mittleren Management einnehmen.
- **Drittlandmitarbeiter** (Third-Country Nationals), die weder aus dem Heimat- noch dem Gastland stammen, aber über gute Qualifikationen und Erfahrungen verfügen.
- **Inpatriates,** welche als Gastlandmitarbeiter oder Drittlandmitarbeiter aus den Niederlassungen und Tochtergesellschaften abgezogen werden, um im Stammhaus tätig zu werden.

Die Wahl des Mitarbeitertyps hängt von der Zielsetzung des Unternehmens im Zielmarkt ab. Verfügt ein Unternehmen noch über keinerlei Erfahrungen mit internationalen Aktivitäten im Ausland und steht es noch in den „Kinderschuhen" der Internationalisierung, wird es zunächst so vorgehen wollen wie im Inland. Dazu werden **eigene Mitarbeiter** ausgewählt, also intern beschafft. Das hat den Vorteil, dass diese das Unternehmen und seine Geschäftspolitik kennen und das Unternehmen wiederum den Mitarbeiter und seine Fähigkeiten kennt. Die Entsendung eines Stammhausmitarbeiters kann darüber hinaus sicherstellen, dass das Unternehmens-Know-how im Ausland besser geschützt wird. Die Entsendung eines Mitarbeiters einer Tochtergesellschaft in das Stammhaus, also eines **Inpatriates**, ist wie eine interne Beschaffung zu sehen. Die externe Beschaffung bietet sich an, wenn schon einige Erfahrung im Zielmarkt vorhanden ist und Stammhausmitarbeiter nicht entsendet werden können. Weiterhin bietet sich diese Beschaffungsform an, wenn die Bedingungen im Zielmarkt derart komplex sind, dass bestimmte Probleme nur mit lokalen Mitarbeitern zu lösen sind. Das kann z. B. der Fall sein, wenn es um den Aufbau und die Pflege von Beziehungen zu wichtigen Entscheidungsträgern im Gastland geht. Die Beschaffung von **Drittlandmitarbeitern (Third-Country Nationals)** ist auch als externe Beschaffung zu verstehen. Hier kann auf ein globales Potenzial von hoch qualifizierten und international erfahrenen Managern zurückgegriffen werden.

Im Folgenden werden die personalpolitischen Herausforderungen der Gastlandmitarbeiter und der Stammhausmitarbeiter dargestellt. Die Inpatriates sind, solange sie noch nicht entsandt wurden, Gastlandmitarbeiter. Nachdem sie entsandt wurden, sind sie den Expatriates hinsichtlich der personalpolitischen Herausforderungen gleichzusetzen. Damit treffen die Ausführungen bezüglich der personalpolitischen Herausforderungen bei der Entsendung von Expatriates auch auf Inpatriates bis zu einem gewissen Grad zu. Die Drittlandmitarbeiter nehmen die Rolle der Entsandten ein, da sie immer in einem Land tätig sind, aus dem sie nicht stammen, sodass hier zwar zunächst die Ausführungen bezüglich eines Expatriates gelten, diese allerdings im Gegensatz zu den entsandten Stammhausmitarbeitern nicht reintegriert werden müssen.

9.1 Personalpolitische Herausforderungen bei Gastlandmitarbeitern (Host-Country Nationals)

Die schwerpunktmäßige Rekrutierung von Gastlandmitarbeitern für Führungspositionen entspricht einer polyzentrischen Besetzungsstrategie mit den damit verbundenen Vor- und Nachteilen (vgl. Tab. 9.2). Ein wichtiges Argument für die Rekrutierung von Gastlandmitarbeitern im neuen Zielmarkt sind sicherlich die niedrigeren Lohnkosten im Vergleich zu den Kosten, die ein Expatriate verursacht. Darüber hinaus werden Gastlandmitarbeiter immer dann besonders wichtig, wenn vermutet wird, dass der Gastlandmitarbeiter einen leichteren Marktzugang ermöglicht, sich leichter in die lokale Geschäftswelt integrieren und die Vorstellungen lokaler Zielgruppen besser antizipieren und einschätzen kann. Oft wird aber auch eine bestimmte Anzahl an Gastlandmitarbeitern in den Führungsetagen der ausländischen Niederlassungen seitens der Regierung des Gastlandes vorgeschrieben (vgl. Perlitz und Schrank 2013, S. 695). Je länger das Engagement eines Unternehmens in einem Zielmarkt dauert, desto größer ist die Wahrscheinlichkeit, dass Stammhausmitarbeiter durch Gastlandmitarbeiter ersetzt werden.

Gastlandmitarbeiter mit einer zum Heimatland unterschiedlichen Sozialisation bringen andere Herausforderungen für Führungskräfte mit sich, als es bei Mitarbeitern aus dem Heimatland der Fall ist. Neben anderen kulturellen Wertvorstellungen können auch ein anderes Arbeitsrecht, die unterschiedlichen Rollen von Arbeitnehmervertretungen und Gewerkschaften, aber auch andere Motivationsmechanismen und Führungsstile neue Herausforderungen darstellen. Unternehmen wie VW, die an verschiedenen Standorten der Welt produzieren, haben z. B. einen Weltbetriebsrat, der konzernintern die Interessen der Mitarbeiter international vertritt und mit der Konzernleitung bei international relevanten Themen, wie z. B. Entscheidungen über Investitionen oder den Standort, verhandelt (vgl. Blom und Meier 2017, S. 97). Dies ermöglicht, konzerninterne Lösungen und Standards zu schaffen. Ähnliche Aufgaben hat der Europäische Betriebsrat. Dieser wird bei Konzernen, die in zwei europäischen Ländern jeweils mindestens 150 Arbeitnehmer beschäftigen und eine Gesamtbeschäftigtenzahl von 1.000 Mitarbeitern aufweisen, eingerichtet (vgl. Betriebsrat o. J.). Unterschiedliche Gewerkschaftskulturen können Grund für innerbetriebliche Probleme sein, insbesondere dann, wenn Manager von Ähnlichkeitsannahmen ausgehen und vermuten, dass die Rolle der Gewerkschaften im Zielmarkt ähnlich ausgestaltet ist, wie in Deutschland. Oft ist jedoch der Organisationsgrad der Gewerkschaften nicht so hoch wie in Deutschland, wie das Beispiel USA zeigt (vgl. Abschn. 10.7.2).

Die Vielfalt der Kulturen mit ihren unterschiedlichen **Beziehungen zwischen Arbeitnehmern und Arbeitgebern** führt auch zu unterschiedlichen Ausprägungen der Gewerkschaften. So lassen sich das deutsche, das romanische, das britische, das US-amerikanische, das skandinavische und das japanische Modell einer Gewerkschaftskultur unterscheiden. Sie unterscheiden sich hinsichtlich des gewerkschaftlichen Organisationsgrads, der Institutionalisierung von Gewerkschaften, der Streikmentalität oder aber auch der Macht gegenüber Unternehmen und Staat (vgl. Blom und Meier 2017, S. 100–101).

Die vor dem Markteintritt notwendige Auseinandersetzung mit den arbeitsrechtlichen und anderen rechtlichen Rahmenbedingungen des Gastlandes erfolgt in der Regel mithilfe der PEST-Analyse. Ist der Markteintritt allerdings schon vollzogen, stellt sich die Frage nach personalpolitischen Aufgaben und Herausforderungen mit Bezug zu den Gastlandmitarbeitern. **Die Rekrutierung** lokaler Mitarbeiter erfolgt wie im Heimatland quantitativ und qualitativ. Die **quantitative Planung** kann mithilfe folgender Methoden vorab erfolgen:

- Schätzungen
  - Einfache Schätzung
  - Delphi-Methode
  - PERT-Methode
- Statistische Methoden
  - Trendextrapolation
  - Regressions- und Korrelationsanalyse
- Kennzahlen
  - Arbeitsproduktivität = Output/Mitarbeite
  - Brutto Personalbedarf = Prognostizierter Ertrag/Prognostizierte Arbeitsproduktivität
- Organisatorische Verfahren
  - Stellenmethode
  - Stellenbesetzungsplan
  - Stellenbedarfsplan
- Monetäre Verfahren
  - Budgetierung
  - Zero-Base Budgeting
- Personalbemessungsmethoden

(vgl. dazu weiterführend Jung 2017, S. 113 ff.)

Die **qualitative Planung** richtet sich nach den Anforderungen der Stelle. Dazu kann neben den fachlichen Qualifikationen und Berufserfahrungen, z. B. das Genfer-Schema herangezogen werden. Das Genfer-Schema bewertet Stellen hinsichtlich der geistigen und körperlichen Anforderungen. Weitere Bewertungskriterien sind die mit den Stellen verbundene Verantwortung und die gegebenen Arbeitsbedingungen. Diese Bewertungsform kann auch herangezogen werden, wenn es um Arbeitsbewertungen geht für die Festlegung der Gehälter (vgl. Jung 2017, S. 573–575).

Die Art der Beschaffung lokaler Mitarbeiter unterscheidet sich oft nicht von der des Heimatlandes. Die klassische Stellenanzeige oder aber auch Praktika und Recruiting Events können zur Anwendung kommen. Eine wichtige Rolle bei der Beschaffung von Mitarbeitern spielen Online-Stellenbörsen und die Unternehmenswebseiten. Eine Studie der Zeitschrift „Personalwirtschaft" aus dem Jahr 2018, an der 169 Unternehmensmitarbeiter aus unterschiedlichen Branchen teilgenommen haben zeigt, dass die Teilnehmer dieser Studie vor allem Online-Stellenbörsen aber auch die Unternehmenswebseite als wichtigste und bewerbungsstärkste Recruitingkanäle sehen. Hierüber konnten auch die meisten Bewerbungen generiert werden (vgl. Jäger und Meurer 2018, S. 12 ff.). Dieser Sachverhalt wird von einer weiteren Studie mit dem Titel „Recruiting Trends 2019" des Centers of Human Resources Information System im Auftrag von Monster Worldwide Deutschland GmbH bestätigt. Im Rahmen dieser Studie betrug bei den insgesamt 195 im Rahmen dieser Studie beteiligten Unternehmen der Anteil der generierten Neueinstellungen durch Internet-Stellenbörsen 35,6 % und durch Unternehmenswebseiten 27,7 %. Über die klassischen Printmedien dagegen betrug der Anteil der generierten Neueinstellungen lediglich 4,6 %, mit abnehmender Tendenz (vgl. Weitzel et al. 2019, S. 14).

Im Rahmen der internationalen Rekrutierung von Personal ist davon auszugehen, dass die gleichen Instrumente wie im nationalen Rahmen angewendet werden. Das Rekrutieren in anderen Ländern kann allerdings andere Anforderungen stellen, so ist das Thema Digitalisierung in China weit fortgeschritten und mit den entsprechenden Auswirkungen auf die Personalarbeit verbunden (vgl. Shi-Kupfer und Ohlberg 2019). Die App WeChat z. B. hat sich in China zu einem wichtigen Rekrutierungsinstrument entwickelt, da viele junge Chinesen diese App für ihre Bewerbungen nutzen (vgl. Gibbs 2019).

Das **Digital Recruiting** befindet sich in Deutschland dagegen noch in den Kinderschuhen, da hier die Entscheidungsträger erhebliche Wissenslücken haben. Begriffe wie Chatbots, Künstliche Intelligenz und smarte Algorithmen im Zusammenhang mit dem Digital Recruiting sind wenig bekannt (vgl. Jäger und Meurer 2018, S. 21.).

Neben den fachlichen Qualifikationen lokaler Bewerber sind insbesondere für Dienstleistungsunternehmen die sozialen Kompetenzen im Umgang mit heimischen Kunden eine wichtige Voraussetzung, die lokale Bewerber mitbringen müssen. Damit möchten Dienstleistungsunternehmen eine **kulturelle Sensibilität** für den Zielmarkt erlangen (vgl. Bruhn und Hadwich 2016, S. 212). Diese kulturelle Sensibilität ermöglicht eine kulturspezifische Integration des Kunden in den Dienstleistungsprozess und kann damit als Bestandteil eines Internationalisierungs-Know-hows für Dienstleistungsunternehmen gesehen werden.

Die Frage nach den im Gastland anzuwendenden **Auswahlverfahren** lässt sich nicht einheitlich beantworten. Vorstellungsgespräche, Assessment-Center, Einstellungstests, Telefon- und Skype-Interviews oder ähnliche Verfahren können oft bei denjenigen potenziellen Mitarbeitern angewendet werden, die über ein bestimmtes Qualifikationsniveau verfügen. Oft werden die Qualifikation und Fähigkeiten lokaler Mitarbeiter unterschätzt. Beim Vergleich der Curricula betriebswirtschaftlicher Studiengänge ist festzustellen, dass oft gleiche Lehrinhalte unterrichtet werden, sodass von einer ähnlichen Qualifikation wie im Heimatland ausgegangen werden kann. Allerdings ist der Hochschulabschluss häufig nur die Ausgangsbasis eines gut qualifizierten Mitarbeiters. Eine vielfältige Unternehmensinfrastruktur, die ein praxisorientiertes Lernen und den Aufbau von Erfahrungen ermöglicht, ist oft in hoch industrialisierten Ländern vorhanden, wogegen diese in Ländern mit einem geringeren Entwicklungsniveau eher fehlt. So müssen Fachhochschulstudierende in Deutschland i. d. R. ein Praxissemester absolvieren. Die diesbezügliche Unternehmensinfrastruktur in Deutschland bietet dafür zahlreiche Möglichkeiten, wogegen dies in anderen Ländern mit einer schlechteren Unternehmensinfrastruktur eher nicht der Fall ist.

Eine **erfolgreiche Führung** des Gastlandpersonals hängt ähnlich wie im Heimatland vom adäquaten Führungsstil ab. Dieser ist oft von der Erwartungshaltung der geführten Mitarbeiter abhängig, insbesondere was die Beteiligungs- und Mitspracheerwartungen betrifft (vgl. dazu Holtbrügge und Welge 2015, S. 320). Einen Hinweis hierauf bietet die GLOBE-Studie. Im Rahmen dieser Studie wurden zehn Kulturcluster entwickelt, die kulturelle Gemeinsamkeiten aufweisen. Solche Cluster sind z. B. Germanic Europe mit Deutschland, Österreich, der Schweiz und den Niederlanden oder Nordic Europe mit den

Charismatic / Value-Based Leadership	Team-Oriented Leadership	Participative Leadership	Humane-Oriented Leadership	Autonomous Leadership	Self-Protective Leadership
Higher	*Higher*	*Higher*	*Higher*	*Higher*	*Higher*
Anglo L. America Southern Asia Germanic E. Nordic E.	L. America	Germanic E. Nordic E. Anglo	Southern Asia Sub-Saharan A. Anglo	E. Europe Germanic E. Confucian A. Southern Asia Nordic E. Anglo	Southern Asia Middle East Confucian A. E. Europe
Sub-Saharan A. L- Europe E. Europe Confucian A.	E. Europe Southern Asia Nordic E. Anglo L. Europe Sub-Saharan A. Germanic E. Confucian A.	L. America L. Europe Sub-Saharan A.	Confucian A. L. America Middle East E. Europe Germanic E.	Middle East L. Europe Sub-Saharan A. L. America	L. America Sub-Saharan A. L. Europe
Middle East	Middle East	E. Europe Southern Asia Confucian A. Middle East	L. Europe Nordic E.		Anglo Germanic E. Nordic E.
Lower	*Lower*	*Lower*	*Lower*	*Lower*	*Lower*
Charismatic / Value-Based Leadership	Team-Oriented Leadership	Participative Leadership	Humane-Oriented Leadership	Autonomous Leadership	Self-Protective Leadership

Abb. 9.2 Kulturcluster und Führungsstile. (Quelle: House et al. 2014, S. 31)

Ländern Dänemark, Finnland und Schweden (vgl. House et al. 2014, S. 8; Abschn. 10.2.3). Diesen Clustern wurden die in Abb. 9.2 angeführten Führungsstile zugeordnet.

Je nach Position in Abb. 9.2 kann die Ausprägung des jeweiligen Führungsstils clusterbezogen hoch oder niedrig sein. So ist z. B. der selbstschützende Führungsstil (Self-Protective Leadership) am stärksten im Southern Asia Cluster (Indien, Indonesien, Iran Malaysien, Philippinen und Thailand) ausgeprägt. Auch wenn diese Führungsstile eine Orientierung bieten, wird ein Führungsstil, der Erfolg verspricht, oft auch im Ausland nicht aufgegeben. Dies ist insbesondere dann der Fall, wenn es globale Merkmale einer effektiven Führung gibt. So wurden im Rahmen der GLOBE-Studie vor allem Führungsmerkmale der Leistungs- und Teamorientierung von den untersuchten Ländern als effektiv angesehen (vgl. Brodbeck 2008, S. 20).

Ein Führungsstil ist auch immer mit einer Grundüberzeugung und einem Wertekanon verbunden. Die Durchsetzung des eigenen Wertekanons bzw. der Unternehmenskultur im neuen Zielmarkt wirkt sowohl nach innen auf die Mitarbeiter vor Ort, als auch nach außen auf Kunden und andere Stakeholder (vgl. dazu Abschn. 5.3.1.2). Die Befürchtung, dass das Festhalten und die Durchsetzung der eigenen Unternehmenswerte im Zielmarkt aufgrund einer angenommenen Fremdheit auf wenig Akzeptanz stoßen wird, kann zerstreut werden. Die Unternehmenskultur spiegelt die Werte des Unternehmens wider. Kultur mit ihren Grundsätzen ist oft allgemeiner Natur, bildet jedoch eine gemeinsame Wertebasis, die für die Zielformulierung sowie die einheitliche Denk- und Handlungsmethodik wichtig ist (vgl. Macharzina und Wolf 2018, S. 243–245). Diese Werte werden oft universell verstanden und gewünscht, insbesondere dann, wenn sie sich auf fundamentale Menschenrechte und respektvolle Umgangsformen beziehen. So heißt es auf der Webseite der Firma Hellmann: *„Unsere Mitarbeiterinnen und Mitarbeiter sorgen weltweit für qualitäts- und kundenorientierte Logistikdienstleistungen. Immer orientieren sich unsere Grundwerte an Kundenzufriedenheit, Qualität, Innovation sowie ökonomischer, ökologischer und sozialer Nachhaltigkeit"* (Verantwortung o. J.). Und auf der Webseite des Logistikunternehmens Haeberle heißt es*: „Achtung, Respekt und Verständnis gegenüber jedem einzelnen Menschen, Mitarbeiter, Kunden und Lieferanten"* (Leitbild o. J.). Diese Werte, für die ein Dienstleistungsunternehmen global stehen kann, sind Werte, die überall auf Akzeptanz stoßen und die Attraktivität eines solchen Unternehmens als Arbeitgeber erhöhen und im besten Fall als Markenzeichen gesehen werden können. Westliche Unternehmen werden in vielen Ländern als Wunscharbeitgeber gesehen, da diese nicht nur höhere Gehälter, sondern auch die besseren Arbeitsbedingungen bieten. So führte eine weltweite Befragung des Beratungsunternehmens Universum unter 120.961 Studierenden der Wirtschafts- und Ingenieurwissenschaften zu dem Ergebnis, dass die Top-Arbeitgeber vor allem aus den USA und Deutschland kommen (vgl. Dämon 2015).

Ein Aspekt, der insbesondere bei Gastlandmitarbeitern zu einem Gefühl mangelnder Wertschätzung seitens des Stammhauses führt, ist die unterschiedliche Entlohnung im Vergleich zum entsandten Stammhausmitarbeiter. Die betriebliche Entlohnung wird von zahlreichen Faktoren beeinflusst. Dazu zählen die Anforderungen an die Stelle, die Leistungsgerechtigkeit, die Marktgerechtigkeit, die Betriebsnorm und das Gehaltsgefüge. Eine monetäre Anpassung der Gehälter zwischen entsandten Stammhausmitarbeitern und Gastlandmitarbeitern ist aus zweierlei Gründen nicht möglich. Würden die Gastlandmitarbeiter entsprechend den Stammhausmitarbeitern entlohnt werden, würde zumindest der Kostengrund für die Einstellung von Gastlandmitarbeitern entfallen und diese wahrscheinlich weniger für Führungspositionen rekrutiert werden. Umgekehrt würde eine Anpassung der Gehälter der Stammhausmitarbeiter an das Niveau des Gastlandes dazu führen, dass es kaum noch möglich sein wird, Stammhausmitarbeiter für einen Auslandseinsatz zu motivieren. Eine Lösung für diese Problematik wären Anreize für Gastlandmitarbeiter, wie z. B. Firmenwohnungen, Firmen-Pkw, finanzielle Zuwendungen für die Ausbildung der Kinder, Zuschüsse zu Hochzeiten und Geburten, betriebliche Altersversorgung, Erfolgsbeteiligungen in Form von Prämien oder Aktien etc. Eine weitere Möglichkeit wäre eine Entlohnung nach dem **Cafeteria-System,** wo Mitarbeiter neben dem Grundgehalt zwischen verschiedenen zusätzlichen Entlohnungspaketen wählen können (vgl. Wagner 1982, S. 234–238). Wie in der Abb. 9.3 dargestellt, hat der Mitarbeiter je nach Lebenssituation die Möglichkeit das Paket auszuwählen, das zu seiner Lebenssituation am besten passt.

Eine weitere Möglichkeit wären Inpatriatenprogramme, die Gastlandmitarbeiter auf einen längeren Einsatz am Sitz des Mutterunternehmens vorbereiten und ihnen damit die Möglichkeit bieten, im Mutterland des Unternehmens Karriere zu machen. Hier würde dann der Inpatriate die Rolle des Entsandten einnehmen und von den materiellen Vorteilen eines Expatriates profitieren können. Damit lässt sich ein besseres Verständnis für die anspruchsvolle Rolle der entsandten Stammhausmitarbeiter bei den Gastlandmitarbeitern erreichen, zumal ihnen der gleiche Weg offensteht, wenn sie als Inpatriates ins Stammhaus entsandt werden.

Die o.g. Möglichkeiten und Angebote sollen die Diskrepanz zwischen den Gehältern der Stammhausmitarbeiter und Gastlandmitarbeiter mindern sowie die Wertschätzung des Mutterunternehmens gegenüber den Gastlandmitarbeitern zum Ausdruck bringen.

Paket I	Paket II	Paket III
Firmenwohnung Firmen-Pkw Aktien Sabbatical	Altersversorgung Lebensversicherung Darlehen der Firma Zuwendungen für die Ausbildung der Kinder	Geld Urlaub MBA-Angebot Unternehmensdarlehen für Immobilienerwerb

Abb. 9.3 Das Cafeteria-System. (Quelle: In Anlehnung an Olfert 2015, S. 410)

Eine weitere personalpolitische Aufgabe, die sowohl Gastland- als auch Stammhausmitarbeiter betrifft, ist die **Personalentwicklung.** Insbesondere für Gastlandmitarbeiter, die später als Inpatriates in die Mutterzentrale entsandt werden, ist die Mitarbeiterentwicklung von Bedeutung. Allgemein müssen die Gastlandmitarbeiter zunächst über das Unternehmen, für das sie arbeiten, informiert werden. Geschichte, Unternehmensphilosophie und -kultur sowie die wichtigsten Führungskräfte müssen bekannt gemacht werden. Entwicklungsmaßnahmen haben weiterhin zum Ziel, eine einheitliche Art der Kommunikation im Unternehmen und damit eine leichtere Integration der Gastlandmitarbeiter in das Gesamtunternehmen zu ermöglichen. **Schulungs- und Weiterbildungsmaßnahmen** sollen ein hohes Qualitätsniveau im Ausland sicherstellen und den lokalen Mitarbeitern die technische und fachliche Vorgehensweise im Rahmen des Dienstleistungsprozesses vermitteln. Diese Maßnahmen haben aber nicht nur eine fachliche Zielsetzung. Es geht auch darum, im Sinne einer gelebten und erlebten Corporate Identity, die sich aus der Unternehmenskultur ableiten lässt, Mitarbeiter über die finanziellen Anreize hinaus zu motivieren und damit eine Identifikation mit dem Unternehmen zu erreichen (vgl. Holtbrügge und Welge 2015, S. 323).

Zu berücksichtigen gilt, dass je nach Bildungshistorie und Bildungskultur eines Landes unterschiedliche Lernstiltypen vorhanden sind (vgl. Holtbrügge und Welge 2015, S. 323 f.):

Der **reflektierende Lernstil** zeichnet sich durch durchdenkendes Beobachten und die Betrachtung von Situationen aus unterschiedlichen Perspektiven aus. Dieser Lernstil kann Frankreich zugeordnet werden.

Der **theoretische Lernstil** dagegen zeichnet sich durch die Verknüpfung verschiedener Beobachtungen aus, um besondere Situationen zu erklären. Dieser Lernstil wird oft Deutschland zugeordnet.

Der **pragmatische Lernstil** wird hauptsächlich China, den USA und Indien zugeordnet und zeichnet sich dadurch aus, dass Wissen durch Konzeptionalisierung und Experimentieren auf ein bestimmtes Problem bezogen wird und dadurch dieses Problem gelöst werden kann.

Der **aktivistische Lernstil** stellt eine Kombination aus Experimentieren und Erfahrung dar. Aufgaben können schnell ausgeführt und neuen Bedingungen angepasst werden. Dieser Lernstil ist vor allem in Australien anzutreffen.

Nicht nur der jeweilige Lernstil prägt die Art und Weise der Personalentwicklungsmaßnahmen, sondern auch die **Kultur der Managemententwicklung.** Die Managemententwicklung hat zur Aufgabe, zunächst die Potenziale im Unternehmen zu analysieren, um entsprechende Entwicklungsmaßnahmen abzuleiten, und ist je nach Land unterschiedlich. So wird in angelsächsischen Lernkulturen eher der Generalist herausgebildet, wogegen in Deutschland eher der Spezialist gefragt ist. Folgende Modelle unterscheiden Kulturen der Managemententwicklung (vgl. Blom und Meier 2017, S. 142 f.):

Das **Germanic Model** zeichnet sich durch eine Potenzialidentifikation innerhalb einer Unternehmensfunktion aus. Diese Potenzialidentifikation geschieht meist mithilfe eines Assessment-Centers oder eines Traineeprogramms. Der Aufstieg bzw. die Entwicklung erfolgen innerhalb der Funktion und basieren auf Expertenwissen.

Das **Anglo-Dutch-Model** zeichnet sich durch eine generalistische Vorgehensweise bei der Auswahl von Führungsnachwuchs aus. Die Entwicklung und das Testen dieser Führungskräfte dauern im Schnitt sechs Jahre. Danach findet der Aufstieg mit häufigen Wechseln der Position statt. Dieser Wechsel erfolgt funktionsübergreifend.

Beim **Latin Model** werden Potenziale nach dem Einstieg in das Unternehmen identifiziert. Eine weitere Managemententwicklung hängt von der Bewährung in den Unternehmensfunktionen und den aufgebauten Netzwerken ab.

Beim **japanischen Modell** findet der Einstieg auf den unteren Hierarchieebenen statt. Der Führungsnachwuchs wird innerhalb von bis zu acht Jahren, in verschiedenen Funktionen, regelmäßig beurteilt. Von diesen Beurteilungen hängt der weitere Aufstieg ab.

Trotz unterschiedlicher Lernstile und Managemententwicklungskulturen ist zu berücksichtigen, dass eine immer stärkere Angleichung des Management Know-hows festzustellen ist. Innerhalb Europas hat der Bologna-Prozess, der zum Ziel hatte, einen einheitlichen Hochschulraum zu schaffen, die Anerkennung gegenseitiger europäischer Abschlüsse erleichtert und zu einer starken Angleichung der Studieninhalte geführt. Auch internationale Abschlüsse, wie der MBA, führen zu einer leichteren gegenseitigen Anerkennung von Abschlüssen und Angleichungen in der fachlichen Entwicklung von Führungskräften (vgl. Blom und Meier 2017, S. 143). Nicht zu unterschätzen für die Qualifikation von Mitarbeitern ist das Vorhandensein einer Unternehmensinfrastruktur, in der praktische Erfahrung als Ergänzung zum Schul- und/oder Hochschulabschluss erlangt werden kann.

9.2 Personalpolitische Herausforderungen bei der Entsendung von Stammhausmitarbeitern (Expatriates)

Die Entsendung von Stammhausmitarbeitern, den Expatriates, ist oft das Resultat einer ethnozentrischen Orientierung des Managements. Damit verbinden Unternehmen zahlreiche Ziele bzw. Vorteile wie:

- leichterer Know-how-Transfers und Kontrolle der Aktivitäten vor Ort
- Aufbau eines Internationalisierungs-Know-hows durch die Entwicklung der internationalen Managementfähigkeiten
- leichtere Implementierung einer einheitlichen CI-Politik und damit Sicherung des Unternehmensinteresses im Zielmarkt
- Entwicklung einer globalen Orientierung und Einstellung bei den Führungskräften (vgl. dazu Perlitz und Schrank 2013, S. 691)

Die Entsendung ist mit zahlreichen Aufgaben und Herausforderungen verbunden, die je nach Entsendungsart unterschiedliche Maßnahmen erfordern.

Im Folgenden wird auf die klassischen Aufgaben der Entsendung eingegangen: die Auswahl, die Vorbereitung, die Entsendung, die Entgeltgestaltung und die Rückführung sowie die damit verbundene Reintegration.

9.2.1 Die Auswahl

Die Auswahl des Personals erfolgt sowohl nach **fachlichen** als auch **persönlichen** Kriterien. Die fachliche Auswahl richtet sich nach Qualifikationen und Erfahrungen und beinhaltet u. a. technische Fähigkeiten, ein Führungs- und Organisationsverständnis sowie Kenntnisse des Dienstleistungsprozesses und der Unternehmenspolitik (vgl. Perlitz und Schrank 2013, S. 701). Die fachlichen Fähigkeiten der Mitarbeiter sind den Unternehmen, meist aufgrund von langjähriger Mitarbeit der Stammhausmitarbeiter, bekannt. Anders verhält es sich mit den persönlichen Kriterien, die wichtig für den Auslandseinsatz sind, da der Mitarbeiter, wenn er noch über keine Auslandserfahrung verfügt, diese Art der Qualifikation noch nicht unter Beweis stellen musste. Die für den erfolgreichen Auslandeinsatz notwendigen persönlichen Voraussetzungen sind u. a. (vgl. Festing et al. 2011, S. 253 ff.; Meckl 2014, S. 243; Holtbrügge und Welge 2015, S. 330 f.; Blom und Meier 2017, S. 105 ff.; Luthans und Doh 2018, S. 518 ff.):

Ambiguitätstoleranz und Anpassungsfähigkeit Der Mitarbeiter muss in der Lage sein, aus seiner Sicht unvollkommene Situationen zu tolerieren und damit umzugehen. Andere Arbeitsmentalitäten und Lebensformen sollten verstanden und nicht von Vorurteilen in der Bewertung gekennzeichnet sein. Als Beispiele können die mangelnde Termintreue von Kunden oder Lieferanten oder die schwerfällige Bürokratie im Zielmarkt genannt werden. Weiterhin ist eine Anpassungsfähigkeit durch die Reflexion der eigenen kulturellen Werte und des eigenen Verhaltens gefragt.

Um die Anpassungsfähigkeit eines Mitarbeiters bestimmen zu können, werden folgende Kriterien herangezogen:

- Erfahrungen mit anderen Kulturen
- Bisherige Entsendungen
- Sprachkenntnisse
- Kultureller Background
- Fähigkeit, sich in andere Kulturen und Organisationen zu integrieren
- Fähigkeit, Probleme aus unterschiedlichen Perspektiven zu betrachten und zu lösen
- Kulturelle Sensibilität

Weiterhin haben Untersuchungen unter Expatriates in China ergeben, dass Expatriates, die am besten mit der neuen Situation im neuen zurechtkamen, oft in der Lage waren, sich den neuen Lebensbedingungen anzupassen. Sie vertraten auch die Auffassung, dass sie die Arbeitsherausforderungen managen können. Sie hatten darüber hinaus persönliche Kontakte zu Bürgern des Gastlands außerhalb der Arbeit und fühlten sich glücklich bei der Arbeit (vgl. Selmar 1999, S. 41–51; Luthans und Doh 2018, S. 519; Experteninterview 2019/2020).

Interkulturelle Kompetenzen: *„Interkulturelle Kompetenz ist die Fähigkeit, die einen Aneignungsprozess von Informationen und Verhaltensweisen beschreibt, die uns dazu verhelfen, eine Aufgabe zu meistern, einer Herausforderung zu begegnen oder eine Tätigkeit in interkulturellen Kontexten auszuführen. Die Aneignung von Kompetenzen wird erforderlich, wenn unterschiedliche Denkformen, Handlungsmuster oder Lebensentwürfe miteinander in Berührung kommen. Damit sind auch Werte- und Normenorientierung sowie begriffliche und theoretische Bezugssysteme gemeint, die nicht immer expliziert sind"* (Yousefi und Braun 2011. S. 51). Interkulturelle Kompetenzen ermöglichen ein besseres Eingehen auf die Erwartungshaltungen der Kunden und lokalen Mitarbeiter. Diese Kompetenzen ermöglichen darüber hinaus eine Anpassung des Führungsstils im Zielmarkt und verhindern oder mindern beim Expatriate einen evtl. auftretenden Kulturschock.

Konfliktlösungsfähigkeiten: Über diese Fähigkeit sollten Führungskräfte nicht nur im internationalen Kontext, sondern auch im nationalen Kontext verfügen. Allerdings sind die Konflikterkennung und -lösungstechniken aufgrund unterschiedlicher kultureller Sozialisation divergierend, sodass auch hierfür interkulturelle Kompetenzen erforderlich sind.

Stammhauskenntnisse und -kontakte: Diese dienen dazu, die Beziehungen und den Informationsaustausch zwischen der Tochtergesellschaft und dem Mutterunternehmen über formelle und informelle Kanäle zu festigen und zu lenken. Darüber hinaus ermöglichen diese Kenntnisse und Kontakte dem Expatriate, sich über Entwicklungen im Stammhaus zu informieren. Diesbezüglich wird dem Expatriate oft ein Mentor aus dem Stammhaus an die Seite gestellt. Dieser hält den Kontakt zum Expatriate aufrecht und sorgt für einen Informationsaustausch zwischen Stammhaus und Expatriate (vgl. hierzu Festing et al. 2011, S. 341).

Sprachkenntnisse: In einer globalisierten Wirtschaft stellt die englische Sprache die Wirtschaftssprache schlechthin dar, sodass die Beherrschung dieser Sprache sicherlich eine wichtige Voraussetzung für eine erfolgreiche Kommunikation im internationalen Geschäft ist. Der Unternehmensberater, der auf der Ebene des Top Managements tätig ist, wird mit seinen Kunden auf Englisch kommunizieren. Dagegen benötigen Dienstleistungen, die auf Zielgruppen ausgerichtet sind, die nicht über englische Sprachkompetenzen verfügen, Mitarbeiter, die die lokale Sprache beherrschen.

Ein Arzt oder andere Gesundheitsdienstleister, die ihre Patienten im Zielmarkt behandeln, benötigen lokale Sprachkenntnisse, um die Patienten zu verstehen. Allgemein kann davon ausgegangen werden, dass das Personal, welches im Kundenkontakt steht, die lokale Sprache beherrschen sollte, da ansonsten eine Integration des Kunden in den Dienstleistungsprozess kaum möglich sein wird. Da Dienstleistungen kulturempfindlicher sind als Produkte und die Sprache ein essenzieller Bestandteil einer Kultur ist, ist die Sprache das Instrument, um den Kunden in den Dienstleistungsprozess zu integrieren. Die Immaterialität der Dienstleistung und die Suche nach Qualitätsindikatoren erfordern Erklärungen. Diese Erklärungen erfolgen in der Regel in der Sprache, die der Kunde versteht. Empirische Untersuchungen außerhalb westlicher Industrieländer sehen einen Zusammenhang zwischen Erfolg und Kenntnis der Gastlandsprache (vgl. hierzu Holtbrügge und Welge 2015, S. 330).

Physische und emotionale Gesundheit: Die körperliche und die emotionale Gesundheit sind wichtige Voraussetzungen für den internationalen Einsatz. Andere klimatische Bedingungen und Lebensverhältnisse erfordern körperlich gesunde und robuste Mitarbeiter. Dies gilt z. B. für Mitarbeiter von Logistikunternehmen, die Transportwege erkunden und prüfen müssen oder aber schwierige Transporte (Schwerlast) in Ländern mit einer schlechten Infrastruktur begleiten müssen. Eine gewisse psychische Stärke ist notwendig, um die Anpassung an soziokulturelle Gegebenheiten besser vollziehen zu können.

Einstellung der Familie zum Auslandsaufenthalt: Familiäre Gründe gehören zu den häufigsten Ursachen für einen frühzeitigen Abbruch einer Entsendung. Ein unglücklicher Expatriate wird im Ausland keine gute Arbeit leisten können. Deswegen gehen Unternehmen dazu über, nicht nur den Entsandten, sondern auch dessen Partnerin oder Partner zu interviewen, bevor es zu einer Entscheidung bezüglich der Auslandsentsendung kommt. Nach Luthans und Doh können folgende Schlussfolgerungen bezüglich des Einflusses der Familie auf die Auslandsentsendung getroffen werden (vgl. Luthans und Doh 2018, S. 521):

- Unverheiratete Mitarbeiter sind eher geneigt, Auslandsentsendungen zu akzeptieren.
- Verheiratete Paare ohne Kinder im eigenen Haushalt sind am ehesten bereit, eine Auslandsentsendung zu akzeptieren.
- Eine frühere Auslandserfahrung hängt mit der Bereitschaft zusammen, eine erneute Entsendung zu akzeptieren.
- Mitarbeiter, die eine starke Verpflichtung und Verantwortung gegenüber ihrer Firma fühlen, sind eher bereit, als Expatriate zu arbeiten, als Mitarbeiter, die diese Einstellung nicht haben.
- Die beruflichen Karrieren und Einstellungen von Ehepartnern haben einen wesentlichen Einfluss auf die Bereitschaft des Mitarbeiters, sich entsenden zu lassen.
- Die Erwartungshaltung von Mitarbeitern und deren Ehepartnern, bezüglich Unterstützungsleistungen seitens des Unternehmens, ist entscheidend für die Bereitschaft, außerhalb des Heimatmarktes zu arbeiten.

Bei diesen Schlussfolgerungen gilt zu berücksichtigen, dass die Familie nicht nur als Hinderungsgrund für eine Entsendung oder als Grund für einen frühzeitigen Abbruch der Entsendung gesehen werden darf. Die Familie des Expatriates kann die Akkulturation sogar erleichtern. Die Integration in das neue Gastland fällt dem Expatriate mit seiner Familie leichter, da er einerseits nicht von der Familie getrennt ist und andererseits Ehepartner und Kinder über Schule und Freundschaften zur Nachbarschaft schnell soziale Kontakte knüpfen können, was wiederum die Akkulturation erleichtert (vgl. Experteninterview 2019/2020). Darüber hinaus spielt der Familienstand in einigen Gastländern eine wichtige Rolle für die Akzeptanz des Expatriates durch seine Geschäftspartner oder Mitarbeiter (vgl. Blom und Meier 2017, S. 131–132).

Nachdem die Voraussetzungen, die ein Expatriate erfüllen sollte, dargestellt wurden, stellt sich die Frage nach den anzuwendenden Auswahlverfahren. Die anzuwendenden Auswahlverfahren, wie Vorstellungsgespräche, Tests oder Assessment-Center, sind in der Regel die gleichen wie bei jedem anderen Bewerber für eine Stelle im Mutterunternehmen. Allerdings können für die Auswahl von Expatriates weitere Verfahren zur Anwendung kommen.

Stammhausmitarbeiter, die sich um eine Entsendung bewerben, können ein interkulturelles Assessment- Center durchlaufen, wo realitätsnahe Situationen mit interkulturellem Bezug in Form von Rollenspielen, Einzelübungen, Fallstudien und Diskussionen erlebt und bewältigt werden müssen. Das Assessment-Center war ursprünglich ein Instrument der Potenzialbeurteilung, wird aber sowohl national wie auch international als Auswahlinstrument herangezogen. Bei Third-Country Nationals spielen oft Referenzen eine wichtigere Rolle als klassische Auswahlverfahren, wobei die Bedeutung von Referenzen von Land zu Land unterschiedlich stark gewichtet wird. Insbesondere Managementbewerber sind ab einer bestimmten Führungsebene nicht bereit, sich Auswahlverfahren wie einem Assessment-Center zu stellen. Hier ist der Rückgriff auf Referenzen und persönlichen Empfehlungen nötig (vgl. Blom und Meier 2017, S. 116).

9.2.2 Die Vorbereitung

Die Vorbereitung auf den Auslandseinsatz erfolgt in den Unternehmen auf unterschiedlicher Art und Weise. Während Perlitz/Schrank eine drei- bis sechsmonatige Vorbereitungsphase empfehlen, weisen sie aber auch darauf hin, dass in der Praxis vieler international tätiger Unternehmen die Vorbereitung auf den Auslandseinsatz eher eine untergeordnete Rolle spielt (vgl. Perlitz und Schrank 2013, S. 704 f.). Blom und Meier bemerken, dass oft wenig Zeit für eine gezielte Vorbereitung bleibt und dass Entscheidungen für eine Entsendung häufig kurzfristig aufgrund von Geschäftsaufträgen fallen. Als typische Vorbereitungsmaßnahmen werden genannt:

- Besuch des Landes mit Familie
- Interkulturelles Training
- Sprachtraining
- Unterricht in Landeskunde
- Austausch von Erfahrungen mit rückkehrenden Expatriates (vgl. Blom und Meier 2017, S. 127)

Eine sinnvolle Vorbereitung auf den Auslandseinsatz orientiert sich an den Defiziten, aber auch den Potenzialen der Mitarbeiter, die entsendet werden sollen. Assessment-Center oder die Ergebnisse bisheriger Entwicklungsmaßnahmen können herangezogen werden, um den Trainingsbedarf und die richtigen Vorbereitungsmaßnahmen für die infrage kommenden Mitarbeiter beurteilen zu können. Bei der Vorbereitung von Third-Country Nationals ist darüber hinaus zu berücksichtigen, welcher Kultur der Managemententwicklung sie entstammen (vgl. Abschn. 9.1). Gezielte Vorbereitungsmaßnahmen orientieren sich an mehreren Dimensionen. So unterscheiden sich diese in landesspezifische und landesübergreifende sowie in erfahrungsbezogene und intellektuelle Dimensionen. Die Abb. 9.4 nach Holtbrügge/Welge verdeutlicht den Zusammenhang:

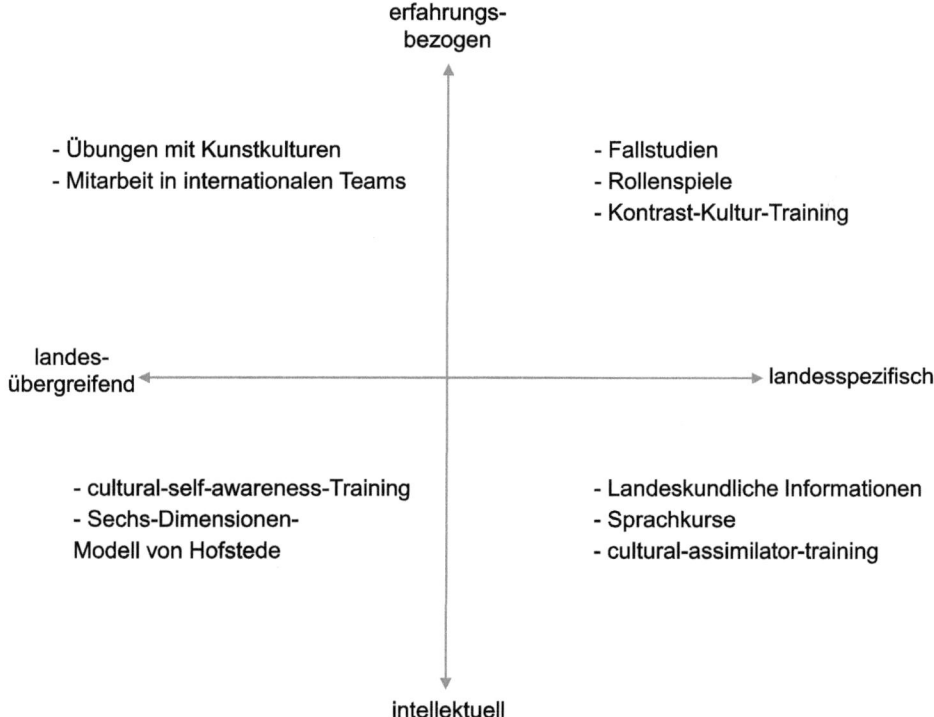

Abb. 9.4 Methoden der Vorbereitung auf Auslandstätigkeiten. (Quelle: Holtbrügge und Welge 2015, S. 333)

Die **intellektuell-landesspezifische** Vorbereitung vermittelt allgemeine Informationen sowie die Sprache des Ziellandes. Da hier auch die intellektuelle Dimension angesprochen wird, geht es hauptsächlich um die Vermittlung von Kenntnissen (vgl. Holtbrügge und Welge 2015, S. 333). Das Cultural-Assimilator- Training ermöglicht einen intellektuellen Zugang zu anderen Kulturen durch die Konfrontation mit Problemsituationen, die aufgrund des Aufeinandertreffens von Menschen mit unterschiedlichem kulturellen Background entstehen können. Eine Problemsituation mit interkultureller Herausforderung muss mindestens folgende Bedingungen erfüllen:

- Ein Expatriate und ein Gastlandangehöriger interagieren in einer für den Expatriate undurchsichtigen Situation, die von diesem fehlinterpretiert wird.
- Die Situation kann mit genügend Hintergrundwissen über die Kultur richtig interpretiert werden.
- Die Situation ist wichtig für die Mission bzw. das Ziel des Expatriates.

Solche Fallbeispiele im Rahmen des Cultural-Assimilator-Trainings gibt es für verschiedene Länder. Allerdings sind solche Trainingsprogramme teuer. Die Entwicklung eines solchen Programms mit 75 bis 100 zu trainierenden Fällen, inklusive der Stunden eines Trainers, kann nach Luthans und Doh bis zu 40.000 US$ kosten (vgl. Luthans und Doh 2018, S. 544 f.). Deutsche Trainingsinstitute berechnen für die Durchführung eines zweitätigen Seminars mit Bezug zu einem bestimmten Ländermarkt ca. 1.400 EUR pro Teilnehmer (vgl. IKUD 2018).

Um bei potenziellen Expatriates Änderungen in Verhalten, Einstellungen und Wertehaltung mit Bezug zu den kulturellen Herausforderungen des Gastlandes zu erreichen, werden **erfahrungsbezogene-landesspezifische** Maßnahmen eingesetzt. Diese Maßnahmen sind Fallstudien, Rollenspiele und Kontrast-Kultur Trainings, bei denen mit fiktiven Verhandlungspartnern aus dem Gastland oder mit einem ehemaligen Expatriate, der mit den kulturellen Herausforderungen des Gastlandes vertraut ist, verhandelt werden muss.

Bei **intellektuell-landesübergreifenden** Maßnahmen werden die Teilnehmer mit ihren eigenen Verhaltensweisen und Werten konfrontiert, indem ihnen ihr Verhalten in aufgezeichneten Rollenspielen gezeigt und darüber mit der Gruppe diskutiert wird. Auch werden Kulturmodelle, wie z. B. das Modell von Hofstede, herangezogen, um ein Bewusstsein für die unterschiedlichen kulturellen Besonderheiten zu bilden.

Simulationsspiele mit eigens entwickelten Kunstkulturen, die im Gegensatz zu einander stehen, zählen zu den **erfahrungsbezogenen-landesübergreifenden** Trainingsmethoden. Sie haben zum Ziel, Empathie und Ambiguitätstoleranz zu befördern sowie die Fähigkeit zu entwickeln, mit zunächst nicht offensichtlichen Situationen umzugehen. Zu den erfahrungsbezogenen-landesübergreifenden Trainingsmethoden gehört auch die Mitarbeit in internationalen Teams, um interkulturelle Kompetenzen und Fähigkeiten zu erlangen bzw. um diese zu verbessern (vgl. Holtbrügge und Welge 2015, S. 332 ff.).

9.2.3 Die Entsendung

Expatriates können im Rahmen ihrer Entsendung unterschiedliche Rollen bzw. Aufgaben einnehmen. So werden Expatriates oft entsandt, um Tochtergesellschaften aufzubauen. Da sich der Aufbau zu Beginn der Internationalisierung am Mutterunternehmen orientiert, wird von **Structure Rerpoducer** gesprochen. Die Rolle des **Trouble Shooters** nimmt ein Expatriate immer dann ein, wenn die Zielsetzung seiner Entsendung die Lösung eines Problems der Tochtergesellschaft ist. Ein Expatriate kann auch ein **Operational Element** darstellen und eine betriebliche Funktion, meist Führungsfunktion, übernehmen. In seiner Funktion als **Chief Executive Officer** (CEO) führt der Expatriate die Tochtergesellschaft (vgl. Festing et al. 2011, S. 254; Experteninterview 2019/2020).

Die Dauer und Art der Entsendungen haben sich in den letzten Jahren verändert. Während in den vergangenen Jahren oft die Annahme galt, dass der Einsatz eines Expatriates sich erst nach drei Jahren amortisieren würde, haben sich die Formen und der Zeithorizont verändert. Als Beispiele hierfür sind kurze Auslandseinsätze, Pendeleinsätze mit wöchentlichen Heimreisen oder die Kombination von längeren Dienstreisen mit virtuellen Arbeitstreffen oder Kurztreffen (Halfway-Meeting) zu nennen. Diese Formen finden vor allem im Rahmen von internationalen Projekten statt, die insgesamt tendenziell zugenommen haben (vgl. Blom und Meier 2017, S. 119).

Virtuelle Auslandseinsätze: mithilfe moderner Kommunikationstechnologien haben für Mitarbeiter den Vorteil, den Wohnort nicht verlassen zu müssen (vgl. dazu Fidi 2019). Beispielsweise implementiert und wartet die Firma SAP ihre eingesetzten Systeme bei den weltweit vorhandenen Kunden mithilfe der modernen Informations- und Kommunikationstechnologien, ohne dass der Mitarbeiter vor Ort sein muss. Diese Form der Entsendung vermeidet zahlreiche Probleme der Entsendung, wie hohe Kosten, Kulturschock oder Trennung von Familie und sozialem Umfeld (vgl. Holtbrügge und Welge 2015, S. 338). Allerdings ist diese Art der Entsendung nur für einen bestimmten Typus von Mitarbeitern geeignet, etwa wenn der Mitarbeiter als Operational Element eine Funktion, wie z. B. die Fernwartung von Anlagen erfüllen muss. Sobald es aber um Führungsverantwortung geht, bei der i. d. R. ein direkter zwischenmenschlicher Kontakt nötig ist, erscheint diese Form der Entsendung ungeeignet (vgl. Experteninterview 2019/2020). Darüber hinaus lassen sich bestimmte Entsendungsziele, wie z. B. der Aufbau eines Internationalisierungs-Know-hows oder aber auch die Entwicklung einer globalen Orientierung und Einstellung bei den Führungskräften, mit dieser Form der Entsendung nicht erreichen.

Eines der Hauptrisiken der klassischen Entsendung eines Expatriates besteht im vorzeitigen Abbruch der Entsendung, da beispielsweise ein Expatriate in etwa das 2,5-Fache eines lokalen Mitarbeiters kostet. Weiterhin besteht die Annahme, dass ca. 10 % der Entsendungen scheitern. Die dadurch entstehenden Kosten lassen viele Entscheider von einer Entsendung absehen. Dadurch erscheint die Rekrutierung eines lokalen Mitarbeiters aus dem Gastland als sinnvoller. (vgl. Luthans und Doh 2018, S. 512). Die Gründe für den Abbruch einer Entsendung seitens des Expatriates sind vielfältig. So werden familiäre Probleme, aber auch mangelnde Reife und Überforderung der Expatriates genannt (vgl. Festing et al. 2011, S. 279). Welche der genannten Gründe das Hauptgewicht haben, lässt sich nicht eindeutig beantworten, da die Gründe für einen Abbruch nicht immer in der Person des Expatriates und seinem familiären Umfeld begründet sein müssen. So kann ein Grund dafür auch die Entsendungspolitik des Unternehmens sein. Die Nennung familiärer Probleme wird allerdings sehr häufig erwähnt, wenn es um Erklärungsgründe für einen Abbruch der Entsendung geht. So wurde im Rahmen einer Untersuchung unter 200 Unternehmen, die von der Wirtschaftsprüfungsgesellschaft Deloitte im Jahre 2008 durchgeführt wurde, als Hauptgrund für einen frühzeitigen Abbruch der Entsendung die mangelhafte Integration der Familie im Gastland genannt (vgl. Deloitte 2008, S. 27). Allerdings gilt zu berücksichtigen, dass die Familie, wie bereits in Abschn. 9.2.1 erwähnt, die Akkulturation des Expatriates auch erleichtern kann.

Neben Integrationsproblemen sind noch weitere familiäre Probleme zu nennen, die die Abbruchrate verstärken bzw. dazu führen, dass eine Entsendung nicht zustande kommt. So kann die Betreuung von pflegebedürftigen Angehörigen oder schulpflichtigen Kindern ein Hinderungsgrund sein. Zusätzlich kann die Dual Career-Problematik eine Rolle spielen. Bei der Dual-Career-Problematik verfolgen beide Ehepartner unterschiedliche Karriereziele, die eine Entsendung eines Ehepartners behindern können. Ein Lösungsansatz, den hier das Unternehmen bieten kann, wäre eine berufliche Einbindung des Ehepartners in das Unternehmen, um beide in die Tochtergesellschaft zu entsenden (vgl. Festing et al. 2011, S. 277 f.). Diese Vorgehensweise ist allerdings nur möglich, wenn sich die Karrierepläne des Ehepartners mit einem solchen Angebot vereinbaren lassen. Bezüglich schulpflichtiger Kinder hat sich das System der International Schools etabliert. Diese Schulen unterrichten weltweit nach einem einheitlichen Standard und sind an vielen Standorten der Welt präsent (vgl. Iscresearch o. J.).

Um Abbruchraten zu mindern, ist es notwendig zu wissen, welche Faktoren aus der Sicht der Exptariates für eine gelungene Entsendung wichtig sind. Im Rahmen der Studie „Expat Insider 2019" beurteilten weltweit 20.259 Teilnehmer Entsendungsländer hinsichtlich fünf Faktoren, die für eine Entsendung wichtig sind:

- Die allgemeine Lebensqualität, die wiederum von Freizeitmöglichkeiten, Mobilität, Sicherheit, Gesundheit und einem digitalen Leben beeinflusst wird.
- Leichte Integration in das Gastland, die durch Freunde, Sprache und ein Willkommensgefühl beeinflusst wird.
- Finanzen, welche durch Gehalt und Lebenshaltungskosten vor Ort bestimmt werden.
- Die Arbeit im Gastland, die durch die Karriereperspektiven, Arbeitsplatzsicherheit und -zufriedenheit sowie das Verhältnis von Arbeit zu Freizeit bestimmt wird.
- Das Familienleben, wobei hier insbesondere die Qualität und Kosten der Ausbildung der eigenen Kinder im Gastland von Bedeutung sind sowie das allgemeine Wohl der Familie (vgl. Internations 2019).

9.2.4 Der Arbeitsvertrag und die Vergütung

Der Entsendungsvertrag kann unterschiedlich gestaltet werden. So wird im Rahmen des **Einvertragsmodells** vom ursprünglichen inländischen Arbeitsvertrag ausgegangen. Dieser wird um einen zusätzlichen Entsendungsvertrag ergänzt.

Beim **Zweivertragsmodell** ruht der Arbeitsvertrag mit der Muttergesellschaft. Zusätzlich wird ein Vertrag mit der Tochtergesellschaft geschlossen. Die Zweivertragsregelung ist dann sinnvoll, wenn der Mitarbeiter überwiegend in der ausländischen Tochtergesellschaft tätig ist. Der Arbeitsvertrag mit der Muttergesellschaft ist auch beim **Commuting** die rechtliche Basis für das Arbeitsverhältnis. Unter Commuting ist eine Art Pendeln zwischen zwei Arbeitsorten (In- und Ausland) zu verstehen. Beim Commuting werden Zusatzvereinbarungen zum Arbeitsvertrag geschlossen, die sich auf Unterkunft und Anzahl der Heimreisen beziehen (vgl. DGFP 2010, S. 77 f.). Die Art der Entsendung ist letztendlich dafür ausschlaggebend, wer Hauptvertragspartner des Entsandten ist. Abb. 9.5 zeigt eine Übersicht, wer jeweils bei welcher Form der Entsendung Vertragspartner ist.

Der Entsendungsvertrag eines Expatriates ist eine Ergänzung zum bestehenden Arbeitsvertrag und regelt u. a. Einsatzort und -dauer, Gehalt, Zulagen, Urlaub, zusätzliche Versicherungen, die Repatriierung, aber auch Regelungen bezüglich der Schulen der Kinder sowie Regelungen bei einem vorzeitigen Abbruch der Entsendung (vgl. dazu Blom und Meier 2017, S. 114; Luthans und Doh 2018, S. 527 ff.).

Die Entgeltgestaltung ist für viele Expatriates einer der wichtigsten Bestandteile ihres Arbeitsvertrages. Das Gehalt eines Expatriates setzt sich in der Regel aus seinem Grundgehalt im Mutterunternehmen und verschiedenen Zulagen zusammen. Auslandszulagen machen in der Regel 10 % des Grundgehalts aus. Die Summe der unterschiedlichen Formen von Zulagen für Länder mit bestimmten Erschwernissen kann sogar 10 % bis 40 % des Grundgehalts betragen. Solche Zulagen können u. a. Lebenshaltungsausgleich, Schulgebühren, Wohnkostenzuschuss, Trennungsentschädigung etc. sein. Sie dienen als Ausgleich für die zusätzlichen Belastungen durch den Auslandseinsatz (vgl. Perlitz und Schrank 2013, S. 705 f.; Holtbrügge und Welge 2015, S. 340 f.).

Fallgruppen	Dauer der Entsendung	Unternehmensbezug
Dienstreisen	3 Monate	In der Regel Vertrag und Gehalt durch entsendendes Unternehmen
Abordnungen	3-12 Monate	
Delegationen	1-5 Jahre	
Versetzungen	1-5 Jahre	In der Regel Vertrag und Gehalt durch aufnehmendes Unternehmen
Übertritte	Ohne Befristung	

Abb. 9.5 Entsendungsarten und Vertragspartner. (Quelle: Festing et al. 2011, S. 387)

Musterberechnung Auslandsentsendung Ägypten in Euro				
Basiseinkommen Deutschland	*1.Jahr*	*2. Jahr*	*3. Jahr*	*gesamt*
Bruttoeinkommen Deutschland	70.000	70.000	70.000	210.000
Steuer Deutschland	-12.969	-12.969	-12.969	-38.908
Sozialversicherung Deutschland	-11.269	-11.269	-11.269	-33.806
Nettogehalt	**45.762**	**45.762**	**45.762**	**137.286**
Entsendungszulagen				
Mietzuschuss	24.984	24.984	24.984	74.952
Lebenshaltungskostenausgleich	513	513	513	1.539
10 % Mobilitätszulage (auf Nettogehalt D)	4.576	4.576	4.576	13.728
10 % Länderzulage (auf Nettogehalt D)	4.576	4.576	4.576	13.728
Auslandsnettogehalt	**80.411**	**80.411**	**80.411**	**241.233**
Steuern und Sozialversicherung				
Sozialversicherung D, Arbeitnehmeranteil	11.269	11.269	11.269	33.806
Sozialversicherung D, Arbeitgeberanteil	11.269	11.269	11.269	33.806
Steuer Gastland auf Nettogehalt Ausland	14.728	14.728	14.728	44.184
Betriebl. Altersvorsorge, ggf. Steuern Ausland	480	480	480	1.440
Betriebl. Unfallversicherung, ggf. s.o.	600	600	600	1.800
Betriebl. Auslandskrankenvers., ggf. s.o.	3.000	3.000	3.000	9.000
Gehaltskosten Arbeitgeber p.a.	**121.757**	**121.757**	**121.757**	**365.270**
Expatriates Benefits (netto)	*1.Jahr*	*2.Jahr*	*3.Jahr*	*Gesamt*
Look & See Trip, Mitarbeiter/Familie	2.560	-	-	2.560
Interkulturelles Training, Mitarbeiter/Familie	2.000	-	-	2.000
Sprachkurs, Mitarbeiter/Familie	3.300	-	-	3.300
Umzug	8.000	-	8.000	16.000
Hotel für 30 Tage	4.800	-	4.800	9.600
Einlagerung Möbel	500	-	500	1.000
Relocation-Service	2.000	-	1.000	3.000
Markler-Courtage	2.000	-	2.000	4.000
Einrichtungspauschale	2.500	-	2.500	5.000
Steuerberatung	2.400	2.400	2.400	7.200
Internationale Schule, 3 Kinder	15.252	15.252	15.252	45.756
Heimflug 1 x p.a. für die Familie	5.000	5.000	5.000	15.000
Summe Benefits	**50.312**	**22.652**	**41.452**	**114.416**
Steuer Ausland auf Benefits	12.578	5.633	10.363	28.604
Gesamtkosten Benefits	62.890	28.315	51.815	143.020
Gesamtkosten	**184.647**	**150.072**	**173.572**	**508.290**

Abb. 9.6 Kostenberechnung einer Auslandsentsendung. (Quelle: Blom und Meier 2017, S. 126; DGFP 2010, S. 171–172)

Abb. 9.6 zeigt exemplarisch eine Musterberechnung für die Auslandsentsendung eines Expatriates nach dem Einvertragsmodell. Die Dauer der Entsendung ist in diesem Fall mit drei Jahren angesetzt und es wird dabei von einem verheirateten Expatriate mit drei Kindern ausgegangen:

Diese Art der Kostenkalkulation nährt die Befürchtung, dass Expatriates die Entsendungsländer in attraktive und weniger attraktive einteilen und damit diejenigen Länder anstreben, die finanziell attraktiver sind. Dies kann dazu führen, dass Expatriates ihren Aufenthalt in finanziell attraktiven Ländern verlängern oder diejenigen Unternehmen suchen, die ihnen die Möglichkeit bieten, in diesen Ländern zu arbeiten.

9.2 Personalpolitische Herausforderungen bei der Entsendung von …

		USA	Japan
1		150 T	150. T €
2	- Einkommenssteuer Deutschland	- 40 T €	- 40 T €
3	- Sozialabgaben Deutschland	- 16 T €	- 16 T €
4	- Wohnkosten in Deutschland (15 % von 1)	- 23 T €	- 23 T €
5	Verfügbares Nettoeinkommen in Deutschland	71 T €	71 T €
6	+/- Kaufkraftausgleich	- 8 T €	+ 71 T €
7	+ Auslandszulage (auf 1-2)	+ 11 T €	+ 33 T €
8	+ Mieteigenanteil (15 % von 1)	+ 23 T €	+ 23 T €
9	Nettoanspruch im Ausland	97 T €	198 T €
10	+ Sozialabgaben in Deutschland	+ 12,5 T €	+ 12,5 T €
11	+ Einkommenssteuer im Gastland	+ 34,5T €	+ 45,5 T €
12	Bruttovergütung im Ausland	144 T €	256 T €

Abb. 9.7 Balance Sheet Approach. (Quelle: Berndt et. al. 2016, S. 611)

Um dieser Problematik begegnen zu können, wird der Balance Sheet Approach zur Kalkulation des Entgelts vorgeschlagen (vgl. dazu Holtbrügge und Welge 2015, S. 341).

Die Orientierung in Richtung finanziell attraktivere Länder ist hingegen weniger bei Expatriates der Generation Y zu beobachten. Für die Generation Y (Geburtsjahr 1980–1995), die auch als **„Digital Natives"** bezeichnet werden, ist ein hohes Einkommen nicht das ausschlaggebende Kriterium für die Wahl der Arbeitsstelle. Diese Generation strebt eher soziale Mobilität, flexible Arbeitszeiten und eine ausgeglichene Work-Life Balance an (vgl. dazu Einramhof-Florian 2017, S. 61 ff.; Internations 2019).

Insgesamt betrachtet sind finanzielle Zulagen in den Unternehmen aber dennoch eine wichtige Größe, wenn es um die Entsendung von Expatriates geht. In welcher Höhe und welche Zulagen gewährt werden, hängt vom Entsendungsland und der Entgeltpolitik des Unternehmens ab. Diesbezüglich haben sich folgende Formen der Entsendungsentlohnung entwickelt (vgl. dazu Blom und Meier 2017, S. 125 f.; Luthans und Doh 2018, S. 530):

- Der Balance Sheet Approach: Dieser Ansatz hat zum Ziel, das Gehalt so zu gestalten, dass eine Auslandsentsendung keinen finanziellen Verlust für den Expatriate bedeutet.

Die Kalkulation kann wie in Abb. 9.7 ersichtlich aussehen.

- Des Weiteren kann das Entsendungsentgelts über Verhandlungen festgelegt werden. Diese spielen oft dann eine Rolle, wenn ad hoc Entsendungen nötig sind. Diese Art der Entgeltbestimmung ist häufig als Ergänzung zu den im Unternehmen bestehenden Methoden der Entgeltfindung zu sehen.
- Die Orientierung am Gastland-Standard (Localization): Dieser Ansatz wird genutzt, wenn es sich um Mitarbeiter handelt, die am Anfang ihrer Karriere stehen und noch über keine umfangreiche Berufserfahrung verfügen, wie es z. B. bei jungen Hochschulabsolventen der Fall ist. Bei älteren und erfahrenen Mitarbeitern wird dieser Ansatz nur dann fruchten, wenn er mit Zulagen verbunden ist oder der Mitarbeiter aufgrund langjähriger Entsendungen kaum mehr Bezug zum Mutterunternehmen hat.
- Weiterhin zu nennen ist die Lump-Sum Methode, welche aus einer einmaligen meist hohen Prämie besteht und bei der der Expatriate selber entscheidet, wie er diesen Betrag ausgibt.
- Auch die Cafeteria Methode (vgl. Abb. 9.3) kann hier zum Einsatz kommen
- Weiterhin können Unternehmen Länderkategorien für die Entwicklung von Entgeltregelungen bilden. Dabei werden je nach Region Gehaltskategorien gebildet und die Expatriates je nach Einsatzregion gemäß der jeweiligen Kategorie bezahlt.

Die Vergütungssysteme verändern sich genauso wie Art und Form der Arbeit. Insbesondere aufgrund anderer Wertesysteme neuer Mitarbeitergenerationen, wie z. B. der Generation Y, sind flexible und oft individualisierte Formen der Vergütung von Bedeutung. Nicht zu unterschätzen ist der Einfluss der Digitalisierung auf die Vergütung. Die Arbeit 4.0 wird sich nicht nur auf den nationalen Arbeitsmarkt mit Forderungen nach mehr Flexibilität und Agilität, sondern auch immer mehr auf internationale Märkte auswirken und damit die Formen der Vergütung national sowie international beeinflussen.

9.2.5 Anpassungsprozesse und Betreuung des Expatriates

Die Entsendung von Mitarbeitern erfordert eine Anpassung hinsichtlich neuer beruflicher Herausforderung, neuer Kolleginnen und Kollegen mit einem anderen kulturellen Background und damit eine Anpassung an ein neues Land und an eine neue Kultur. Da die klassische Form der Entsendung einen Zeitraum von drei bis fünf Jahren umfassen kann, ist der Erfolg einer Entsendung von der Anpassungsfähigkeit der Entsandten abhängig. Die Mitarbeiter erleben dabei die Entsendung je nach Persönlichkeit, Auslandserfahrung und Gastland unterschiedlich. Die Literatur spricht verallgemeinernd von einem Anpassungsphasenkonzept, welches die verschiedenen kulturellen Anpassungssituationen eines Expatriates im Gastland beschreibt. Diese Phasen bestehen aus der **Erwartungsphase,** die zunächst durch eine positive Grundhaltung des Expatriates gekennzeichnet ist, da dieser mit der bevorstehenden Entsendung einen beruflichen

Aufstieg und Neugier auf das Neue verbindet. Der Grad der Zufriedenheit ist hier noch hoch. In der **Beobachtungsphase** ist der Expatriate im Gastland angekommen, voller Erwartungen und positiv-optimistisch eingestellt. Die **Kulturschockphase** tritt nach ca. sechs Wochen ein, wenn der Expatriate bestimmte Verhaltensweisen der Gastlandangehörigen nicht versteht und andere Arbeitseinstellungen aufeinanderprallen. Dieser Schock tritt meistens dann ein, wenn Expatriates Verhaltensweisen und Ereignisse im Gastland mit den kulturellen Werten des Heimatlandes vergleichen (**Self Reference Criterion**). In dieser zwischen drei und sechs Monaten dauernden Phase nimmt die Zufriedenheit des Mitarbeiters drastisch ab. Hier ist auch die Gefahr des Abbruchs der Entsendung am größten. Die darauffolgende Phase wird als **Anpassungsphase** oder **Akkulturation** bezeichnet und ist das Resultat einer differenzierten Auseinandersetzung mit den neuen Bedingungen. Erlangte Sprachkenntnisse und die Relativierung der eigenen Werte führen dazu, dass der Expatriate in der Lage ist, kulturelle Unterschiede zu verstehen. Der Grad der Zufriedenheit ist in dieser Phase hoch. Die **Aufbruchphase** tritt ein, wenn der Auslandseinsatz sich seinem planmäßigen Ende neigt und ist aufseiten des Expatriates durch Unsicherheiten gekennzeichnet. Die Ungewissheit über die berufliche Zukunft wie auch das Bedauern über den Verlust einer liebgewonnenen Umgebung und den Menschen belasten ihn. Diese Einstellung kann bei der Rückkehr ins Heimatland zu einem Kontra-Kulturschock führen. Gelingt die Wiedereingliederung des Mitarbeiters in das Mutterunternehmen, setzt die **Wiederanpassungsphase** ein (vgl. dazu Thomas et al. 2003, S. 241 ff.; Festing et al. 2011, S. 314 ff.; Holtbrügge und Welge 2015, S. 347; Blom und Meier 2017, S. 129 ff. und Abschn. 10.3).

Das Anpassungsphasenkonzept ist stark verallgemeinernd und berücksichtigt nicht die jeweils unterschiedlichen Ausgangsbedingungen der Entsendung. Mitarbeitern, die bereits als Expatriates tätig waren oder kulturelle Wurzeln im Gastland haben, fällt eine Anpassung sicherlich leichter als Mitarbeiter, die noch keinerlei Erfahrungen mit Auslandsentsendungen haben. Darüber hinaus spielt die Persönlichkeit des Mitarbeiters eine entscheidende Rolle für die Anpassungsfähigkeit an die Bedingungen des Gastlandes. Je nachdem, ob und wenn ja, wie stark und schnell der Wandel im kulturellen Selbstverständnis des Expatriates vollzogen wird, lassen sich folgende Mitarbeitertypen unterscheiden (vgl. Bochner 1982, S. 5–44; Thomas et al. 2003, S. 244):

- Mitarbeiter, die die Werte und Normen des Gastlands sofort annehmen, aber die Werte und Normen des Heimtatlandes ablehnen.
- Mitarbeiter, die die Werte des Gastlandes radikal ablehnen und sich stark an den Werten des Heimatlandes orientieren.
- Mitarbeiter, die sowohl die Werte des Heimatlandes als auch die des Gastlandes als wichtig und gut werten, diese jedoch nicht miteinander vereinbaren können und infolgedessen unter einem Identitätskonflikt leiden.
- Mitarbeiter, die ein multikulturelles Selbstverständnis aus der Verschmelzung der Werte und Normen beider Kulturen entwickelt haben.

Inwieweit eine Anpassung an die Gastlandbedingungen gelingt oder nicht, hängt auch von der **Betreuung** während des Auslandseinsatzes ab. Einige Unternehmen haben für ihre Entsandten die Funktion eines **Mentors** eingerichtet. Diese Mentoren befinden sich im Mutterunternehmen und betreuen Expatriates. Sie sind Hauptansprechpartner von Expatriates, informieren diese über Entwicklungen im Mutterunternehmen und achten darauf, dass diese bei personellen Veränderungen und Planungen im Mutterunternehmen nicht übergangen werden. Sie können auch in den Auswahlprozess der Expatriates mit eingebunden werden und sind von großer Bedeutung bei der späteren Reintegration.

Eine weitere Unterstützungsmaßnahme wäre die Inanspruchnahme von **Relocation Services.** Relocation-Service-Unternehmen unterstützen für einen zeitlich befristeten Zeitraum Expatriates mit Dienstleistungen, die ihnen die Eingliederung im neuen Umfeld erleichtern sollen. Dazu gehören neben der Organisation und Durchführung des Umzuges auch Behördengänge, die Unterstützung bei Einwanderungsfragen, aber auch interkulturelles Training und Beratung (vgl. ExpatsGuide o. J.).

Weitere Betreuungsmaßnahmen können das Angebot von Heimaturlauben, regelmäßige Telefon- oder Skypekonferenzen sowie kleine Aufmerksamkeiten zum Geburtstag oder zu den Feiertagen etc. sein. Diese Maßnahmen haben zum Ziel, dem Mitarbeiter zu vermitteln, dass er nicht vergessen wird und weiterhin als wichtiges Mitglied des Unternehmens gesehen wird. Solche Betreuungsmaßnahmen erleichtern auch die spätere Reintegration des Mitarbeiters in das Mutterunternehmen (vgl. Perlitz und Schrank 2013, S. 708).

9.2.6 Die Rückführung und Reintegration

Mitarbeiter, die mehrere Jahre im Ausland erfolgreich tätig waren, bringen in der Regel einen nicht zu unterschätzenden Erfahrungsschatz mit. Sie repräsentieren das Internationalisierungs-Know-how eines Unternehmens und können Impulse für die Weiterentwicklung der Internationalisierung und Unternehmenskultur geben. Umso problematischer ist es, wenn diese Mitarbeiter nach der Rückkehr das Unternehmen wieder verlassen. Rückkehrende Mitarbeiter befürchten, nach einem jahrelangen Einsatz im Ausland keinen Anschluss mehr an das Mutterunternehmen und an das soziale Leben im Heimatland zu finden. Auch vermissen sie ihre Position im Unternehmen des Gastlandes, den Verlust von sozialen Privilegien und die damit oft verbundene Anerkennung durch die lokalen Mitarbeiter. So sehen 43 % der Befragten, nach einer Studie von Berlitz International und Partner, die Rückkehr als schwierig an. Befragt wurden 404 Expatriates und 125 Angehörige im Zeitraum von 2010 bis 2011 (vgl. Karriere.blog, 2012). Nach Fleshmann kündigten im Jahr 2009 ca. 38 % der rückkehrenden Expatriates ihre Stelle (vgl. Fleshmann 2011). Der Grund mag in der mangelnden Reintegration seitens der Arbeitgeber liegen, so boten im Jahr 2008 nur 7 % der Unternehmen in Deutschland Reintegrationsmaßnahmen an (vgl. Deloitte 2008, S. 25). Diese Zahlen haben sich im Laufe der Jahre nicht stark geändert (vgl. Experteninterview 2019/2020). Das zeugt

Phase A Naive Integration	Phase B Reintegrationsschock	Phase C Echte Integration
Merkmale:	Merkmale:	Merkmale:
Freundliches oberflächliches Verstehen, Bereitwilligkeit und Offenheit für neue Erfahrungen. Allgemeiner Optimismus Euphorie des „Wieder zu Hause seins"	Erste Euphorie bröckelt ab. Man fühlt sich von den Kollegen nicht verstanden. Der Freundeskreis ist nicht mehr vorhanden. Alles hat sich verändert. Resignation, Ärger, Überheblichkeit, man fühlt sich nicht mehr zu Hause	Aufbau realistischer Erwartungen, Anpassung ohne Selbstaufgabe, Erweiterung des Verhaltensspektrums und Wiedererkennen alter Verhaltensmuster
- 6 Monate nach Rückkehr	Zwischen 6 und 12 Monate nach Rückkehr	Ab 12 Monate nach Rückkehr

Abb. 9.8 Prozessmodell der Reintegration. (Quelle: Hirsch 2003, S. 423)

davon, dass Unternehmen das Potenzial des Expatriates oft unterschätzen und seine Bedeutung, mit der Beendigung des Auslandseinsatzes für das Unternehmen abnimmt. Dafür sprechen auch die Zahlen der Kurzzeitentsendungen, die zugenommen haben (vgl. Siemann 2015). Die Bedeutung der klassischen Entsendung darf insbesondere für die Vermarktung von Dienstleistungen nicht unterschätzt werden, da der Mitarbeiter wie bereits erwähnt als Qualitätsindikator und als Instrument der Materialisierung der Dienstleistung gesehen werden kann. Damit die Ressource Expatriate und das damit verbundene Internationalisierung-Know-how nicht verloren geht, sind auf die Mitarbeiter abgestimmte Reintegrationsmaßnahmen notwendig. Um solche Maßnahmen zielorientiert zu entwickeln, ist ein Bewusstsein für die verschiedenen Phasen, die ein Expatriate in der Regel nach der Rückkehr durchläuft, notwendig. Dazu sei auf das Prozessmodell der Reintegration von Hirsch verwiesen. Nach Hirsch verläuft die Reintegration nach einem Drei-Phasen-Modell, wie in Abb. 9.8 dargestellt, ab.

Abb. 9.8 zeigt einen Verlauf, der idealerweise mit einer Reintegration endet. Falls der Expatriate aber die Phase B nicht überwindet, folgt die Kündigung oder die Bewerbung um eine neue Entsendung.

Um eine vorzeitige Kündigung zu vermeiden, bieten sich folgende Methoden der Reintegration an:

- Re-Entry-Garantien sichern dem Expatriate eine Anschlussbeschäftigung zu, wobei keine bestimmte Position versprochen, aber eine ähnliche oder bessere Position zugesichert wird (vgl. Luthans und Doh 2018, S. 534; Experteninterview 2019/2020).
- Eine andere Möglichkeit ist die Umgehung der Entsendungsproblematik durch eine weitere Entsendung des Mitarbeiters, sodass die Reintegration nur aufgeschoben wird.

- Befristete Entsendungsverträge sehen eine Reintegration nicht vor, sondern beenden das Arbeitsverhältnis mit dem Ende des Entsendungsprojekts. Diese Maßnahme führt allerdings dazu, dass das jahrelang erworbene Internationalisierungs-Know-how des Expatriates vom Mutterunternehmen nicht mehr genutzt werden kann, sondern anderen Unternehmen zur Verfügung gestellt wird.
- Der Übertritt in die Tochtergesellschaft umgeht auch eine Reintegration, da der ehemalige Expatriate Mitarbeiter der Tochtergesellschaft wird. Sein Arbeitsvertrag mit dem Mutterunternehmen wird gekündigt und ein neuer Arbeitsvertrag mit der Tochtergesellschaft geschlossen (vgl. DGFP 2010, S. 135 f.).
- Betreuung der Rückkehrenden durch ein Relocation-Service, ähnlich wie es bei der Entsendung möglich ist.
- Nachbesprechung und Erfahrungsaustausch mit anderen Rückkehrern.
- Betreuung durch den Mentor, der während der Entsendung Hauptansprechpartner im Mutterunternehmen war.
- Reintegrationsseminare (vgl. Hirsch 2003 S. 424 ff.; Blom und Meier 2017, S. 133 f.).

Wie stark die Reintegrationsproblematik sich auf ein Unternehmen auswirkt, hängt einerseits vom Auslandsort und der Dauer der Entsendung und andererseits von der Persönlichkeit des Expatriates ab.

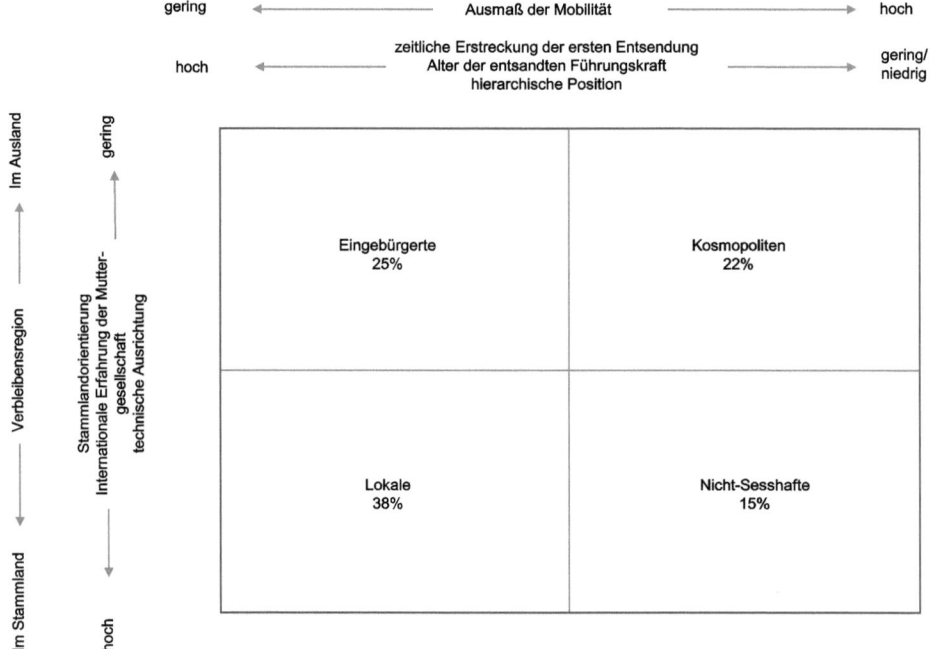

Abb. 9.9 Typologien von Expatriates. (Quelle: Borg und Harzing 1996, S. 289)

Expatriates, die sich an einem Einsatzort befunden haben, der geografisch und kulturell nicht allzu weit vom Heimatland entfernt ist, fällt die Reintegration in der Regel leichter als Expatriates, die sowohl geografisch als auch kulturell weit entfernt tätig waren. Die Persönlichkeit des Expatriates spielt bei der Frage nach der Reintegration ebenfalls eine wichtige Rolle. So lassen sich unterschiedliche Typen von Expatriates unterscheiden (siehe Abb. 9.9).

Die Unterscheidung der vier Typen erfolgt einerseits anhand des Ausmaßes der Mobilität, der Dauer der Entsendung, des Alter und der hierarchischen Position des Expatriates und andererseits anhand der Verbleibensregion, Heimatlandorientierung, internationalen Erfahrung der Muttergesellschaft und der technischen Ausstattung. Aus diesen beiden Dimensionen ergeben sich nach einer Untersuchung von Borg, die eine Befragung von 202 Führungskräften umfasste, je nach Ausprägung folgende vier Typen von Expatriates (vgl. Borg und Harzing 1996, S. 289 f.; Holtbrügge und Welge 2015, S. 349 ff.):

- **Lokale** sind sehr stammhausorientiert und pflegen während ihres Einsatzes den Kontakt zum Mutterunternehmen. Eine Reintegration ist bei diesem Typus von Mitarbeiter leicht möglich.
- **Nicht-Sesshafte** sind sehr mobil und haben oft mehrere Auslandsentsendungen erfahren. Die Bereitschaft, ins Ausland zu gehen, ist hoch, was dazu führt, dass diese Mitarbeiter öfter entsendet werden. Hier findet eine Reintegration erst nach mehreren Entsendungen statt. Dieser Mitarbeitertypus hat die größten Reintegrationsprobleme.
- **Eingebürgerte** verbleiben oft aufgrund familiärer Bindungen und schneller Akkulturation im Gastland, sodass es zu einem Übertritt kommt. Hier tritt das Problem der Reintegration nicht auf.
- **Kosmopoliten** haben aufgrund vieler Auslandseinsätze eine umfangreiche internationale Erfahrung und verfügen über wichtige Netzwerke, die für das Mutterunternehmen von großer Bedeutung sein können. Allerdings sind Kosmopoliten wenig loyal in Bezug auf das entsendende Unternehmen und verbleiben nach Beendigung ihrer Entsendung im Ausland oder arbeiten für andere Unternehmen vor Ort. Auch hier ergibt sich keine Reintegrationsproblematik.

Wie bereits erwähnt, werden die Reintegrationsmaßnahmen in viele Unternehmen unzureichend behandelt. Die Potenziale, die rückkehrende Mitarbeiter mitbringen, werden oft nicht erkannt. Reintegrationsmaßnahmen sind individuell zu planen. Es hat sich anhand der oben erwähnten Typologie gezeigt, dass die Reintegration am besten gelingt, wenn während der Entsendung intensiver Kontakt zur Muttergesellschaft gehalten wird (siehe Lokale; vgl. Experteninterview 2019/2020). Planungen sollten auch den Übertritt in die Tochtergesellschaft als eine Option der Umgehung der Reintegration mit berücksichtigen (siehe Eingebürgerte). Problematisch ist die Haltung gegenüber Kosmopoliten, da von diesem Mitarbeitertypus Mitarbeiter am meisten profitiert werden kann. Deren jahrelange Erfahrung und die aufgebauten Netzwerke stellen ein nicht zu unterschätzendes **Internationalisierungs-Know-how** dar, welches für eine internationale Ausrichtung des Unternehmens und für eine Weiterentwicklung der Unternehmenskultur einen strategischen Erfolgsfaktor darstellen kann.

Fragen zu Kap. 9:

1. Welche Ziele verfolgen Unternehmen mit der Entsendung von Mitarbeitern?
2. Wie wichtig ist Ihrer Ansicht nach das Digital Recruiting für die Gewinnung von Host-Country Nationals?
3. Diskutieren Sie das Für und Wider der Anwendung des eigenen Führungsstils im Gastland.
4. Welche Personalentwicklungsmaßnahmen schlagen Sie für Inpatriates vor? Begründen Sie Ihre Vorschläge.
5. Welche Vorbereitungsmaßnahmen für die Entsendung eines Expatriates schlagen Sie vor? Berücksichtigen Sie dabei, dass der Entsandte Repräsentant eines Dienstleistungsunternehmens ist.
6. Wie wichtig sind aus Ihrer Sicht Reintegrationsprogramme für Expatriates?
7. Welche Bedeutung kommt dem jeweiligen Expatriatetypus nach Borg und Harzig für die Generierung eines Internationalisierungs-Know-hows zu?

Literatur

Berndt, R.; Fantapie´ Altobelli, C.; Sander, M.: Internationales Marketing-Management, 5. Aufl., Berlin Heidelberg, 2016

Blom, H.; Meier, H.: Interkulturelles Management, 3. Aufl., Herne, 2017

Bochner, S.: The social psychology of cross-cultural relations, in: Bochner, S. (Ed.): Cultures in Contact, Studies in Cross-Cultural Interaction, Oxford, New York, Toronto, Sydney, Paris, Frankfurt am Main, 1982

Borg, M.; Harzing, A.W.: Karrierepfade und Effektivität internationaler Führungskräfte, in: Macharzina K.; Wolf, J. (Hrsg.): Handbuch Internationales Führungskräfte-Management, Stuttgart et al., 1996, S. 279–297

Brodbeck, F.C.: Die Suche nach universellen Führungsstandards: Herausforderungen im globalen Dorf, in: Wirtschaftspsychologie 1/2008, 2008, S. 19–22

Bruhn M.; Hadwich, K: Internationales Dienstleistungsmarketing, Strategien – Instrumente – Methoden, Stuttgart, 2016

Dämon, K.: Alle liebe Google. Die besten Arbeitgeber der Welt, in: Wirtschaftswoche, 24.06.2015, https://www.wiwo.de/erfolg/hochschule/alle-lieben-google-die-besten-arbeitgeber-der-welt/11930316.html, Stand: 20.09.2019

Deloitte: Entsendungsmanagement im Wandel. Eine Studie über Veränderungen im Entsendungsmanagement und was Unternehmen tun können, um ihre Mitarbeitererfolgreich entsenden, entwickeln und halten zu können, Frankfurt am Main, 2008, https://www.dgfp.de/hr-wiki/Entsendungsmanagement_im_Wandel.pdf, Stand: 21.11.2019

DGFP e.V.: Expat-Management Auslandseinsätze erfolgreich gestalten, Bielefeld, 2010

Einramhof-Florian, H.: Die Arbeitszufriedenheit der Generation Y: Lösungsansätze für erhöhte Mitarbeiterbindung und gesteigerten Unternehmenserfolg, Wiesbaden, 2017

ExpatsGuide: Relocation Services für Unternehmen, o. J., https://expatsguide.eu/de/relocation-services-2/geschaeftskunden/relocation-services-fuer-unternehmen, Stand: 24.11.2019

Experteninterviews: Experteninterviews zum Einfluss der Globalisierung und Digitalisierung auf das kulturelle Selbstverständnis von Expatriates, durchgeführt am Institut für Logistikmanagement der Karl Scharfenberg Fakultät der Ostfalia HAW im Wintersemester 2019/2020

Festing, M.; Dowling, P.J.; Weber, W.; Engle, A.D.: Internationales Personalmanagement, Wiesbaden, 2011

Fidi: Fluidity of assignments: from virtual to permanent, April, 2019, https://www.fidi.org/blog/fluidity-assignments-virtual-permanent, Stand: 21.11.2019

Fleshmann, B.: Warum Expats nach der Rückkehr das Unternehmen verlassen, 25.07.2011, https://www.expat-news.com/1891/interkulturelle-kompetenzen-ausland/warum-expats-nach-der-ruckkehr-das-unternehmen-verlassen, Stand: 24.11.2019

Gibbs, S.: Recruiting In China With WeChat: Why The Consumer Experience Matters, in: Digitalist Magazine, 07.02.2019, https://www.digitalistmag.com/future-of-work/2019/02/07/recruiting-in-china-with-wechat-why-consumer-experience-matters-06196003, Stand 28.11.2019

Hill, C. W.: International Business, competing in the global market place, 10th ed., Maidenhead Berkshire, 2014

Hirsch, K.: Reintegration von Auslandsmitarbeitern, in: Bergemann, N.; Sourisseaux, A.L.J. (Hrsg.): Interkulturelles Management, 3. Aufl., Heidelberg, 2003, S. 417-430

Holtbrügge, D.; Welge; M.K.: Internationales Management, Theorien, Funktionen, Fallstudien, 6. Aufl., Stuttgart, 2015

House, R.J.; Dorfman, P.W.; Javidan, M.; Hanges. P.J.: Sully de Luque, M.: Strategic Leadership Across Cultures. The Globe Study of CEO Leadership Behavior and Effectiveness in 24 Countries, Los Angeles, London, New Delhi, Singapore, Washington DC, 2014

House, R.J.; Hanges, P.J.; Javidan, M.; Dorfman, P.W.; Gupta, V.: Culture, Leadership and Organizations, The GLOBE Study of 62 Societies, California, London, New Delhi, 2004

IKUD: International erfolgreich agieren – Interkulturelles Training & Internationales Management. Göttingen 2018, https://www.ikud-seminare.de/fuer-unternehmer.html, Stand: 21.11.2019

Internations: Expat Insider 2019 – The World Through Expat Eyes, München, 2019, https://www.internations.org/expat-insider, Stand: 21.11.2019

Jäger, W.; Meurer, S.: Recruiting-Strategien 2018 – Erfolgreiche Instrumente zur Bewerbersuche, in: Personalwirtschaft.de Köln 2018, https://www.personalwirtschaft.de/assets/documents/Downloads/Studienband-Recruiting-Strategien-2018.pdf, Stand: 12.11.2019

Jung, H.: Personalwirtschaft, 10. Aufl., Berlin, Boston, 2017

Karriere.blog: Expatriates: Chancen und Risiken des Auswanderns auf Zeit, 15.06.2012, https://www.karriere.at/blog/expatriates-chancen-risiken.html, Stand: 24.11.2019

Luthans, F.; Doh, J.P.: International Management, Culture, Strategy, and Behavior, 10th. ed., New York, 2018

Macharzina, K.; Wolf, J.: Unternehmensführung, Das internationale Managementwissen, Konzepte – Methoden – Praxis, 10 Aufl., 2018

Meckl, R.: Internationales Management, 3. Aufl., München, 2014

Olfert, K.: Personalwirtschaft, 16. Aufl., Herne, 2015

Perlitz, M.; Schrank, R.: internationals Management, 6. Aufl., Konstanz, München, 2013

Ramme, I.: Darstellung und Bedeutung von Dienstleistungen, in: Pepels, W. (Hrsg.): Betriebswirtschaft der Dienstleistungen, 3. Aufl., Berlin, 2015, S. S.1–25

Selmar, J.: Effects of Coping Strategies on Sociocultural and Psychological Adjustment of Western Expatriate Managers in the PRC, in: Journal of World Business, 1999, pp. 41–51

Shi-Kupfer, K.; Ohlberg, M.: CHINA'S DIGITAL RISE – Challenges for Europe, in: Mercator Institute for China Studies, Berlin, 07.04.2019, https://www.merics.org/sites/default/files/2019-04/MPOC_No.7_ChinasDigitalRise_web_final.pdf, Stand: 12.11.2019

Siemann, C.: Gegen das große Fremdeln in der Heimat, in Personalwirtschaft, Ausgabe 5, Special Auslandsentsendung – 2015, https://www.personalwirtschaft.de/produkte/archiv/magazin/ausgabe-5-special-auslandsentsendung-2015/0:7348304.html, Stand: 24.11.2019

Thomas, A.; Hagemann, K.; Stumpf, S.: Training interkultureller Kompetenz, in: Bergemann, N.; Sourisseaux, A.L.J. (Hrsg.): Interkulturelles Management, 3. Aufl., Heidelberg, 2003, S. 109-131

Wagner, D.: Cafeteria-Systeme in Deutschland:Überlegungen zur praktischen Anwendung, erste Veröffentlichung, in: Personal 1982/6, S. 234–238, in: Postprints der Universität Potsdam Wirtschafts- und Sozialwissenschaftliche Reihe; 041, https://publishup.uni-potsdam.de/opus4-ubp/frontdoor/deliver/index/docId/4773/file/1982_cafeteria_systeme.pdf, Stand: 01.11.2019

Weitzel, T.; Maier, C.; Oehlhorn, C.; Weinert, C.; Wirth, J.; Laumer, S.: Social recruiting und active sourcing, 03/2019, https://www.uni-bamberg.de/fileadmin/uni/fakultaeten/wiai_lehrstuehle/isdl/Studien_2019_01_Social_Recruiting_Web.pdf, Stand: 13.11.2019

Yousefi, H.R.; Braun, I.: Interkulturalität – eine interdisziplinäre Einführung, Darmstadt, 2011

Interkulturelles Management 10

Lernziele:

Nach Lesen dieses Kapitels kennen Siess:

- die theoretischen Grundlagen des interkulturellen Managements,
- die unterschiedlichen Definitionen und Konzepte des Begriffs Kultur,
- wichtige Kulturvergleichsstudien, die als Basis für das Kulturverständnis im internationalen Management herangezogen werden können,
- die Abläufe der Akkulturationsprozesse,
- die Bedeutung des Begriffs Lernkultur im Zusammenhang mit den Veränderungsprozessen im kulturellen Selbstverständnis von Expatriates,
- Grundlagen der (interkulturellen) Kommunikationstheorie,
- die Zusammenhänge zwischen Landes-, Unternehmens- und Branchenkultur und die damit verbundenen Auswirkungen auf international ausgerichtete Unternehmen,
- kulturelle Länderprofile anhand ausgewählter Beispiele.

In den vorangegangenen Kapiteln wurde dargestellt, dass die Vermarktung von Dienstleistungen in besonderem Maße kulturabhängig ist und dass der Kulturfaktor die Entsendung von Expatriates stark beeinflusst. In diesem Zusammenhang rückt das interkulturelle Management in den Fokus der Betrachtung. Nach Perlitz/Schrank befasst sich das interkulturelle Management *„mit der konkreten Gestaltung von funktionalen, strukturalen und personellen Managementprozessen. Ziel ist die erfolgreiche Bewältigung kulturbedingter Managementprobleme durch Bereitstellung entsprechender Lösungsvorschläge für effizientes interkulturelles Handeln"* (Perlitz und Schrank 2013, S. 139). Diese Definition geht von kulturbedingten Managementproblemen aus, ohne dabei jedoch den Aspekt der kulturbedingten Chancen zu thematisieren. Die Erkenntnisse des interkulturellen Managements können für die Führung einer diversen Belegschaft sowohl im Gastland als auch im Heimatland verwendet werden. Mit einer diversen Belegschaft sind zahlreiche Vorteile verbunden, die durch die Anwendung dieser Erkenntnisse nutzbar gemacht werden können (vgl. DGFP 2014). Darüber hinaus können die gewonnenen Erkenntnisse auch für die Generierung neuer Segmente im Sinne eines Ethnomarketings eingesetzt und damit als Chance gesehen werden.

Unabhängig davon, wie die Zielsetzung des interkulturellen Managements zu sehen ist, besteht bei der Auseinandersetzung mit dieser Thematik zunächst die Notwendigkeit einer genauen und differenzierten Begriffsdefinition von Kultur. Dabei soll im Folgenden ein Ansatz verfolgt werden, der zunächst den Begriff aus der sozial- und erziehungswissenschaftlichen Perspektive betrachtet. Durch diesen Ansatz werden – in der Zusammenführung mit der Perspektive des Interkulturellen Managements – interdisziplinäre Betrachtungsweisen berücksichtigt. Diese spielen insbesondere dann eine Rolle, wenn es um die Erklärung von Veränderungen im kulturellen Selbstverständnis von Expatriates geht. Dazu wird u. a. auch auf die Thematik der **Akkulturation** eingegangen, die eine Erklärung für die Veränderungsprozesse eines Menschen, der längere Zeit in einer anderen Gesellschaftskultur lebt, liefern soll. In diesem Zusammenhang fließen ergänzend die Ergebnisse einer qualitativen Erhebung unter Expatriates aus Industrie und Dienstleistung ein. Bei der Erhebung, die am Institut für Logistikmanagement der Ostfalia HAW im WS 2019/2020 durchgeführt wurde, handelt es sich um leitfadengestützte Experten-Interviews. Die Zielsetzung dieser Erhebung war es herauszufinden, inwiefern Expatriates aufgrund ihres Auslandeinsatzes eine Veränderung in ihrem kulturellen Selbstverständnis erfahren haben. Die Ausführungen zu Kommunikationstheorien und -modellen im Allgemeinen und zur interkulturellen Kommunikation im Speziellen werden in der Folge durch die interkulturelle Verhandlungsführung ergänzt. Anschließend werden betriebswirtschaftliche Aspekte wieder stärker in den Fokus gerückt, indem zunächst auf die kontroverse Diskussion der Kulturgebundenheit oder Nicht-Kulturgebundenheit von Managementtechniken eingegangen wird. In der Folge werden die Unternehmens- und Branchenkultur und deren Auswirkungen auf das betriebliche Leben dargestellt. Um eine Sensibilisierung des Lesers für unterschiedliche Landeskulturen und deren Auswirkungen auf betriebswirtschaftliche Fragestellungen zu erzeugen, werden abschließend in Abschn. 10.7 die Länder **USA, Japan, China** und exemplarisch für arabische Länder die Länder Marokko und Kuwait hinsichtlich bestimmter Kulturvariablen analysiert. Dies allerdings immer unter Berücksichtigung der zu Beginn von Abschn. 10.1 und 10.7 durchgeführten Analysen bezüglich der Stereotypisierung von Menschen einer bestimmten Kultur.

10.1 Theoretische Grundlagen zum Kulturbegriff

Im Folgenden sollen Grundlagen der **Kulturtheorien** im Überblick dargestellt werden und der mit dem **Kulturbegriff** implizit einhergehende Verweis auf Verschiedenheit sowie das ethnisierende, essentialisierende und determinierende Verständnis von

Kultur und die daraus scheinbar resultierende de facto Unvereinbarkeit von bzw. „der" Kulturen hinterfragt werden. Die Vorstellung einer bipolaren Einteilung und den damit einhergehenden Erklärungsmustern für misslingende interkulturelle Kommunikationssituationen sollen hierbei dargestellt werden. Die sukzessive theoretische Erschließung und Diskussion des Kulturbegriffs, der Kulturkonzepte, der Kulturtheorien, der Kulturvergleichsstudien sowie der Kommunikationstheorien bilden die konzeptionelle Grundlage der darauffolgenden Punkte und sind aus drei Gründen notwendig und zugleich vielversprechend: Zum einen entscheidet Kultur maßgeblich darüber, wie Menschen sich verständigen und wie bzw. ob sie sich verstehen. Der Analyse dieses Verständigungs- und Verstehensprozesses muss die Analyse des Kulturbegriffes vorangestellt werden. Zum anderen ermöglicht die theoretische Auseinandersetzung mit dem Kulturbegriff die Nachvollziehbarkeit bzw. Kritik an der kausalen Betrachtung von Kultur und Identitätskonstruktionen (vgl. Straub 2019). Schließlich können diesbezügliche Prozesse, wie z. B. die der Entwicklung einer sogenannten Third Culture (vgl. Müller und Gelbrich 2015, S. 17) oder einer hybriden Kultur auf der Grundlage der Analyse der relevanten Begriffe nachvollzogen und reflektiert werden.

Gleichzeitig soll nicht unerwähnt bleiben, dass der Kulturbegriff aus erziehungswissenschaftlicher Perspektive nicht unproblematisch ist (vgl. Hamburger 2009). So wird kritisch angemerkt, dass

- der Begriff zu einer Verunsicherung führt (Schiffauer 1997),
- durch die Fokussierung auf kulturelle Unterschiede der andere exotisiert, *verändert* (Foroutan 2019) und ausgegrenzt wird,
- dichotome Grenzziehungen entstehen,
- soziale Ungleichheiten mit kulturellen Differenzen anstatt mit politischen Versäumnissen erklärt werden (Bade 2017),
- politische Versäumnisse, z. B. hinsichtlich Integrationskonzepten, mit (scheinbaren) Integrationsschwierigkeiten bzw. – verweigerungen bestimmter Kulturen relativiert werden.

Trotz dieser zu Recht kritischen Perspektive auf den Kulturbegriff sind mit ihm zugleich viele Vorteile verbunden (vgl. Auernheimer 2010, S. 73–75). So ermöglicht der Kulturbegriff:

- eine kritische Gesellschaftsanalyse,
- das Aufzeigen der Distinktionsfunktion von Kulturen (vgl. Bourdieu 1982),
- *„eine sozialwissenschaftliche Analyse der Phänomene um uns herum vorzunehmen"* und zu *„verstehen, dass diese zutiefst von Kultur getränkt sind"* (Auernheimer 2010, S. 73),
- eine identitätsstiftende Funktion durch die diskursive Einbettung der Individuen (vgl. Bhabha 2000),
- eine Orientierungsfunktion für das Individuum und eine soziale Verortung, die sogenannte „Location" (vgl. Willis 1990),
- eine Definition der Kommunikations- und Repräsentationsmittel,

- die Ursachen für unterschiedliche Wirklichkeitskonstruktionen zu identifizieren und erklärbar zu machen.

Insbesondere die letzten Punkte – das Wissen um Wirklichkeitskonstruktionen der Individuen und um die gleichzeitige *„kollektive Aktivität der Bedeutungsgebung (meaning making)"* (Willis 1990, S. 12) – lassen eine ausführliche Analyse des Kulturbegriffs als unabdingbar erscheinen. Aufbauend auf diesem differenzierten Verständnis von Kultur kann u. a. in Abschn. 10.7 von Landeskultur gesprochen werden, ohne dabei gängige stereotype Zuschreibungen zu (re)konstruieren.

10.1.1 Definition des Begriffs Kultur

Der Begriff „Kultur" wird als Phänomen von verschiedenen Fachdisziplinen – wie z. B. Pädagogik, Ökonomie, Psychologie, Philosophie, Anthropologie, Politikwissenschaften oder Soziologie – aus ihren jeweiligen Perspektiven analysiert. Die Ergebnisse dieser Analysen zeigen sowohl Konvergenzen als auch Divergenzen, wobei ein verbindendes Glied der verschiedenen Disziplinen zu sehen ist: so in der fächerübergreifenden Zielsetzung, Erkenntnisse zu gewinnen, inwiefern der Mensch durch Kultur determiniert ist, und umgekehrt, inwiefern der Mensch Kultur selbst hervorbringt und verändert.

Mit dieser Zielsetzung sind verschiedene Fragestellungen verbunden, die im Folgenden zu klären sind:

a) Was ist das Ergebnis der bisherigen Kulturkonzepte und Kulturtheorien: Was ist Kultur und was ist sie nicht?
b) Welche Ergebnisse liefern Kulturvergleichstheorien z. B. hinsichtlich der Frage, inwiefern es möglich ist, Kulturen zu vergleichen, ohne sie zu bewerten?
c) Welche Ergebnisse liefern die Kulturtheorien hinsichtlich der Frage nach dem Zusammenhang von Kultur und Wirklichkeitskonstruktionen sowie der Frage, inwiefern sich das kulturelle Selbstverständnis von Menschen in der Diaspora verändert, also von Menschen, die temporär oder dauerhaft in verschiedenen Gesellschaftskulturen zu Hause sind?
d) Inwiefern werden unter diesen Voraussetzungen die jeweils neuen Kulturartefakte, Werte und Normen angenommen und internalisiert?

In diesem Kapitel soll geklärt werden, was Kultur für das Selbstverständnis, die Wahrnehmung und das Handeln der Individuen bedeutet. Hierzu soll im ersten Schritt der Begriff „Kultur" systematisch und differenziert – von der etymologischen Herleitung bis zu den Kulturkomponenten und den verschiedenen Kulturkonzepten – erschlossen werden. Anschließend wird auf die handlungssteuernde Bedeutung von Kultur für soziale Gruppen und für das Individuum und damit auf den Zusammenhang von Kultur und kulturellem Selbstverständnis eingegangen. Hierauf aufbauend soll im zweiten

Schritt der Begriff „Interkultur" erschlossen und nach dessen Herausforderungen für das Individuum gefragt werden, um hierdurch mögliche Zusammenhänge zwischen Interkultur und Identitätskonstruktionen erkennen und später (vgl. Abschn. 10.3.5 und 10.3.6) entlang der geführten Interviews konkretisieren zu können.

10.1.1.1 Kultur im aktuellen Sprachgebrauch
Im öffentlichen und politischen Sprachgebrauch hat der Begriff Kultur seit den 2000er Jahren eine Konjunktur erfahren, wobei selbstverständlich davon ausgegangen wird, dass die Bedeutung des Kulturbegriffs nicht nur klar, sondern für alle gleich definiert sei. Jedoch ist der Begriff je nach Intention zielorientiert verwendbar, dehnbar und damit zugleich semantisch und pragmatisch konturlos (vgl. Straub 2007, S. 7 ff.). Das oberflächliche Verständnis führt zum einen zu Schwierigkeiten der Verhandlung von (kultureller) Zugehörigkeit in den postmigrantischen Gesellschaften (vgl. Foroutan 2019). Zum anderen befördert es die Vorstellung homogener menschlicher Verhaltensweisen, z. B. entlang nationalstaatlicher oder religiöser Zugehörigkeiten. Dieser statische und ahistorische Kulturbegriff führt oftmals zu Wertrelativismus, Essentialismus und Determinismus: Die Festschreibung von Menschen auf ihre Kultur und die Ethnisierung von Lebensformen gehen kausal mit der Betonung von Verschiedenheit und ihrer praktischen Inkompatibilität einher. Und schließlich werden gesellschaftliche Problemlagen, wie z. B. soziale Ungleichheit, zu kulturellen Differenzen erklärt und damit dem Individuum angelastet, anstatt ökonomische Aspekte und Machtunterschiede in den Blick zu nehmen.

Im Unterschied zum öffentlichen und politischen Sprachgebrauch gehört der Kulturbegriff im akademischen Kontext zu den komplexesten (vgl. Fuchs 2013) und meistdiskutierten Begriffen (vgl. Thompson 2017, S. 131). Verschiedene Autoren, wie z. B. Schiffauer (2004) oder Bachmann-Medick (2010) erkennen hier einen **Cultural Turn.**

Die Konjunktur des Begriffs im öffentlichen, politischen und wissenschaftlichen Diskursen weist darauf hin, dass

- alternative Begriffe entweder nicht vorhanden sind oder weniger zutreffend das ausdrücken, was implizit mit Kultur assoziiert werden kann und explizit mit Kultur ausgedrückt werden soll.
- frühere Kulturtheorien und Kulturkonzepte entweder Lücken hinsichtlich aktueller Erkenntnisinteressen aufweisen oder kontroverse Diskussionen auslösen.
- im Zusammenhang mit Globalisierung in quantitativer Hinsicht eine Kausalität zwischen der Zunahme von Kulturkontakten und der Zunahme von Kulturbegriffen und -theorien erkannt werden kann.
- entsprechend dem sogenannten Cultural Turn in den verschiedenen Fachdisziplinen mit einer Vielzahl von Definitionen umgegangen werden muss.
- der Cultural Turn und die differenzierten Mehrebenen-Analysen (alltägliche, wissenschaftliche, philosophische, professionsbezogene, politische, rechtliche Dimensionen)

des Kulturbegriffs einen Paradigmenwechsel erkennen lassen (vgl. Reckwitz 2012, S. 15–57).

10.1.1.2 Der weite und enge Kulturbegriff

Um zu beleuchten, welches Verständnis beim polysemen Kulturbegriff (vgl. Spitzmüller und Warnke 2011, S. 7) zugrunde liegt, sollen verschiedene Definitionen verglichen werden.

Der etymologische Ursprung des deutschen Wortes Kultur ist das lateinische Wort „cultura" (Bebauung, Bearbeitung, Bestellung, Pflege) oder „cultus", dem Partizip Perfekt von „colere" (vgl. Luthans und Doh 2018, S. 124). Diese Übersetzungen werden heute differenziert in den sogenannten weiten und den engen Kulturbegriff, wobei zum weiten Kulturbegriff die jeweils ersten Übersetzungen gehören, also Ackerbau und bebauen. Der weite Kulturbegriff umfasst alle Bemühungen des Menschen, um sich durch einen pragmatischen Erwerb von Wissen den naturgegebenen Status quo nützlich zu machen. Der weite Kulturbegriff beinhaltet somit einen konventionalisierten Umgang mit der Umwelt, um das Überleben zu sichern. Schon die alten Römer haben den Kulturbegriff differenziert betrachtet: einerseits Kultur als Ackerbau und damit Kultur der Natur gegenübergestellt (weiter Kulturbegriff) und andererseits Kultur als geistige Anstrengung und Kultiviertsein (enger Kulturbegriff). Der enge Kulturbegriff bezieht sich u. a. auf das Kulturartefakt der Künste, wodurch eine Gegenüberstellung von Hochkultur und Alltagskultur erfolgt. Bereits Cicero erläutert den engen Kulturbegriff, indem er in seiner Rede über cultura animi Religion, Wissenschaft, Philosophie und Kunst als zentrale Felder von Kultur benennt, die dem Menschen zur Beförderung seiner geistigen Fähigkeiten und Potenziale verhelfen (vgl. Assman 2006).

Im deutschsprachigen Raum wird der enge Kulturbegriff u. a. durch Immanuel Kant analysiert. Aus Kants philosophischer Perspektive wird der Begriff Kultur dem der Zivilisation gegenübergestellt und erhält hierdurch moralische und normative Implikationen. Ein ähnlich normatives Verständnis von Kultur hatte Wilhelm von Humboldt, der Bildung und die Weiterentwicklung der eigenen Persönlichkeit zum autonomen Individuum – das sogenannte Humboldtsche Bildungsideal – als wesentliche Felder von Kultur betrachtete (vgl. Abschn. 10.1.2) In dieser subjektbezogenen Betrachtung von Kultur wird die Fähigkeit des Individuums zur Weitergabe und Aneignung als sinnvoll erfahrener und deshalb tradierter Kenntnisse analysiert. Kritik erfährt diese Begriffsbedeutung hinsichtlich ihres elitären Habitus und ihrer immanenten Höherstellung gebildeter, zivilisierter Menschen gegenüber ungebildeten und in dieser Hinsicht unzivilisierten Menschen, denen deshalb die Kompetenz moralischer Urteilsfähigkeit abgesprochen wird (vgl. Bolten 2007, S. 12).

Die UNESCO-Definition aus dem Jahr 1982 wird auch heute noch vielfach als gültige Definition anerkannt. Kultur kann demnach *"in ihrem weitesten Sinne als die Gesamtheit der einzigartigen geistigen, materiellen, intellektuellen und emotionalen Aspekte angesehen werden, die eine Gesellschaft oder eine soziale Gruppe heranziehen. Dies schließt nicht nur Kunst und Literatur ein, sondern auch Lebensformen, die Grund-*

rechte des Menschen, Wertsysteme, Traditionen und Glaubensrichtungen" (UNESCO 2001). Diese Definition umfasst Materielles, Mentales und Verhalten und definiert Kultur als eine Kategorie des Sozialen, die ein Kollektiv betrifft, wobei dieses Kollektiv nicht durch nationalstaatliche Grenzen formiert sein muss. Also: Kultur setzt ein Kollektiv voraus. Gleichzeitig bleibt offen, nach welchen Kriterien die Bestimmung einer Gruppe erfolgt. Die „Gesamtheit der einzigartigen ... Aspekte" impliziert die Annahme, dass Kultur von Unterschieden ausgeht, die nur komparativ festgestellt werden können. In der immateriellen Auffassung von Kultur wird insbesondere auf den Zusammenhang von Kultur und Verhalten des Menschen eingegangen. In dieser Hinsicht charakterisieren Luthans/Doh Kultur als *„Learned..., shared..., transgenerational..., symbolic...., patterned..., adaptive"* (Luthans und Doh 2018, S. 124).

10.1.1.3 Kultur als handlungssteuernde Bedeutung

Der Kulturbegriff wird auch aus psychologischer Perspektive seit den 2000er Jahren zunehmend Gegenstand der Forschung. Hierbei lassen sich zwei verschiedene Ansätze beobachten:

Im Ansatz der kulturvergleichenden und interkulturellen Psychologie wird Kultur als *„Gesamtheit geistiger, künstlerischer und humanitärer Errungenschaften"* definiert sowie als die *„alltagskulturelle Praxis einer ethnisch, geographisch und/oder historisch abgrenzbaren menschlichen Gemeinschaft"* (Billmann-Mahecha o. J.). Kultur hat hier einen bedeutenden Einfluss auf die Psyche der Menschen. Im Ansatz der jüngeren Kulturpsychologie, zu deren Vertretern z. B. Ernst E. Boesch und Jerome Bruner gehören, wird Kultur nicht als Einflussfaktor betrachtet, sondern als genuiner *„Bestandteil jeglicher psychologisch relevanter menschlicher Äußerungen"* (Billmann-Mahecha o. J.). Kultur wird hier verstanden als ein System von Zeichen, Symbolen, Wissen und Regeln. Zum einen strukturiert Kultur die Lebenswelt von Menschen, zum anderen wird sie selbst im Alltag der Menschen (re-)konstruiert und verändert (vgl. Straub 1998). Kultur wird verstanden als **in der Psyche verortetes Wissen** um Artefakte (Zeichen und Symbole) und Regeln der eigenen sowie anderer Kulturen. Dieser Wissensvorrat ist nicht statisch, sondern wird permanent mit der Realität abgeglichen und verändert, indem eigenes und fremdes Verhalten sowie die Konsequenzen des Verhaltens wahrgenommen und interpretiert werden. Es geht also um den Zweiklang, Verhalten wahrzunehmen und Bedeutung zu interpretieren.

Die anglo-amerikanischen **Cultural Studies** definieren Kultur als handlungssteuernde Bedeutung der Kulturartefakte (vgl. Abschn. 10.2 Kulturvergleichsstudien). Demnach wird auf der Perceptas-Ebene (Eisbergspitze) Bedeutung immer wieder neu ausgehandelt (vgl. Abschn. 10.1.1.4). Erst wenn in diesem Aushandlungsprozess eine Bedeutung als repräsentativ für die jeweilige Kultur bestimmt werden kann, wird eine Beschreibung dieser Kultur möglich. Handlungen der Individuen können somit durch repräsentative, also kollektiv geteilte Bedeutungen erklärt werden. Kultur wird in den Cultural Studies somit nicht als Produkt, sondern vielmehr als Prozess verstanden. Ein prominenter Vertreter der Cultural Studies ist der britische Soziologe Stuart Hall. Aufbauend auf seiner

Annahme eines Kampfes um Bedeutung beleuchtet Hall die Dominanz- und Machtverhältnisse in einer Gesellschaft und will das Kulturkonzept demokratisieren. Die handlungssteuernden Bedeutungen nehmen bei Hall einen zentralen Platz ein und er machte die gemeinsame Bedeutung zum Forschungsgegenstand:

„*Culture, it is argued, is not so much a set of things – novels and paintings or TV programmes and comics – as a process, a set of practices. Primarily, culture is concerned with the production and the exchange of meanings – the ‚giving and taking of meaning' – between the members of a society or group*" (Hall 1997, S. 2).

Ein prominenter Vertreter für den semiotischen Kulturbegriff ist der US-amerikanische Ethnologe Clifford Geertz.. Bei Geertz ist Kultur „*ein geschichtlich übermittelter Komplex von Bedeutungen und Vorstellungen, die in symbolischer Form zutage treten [...], ein System, mit dessen Hilfe die Menschen ihr Wissen über das Leben und ihre Einstellung zur Welt einander mitteilen, erhalten und weiterentwickeln*" (Geertz 1986. S. 46). Kultur besteht demnach aus symbolischen Bedeutungen, die Ereignisse für die Individuen haben und die den Individuen Sinn und Orientierung geben. Anders als in der psychologischen Perspektive verortet Geertz Bedeutung nicht in der Psyche, sondern im sozialen Diskurs. Durch diese Verortung kommt der Kommunikation im Kulturverständnis eine bedeutende Rolle zu. So werden Bedeutungsstrukturen durch Verständigung herausgearbeitet und ihre „*gesellschaftliche Grundlage und Tragweite*" (Geertz 1986, S. 15) bestimmt. Auch bei Geertz nehmen also handlungssteuernde Bedeutungen einen zentralen Platz im Kulturverständnis ein, wobei Geertz die Willkürlichkeit dieser kollektiv verhandelten Bedeutungen betont: „*Ich meine mit Max Weber, dass der Mensch ein Wesen ist, das in selbstgesponnene Bedeutungsgewebe verstrickt ist, wobei ich Kultur als dieses Gewebe ansehe*" (Geertz 1986, S. 9). Dieses Kulturgewebe kann primär durch Interpretation erforscht und verstanden werden:

„*Ihre Untersuchung ist daher keine experimentelle Wissenschaft, die nach Gesetzen sucht, sondern eine interpretierende, die nach Bedeutungen sucht*" (Geertz 1986, S. 25). Diese Interpretationsarbeit sei für verschiedene Disziplinen und ihre jeweiligen Perspektiven lohnenswert, da Kultur fundamentalen Einfluss auf Haltung, Motivation, Handlungsdispositionen und Stimmung hat, weil Kultur sinnstiftend ist und Sicherheit gibt (vgl. Geertz 1986, S. 136) und weil sie die Wahrnehmung und sogar Emotionen standardisiert (vgl. Geertz 1986, S. 194, S. 254) sowie Erfahrung strukturiert (vgl. Geertz 1986, S. 193).

Kultur wird bei Geertz als ein Bestandteil von Kommunikation betrachtet. Da sich zum einen die Kommunikationsmuster ändern und zum anderen innerhalb einer Gruppe unterschiedliche Diskurse geführt werden, ist Kultur zum einen wandelbar und zum anderen nicht homogen. Die Individuen sind nach dem semiotischen Ansatz nur so lange von Kultur determiniert, wie sie sich des kulturellen Einflusses nicht bewusst werden. In dieser Hinsicht ist der semiotische Ansatz weiterführender als der Ansatz nach Hofstede (vgl. Abschn. 10.2.2).

10.1.1.4 Das Eisbergmodell

Eine gängige Visualisierung des Kulturbegriffs ist das sogenannte **Eisbergmodell** (vgl. Abb. 10.1). Die kleine Eisbergspitze **(Percepta-Ebene)** umfasst die Artefakte einer Kultur, z. B. Sprache, Kleidung, Architektur, Kunst, Musik, Literatur, Essen usw. Das große, nicht sichtbare Eisbergmassiv unter der Wasseroberfläche **(Concepta-Ebene)** umfasst die Normen und Werte einer Kultur. Mit dem Eisbergmodell, das auf den US-amerikanischen Organisationspsychologen Edgar H. Schein zurückgeführt wird (vgl. Schein und Schein 2018, S. 14 ff.), gelingt in visualisierter Form zum einen eine Differenzierung zwischen den gut sichtbaren Manifestationen einer Kultur und den unsichtbaren psychischen Anteilen einer Kultur, wobei Letztere nur für die Kulturteilhaber erfahrbar und interpretierbar sind. Zum anderen verdeutlicht das Eisbergmodell die quantitative Verteilung (kleine Eisbergspitze – großes Massiv) und damit die Relevanz von sichtbaren und unsichtbaren Kulturelementen. Und schließlich bietet das Eisbergmodell eine Erklärung für die besonders hohe Emotionalität – die von der Eisbergspitze mit ihren gut erkennbaren Regeln über den Bereich unterhalb der Wasseroberfläche mit ihren unausgesprochenen, also als selbstverständlich geltenden Regeln hin zum Boden des Eisbergs und seinen für die Individuen meist unbewussten Regeln zunimmt – am Grund des Eisbergs. Der dortige besonders hohe emotionale Anteil in Bezug auf unbewusste und damit unreflektiert adaptierte und internalisierte Werte und Normen führt in der Konsequenz dazu, dass Anpassungs- und Veränderungsprozesse am Eisberggrund oftmals schmerzhaft verlaufen.

Die Bedeutung der Überzeugungen (Werte) einer Kultur für das praktische Handeln (Normen) soll exemplarisch am Wert „Schönheitskonzepte" verdeutlicht werden: Es fällt zunächst auf, dass der Eisberg ausschließlich mit Substantiven gefüllt ist. Diese Substantive stehen für die Werte einer Kultur und beantworten die Frage „*Was* ist erstrebenswert in einer Kultur?". Unbeantwortet bleibt mit dem Eisbergmodell jedoch die Frage „*Wie* kann ich das Erstrebenswerte erreichen?". Die Frage nach den als zielführend

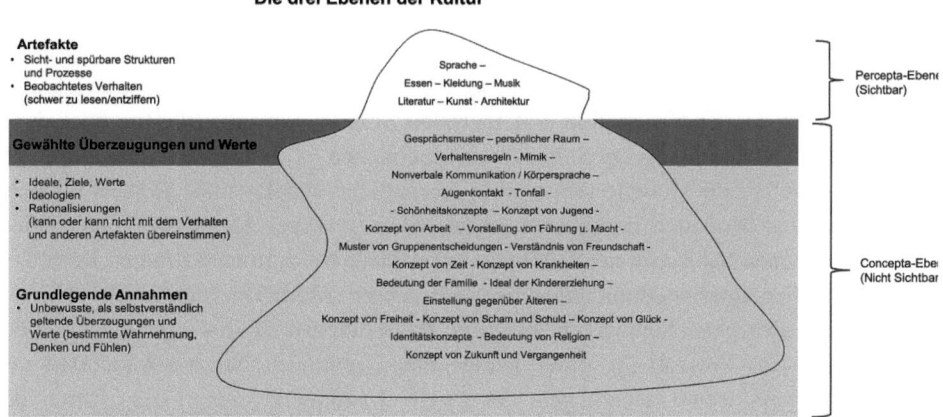

Abb. 10.1 Die drei Ebenen der Kultur nach Schein. (Quelle: In Anlehnung an Schein und Schein 2018, S. 15)

und damit als sinnvoll anerkannten Normen wird mit den gängigen Eisbergmodellen – da sie nur mit Substantiven, also den Kulturwerten gefüllt sind – nicht beantwortet. Für die Beantwortung der Frage nach dem *Wie* ist hingegen eine weitere Wortgruppe erforderlich, die der Adjektive. Über die als zielführend und sinnvoll erfahrenen Adjektive gibt es innerhalb einer Gemeinschaft entsprechend den o.g. Definitionen einen Konsens. Dieser Konsens wird im Laufe der Zeit immer wieder neu verhandelt und ist von der Eisbergspitze mit sehr kurzlebigen Adjektiven – in der Mode ist diese Saison *Rot* und bereits in der kommenden Saison *Grün* angesagt – hin zum Meeresgrund immer langlebiger und über Generationen tradiert. Die Adjektive werden von den Kulturteilhabern – von der Eisbergspitze bis zum Eisberggrund zunehmend unreflektiert (Unspoken Rules) bzw. unbewusst (Unconscious Rules) – internalisiert. Diese Erkenntnisse haben sich z. B. die Produzenten des Films „Schwer verliebt" mit Jack Black und Gwyneth Paltrow aus dem Jahre 2001 konzeptionell zu eigen gemacht, indem die Frage nach den passenden Adjektiven für den Wert „Schönheitskonzept" implizit durch Mehrheiten beantwortet wird: Lediglich der Protagonist, also *eine* Person findet die Protagonistin – eine von *allen anderen* als dick, unsportlich, unattraktiv wahrgenommene Frau – attraktiv und *keiner* kann das nachvollziehen. Dem Eisbergmodell zufolge befinden sich die Schönheitsideale zwischen den unausgesprochenen und den unbewussten Regeln eines Kollektivs und haben einen sehr hohen emotionalen Anteil. Aufgrund des Wissensvorrats der Produzenten hinsichtlich der vom Kollektiv unreflektiert geteilten Adjektive jung, sportlich, blond, schlank sowie der im Film durchgeführten diesbezüglichen Normverletzungen eines einzelnen Individuums im selben Kollektiv, konnten sich die Produzenten des Films der Lacher des Publikums gewiss sein.

Eine weitere gängige Visualisierung von Kultur ist die sogenannte **Kulturzwiebel**, die auf den niederländischen Kulturwissenschaftler und Psychologen Geert Hofstede zurückgeht (vgl. Abb. 10.2). Hiermit sollen die oftmals schmerzhaft ablaufenden Adaptionsprozesse bzw. Prozesse der Auseinandersetzung mit eigenen und fremden Grundannahmen verdeutlicht werden: Das Schälen dieser Zwiebel, also die schichtweise Annäherung von den Kulturartefakten hin zu den fundamentalen Werten einer Kultur, treibt einem unweigerlich sprichwörtlich die Tränen in die Augen. Diese stark emotional geladenen Anpassungs- und Veränderungsprozesse können auf zweierlei Arten verlaufen: entweder durch die **Konfrontation mit fremden Selbstverständlichkeiten** oder durch die erfahrene Ablehnung eigener Selbstverständlichkeiten.

In Bezug auf beide Modelle gibt es drei wesentliche Kritikpunkte. Erstens hinsichtlich der mit den Modellen implizit einhergehenden Aussage, dass Kultur unterschiedliche Tiefenebenen habe: von der sichtbaren Oberfläche bis zum unsichtbaren Kern bzw. Fundament. Neuzugewanderten kann es nach diesen Modellen unmöglich gelingen, ohne Tränen, also ohne Schmerzen, bis zum Zwiebelkern bzw. bis zum Eisbergboden zu gelangen. Das Wesentliche einer Kultur bleibt demnach Neuzugewanderten verborgen und damit fremd. Damit geht der zweite Kritikpunkt einher, dass Kultur den Modellen zufolge statisch und homogen sei. Das Zusammentreffen zweier Eisberge – die unbedingte Voraussetzung für Interkulturalität – führt zur Kollision und Erschütterung. Interaktion, Austausch und Adaption sind in diesen Modellen nicht vorgesehen. Die

10.1 Theoretische Grundlagen zum Kulturbegriff

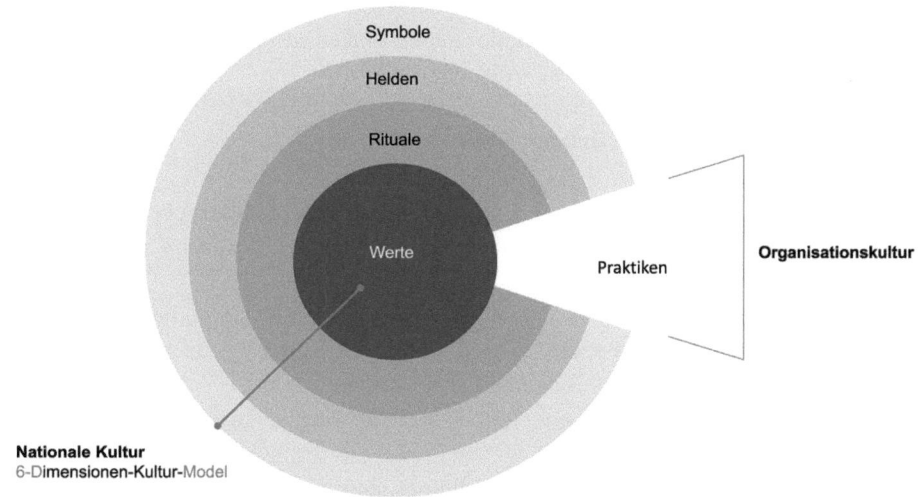

Abb. 10.2 Das Zwiebelmodell von Hofstede. (Quelle: Hofstede 1993, S. 22; Hofstede o. J c.)

Interpretation des Kultureisbergs als statisch und homogen führt zum dritten Kritikpunkt an diesem Modell, nämlich der damit einhergehenden Vorstellung von determinierten vorprogrammierten Menschen. Hierzu ist jedoch einzuwenden, dass – da der Eisberg nur aus Substantiven besteht und damit aus Universalquantoren für Kulturwerte, die zunächst lediglich die Frage nach dem *was* beantworten – die Frage nach dem *wie,* also nach den durch die Wortgruppe der Adjektive ausgedrückten Normen eines Kollektivs, in diesen räumlichen Modellen noch nicht festgelegt wird. Beide Modelle visualisieren folglich vielmehr eine Universalkultur, die durch das Einfügen verschiedenster Adjektive – blond, braun, dick, dünn, groß, klein etc. – differenziert werden kann in Subkulturen. Innerhalb und zwischen den Subkulturen sind eine Anpassung und Veränderung der Adjektive barrierefrei und damit ohne die Gefahr einer Kollision möglich.

Zusammengefasst kann bislang festgehalten werden, dass

- früh in ein weites und ein enges Kulturverständnis ausdifferenziert wurde,
- das enge Kulturverständnis zur Kulturhierarchisierung beigetragen hat,
- die Vorstellung von Kulturen als homogene Gruppen und ihre Gleichsetzung mit Völkern und Nationen wissenschaftlich inzwischen zwar als obsolet betrachtet werden, im Alltagsgebrauch aber aktuell eine Konjunktur erfahren,
- sowohl im engen als auch im weiten Kulturbegriff ein Konsens seiner Teilhaber darüber hergestellt wird, was als sinn- und wertvoll gilt und deshalb tradiert und an die nächste Generation weitergegeben wird,
- diese Konsensherstellung und Tradierung durch Kommunikation, Aushandlungsprozesse und Verbreitung stattfindet,
- nach jüngeren Ansätzen Kulturen prozesshaft, dynamisch und dialogisch sind,

- Kultur aus weitergegebenen Überzeugungen, Werten, Fähigkeiten und Kenntnissen besteht und somit im Sozialen und in der Kommunikation zu verorten ist.

10.1.2 Konzepte des Kulturbegriffs

Die Entwicklung von Kulturtheorien hat eine lange Geschichte, wobei frühe Kulturtheorien aus heutiger Sicht als defizitär betrachtet werden (vgl. Assmann 2006), da sie

a) auf dem ethnologischen Blick, d. h. dem unreflektierten Bemühen – meist von Missionaren oder Weltreisenden – das „Fremde" eindeutig zu machen, beruhen und deren Ergebnisse als eine Art Sekundäranalyse widerspiegeln.
b) die Paradigmen und die damit einhergehenden Unzulänglichkeiten der jeweiligen Zeit unreflektiert beschreiben.
c) das lange Zeit vorherrschende Paradigma eines statischen und homogenen Kulturverständnisses konzeptionell grundlegend übernehmen.

In Anlehnung an die Klassifizierung von Andreas Reckwitz (2012) werden im Folgenden vier **Kulturkonzepte** zusammenfassend erläutert und kritisch reflektiert, um hierdurch Divergenzen sowie Konvergenzen erkennen zu können und Folgen interkultureller Austauschsituationen im Hinblick auf die verschiedenen Kulturkonzepte darstellen zu können.

10.1.2.1 Normativ orientiertes Kulturkonzept

Normativ ausgerichtete Kulturkonzepte – überwiegend aus der Zeit der Aufklärung und des Idealismus und oftmals verbunden mit universalistischen Ansprüchen – implizieren eine festen Regeln folgende Beurteilung und Wertung. Der Begriff Kultur – in normativ ausgerichteten Kulturkonzepten nur im Singular verwendet (vgl. Reckwitz 2012, S. 66) – impliziert eine zielgerichtete Lebensgestaltung nach idealistischen Prinzipien (vgl. Kant 2019). Kultiviertheit bedeutet in normativen Kulturkonzepten, eine von der Gemeinschaft als gut gewertete Lebensweise durch die Befolgung bestimmter Normen zu führen. Zentrales Merkmal normativ orientierter Kulturkonzepte ist eine affirmative Grundhaltung mit einer Bejahung der kultureigenen Lebensentwürfe und einer Verneinung bzw. Kritik von kulturfremden Lebensentwürfen.

Wesentliches zum normativen Kulturkonzept in Stichpunkten (vgl. Reckwitz 2012, S. 65–72):

- Für jedermann erstrebenswerte Lebensform
- Neigung zur Kulturhierarchie
- Imperativ: „ihr sollt", „ihr müsst"

- Verständnis von Werten und Normen: Verknüpfung von Kulturinhalten mit moralischen Forderungen, die wiederum die steuernde Handlungsmaxime darstellen sollen
- Klassischer Vertreter: Immanuel Kant (1724 – 1804)
- Normatives Kulturkonzept von Immanuel Kant:
  - Kultur wird der Zivilisation gegenübergestellt
  - Verständnis von Zivilisation als Ergebnis der Anstrengung des Menschen, sich über den Naturzustand weiterzuentwickeln
  - Kultur ist bei Kant normgebend und beurteilend
  - Kultur hat nach Kant die Aufgabe der Vermittlung zwischen der *„sinnlichen Natur"* des Individuums und seiner *„Moralität"* (zit. nach Reckwitz 2012, S. 68)
  - Bezug auf die „Idee" der Moral verdeutlicht die Divergenz zwischen favorisierten Lebensformen einerseits und den de facto Bedingungen des Lebens andererseits
  - Kants Orientkritik als Beispiel seiner Theorie der kulturellen Überlegenheit und des Europazentrismus (vgl. Vetö und Gondek 2019)
  - Annahme, dass der Mensch „vernunftbegabt" ist mit der Kausalität, dass Menschen aus der reinen Vernunft handeln müssen (vgl. Knoepffler 2018)
- Kritik am normativen Kulturkonzept:
  - Fließende Grenze zwischen Vernunft und Neigung bleibt unberücksichtigt
  - Dualistisches Denken
  - Essentialisierung der eigenen und der fremden Kulturen
  - Betrachtung von Kulturen als Entitäten und
  - Betrachtung der Kulturteilhaber als Individuen mit abgeschlossenen Identitäten
  - Existenz vieler verschiedener Denkformen wird negiert

10.1.2.2 Totalitätsorientiertes Kulturkonzept

Totalitätsorientierte Kulturkonzepte haben ein relationales, regionalisierendes, nationalisierendes und essentialisierendes Verständnis von Kultur. Die spezifische Lebensform einer bestimmten Gemeinschaft zu einer bestimmten Zeit steht hier im Zentrum der Betrachtung. Kulturen werden als homogene, statische Blöcke und als grundsätzlich verschiedenartig betrachtet. Kulturaustausch und Kulturkontakte erlangen in diesem Konzept somit keine Relevanz.

Wesentliches zum totalitätsorientierten Kulturkonzept in Stichpunkten (vgl. Reckwitz 2012, S. 72–79):

- Verständnis von Kultur als mannigfaltige und spezifische Lebensform verschiedener Kollektive an verschiedenen Orten zu unterschiedlichen Zeiten
- Kultur als Totalität der kollektiven Lebensformen einer Nation oder einer Gemeinschaft
- Kulturen als homogene statische monolithe Blöcke
- Metapher der Kulturkugeln nach Johann Gottfried Herder: Stoßen sie zusammen, so prallen sie voneinander ab

- Annahme der grundsätzlichen Verschiedenartigkeit der Kulturen
- Kultur = Gesellschaft, d. h., Kultur wird mit Gesellschaft gleichgesetzt
- Identifikation und Zusammenhalt durch kollektiv geteilte Lebensformen eines Volkes, einer Nation, einer Gemeinschaft
- Klassischer Vertreter:
  - Johann Gottfried Herder (1744 – 1803):
    - Annahme einer homogen eigenen und homogen anderen Kultur
    - Kultur als geschlossenes System („Briefe zur Beförderung der Humanität")
    - Annahme, dass Menschen unwissend auf die Welt kommen
    - Lernen führt zu Wissen. Betonung der Übung, also Erlernbarkeit von Kultur
    - Herder sieht einen zentralen Zusammenhang zwischen Kultur, Sprache und Nation
    - Kulturverlust bzw. Verlust der Bestimmtheit von Kulturen als Konsequenz der Mischung von Kulturen
    - Grundlage für Herders Urteile: Reiseberichte mit ethnologischem Blick
  - Oswald Spengler (1880 – 1936)
    - In Anlehnung an den Begriff des „Typus" von Wilhelm Dilthey (1833 – 1911) und Max Weber (1864 – 1920) entwickelt Spengler die These der „totalen Andersartigkeit der Kulturen"
    - Biologisches Kulturverständnis: Kultur-Organismus-Mensch:
      - Darstellung der einzelnen Kultur als Organismus
    - Metapher des Organismus:
      - Kulturen besitzen eine Seele, diese ist ursächlich für spezifischen Stil und Denkweise der Kultur
      - voneinander unabhängige Entstehungsprozesse der Kulturen mit jeweils eigener Wesensart
      - Kulturen „altern", verfallen und werden durch neue Kulturen ersetzt
      - Kulturen haben ein Schicksal
    - Betrachtung der Beziehung der Kulturen zueinander:
      - Die „einzelnen Kulturen" sind „Organismen" und die „Weltgeschichte […] ihre Gesamtbiographie"
    - Zirkuläre Auffassung von Geschichte:
      - Kulturkreislauf: Entstehung und Niedergang von Kulturen als Kreislauf
    - Darwinistischer Kulturbegriff:
      - westeuropäisch-amerikanischer Kulturraum als der machtvollster und vollendetster
      - Deutsche Kultur als Repräsentantin eines „Herrenvolks"
      - Originäre Zielsetzung menschlichen Daseins: (über)leben, Wille zur Macht, zu den Stärksten zu gehören; Geld und Reichtum nicht als eigentliches Ziel, sondern nur Mittel zum Zweck

- Parallele zum normativen Kulturkonzept:
  - Kulturen als monolithe Blöcke mit nicht-permeablen Membranen
  - Vorstellung von homogenen Nationalkulturen
  - Einteilung in „rohe" und „andere" Völker
  - Rohe Völker: Stammesgesellschaften, außereuropäische, schriftlose Völker
  - Kugel-Metapher: Kulturen als Kugeln, die, wenn sie zusammenstoßen, wieder voneinander abprallen
- Kritik am totalitätsorientierten Kulturkonzept:
  - Vernachlässigung der Heterogenität innerhalb einer Gesellschaft, in der einzelne Menschen mit jeweils unterschiedlichen Sinn- und Orientierungssystemen leben
  - Stattdessen: Vorstellung einer homogen eigenen und homogen anderen Kultur. Dies wird aus heutiger Sicht als Privatanthropologie, d. h. als privat erdachtes Menschenbild kritisiert
  - Bevorzugte Verwendung des Imperativs, aufgrund der Vorstellung von Kultur als unverwechselbare Lebensform sowie der Konkurrenz der Kulturen untereinander
  - Mögliche Konsequenzen:
    - Spenglers „natürliches" Kulturkonzept als Legitimation für Krieg und Kolonisierung
    - Kulturfundamentalismus und Forderung nach der Reinheit einer Rasse

10.1.2.3 Differenzierungstheoretisches Kulturkonzept

Das differenzierungstheoretische Kulturkonzept unterteilt den Sammelbegriff Kultur in einzelne Bereiche und fokussiert hierbei insbesondere die Bereiche Bildung, Wissenschaft und Kunst. In diesem Konzept wird Kultur identifiziert mit *„jenem gesellschaftlichen Handlungsfeld, in dem die Produktion, Verteilung und Verwaltung von ‚Weltdeutungen, intellektueller, künstlerischer, religiöser oder massenmedialer Art stattfindet"* (Reckwitz 2012, S. 79).

Wesentliches zum differenzierungstheoretischen Kulturkonzept in Stichpunkten (vgl. Reckwitz 2012, S. 79–84):

- Abkopplung des Kulturbegriffs „von seinem Bezug auf ganze Lebensweisen"
- Stattdessen: Bezug primär auf *„intellektuelle und künstlerische"* Aktivitäten (Reckwitz 2012, S. 79)
- Betrachtung von Kultur als soziales Teilsystem, das sich (implizit) mit Weltdeutung befasst
- Schwerpunkt liegt auf den Bereichen Kunst, Bildung, Wissenschaft
- Die kulturellen Wertsphären werden der Lebenswelt des Alltags der sozialen Gruppen gegenübergestellt
- Dieses Konzept ermöglicht eine „wertneutrale Identifikation"
- Klassischer Vertreter:

- Friedrich Tenbruck (1919 – 1994):
  - Empirische Kultursoziologie
  - Modernisierer der Kultursoziologie
  - Unterscheidung zwischen Basiskultur und geistiger Kultur:
  - Kultur als Basiskultur:
    - Über Generationen tradierte Kenntnisse, Fertigkeiten und Wertvorstellungen
  - Kultur als geistige Kultur:
    - Religion, Mythos, Kunst, Literatur, Musik, Philosophie, Ideologie
  - Asymmetrie zwischen Kulturproduzenten und Kulturkonsumenten der Gegenwart
  - Verbreitung der modernen repräsentativen Kultur über Massenmedien
  - Medien vertreten eine verzerrte Kultursicht
  - Weltdeutung der Massenmedien ist nicht das Produkt aller sozialen Gruppen
- Niklas Luhmann (1927 – 1998):
  - Distanzierung vom damaligen Kulturbegriff
  - Diesen bezeichnet er als *„einen der schlimmsten Begriffe, die je gebildet worden sind […]. Die Erfindung von ‚Kultur' am Ende des 18. Jahrhunderts, die Erfindung einer Form der Reflexion, die alles, was nicht Natur ist, als Kultur reflektiert […], diente historischen oder nationalen Kulturvergleichen – eine Veranstaltung des ‚gebildeten Europas, […], bei aller vergleichenden Relativierung blieb Kultur ein Gegenstand für Seinsaussagen"* (Luhmann 1997b, S. 398)
  - Luhmanns Kritik am statischen hierarchischen Kulturbegriff:
    - Machtdemonstration und Legitimation von Kolonialismus
    - Vergleiche sind meist kulturspezifisch angelegt
  - Kultur als Gedächtnis sozialer Systeme bzw. Gesellschaftssysteme
  - Erstmals Verweis auf Verbundenheit von Kulturtheorien mit Machtverhältnissen
  - Grundposition der Interkulturalität
  - Kritik an Luhmann:
    - enges Kulturkonzept
    - Mensch als Teil eines Systems
    - wenig Raum für eigene Initiative

10.1.2.4 Bedeutungs- und wissensorientiertes Kulturkonzept

Das bedeutungs- und wissensorientierte Kulturkonzept betrachtet Kultur als *„Komplex von Sinnsystemen"* oder von *„symbolischen Ordnungen, mit denen sich die Handelnden ihre Wirklichkeit als bedeutungsvoll erschaffen und die in Form von Wissensordnungen ihr Handeln ermöglichen und einschränken"* (Reckwitz 2012, S. 84).

Wesentliches zum bedeutungs- und wissensorientierten Kulturkonzept in Stichpunkten (vgl. Reckwitz 2012, S. 84–90):

- Kulturelle Interferenzen und Mehrdeutigkeiten als Normalität
- Interpretativ-verstehende Sozialwissenschaft als Basis
- Hermeneutischer Zugang: Deutung von Symbolsystemen und semiotischen Mitteln
- Berücksichtigung der Werte, Normen, Welt- und Menschenbilder, Muster sowie Standards des alltäglichen Wahrnehmens, Fühlens, Denkens und Handelns
- Kultur als tradiertes System kollektiv geteilter Bedeutungen
- Bedeutungen beeinflussen das Verhalten und Handlungen der Individuen
- Beispiele symbolischer Systembedeutungen: Fahnen, Nationalhymnen
- Sinnmuster als ein Kollektivphänomen, das sich in öffentlich wahrnehmbaren Symbolen zeigt. Diese fließen in gemeinsame soziale Handlungspraxen ein
- Historisierung und Entindividualisierung der Kulturanalyse durch Herausarbeitung weltanschaulichen Orientierungswissens religiöser oder politisch-ideologischer Art
- Kritik am bedeutungs- und wissensorientierten Kulturbegriff:
  - Auch hier bleibt der andere teilweise ein Objekt der Betrachtungen eines vermeintlich überlegenen Subjekts
  - Subjektive Sinnzuschreibungen und Hintergrundwissen der Teilnehmer bleiben unberücksichtigt
  - Kulturessentialistische Tendenzen
  - Problematik, dass jedes kulturelle System teilweise den Regeln eigener Logik gehorcht, bleibt weitgehend unberücksichtigt
  - Stattdessen werden symbolische Ordnungen anderer auf der Grundlage des eigenen Vergleichsmaßstabs betrachtet.

Reckwitz zufolge ist heute nur noch das bedeutungs- und wissensorientierte Kulturkonzept relevant. Problematisch erscheinen solche Aktualitätstendenzen aufgrund der Ausdifferenziertheit der Kulturdebatten in den verschiedenen Fachdisziplinen. Die unterschiedlichen disziplinären Perspektiven und Deutungen sowie das Zusammentreffen unterschiedlicher Diskurstraditionen führen dazu, dass je nach Disziplin die verschiedenen Ansätze relevant werden können.

Allen Kulturkonzepten bzw. Perspektiven gemeinsam ist die Betrachtung von Kultur als eigenständige Sozialsphäre. Dieter Senghaas kritisiert diese Denk- und Wahrnehmungsform grundsätzlich als „kulturessentialistisch", da hierdurch „*homogene und kohärente Kulturprofile einander gegenübergestellt und in aller Regel gegeneinander ausgespielt*" (Senghaas 1998, S. 7) werden. Um die dichotomen Grenzziehungen zwischen vermeintlich homogenen Kulturen zu überwinden und um stattdessen vermehrt das Verständnis von Kultur als vielfältig und konflikthaft zu befördern, entwickelt Senghaas eine Konfigurationstheorie, die auf innere Differenzen ausgerichtet ist. Die Konfigurationstheorie stellt die intrakulturellen Differenzen als bedeutungsvoller und gravierender im Vergleich zu den interkulturellen Differenzen heraus (vgl. hierzu auch Auernheimer 2010; Mecheril 2016; Abschn. 10.4).

10.2 Kulturvergleichsstudien

Komparative Studien im Allgemeinen führen einen systematischen Vergleich von Erhebungseinheiten durch. Der Vergleich der Untersuchungseinheiten ist zugleich Methode und Zielsetzung. Zentrales Erkenntnisinteresse liegt im Vergleich durch Auswertung und Interpretation der Ergebnisse. Zielsetzungen von Kulturvergleichsstudien im Speziellen sind die Beantwortung der Frage nach der Generalisierbarkeit individueller Einstellungen und Verhaltensweisen sowie die Formulierung von diesbezüglichen Prognosen.

Inzwischen liegt eine Vielzahl kulturvergleichender Forschungen in unterschiedlichen Disziplinen vor, z. B. aus ethnologischer Perspektive (u. a. Schiffauer 1997 2004; Lévi-Strauss 2012), aus philosophischer Perspektive (u. a. Rappe 2012), aus psychologischer Perspektive (u. a. Thomas 2016), aus soziologischer Perspektive (u.a Rippl 2015) oder aus politikwissenschaftlicher Perspektive (u. a. Inglehart 2005; Hafez 2005). Drei prominente Vertreter der kulturwissenschaftlichen Perspektive sollen im Folgenden in chronologischer Reihenfolge dargestellt werden: Edward T. Hall, Gert Hofstede und die GLOBE-Studie.

10.2.1 Edward T. Hall

„Even though culture is experienced personally, it is nonetheless a shared system. ... Because culture is experienced personally, very few indviduals see it for what it is – a program for behavior. Members of a common culture not only share information, they share methods of coding, storing and retrieving that information. Knowing what kind of information people from other cultures require is one key to effective international communication" (Hall und Hall 1990, S. Xiii–XiV).

Der US-amerikanische Anthropologe Edward T. Hall Jr., der zu den Pionieren der Kulturvergleichsstudien gehört, betrachtet Kultur als „Program for Behavior". Wissen über das kollektiv geteilte handlungssteuernde Programm („Shared System") soll gelingende Kommunikation in internationalen Kontexten ermöglichen bzw. erleichtern.

Hall hat die Kategorien Raumverständnis (Hall 1966) sowie das monochrone und polychrone Zeitverständnis (Hall 1983) formuliert. Die bis heute gebräuchliche Kategorisierung in sogenannte High-Context- und Low-Context-Kulturen, die zu den zentralen Ergebnissen seiner anthropologischen Studien gehört, begründet Hall 1976 in seinem Buch Beyond cultures. Zum Zusammenhang von Kultur und Kommunikation stellt Hall bereits 1959 in seinem Buch The Silent Language fest: *„Culture is Communication"* (Hall 1990. S. 33 ff.). Besonders bedeutungsreich ist die non-verbale Kommunikation, die Hall als bislang unerforschtes Universum beschreibt. In dem zusammen mit seiner Frau Mildred Hall veröffentlichten Buch Understanding cultural differences schreibt er hierzu:

„*It isn't just that people ‚talk' to each other without the use of words, but that there is an entire universe of behavior that is unexplored, unexamined, and very much taken for granted*" (Hall 1990, S. 33).

Die Wissensvorräte zur Nutzung und Interpretation der non-verbalen Kommunikation werden unbewusst abgerufen. Diese „*cultural unconscious*" (Hall 1990, S. 33) bleibt so lange bestehen, bis – initiiert durch eine Interaktion oder einen Vergleich mit anderen Kulturen – die Auseinandersetzung mit eigenen und fremden Selbstverständlichkeiten erforderlich wird und damit Bewusstseinsprozesse eingeleitet werden. Die Differenzierung zwischen High Context (implizite Botschaften) und Low Context (explizite Botschaften) soll einen Erklärungsansatz für Missverständnisse zwischen verschiedenen Gesellschaftskulturen darstellen. Die Gegenüberstellung von High-Context-Merkmalen und Low-Context-Merkmalen findet sich in Tab. 10.1.

Die Funktion von Kultur sieht Hall darin, dass sie aufgrund ihrer stabilen und normativen Muster Ordnung und Harmonie anstrebt. Eine weitere Funktion hat Kultur im Hinblick auf die Kongruenz des Verhaltens der Individuen mit dem Kollektiv. Im Vergleich mit späteren Kulturvergleichsstudien geht Hall noch davon aus, dass Kultur aus verschiedenen Bestandteilen besteht, und untersucht diese. Er stellt heraus, dass die verschiedenen Bestandteile unterschiedlich interpretiert und bewertet werden können: „*The same set may be valued differently*" (Hall 1990, S. 105). Anders als später Hofstede findet sich bei Hall noch keine Gleichsetzung von Kultur mit Bedeutung, sondern Kultur verleiht der Kommunikation ihre Bedeutung: „*t is the pattern in which they occur that enables man to distinguish between them*" (Hall 1990, S. 109).

Tab. 10.1 High vs. Low Context nach Hall

High Context	Low Context
Implizite Botschaft • Indirekt • Zwischen den Zeilen lesen • Höflichkeit hat eine hohe Bedeutung	Explizite Botschaft • Direkt • Konfrontativ • Klare Ansagen machen
Kollektivistische Kultur	Individualistische Kultur
Hohe Kontaktintensität	Geringe Kontaktintensität
Hohe Bedeutung der non-verbalen Kommunikation	Geringe Bedeutung der non-verbalen Kommunikation
Kontext ist relevant	Kontext ist nicht relevant
Soziale Gruppe und ihre Regeln definieren den Kontext	Weniger definierter Kontext/das Individuum hat mehr Spielraum
Geringe Differenzierung von Lebensbereichen	Ausgeprägte Differenzierung von Lebensbereichen (Beruf, Familie, Freizeit etc.)

(vgl. Hall und Hall 1990, S. 6 ff.)

10.2.2 Geert Hofstede

„All societies are unequal, but some are more unequal than others" (Hofstede 1980, S. 137).

Geert Hofstede war ein niederländischer Sozialpsychologe und gehört insbesondere hinsichtlich der von ihm formulierten fünf Kulturdimensionen zu den am meisten rezipierten Kulturvergleichsforschern. Mit seiner vergleichenden Kulturforschung überprüft Hofstede, entlang welcher Kategorien individuelle Einstellungen generalisierbar sind, und untersucht daraufhin Zusammenhänge zwischen nationalen Kulturen und Organisationskulturen, um hierdurch Prognosen und Handlungsempfehlungen formulieren zu können.

Hofstede beschreibt Kultur als sogenannte mentale Software. Mit dieser zusammenfassenden *„shorthand definition"* (Hofstede 2001, S. 9) des Begriffs Kultur rekurriert Hofstede z. T. auf die Kulturdefinition nach Clyde Kluckhohn (1905–1960):

„Culture consists in patterned ways of thinking, feeling and reacting, acquired and transmitted mainly by symbols, constituting the distinctive achievements of human groups, including their embodiments in artifacts; the essential core of culture consists of traditional (i. e. historically derived and selected) ideas and especially their attached values" (Kluckhohn 1951, S. 86). Kluckhohn geht davon aus, dass Kultur elementar aus psychischen Prozessen besteht, z. B. dem Denken, Fühlen und Reagieren. Diese psychischen Prozesse werden kommunikativ als Muster über Symbole – die selbst originär nicht Kultur sind – weitergegeben. Diese Artefakte einer Kultur sind wiederum Resultate besonderer Errungenschaften Einzelner oder Gruppen – den „Helden" einer Kultur. Damit besteht Kultur grundlegend aus Ideen und den dazugehörigen tradierten Werten. Alles Materielle wird nicht als Kultur selbst, sondern vielmehr als Produkte einer Kultur gesehen. Ähnlich wie bei Kluckhohn wird Kultur auch bei Hofstede als immateriell aufgefasst und in der Psyche der Individuen verortet. Im Unterschied zu Kluckhohn betrachtet Hofstede jedoch auch Sprache und Zeichen als explizite Kulturfelder. Sie fungieren als Werkzeuge interkultureller Annäherung. Hofstede definiert Kultur im Zusammenhang mit Sprache nicht ausschließlich als psychisches Phänomen, sondern auch als soziales Phänomen:

„Language is both the vehicle of most of cross-cultural research and part of its object. Culture, as I use the word in this book, includes language" (Hofstede 2001, S. 21).

Hofstede begründet seine Kulturdefinition, nach der Sprache ein Kulturfeld darstellt, damit, dass sprachliche Zeichen die mentalen Repräsentationen einer Kultur sind. Das Verhältnis von Sprache und mentalen Repräsentationen ist ein sich gegenseitig bedingendes: Kultur als psychisches und subjektives Phänomen wird in „Objective Artefacts" ausgedrückt. Die Praktiken und Manifestationen von Kultur sind für die Beobachter sichtbar. Ihre Bedeutung ist jedoch nur für die Kulturteilhaber erkennbar:

„their cultural meanings, however, are invisible and lie precisely and only in the ways these practices are interpreted by insiders" (Hofstede 2001, S. 10).

10.2 Kulturvergleichsstudien

In der Schlussfolgerung wird Kultur definiert als die Bedeutung beobachtbarer und interpretierbarer Praktiken, die diese für die Gemeinschaft haben. Hofstede differenziert zwischen der Bedeutung der Praktiken für das Kollektiv und für den Einzelnen. Er betont, dass diese Differenzierung nicht als Programmierung des Einzelnen durch das Kollektiv zu verstehen sei.

Gegen diese häufig geäußerte Kritik der Programmierung und Determinierung des Individuums (mentale Software) argumentiert Hofstede mit dem Pyramidenmodell (vgl. Abb. 10.3). Dieses visualisiert Hofstedes Annahme einer mentalen Programmierung und verdeutlicht, dass individuelle Verhaltensweisen mentale Programme sind bzw. mit diesen erklärt werden können.

Nach dem Pyramidenmodell in Abb. 10.3 umfasst die mentale Programmierung drei Ebenen: die individuelle, die kollektive und die universelle Ebene. Alle Eigenarten eines Menschen können auf eine der Programmierungsebenen zurückgeführt werden.

„Social systems can exist only because human behavior is not random, but to some extent predictable" (Hofstede 2001, S. 1).

- Individuelle Ebene:
  Als Programm – das tradiert und erlernt wird – bezeichnet Hofstede Modelle bzw. Konstrukte, die das Individuum für das Erkennen der Bedeutungen von Praktiken und für Vorhersagen benutzt, um dadurch Entscheidungen für sein Handeln zu treffen (vgl. Hofstede 2001, S. 2).

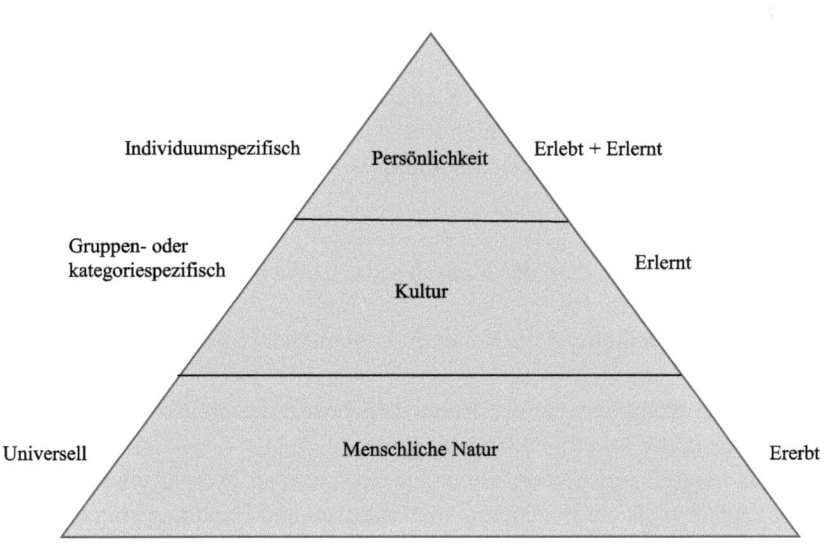

Abb. 10.3 Die drei Ebenen der Programmierung nach Hofstede. (Quelle: Hofstede 1993, S. 19)

- Kollektive Ebene:
  Menschen in einem Kollektiv richten ihr Handeln nach gleichen Modellen aus. Diese Modelle bzw. Konstrukte, die somit als Grundlage im Prozess von Wahrnehmung über Interpretation hin zur Entscheidung und Umsetzung in eine Handlung dienen, werden über Sprache oder andere Symbole – und damit kommunikativ – weitergegeben und tradiert. Hofstede vergleicht seine Ausführungen zur kollektiven Ebene mit den Ausführungen des französischen Soziologen Pierre Bourdieu zum Habitus. Habitus sei Bourdieu zufolge ein System beständiger und transferierbarer Tendenzen, welches durch bestimmte Lebensumstände hervorgebracht werde (vgl. Hofstede 2001, S. 4). Hofstede bezeichnet Bourdieus beständige und transferierbare Tendenzen als Werte, die die Basis im System der Entscheidungsfindung darstellen:
  „Kultur…ist immer ein kollektivies Phanomen, da man sie zumindest teilweise mit Menschen teilt, die im selben sozialen Umfeld leben oder lebten, d. h., dort, wo diese Kultur erlernt wurde. Sie ist die kollektive Programmierung des Geistes, die die Mitglieder einer Gruppe oder Kategorie von Menschen von anderen unterscheidet" (Hofstede 1993, S. 19).

Dem Begriff der Werte kommt im Modell von Hofstede eine besondere Bedeutung zu. Metaphorisch beschreibt er: *„Values are feelings with arrows to them"* (Hofstede 2001, S. 6). Er definiert Werte also einerseits als Gefühle, Haltungen und Einstellungen und damit als mentale Prozesse. Gleichzeitig setzt er Werte mit Pfeilen gleich. Durch das Bild von Werten als Pfeile erhalten Werte ein Potenzial von Stärke, Zielorientierung und auch von Aktivität. Den Begriff der Norm setzt Hofstede in eine kausale Beziehung zu Werten: Eine Norm entwickelt sich dadurch, dass die Mehrzahl in einem Kollektiv gleiche Werte teilt, der Pfeil also in die gleiche Richtung geschossen wird. Werte sind somit richtunggebend im Prozess der Entscheidungsfindung und für menschliches Verhalten. Werte können Kollektiven oder Individuen zugeschrieben werden. Werte können auch dann von einzelnen Individuen in einem Kollektiv vertreten werden, ohne dass diese spezifischen Werte im untersuchten Kollektiv präsentiert sind.

Zusammengefasst kann zu Hofstedes Kulturverständnis bislang festgehalten werden, dass

- Kultur dadurch entsteht, dass der Mensch seine Umwelt deutet, sie ordnet und sich in Beziehung zu ihr setzt.
- die individuellen Deutungen im Kollektiv kommunikativ verhandelt und abgestimmt werden.
- die normativen Komponenten der Kultur Ergebnisse der als sinnvoll erachteten Verhaltensweisen in der jeweiligen Umwelt sind.
- mit Kultur handlungssteuernde Vorstellungen von den Werten einer Gemeinschaft gemeint sind, also als die Bedeutung von Praktiken und Handlungen in einer Gemeinschaft für die Gemeinschaft selbst.

10.2.2.1 Hofstedes Forschungsansatz

Insgesamt bleiben Hofstedes theoretische Ausführungen zum Kulturbegriff retrospektiv noch unvollständig. Umso erkenntnisreicher sind seine empirischen Studien und sein daraus entwickeltes und bis heute rezipiertes Konzept der Kulturdimensionen. Die Entwicklung dieses Konzeptes geschah eher zufällig: Im Auftrag von IBM hat Hofstede als studierter Psychologe eine groß angelegte empirische qualitative Studie durchgeführt. Hofstede hat IBM-Mitarbeiter in 50 Ländern u. a. nach deren Arbeitszufriedenheit standardisiert entlang vorbereiteter Items befragt. Die originäre Intention des Auftraggebers IBM lag lediglich in der Generierung von Erkenntnissen zur Verbesserung des Arbeitsklimas und damit zur Steigerung der Arbeitszufriedenheit der Mitarbeiter. Im Zuge der Auswertung ist es Hofstede aber darüber hinaus gelungen, aus den entlang etischer Vergleichskategorien abgefragten Werten neue, emische Kategorien zu generieren. Das Besondere an diesen neu entwickelten Kategorien ist deren breite Anwendbarkeit, nämlich auf alle Länder, in denen die Studie durchgeführt worden ist. Aus diesen universalen Kategorien – die aus der Zusammenfassung von einzelnen kulturellen Werten gebildet worden sind – hat Hofstede die Kulturdimensionen entwickelt. Hofstede gilt bis heute als Pionier der Kulturvergleichsforschung, wofür im Wesentlichen zwei Gründe zu nennen sind: zum einen die genannte Formulierung der Kulturdimensionen. Und zum anderen ist es Hofstede durch seine Entwicklung der universalen Kategorien gelungen, eine Brücke zu bauen über die bis dahin bestehende dichotomische Grenzziehung zwischen der idiosynkratischen, emischen Forschung einerseits und der nomothetischen, etischen Forschung andererseits. Indem Hofstede in seiner Befragung etische Vergleichskategorien verwendet und dann aus den emischen Ergebnissen universale Kategorien entwickelt, konnte fortan die wissenschaftliche Kontroverse beigelegt werden, ob eine Kultur *entweder* aufgrund ihrer Einzigartigkeit nur aus der Innenperspektive untersucht werden kann (emische Forschung) *oder* ob auf der Grundlage allgemeingültiger Gesetze Kulturvergleiche möglich sind (etische Forschung).

10.2.2.2 Kulturdimensionen nach Hofstede

Hofstede vertritt die These, dass alle Menschen mit bestimmten Grundproblemen konfrontiert werden, für die das Kollektiv entlang universeller Kategorien akzeptierte Lösungsstrategien bereithält oder entwickelt. Aus diesen universellen Grundproblemen heraus hat er sechs Kulturdimensionen entwickelt (vgl. Hofstede o. J b.):

1. Power Distance – **Machtdistanz**
   bezogen auf das Problem ungleicher Machtbalancen und menschlicher Ungleichheit
2. Uncertainty Avoidance – **Unsicherheitsvermeidung**
   bezogen auf die Minimierung der Ungewissheit der Zukunft
3. Individualism vs. Collectivism – **Individualismus vs. Kollektivismus**
   bezogen auf das Verhalten des Individuums im Kollektiv
4. Masculinity vs. Feminity – **Maskulinität vs. Feminität**

bezogen auf das Zulassen von Emotionen in der Öffentlichkeit, auf die Rollenverteilung in der Gesellschaft sowie das Rollenverständnis der Geschlechter
5. Longterm vs. Shortterm Orientation – **Langzeit- vs. Kurzzeitorientierung**
bezogen auf die Ausrichtung eigener Anstrengungen: Sind diese eher auf die Zukunft oder auf die Gegenwart gerichtet? Ist das Zeitverständnis linear oder zirkulär?
6. Indulgence vs. Restraint – **Nachgiebigkeit vs. Beherrschung**
bezogen auf den Zusammenhang von Kontrolle über das eigene Leben und Erreichung von Glück

Länder \ Dimensionen	Akzeptanz von Machtdistanz	Individualismus	Maskulinität	Ungewissheitsvermeidung	Langfristige Orientierung	Indulgence
Deutschland	35	67	66	65	83	40
USA	40	91	62	46	26	68
Japan	54	46	95	92	88	42
China	80	20	66	30	87	24
Indien	77	48	56	40	51	26
Marokko	70	46	53	68	14	25
Kuwait	90	25	40	80	k.A.	k.A.
Russland	93	39	36	95	81	20

Abb. 10.4 Kulturdimensionen ausgewählter Länder nach Hofstede. (Quelle: Hofstede o. Ja.)

Jede Kulturdimension hat zwei entgegengesetzte Pole. Hofstede hat – wie in ähnlicher Weise bereits zuvor Edward T. Hall (vgl. Abschn. 10.2.1) – Parameter entwickelt, um durch die diametralen Pole den Wert für die jeweilige Dimension darzustellen. Hierdurch gelingt es ihm, in einem Koordinatensystem zwei Kulturdimensionen (x-Achse und y-Achse) miteinander in Beziehung zu setzen. Die untersuchten Länder werden im Hinblick auf die beiden jeweiligen Kulturdimensionen im Koordinatensystem positioniert (emisch) und sind dadurch miteinander vergleichbar (etisch). Aus den identifizierten Werten in einer Gesellschaft leitet Hofstede die gesellschaftlichen Normen ab.

Abb. 10.4 zeigt exemplarisch für ausgewählte Länder die Werte der sechs Kulturdimensionen.

10.2.2.3 Kritik an Hofstede
Mit der Entwicklung von Kulturdimensionen, die durch ihre jeweilige diametrale Gegenüberstellung einen Vergleich verschiedener Kulturen ermöglichen und gleichzeitig das Problem der Bewertung minimieren, hat Hofstede einen bedeutenden Beitrag zur Beantwortung der Frage nach den Komponenten von Kultur und damit zur Definition von Kultur sowie zur Kulturvergleichsforschung geleistet. Auf der Grundlage der ent-

wickelten Kulturdimensionen als wissenschaftliche Kategorie können die emischen Daten zusammengefasst werden und eine etische Vergleichbarkeit der Kulturen wird ermöglicht. Die Ergebnisse sind als Durchschnittswerte zu betrachten; sie sind jedoch nicht zur Vorhersage individueller Verhaltensweisen geeignet.

Gleichzeitig werden seine empirischen Studien und die aus ihnen generierten Ergebnisse in mehrfacher Hinsicht kritisiert:

Der Fragebogen war ursprünglich mit einer anderen Zielsetzung verbunden (Abfrage der Arbeitszufriedenheit der IBM-Mitarbeiter). In diesem Zusammenhang wird Hofstede methodisch Empirizismus vorgeworfen, da er die Daten ohne Theoriefundierung gesammelt und verarbeitet habe. Darauf aufbauend sind zunächst vier Kulturdimensionen explorativ entlang einer Faktorenanalyse formuliert worden. Eine weitere Kritik betrifft die Auswahl der Befragten: Zum einen können die Befragten, ausschließlich IBM-Mitarbeiter an ihren jeweiligen Arbeitsorten, nicht als repräsentativ für eine Gesellschaft gelten. Die befragten (hoch) qualifizierten und zumeist männlichen Expatriates lassen keine Aussagen über den Querschnitt einer Gesellschaft zu. Zum anderen kann von einer Berufs- und Organisationskultur nicht auf eine Landeskultur geschlossen werden. Und schließlich können nationale Landesgrenzen nicht mit Kulturräumen gleichgesetzt werden. Hofstede setzt jedoch den Kulturbegriff mit Nation gleich. Durch diese Beschränkung von Kultur auf Nation und der daraus resultierenden Wahl von Nationalkultur als Analyseeinheit werden Kulturen entlang ihrer jeweiligen territorialen Nationalgrenzen definiert. Hierdurch bleiben zum einen intrakulturelle Differenzen unberücksichtigt (z. B. China) und zum anderen kann hierbei nicht auf Besonderheiten im Hinblick auf territoriale Grenzen überschreitende Kulturen eingegangen werden (z. B. Indien, Pakistan).

Hofstede wird zudem vorgeworfen, er habe eine statische, homogene und deterministische Auffassung von Kultur, da er Kultur als kollektive mentale Software definiert: *„In this book I treat culture as the collective programming of the mind that distinguishes the members of one group or category of people from another"* (Hofstede 2001, S. 9). Die Prozesshaftigkeit und der Werte- bzw. Kulturwandel würden demnach bei Hofstede unberücksichtigt bleiben (vgl. Hansen 2000). Der Vorwurf der statischen und homogenen Kulturvorstellung ist jedoch nur bedingt nachvollziehbar, da Werte in einer Landeskultur für Hofstede zwar stabil, aber nicht statisch sind. Wertewandel wird von Hofstede erkannt und er bemisst hierfür einen Zeitraum von 50 bis 100 Jahren (vgl. Hofstede 2001, S. 11, S. 36). Um bei der Metapher zu bleiben: Eine Software ist austauschbar; Hofstede selbst bezeichnet statische und homogene Vorstellungen von Kultur als obsolet.

Durch den Vergleich von Kulturen entlang der Dimensionen (weshalb Hofstede u. a. als sogenannte Dimensionalisten bezeichnet werden) werde individuelles Verhalten kausal auf die jeweilige kulturelle Prägung zurückgeführt. Diese Essentialisierung und Reduktion könnten zu Kulturalismus führen (vgl. Leenen et al. 2008, S. 108). Leenen et al. machen darauf aufmerksam, dass dimensionalistische Kulturvergleichsstudien die individuellen Besonderheiten unberücksichtigt lassen und dass das Verhältnis von

Individuum und Kultur deterministisch interpretiert wird. Kommt es zu Problemen in der Interaktion, so wird das Verhalten des anderen durch die kulturelle Ungleichheit erklärt. Stereotype Erklärungsmuster und kausale Verweise auf die Herkunftskultur werden befördert. Sozialstrukturelle und politische Erklärungsvariablen bleiben hingegen unberücksichtigt. (vgl Abschn. 10.3.5).

Schließlich wird grundsätzlich kritisiert, dass mit Hofstedes Untersuchung einseitig eine westliche Perspektive eingenommen wird. Dies zeigt sich an der definitorischen Klärung z. B. der Begriffe Maskulinität und Feminität. So wird die Gleichsetzung von feminin mit konsensorientiert und harmoniebedürftig nicht begründet. Aus der Perspektive z. B. einer matriarchalen Gesellschaft könnte es eine abweichende Definition von Maskulinität und Feminität geben.

Unbeantwortet bleiben bei Hofstede die Fragen

a) nach der Entität: ob es ein objektiv beobachtbares Dasein und eine Entität von Kultur gibt, auch außerhalb der Vorstellungen, die sich die Individuen von ihrer Kultur machen.

b) nach der Funktionalität: ob Kultur nur eine ungeordnete Sammlung mentaler Modelle ist oder ob sie auch als Gesamtheit eine Funktion hat.

c) nach der Entwicklung bzw. Veränderbarkeit von Kultur. Ähnlich wie zuvor bei Hall wird auch bei Hofstede Kultur im beobachtbaren und interpretierbaren Verhalten der Individuen erkannt.

Die Kulturdimensionen wurden in der Folge von verschiedenen Wissenschaftlern zur Grundlage für weitere Kulturforschung genommen und optimiert: so z. B. von seinem Schüler Fons Trompenaars, vom Soziologen Shalom Schwartz und auch von der seit 2010 mehrmals durchgeführten breit angelegten GLOBE-Studie (Leitung: Peter Dorfmann). Während Trompenaars und Schwartz keine grundlegenden Änderungen eingeführt haben, hat die GLOBE-Studie konzeptionell grundlegend versucht, die erwähnten Kritikpunkte an Hofstedes Untersuchungen zu berücksichtigen (vgl. Reimer 2005, S. 38).

10.2.3 GLOBE-Studie

Das Akronym GLOBE steht für Global Leadership and Organizational Behaviour Effectiveness. Die von R. J. House im Jahr 1993 initiierte Studie setzt am Modell der Kulturdimensionen nach Hofstede an und baut darauf auf. Die **Zielsetzung** der GLOBE-Studie liegt in der Aktualisierung und Erweiterung des Hofstede-Modells sowie in der Verbesserung der von Hofstede begründeten theoretischen und methodischen Ansätze. Mit der GLOBE-Studie soll der **Fragestellung** nachgegangen werden, ob ein Kollektiv Charakteristika in der Wahrnehmung und im Verhalten aufweist und welche Rückschlüsse identifizierte Charakteristika auf das Verhalten des Einzelnen zulassen. Darauf aufbauend soll die *zentrale Frage* beantwortet werden: Inwiefern werden Organisationskultur von Unternehmen sowie Führungseffektivität von Managern durch die jeweilige Landeskultur beeinflusst? Damit ist ein wesentliches **Erkenntnisinteresse** der GLOBE-Studie verbunden: Hinweise zu erlangen, ob es ein universell akzeptiertes und erfolgreiches Führungsverhalten gibt (vgl. House et al. 2004, S. 10). Die Studie hat sich über einen Zeitraum von zehn Jahren erstreckt. In der Endphase haben 170 Wissenschaftler am Projekt mitgearbeitet.

In der Projektanfangsphase ging es zunächst um die Bestimmung der konzeptionellen Grundlagen bzw. des theoretisch-konzeptionellen Bezugsrahmens.

10.2.3.1 Theoretischer Bezugsrahmen
Auf folgende Theorien rekurriert die GLOBE-Studie:

a) **Hofstede: Value-Belief Theory of Culture**
   Hofstede geht von der Vorhersagbarkeit von Verhaltensweisen der Menschen eines Kulturraums aus (vgl. Abschn. 10.2.2). Diesen gemeinsamen Verhaltensweisen liegen typische Werte und Überzeugungen (Beliefs) zugrunde, die die Landeskultur ausmachen (vgl. House et al. 2004, S. 13 f.).

b) **Implicit Leadership Theory (ILT)**
   Die von Robert Lord entwickelte kognitive Führungstheorie (ILT) geht von der These aus, dass Menschen auf der Grundlage einer kognitiven Repräsentation der Welt Begriffe entwickeln, mit denen sie ihre Umwelt wahrnehmen und interpretieren sowie ihr eigenes Verhalten kontrollieren.
   Die ILT geht davon aus, dass vergangene Erfahrungen auf neue übertragen und verallgemeinert werden. Im Hinblick auf Leadership bedeutet dies, dass Menschen implizite Annahmen und Erwartungen entwickeln, was eine gute Führungskraft ausmacht und wie sie selbst auf Führungskräfte angemessen reagieren.
   „Implicit leadership theories constrain, moderate, and guide the exercise of leadership, the acceptance of leaders, the perception of leaders as influential, acceptable, and effective, and the degree to which leades are granted status and privileges" (House et al. 2004, S. 16).
   Im interkulturellen Kontext wird die Legitimation spezifischer Führungscharakteristika in unterschiedlichen Landeskulturen untersucht. Mit anderen Worten: Die gleiche Führungskraft kann in unterschiedlichen Landeskulturen unterschiedlich erfolgreich sein, je nachdem, inwieweit sie den jeweiligen impliziten Annahmen und Erwartungen – also den Prototypen einer Landeskultur – entspricht.

c) **Implicit Motivation Theory (IMT)**
   Die von McClelland, Atkinson, Clark und Lowell 1953 entwickelte IMT geht von der Annahme aus, dass jeder Mensch mindestens eines der drei Motive für das eigene Verhalten hat: Leistung, Zugehörigkeit, Streben nach Macht. Diese unbewussten Motive für subjektives Verhalten sind nicht angeboren, sondern werden im Laufe der Sozialisation durch Erfahrung und Einfluss der Landeskultur entwickelt. Im Umkehr-

schluss können durch das Identifizieren des primär repräsentierten Motivs Bedürfnisse (Needs) erkannt, konstruktives Feedback gegeben und Mitarbeiterführung angepasst werden (vgl. House et al. 2004, S. 17).

d) **Structural Contingency Theory (SCT)**

Die SCT geht von der Annahme aus, dass es für Unternehmen nicht *den* „one best way" gibt. Vielmehr ist jene Unternehmensstruktur am erfolgreichsten, die entlang verschiedener Maßnahmen auf Eventualitäten und Unvorhergesehenes reagieren kann (vgl. House et al. 2004, S. 26).

10.2.3.2 Definition von Kultur nach der GLOBE-Studie

Das der Studie zugrunde liegende Verständnis von Kultur musste zunächst definiert werden. House et al. definieren Kultur als „... *shared motives, values, beliefs, identities, and interpretations or meanings of significant events that result from common experiences of members of collectives and are transmitted across generations*" (House et al. 2004, S. 15). Damit teilen sie die Auffassung von Geertz (vgl. Abschn. 10.1.1) und anderen Kulturforschern, die Kultur

- als verhaltenssteuernde Bedeutung von Ereignissen definieren,
- in der Psyche der Menschen verorten,
- als gemeinsame Erfahrung eines Kollektivs betrachten,
- als stabil, nämlich über Generationen tradiert, analysieren.

Aufbauend auf der Theorie des **Konstruktivismus** geht die Studie zum einen von der Annahme aus, dass der Mensch seine Realität konstruiert und dass zum anderen Menschen in einem Kollektiv bzw. in einer Gesellschaftskultur eine gemeinsame Realität konstruieren, in der sie sich auf gemeinsame Werte (Modal Values) verständigen und in der ähnliche Verhaltensweisen (Modal Practices) beobachtet werden können. Im Unterschied zu Hofstede, Hall und Geertz sind Werte in der GLOBE-Studie nicht sui generis handlungssteuernd. Die GLOBE-Studie geht von der These aus, dass es einen operationalisierbaren Unterschied zwischen Practices (as is) und Values (should be) gibt.

Demnach wird Kultur „*operationally defined by the use of indicators reflecting two distinct kinds of cultural manifestations: (a) the commonality (agreement) among members of collectives with respect to the psychological attributes specified above; and (b) the commonality of observed and reported practices of entities such as families, schools, work organizations, economic and legal systems, and political institutions*" (House et al. 2004, S. 16).

10.2.3.3 Untersuchungsdesign

Auf dieser theoriegestützten Grundlage formuliert das GLOBE-Konsortium 15 Thesen, die dann durch die Studie entlang einer konfirmatorischen Faktorenanalyse verifiziert werden sollen:

1. *"Societal cultural norms are shared values and practices affect leaders, behaviour ...*
2. *Leadership affects organizational form, culture, and practice ...*
3. *Societal cultural values and practices also affect organizational culture and practices ...*
4. *Organizational culture and practices also affect leaders, behaviour ...*
5. *6. Societal culture and organizational culture and practices influence the process by which people come to share implicit theories of leadership ...*
6. *Strategic organizational contingencies (organizational environment, size, and technology) affect organizational form, culture, and practices ...*
7. *Strategic organizational contingencies affect leader attributes and behaviour ...*
8. *Relationships between strategic organizational contingencies and organizational form,culture, and practices will be moderated by cultural forces ...*
9. *Leader acceptance is a function of the interaction between CLTs and leader attributes and behaviors ...*
10. *Leader effectiveness is a function of the interaction between strategic organizational contingencies and leader attributes and behaviors ...*
11. *Acceptance oft he leader by followers facilitates leader effectiveness ...*
12. *Leader effectiveness, over time, will increase leader acceptance ...*
13. *Societal cultural practices are related to economic competitiveness of nations ...*
14. *Societal cultural practices are related to the physical and psychological well-being of their members"*

(House et al. 2004, S. 17–19).

Die Frage nach der externen Validität der Thesen wurde durch die stichprobenartige Befragung von Managern aus differenten Unternehmen und Branchen berücksichtigt.

Zusammengefasst können folgende Eckpunkte der Studie genannt werden (vgl. House et al. 2004, S. 11 ff.; House et al. 2014, S. 101 ff.):

- Untersuchungszeitraum: 10 Jahre
- Bis zu 170 Wissenschaftler aus 62 Ländern
- Standardisiertes Untersuchungs- und Befragungskonzept
- Primärstatistische Erhebung:
  - Lokale Unternehmen
    - Hierdurch soll das Problem vermieden werden, dass die Mitarbeiter durch die Unternehmenskultur geprägt sind, wie dies häufig bei Global Playern – wie z. B. IBM (Hofstede Studie) – der Fall ist.
    - Zielsetzung der GLOBE-Studie: Je weniger die Mitarbeiter durch die Unternehmenskultur beeinflusst sind, desto nachvollziehbarer können Rückschlüsse auf die Landeskultur gezogen werden.
    - Anders als bei Global Playern findet sich bei lokalen Unternehmen eher ein homogener Mitarbeiterstamm.

- Mitglieder der mittleren Führungsebene aus den drei Bereichen Lebensmittelindustrie, Telekommunikation und Finanzdienstleistungsbranche
- Vorstudie: 1.943 Probanden beantworten 371 Statements
- Hauptstudie:
  - aus dem Statementpool der Vorstudie wurden entlang festgelegter Kriterien 292 Statements gebildet:
    - 75 Statements zur Organisationskultur
    - 78 Statements zur Landeskultur
    - 112 Statements zum Führungsverhalten
    - 27 Statements zu den demografischen Angaben
  - 17.370 Manager der mittleren Führungsebene aus 951 lokalen Unternehmen beantworten diese 292 Statements
  - In 62 Untersuchungsregionen (zwei Teilstichproben jeweils in: Ost- und Westdeutschland, deutschsprachige und französischsprachige Schweiz, schwarze und weiße Bevölkerung in Südafrika) wurden 27 bis 1.790 Manager befragt.
- As is/should be
  - Differenzierung zwischen Ist-Ebene (as is) und Soll-Ebene (should be) im Hinblick auf die Landeskultur (Society) und die Organisations- bzw. Unternehmenskultur. *As is* gibt Auskunft über den beobachtbaren Status quo der Kulturpraktiken. *Should be* gibt Auskunft über kulturspezifische Wünsche und Werte.

10.2.3.4 Ergebnisse der GLOBE-Studie

Die GLOBE-Studie hat aufbauend auf Hofstede **neun Kulturdimensionen** formuliert, um hierdurch die Fragen zu beantworten, welche universellen kulturellen Unterschiede identifiziert werden können und wie diese messbar sind (vgl. House et al. 2014, S. 12 f.):

1. **Unsicherheitsvermeidung (Uncertainty Avoidance)**
   - Erkenntnisinteresse:
     „*The extend to which a society, organization, or group relies on social norms, rules, and procedures to alleviate unpredictability of future events.*"
     Das Ausmaß, in dem die Menschen einer Gesellschaft versuchen, unvorhersehbare oder unsichtbare Situationen durch Regeln zu vermeiden.
   - Fragestellung-Item:
     „*Most people lead (should lead) highly structured lives with few unexpected events.*"
     (House et al. 2014, S. 16)
2. **Akzeptanz von Machtdistanz (Power Distance)**
   - Erkenntnisinteresse:
     „*The degree to which members of a collective expect power to be distributed equally.*"
     Der Grad, inwieweit Mitglieder einer Gesellschaft akzeptieren, dass Machtdistanz besteht und gesellschaftlich ungleich verteilt ist.

- Fragestellung-Item:

  „*Followers are (should be) expected to obey their leaders without question.*"

  (House et al. 2014, S. 15 f.)
3. **Institutioneller Kollektivismus (Institutional Collectivism)**
   - Erkenntnisinteresse:

     „*The degree to which organizational and societal institutional practices encourage and reward collective distribution of resources and collective action.*"

     Inwieweit fördern Organisationen und soziale Institutionen die kollektive Verteilung der Ressourcen und kollektives Handeln?
   - Fragestellung-Item:

     „*Leaders encourage (should encourage) group loyalty even if individual goals suffer.*"

     (House et al. 2014, S. 14 f.)
4. **Gruppenkollektivismus (In-group Collectivism)**
   - Erkenntnisinteresse:

     „*The degree to which individuals express pride, loyalty, and cohesiveness in their organizations or families.*"

     Der Grad an Stolz, Loyalität und Gruppenzusammenhalt in Organisationen oder Familien.
   - Fragestellung-Item:

     „*Employees feel (should feel) great loyalty towards this organization.*"

     (House et al. 2014, S. 15)
5. **Geschlechtergleichheit (Gender Egalitarianism)**
   - Erkenntnisinteresse:

     „*The degree to which a collective minimizes gender inequality.*"

     Das Ausmaß der Minimierung von Geschlechterungleichheiten in einer Gesellschaft.
   - Fragestellung-Item:

     „*Boys are encouraged (should be encouraged) more than girls to attain a higher education (scored inversely).*"

     (House et al. 2014, S. 15)
6. **Durchsetzungsfähigkeit (Assertiveness)**
   - Erkenntnisinteresse:

     „*The degree to which individuals are assertive, confrontational, and aggressive in their relationships with others.*"

     Der Grad an Durchsetzungsfähigkeit, Konfrontation und Aggressivität der Individuen.
   - Fragestellung-Item:

     „*People are (should be) generally dominant in their relationships with each other.*"

     (House et al. 2014, S. 13)

7. **Zukunftsorientierung (Future Orientation)**
   - Erkenntnisinteresse:
   „The extend to which individuals engage in future-oriented behaviors such as delaying gratification, planning, and investing in the future."
   Das Ausmaß der individuellen Zukunftsorientierung, -planung und -investition.
   - Fragestellung-Item:
   „More people live (should live) fort he present rather than fort he future (scored inversely)."
   (House et al. 2014, S. 14)
8. **Humanorientierung (Humane Orientation)**
   - Erkenntnisinteresse:
   „The degree to which a collective encourages and rewards individuals for being fair, altruistic, generous, caring, and kind to others."
   Der Grad an Ermutigung zu Fairness, Uneigennützigkeit, Großzügigkeit, Fürsorge und Freundlichkeit.
   - Fragestellung-Item:
   „People are generally (should be generally) very tolerant of mistakes."
   (House et al. 2014, S. 14)
9. **Leistungsorientierung (Performance Orientation)**
   - Erkenntnisinteresse:
   „The degree to which a collective encourages and rewards group members for performance improvement and excellence."
   Der Grad an Ermutigung zu und Belohnung für Leistungsverbesserung und Spitzenleistung.
   - Fragestellung-Item:
   „Students are encouraged (should be encouraged) to strive for continuously improved performance."
   (House et al. 2014, S. 13)

Abb. 10.5 zeigt die Value- (V) und Practice-(P)-Werte der neun Kulturdimensionen für ausgewählte Länder.

10.2.3.5 Kulturcluster

Im Ergebnis werden zehn Kulturcluster (vgl. Abb. 10.6) gebildet, die Auskunft über kulturelle Gemeinsamkeiten geben sollen (vgl. House et al. 2004, S. 183 ff.).

Mit der Clusterbildung, wie in Abb. 10.6 dargestellt, verfolgt das GLOBE-Konsortium mehrere **Zielsetzungen,** von denen einige genannt werden sollen:

a) Anstatt *„focusing on similarities and differences among these societies one dimension at a time"* (House et al. 2004, S. 178) sollen durch einen holistischen Ansatz Gemeinsamkeiten und Unterschiede zwischen den Gesellschaftskulturen erkannt und verstanden werden.

10.2 Kulturvergleichsstudien

Dimensionen / Länder	Assertiveness (Durchsetzungsfähigkeit)		Institutional Collectivism (Institutioneller Kollektivismus)		In-Group Collectivism (Gruppen- und Familienkollektivismus)		Future Orientation (Zukunftsorientierung)		Gender Egalitarianism (Geschlechtergleichheit)		Humane Orientation (Zwischenmenschliches Verhalten)		Performance Orientation (Leistungsorientierung)		Power Distance (Machtdistanz)		Uncertainty Avoidance (Ungewissheitsvermeidung)	
	V	P	V	P	V	P	V	P	V	P	V	P	V	P	V	P	V	P
Deutschland (W)	3,21	4,66	5,07	3,97	5,46	4,16	5,06	4,41	5,06	3,25	5,63	3,30	6,27	4,42	2,66	5,48	3,38	5,35
USA	4,36	4,50	4,20	4,21	5,79	4,22	5,34	4,13	5,03	3,36	5,51	4,18	6,14	4,45	2,88	4,92	3,99	4,15
Japan	5,84	3,69	4,01	5,23	5,44	4,72	5,42	4,29	4,41	3,17	5,53	4,34	5,37	4,22	2,76	5,23	4,40	4,07
China	5,52	3,77	4,52	4,67	5,12	5,86	4,70	3,68	3,73	3,03	5,34	4,29	5,72	4,37	3,01	5,02	5,34	4,81
Indien	4,65	3,70	4,59	4,25	5,22	5,81	5,43	4,04	4,40	2,89	5,20	4,45	5,87	4,11	2,58	5,29	4,58	4,02
Saudi Arabien	k.A.	k.A.	k.A.	k.A.	k.A.	k.A.	k.A.	k.A.	k.A.	k.A.	k.A.	k.A.	k.A.	k.A.	k.A.	k.A.	k.A.	k.A.
Kuwait	3,61	3,56	5,04	4,32	5,32	5,70	5,62	3,18	3,50	2,59	5,06	4,44	5,89	3,79	3,02	4,97	4,65	4,02
Marokko	3,68	4,72	5,34	4,18	6,03	6,37	6,33	3,50	4,07	3,08	5,73	4,52	6,12	4,31	3,30	6,14	5,77	3,95
Russland	2,90	3,86	4,01	4,57	5,90	5,83	5,60	3,06	4,34	4,07	5,62	4,04	5,68	3,53	2,73	5,61	5,26	3,09

Abb. 10.5 Kulturdimensionen ausgewählter Länder nach der GLOBE-Studie. (Quelle: House et al. 2004, S. 742–747)

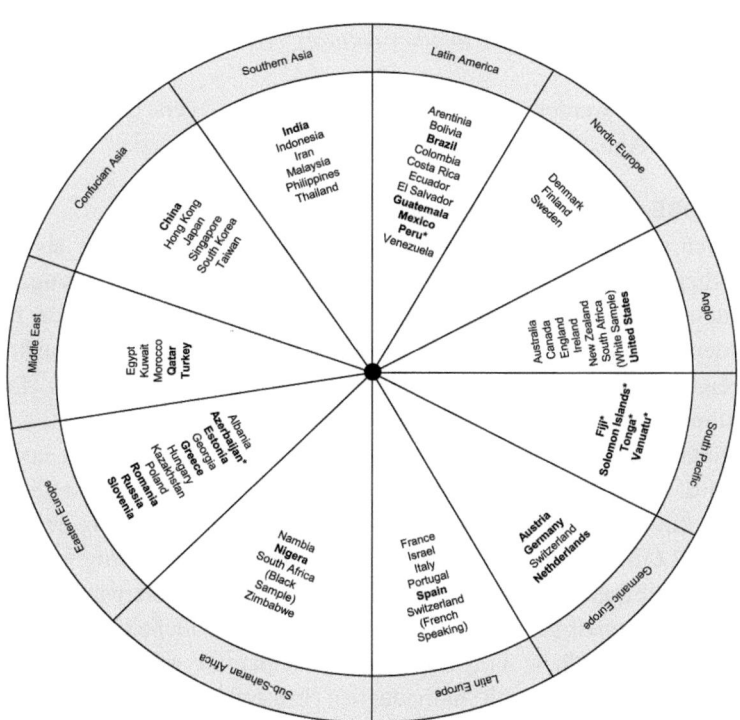

Abb. 10.6 Kulturcluster nach der GLOBE-Studie. (Quelle: House et al. 2014, S. 8)

b) Prototypen erfolgreicher Führungskräfte sollen für die verschiedenen Gesellschaftskulturen erkannt werden können. Die Kulturcluster sollen behilflich sein „*for summarizing the culturally endorsed leadership prototypest hat prevail in the societies associated with specific cultural clusters*" (House et al. 2004, S. 179).

c) Im Clustermodell wird sowohl ein praktischer als auch theoretischer Mehrwert gesehen.

In praktischer Hinsicht bieten die Cluster „*a useful framework for managing the complexities of multicultural operations. ... and ... clusters may provide useful information for working with diverse nationalities or cultures within a specific country*" (House et al. 2004, S. 179). Zudem kann anhand des Clustermodells erklärt werden, warum ein Mensch an einem Ort erfolgreich ist, an einem anderen Ort trotz gleichbleibender Fähigkeiten scheitert: „*Practices, policies, and procedures that work quite effectively in one culture may dramatically fail or produce counterproductive behavior in another culture*" (House et al. 2004, S. 179). Demnach ist zu schlussfolgern, dass Menschen nicht *trotz* gleichbleibender Fähigkeiten scheitern, sondern gerade *wegen* dieser gleichbleibenden Fähigkeiten.

Das Clustermodell bietet eine theoriebasierte Grundlage für empirische Kulturvergleichsforschung: „*Clusters may be used to guide the sampling strategy for cross-cultural research to ensurethat an adequate sampling of cultural variability is included in the samples. Researchers can also test the generalizability of empirical findings obtained in one culture to other cultures*" (House et al. 2004, S. 179).

Den Kulturclustern werden nach der GLOBE-Studie verschiedene Führungsstile zugeordnet, wie in Abb. 9.2 in Abschn. 9.1 bereits dargestellt wurde.

10.2.3.6 GLOBE-Studie und Hofstede-Studie im Vergleich

Beim Vergleich der beiden Studien werden sowohl Gemeinsamkeiten als auch Unterschiede deutlich. Hofstede gehört zum theoretisch-konzeptionellen Bezugsrahmen der GLOBE-Studie. Aufbauend auf Hofstede wurden einige Kulturdimension beibehalten, einige wurden weiter differenziert oder mit einem anderen Schwerpunkt versehen. Tab. 10.2 zeigt die Gegenüberstellung der sechs Kulturdimensionen nach Hofstede und der neun Kulturdimensionen nach der GLOBE-Studie.

Beide Studien erklären Werte als Antwort auf die Frage, was als erstrebenswert betrachtet wird. Unterschiedlich ist hierbei die Perspektive. Hofstede stellt diese Frage aus der Perspektive des Individuums: Hier wird nach der Wertehaltung des Individuums gefragt. Die GLOBE-Studie – die nicht von einer mentalen Programmierung ausgeht – stellt diese Frage aus der Perspektive des Kollektivs: Hier wird nach der Wertehaltung der Gemeinschaft gefragt. Aufgrund der unterschiedlichen Perspektiven können im Ergebnis unterschiedliche Fragestellungen beantwortet werden. So kann mit der Hofstede-Studie der Frage nach individuellen Einstellungen nachgegangen werden, wohingegen mit der GLOBE-Studie soziale Phänomene, wie z. B. die kulturelle Nähe und Distanz zwischen Ländern und Gemeinschaften, untersucht werden können (vgl.

Tab. 10.2 Hofstede und GLOBE im Vergleich

Hofstede	GLOBE-Studie
Power Distance	Power Distance
Uncertainty Avoidance	Uncertainty Avoidance
Individualism – Collectivism	Institutional Collectivism
	In-group Collectivism
Masculinity	Gender Egalitarianism
Long term-Orientation	Future Orientation
	Assertiveness
	Performance Orientation
	Humane Orientation

Smith 2006). Im Unterschied zu Hofstedes Klassifizierung von national einheitlichen Landeskulturen werden in der GLOBE-Studie Gesellschaftskulturen klassifiziert.

Trotz dieser konzeptionell grundlegenden Unterschiede gibt es Gemeinsamkeiten in der Ergebnissicherung:

Zentrale Gemeinsamkeit kann in der hergestellten Kausalität zwischen ähnlichen Wertehaltungen aufgrund einer Sozialisierung in einer bestimmten Landeskultur erkannt werden. Diese operationalisierbaren Wertehaltungen können zu Kulturdimensionen zusammengefasst werden. Beide Studien sind disziplinär in der Managementforschung zu verorten und analysieren den Kulturbegriff aus einer wirtschaftswissenschaftlichen Perspektive.

Beiden Studien gemeinsam ist ein grundsätzliches Problem von empirischen Kulturvergleichsstudien, nämlich die Übertragung der generierten Ergebnisse auf die Wertvorstellung aller Individuen in der jeweils untersuchten Landeskultur bzw. Gesellschaftskultur. Wird z. B. für Russland eine hohe Akzeptanz von Machtdistanz und damit von Hierarchien gemittelt, so wird angenommen, dass *die* Russen hierarchieaffin sind. Landeskulturen werden als homogen betrachtet, wodurch kollektive Stereotypisierungen (re)produziert werden. Unberücksichtigt bleiben hierbei intrakulturelle Unterschiede, die oftmals größer sind als interkulturelle Unterschiede (vgl. Abschn. 10.1.2.4).

10.2.3.7 Kritik an der GLOBE-Studie

Mit der GLOBE-Studie ist es gelungen, die Erkenntnisse der Hofstede-Studie zu ergänzen und gleichzeitig verschiedene diesbezügliche Kritikpunkte zu vermeiden. Dennoch wird auch an der GLOBE-Studie Kritik geäußert, z. B. im Hinblick auf die Repräsentanz der Befragten, da ausschließlich Führungskräfte an der Studie teilgenommen haben. Zudem wurden zwar viele Länder in die Untersuchung einbezogen, jedoch gab es nur wenige Differenzierungen innerhalb der Länder. Die wesentliche Kritik an der Hofstede-Studie, die Gleichsetzung von Ländern mit Kulturen, konnte auch die GLOBE-Studie nicht umgehen.

Ein weiterer Kritikpunkt benennt das Problem der negativen Korrelation von Werten und Praktiken (vgl. hierzu Hofstede 2012; Smith 2006). Hierfür gibt es verschiedene

Erklärungsansätze: Als eine Ursache für dieses Phänomen wird die langsamere Veränderung von Verhalten im Vergleich zum Wertewandel identifiziert, d. h., dass Menschen schneller in der Lage und bereit sind, neue Werte zu verinnerlichen, ihr Verhalten aber nur mit einer zeitlichen Verzögerung anpassen. Andere Erklärungsansätze sehen die Ursache in den jeweiligen gesellschaftlichen Rahmenbedingungen, wie z. B. der Wirtschaftskraft und den demografischen Verhältnissen (vgl. Javidan et al. 2006, S. 903). Müller u. Gelbrich zufolge *„erfassen die GLOBE-Values und die GLOBE-Practices unterschiedliche Facetten des Konstrukts Landeskultur. ... Was nach wie vor fehlt, ist ein umfassender Erklärungsansatz, der alle neun Kulturdimensionen einbezieht"* (Müller und Gelbrich 2015, S. 177).

Insgesamt betrachtet wird der Kulturbegriff für die Mitarbeiterführung im internationalen Kontext (zu) umfangreich und theoretisch analysiert worden sein. Jedoch können Entscheidungsträger in der Personalführung auf Grundlage dieses umfangreichen und differenzierten Kulturverständnisses im Laufe der Zeit ein schlüssiges und konstruktives Gesamtbild herstellen, Stereotypisierungen vermeiden, interkulturelle Kompetenz befördern und dies in den Leitfaden eines nachhaltigen Management-Knowhows einfließen lassen.

10.3 Akkulturationsmodelle

Eingliederungsmodelle bzw. Akkulturationsmodelle geben Antworten auf die Fragen, wie Menschen in der Diaspora mit der als fremd wahrgenommenen Kultur umgehen und welche Faktoren zu einer gelingenden Eingliederung beitragen können.

10.3.1 Modelle von Eingliederungsprozessen

Grundsätzlich betonen Eingliederungsmodelle die Fähigkeit zu rationalem Handeln aller Beteiligten und damit die Absage an deterministische und essentialisierende Kulturmodelle (vgl. Abschn. 10.1.1).

Bei der Analyse von Eingliederungsprozessen spielen die jeweiligen Werte und Normen eine zentrale Rolle. Parson hat diese in zentrale und periphere Werte und Normen differenziert (vgl. Schäfers und Kopp 2006). Sie geben Auskunft z. B. darüber, inwiefern Neuzugewanderte unterschiedliche Rollenerwartungen im privaten, öffentlichen und politischen Leben erfüllen können. Die Rollenerwartung kann dann besonders gut erfüllt werden, wenn Zugewanderte die mit der Erwartung verbundenen Werte und Normen für sich selbst als sinnvoll erleben. Ist dies der Fall, also werden die neuen peripheren und zentralen Werte und Normen als sinnstiftend internalisiert, führt dies der sogenannten „Attitude Change Theory" nach Taft (vgl. Treibel 1990, S. 65 f.) zufolge a.) zu einem internen Angleichungsvorgang und b.) zu einem externen und damit beobachtbaren Angleichungsprozess. Für den internen und externen Angleichungs-

10.3 Akkulturationsmodelle

prozess kann keine allgemeingültige Reihenfolge festgelegt werden. So kann die Akkomodation – also die Konformität zu den erkannten Rollenerwartungen – der Identifikation mit der Mehrheitsgesellschaft vorangestellt sein oder auch eine Folge des Identifikationsprozesses sein. Wird der interne und externe Angleichungsvorgang als solcher vom Individuum selbst reflektiert und als sinnvoll erfahren, kann schließlich von einer Konvergenz der Werte und Normen gesprochen werden.

Als zentrale Voraussetzung für einen als sinnstiftend wahrgenommenen Angleichungsprozess wird ein vielfältiger **Wissensvorrat** gesehen. Die besondere Relevanz von Wissen sowie lerntheoretischer Komponenten in Eingliederungsmodellen fließt in die Definition des Begriffs Lernkultur ein (vgl. Abschn. 10.3.5): *„Wissen über die kulturellen Eigenarten der Fremdgruppe, das kulturelle Lernen, die Fähigkeit und Bereitschaft zur Rollenübernahme, aber auch die Reaktionen der Fremdgruppe"* (Auernheimer 2010, S. 78). Der Erfolg des Angleichungsprozesses hängt nicht nur von der Motivation der Zugewanderten ab, sondern ist auch wesentlich abhängig von den *„Eigenschaften des Aufnahmesystems, dessen Wandlungsfähigkeit, Durchlässigkeit, Aufnahmebereitschaft und -fähigkeit, über die Transformation der Gruppenbeziehungen"* (Auernheimer 2010, S. 78).

Wichtige Voraussetzungen für erfolgreiche Eingliederungsprozesse aufseiten der Zuwanderer sind u. a.:

- als positiv wahrgenommene Reaktionen der Mehrheitsgesellschaft in persönlicher, struktureller und institutioneller Hinsicht.
- dass anfängliche Antizipationen seitens der Zuwanderer im Hinblick auf erwartete Reaktionen der Mehrheitsgesellschaft mit den tatsächlichen Reaktionen der Mehrheitsgesellschaft dauerhaft übereinstimmen.
- positive Erfahrungen im Zuge des Anpassungsprozesses. Dies wird durch die pädagogische Prämisse „Belehrung kommt gegen Erfahrung nicht an" ausgedrückt.
- Sukzessiv routinierte Handlungsweisen, die originär auf diesen positiven Erfahrungen beruhen, werden als sinnstiftend und wertvoll wahrgenommen. Handlungsweisen werden mit einem bestimmten Wert in Verbindung gebracht – Handlung drückt also einen Wert an sich aus. Wie in Abschn. 10.1 dargestellt, drücken sich somit als Ergebnis des Anpassungsprozesses kollektiv geteilte Werte (Concepta) in ähnlichen Handlungsweisen (Percepta) aus (vgl. Auernheimer 2010).

Wichtige Voraussetzungen für erfolgreiche Eingliederungsprozesse aufseiten der Mehrheitsgesellschaft sind u. a.:

- „Eintreten für die Gleichheit aller ungeachtet der Herkunft" (Auernheimer 2010, S. 21)
- Rechtliche Gleichstellung
- Beseitigung von Wettbewerbsnachteilen

- Anerkennung und Förderung der Selbstorganisation Zugewanderter (vgl. Ersoy 2018, S. 457 ff.)
- Wertschätzung subjektiver kultureller Identitäten

In den genannten Voraussetzungen wird die Wechselwirkung zwischen Handlungsweisen der Zugewanderten und denen der Mehrheitsgesellschaft deutlich. Zu den individuellen Handlungsweisen der Zugewanderten sind gesellschaftliche Bedingungen somit zumindest gleichbedeutend, wenn nicht sogar – da die Handlungsweisen eine Reaktion auf (Anerkennungs-)Strukturen der Mehrheitsgesellschaft darstellen – bedeutsamer. Insofern kann von einem zweiseitigen und sich gegenseitig bedingenden Angleichungsprozess gesprochen werden. In diesem utilitaristischen Wechselwirkungsverhältnis wird die Verantwortung nicht singulär bei den Zugewanderten, sondern allgemein bei allen handelnden Individuen und damit bei allen am Eingliederungs- bzw. Integrationsprozess Beteiligten gesehen (vgl. Saleh 2008).

10.3.2 Akkulturationsmodell nach Berry

Der kanadische Sozialpsychologe und Migrationsforscher John Widdup Berry (1997, 2011) hat unter Berücksichtigung der genannten Voraussetzungen ein Akkulturationsmodell mit der sogenannten Vier-Felder-Matrix (Integration, Assimilation, Segregation, Marginalisierung) erstellt.

Das Akkulturationsmodell von Berry soll trotz der Kritiken an diesem (siehe unten) kurz erläutert werden, da es Berry früh gelungen ist, ein Modell zu entwerfen, welches folgende Faktoren berücksichtigt:

a) die Relevanz von Kontakt und Interaktion
b) die Bedeutung der Dauer des Kontakts (z. B. befristeter Aufenthalt als Expatriate, Einwanderung) für Akkulturationsprozesse
c) individuelle Aushandlungsprozesse im Kontext von Akkulturationsstrategien
d) die zusammenhängende Betrachtung von Interaktion und Identitätskonstruktionen.

Berrys Modell liegt die Definition zu Akkulturation von Redfield, Linton und Herskovits zugrunde, auf der das Akkulturationsverständnis aufbaut: *„acculturation comprehends those phenomena which result when groups of individuals having different cultures come into continuous first-hand contact with subsequent changes in the original culture patterns of either or both groups"* (Redfield et al. 1936, S. 149, zit. nach: Berry 1997, S. 7).

Berrys Modell zufolge ist ein dauerhafter Kontakt zwischen Zugewanderten und Mehrheitsgesellschaft die zentrale Grundbedingung für Akkulturationsprozesse. Diese werden

10.3 Akkulturationsmodelle

beeinflusst von den Rahmenbedingungen der aufnehmenden Gesellschaft und insbesondere von der individuellen Beantwortung folgender Fragen:

Kontakt-Frage:
"contact and participation (to what extent should they become involved in other cultural groups, or remain primarily among themselves" (Berry 1997, S. 9).
Inwiefern sollten Beziehungen zu Menschen anderer kultureller Gruppen aufgenommen werden?

Identitäts-Frage:
"cultural maintenance (to what extent are cultural identity and characteristics considered to be important, and their maintenance strived for)" (Berry 1997, S. 9).
Inwiefern wird es als wertvoll erachtet, die eigene kulturelle Identität und ihre Merkmale beizubehalten?

Je nach subjektiver Einschätzung wird eine bestimmte Akkulturationsstrategie gewählt, die stark abhängig ist von der individuellen Beziehung zur Mehrheitsgesellschaft. Auch die eigene subjektive Verortung in der Mehrheitsgesellschaft entscheidet über die gewählte Strategie, sodass in dieser Hinsicht von einem Aushandlungsprozess gesprochen werden kann.

Die individuellen Aushandlungsprozesse und die gewählte Akkulturationsstrategie werden mit der Matrix in Abb. 10.7 dargestellt.

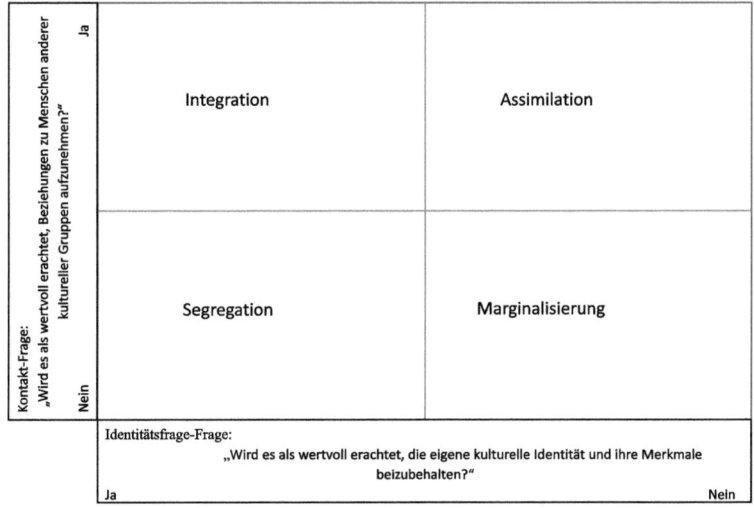

Abb. 10.7 Akkulturationsstrategien nach Berry. (Quelle: Berry 1997, S. 10)

Zusammengefasst wird unter Akkulturation bei Berry ein kultureller Anpassungsprozess verstanden, dem ein dauerhafter Kontakt zugrunde liegt. Die Anpassung kann sich bewusst oder unbewusst vollziehen. Die genannten Akkulturationsstrategien können dem Modell zufolge von beiden Seiten (Zuwanderer und Mehrheitsgesellschaft) gewählt werden, sodass die Zielrichtung der Anpassung zunächst offen ist. Ob bzw. in welcher Form die Anpassung stattfindet, hängt von der Beantwortung der Frage ab, inwiefern sich das Individuum oder auch das Kollektiv an der Herkunftskultur orientieren möchte.

Neben den o.g. Vorteilen des Akkulturationsmodells von Berry gibt es auch mehrere Kritikpunkte:
Zum einen ist das Integrationsverständnis nach Berry überholt und zum anderen wird der Assimilationsbegriff inzwischen nicht als Ziel von, sondern als Kritik an Eingliederungsmodellen eingebracht. Auch lässt das Modell gesellschaftliche Rahmenbedingungen wie z. B. Machtverhältnisse und Diskriminierung unberücksichtigt. Dadurch entstehende Handlungszwänge spielen deshalb bei Berry keine Rolle für Identitätskonstruktionen und für den individuellen Aushandlungsprozess. Der Aushandlungs- und Akkulturationsprozess verläuft bei Berry linear und verfolgt als anzustrebendes Ziel die Assimilation in die vermeintlich homogene und höhergestellte Kultur der Mehrheitsgesellschaft. Die Vorstellung einer Third Culture oder Lernkultur (vgl. Abschn. 10.3.5) findet bei Berry noch keinen Eingang.

10.3.3 Modelle der Austauschforschung

Viele Modelle gehen bei Fragen zu Eingliederung und Akkulturation primär von Arbeitsmigranten, Familienangehörigen, Geflüchteten, im Inland Geborenen etc. als Adressaten aus. Hiervon unterscheiden sich Expatriates im Wesentlichen in zweierlei Hinsicht: zum einen durch den von vornherein zeitlich befristet angelegten Arbeitsaufenthalt. Dieser ist schon vor der Einreise genau geplant und geregelt, z. B. durch geschlossene Arbeitsverträge, Mietverträge, Schulanmeldungen etc. Zum anderen bzw. daraus folgend durch die nicht vorhandene Problematik sozialer Benachteiligung, Diskriminierung und Machtasymmetrien. Dennoch sollen Ergebnisse der Austauschforschung, die sich aus erziehungswissenschaftlicher und sozialwissenschaftlicher Perspektive mit Fragen der Eingliederung beschäftigt, im Folgenden dargestellt werden, da aus ihr verschiedene sogenannte Stufen- oder Phasenmodelle interkulturellen Lernens hervorgegangen sind: z. B. das 7-Stufen-Modell nach Hoopes (1979) oder das 6-Stufen-Modell nach Bennett (1993). Die Modelle konzeptualisieren interkulturelle Lernprozesse und gehen der Frage nach, inwiefern interkulturelle Kontakte verallgemeinerbare Umgangsweisen mit den durch die Interkulturalität einhergehenden Wahrnehmungs- und Handlungsweisen erkennen lassen. Die o.g. Besonderheiten in Bezug auf Expatriates berücksichtigend, können die Ergebnisse auch auf diese Gruppe angewendet werden.

10.3.4 Stufenmodell nach Bennett

Das Stufenmodell nach Bennett baut theoretisch auf Konzepten der konstruktivistischen Psychologie und der Kommunikationstheorie auf und erklärt, nach welchen Abläufen die Wahrnehmung kultureller Unterschiede und Gemeinsamkeiten zu kultureller Sensibilität führt. Mit der Methode der Grounded Theory findet in dieser qualitativen empirischen Forschung eine Interpretation und Erklärung von Beobachtung statt. Hierzu werden leitfadengestützte Interviews durchgeführt. Damit verfolgt Bennett das Ziel, durch die Beobachtung interkultureller Kontakte zukünftige interkulturelle Situationen antizipieren zu können. Diese Zielsetzung umfasst *„applications of intercultural communication competence to activities such as intercultural mediation and conflict resolution, interethnic (gender, sexual orientation) equity, multicultural team or global organization leadership, multicultural classroom teaching, health care delivery, etc."* (Bennett 2017, S. 2).

Hierbei differenziert Bennett zwischen sechs Stufen:

Stufe 1: Leugnen – Denial
Stufe 2: Abwehr – Defense
Stufe 3: Minimierung – Minimization
Stufe 4: Anerkennung – Acceptance
Stufe 5: Anpassung – Adaptation
Stufe 6: Eingliederung – Integration.

Stufe 1: Denial of Difference
Diese Stufe ist dadurch charakterisiert, dass die Existenz und Relevanz *„of culturally different others"* nicht erkannt wird. Die eigene Gruppe wird oftmals wahrgenommen als *„more ‚real' than others – even to the point that others may not seem fully human"* (Bennett2017, S. 4).

Zu den Reaktionsformen gehören Desinteresse, Ignoranz bis hin zu Feindseligkeit.

a) Bedeutung in sozialer Hinsicht
   – Die Stufe des Leugnens ist beobachtbar bei einer quantitativ bedeutsamen Zuwanderung, z. B. wenn *„significant numbers of refugees or immigrants enter a community"* (Bennett 2017, S. 4).
   – Exemplarische Fragestellung: *„How relevant have you found cultural difference to be in the delivery of good healthcare at this clinic?"*
   – Schlussfolgerung: *„the sameness pole is exaggerated while the differentness pole is suppressed"* (Bennett 2017, S. 7).
b) Bedeutung in organisationaler Hinsicht

- Die Stufe des Leugnens ist beobachtbar im Zuge einer quantitativ bedeutsamen Veränderung der Belegschaft, z. B. durch *„changing workforce or globalized organization"* (Bennett 2017, S. 4).
- In Unternehmen kann diese Stufe besonders dann häufig beobachtet werden, wenn es *„no structures (policies and procedures) to recognize and deal with cultural diversity"* gibt. Und: *„difference is acknowledged by procedures such as multiple-language forms or incorporating visual diversity into corporate publications"* (Bennet 2017, S. 7).
- Exemplarische Fragestellung: *„What mechanisms such as multiple language forms or on-call cultural specialists are established at the clinic?"*
- Schlussfolgerung: *„one's self and compatriots are perceived as complex compared to the simplicity of others"* (Bennet 2017, S. 7).

Stufe 2: Defense against Difference
Auf dieser Stufe können zwei gegensätzliche Wahrnehmungs- und Reaktionsformen beobachtet werden:
Entweder ist diese Stufe charakterisiert durch dichotome Grenzziehungen zwischen dem Eigenen und dem Anderen: *„The perceptual structure of this stage is a dichotomous categorization of ‚us and them'"* (Bennett2017, S. 4). Das Eigene erscheint als superior; das Andere als inferior und darüber hinaus als verantwortlich für gesellschaftliche Probleme: *„People at this stage tend to be critical of other cultures and apt to blame cultural difference for general ills of society"* (Bennett 2017, S. 4).

Oder aber diese Stufe ist umgekehrt („reversal") charakterisiert durch die Wahrnehmung des Eigenen als inferior und des Anderen als superior. Der romantisierten und exotisierten fremden Kultur steht die eigene, sehr kritisch betrachtete Kultur gegenüber: *„People in this form tend to simplistically romanticize or exotify another culture while being more complexly critical of their own culture"* (Bennett 2017, S. 4).

a) Bedeutung in sozialer Hinsicht
   Die Stufe der Abwehr ist insbesondere dann zu beobachten, wenn unvermeidlicher Kontakt zwischen der eigenen und der als fremd wahrgenommenen Gruppe entsteht. Die Reaktionsformen reichen von Stereotypisieren über Benachteiligung bis hin zum Ausschluss: *„The greater visibility and exaggerated stereotypes of others generate an experience of threat, fueling redlining, exclusive membership, and other segregationist strategies. When actual contact is inevitable, focusing on power differences (such as privilege or oppression) supports the polarized Defense"*. Strategien, wie z. B. die bewusste Fokussierung der Gemeinsamkeiten, werden als Lösungsvorschlag genannt: *„focusing on commonalities, equal humanity, shared values"* (Bennett 2017, S. 4).
b) Bedeutung in organisationaler Hinsicht:

Die Höherstellung des Eigenen äußert sich in der Kommunikation: „… *rhetoric that exalts the superiority of its national cultural roots and its current organizational culture*".

Der vorgeschlagene Lösungsansatz entspricht in Ansätzen der Idee des sogenannten Diversity Managements: „*team-building exercises that stress mutual dependence and define differences as in-group variations of personality and style*" (Bennett 2017, S. 4).

Stufe 3: Minimization of Difference
Die Stufe der Minimierung ist – unter der Voraussetzung, dass die Stufe der Abwehr überwunden werden kann – charakterisiert durch Vernachlässigung der Unterschiede und Fokussierung der Gemeinsamkeiten: „*cultural differences … are now minimized in favor of the assumedly more important similarities between self and others*".

Gemeinsam geteilte Werte und Überzeugungen werden wahrgenommen. Toleranz und die Wertschätzung kultureller Vielfalt werden befördert: „*The stressing of cross-cultural similarity generates ‚tolerance' wherein superficial cultural differences are perceived as variations on the shared universal themes of humanity*" (Bennett 2017, S. 5).

a) Bedeutung in sozialer Hinsicht
Die Stufe der Minimierung ist besonders dann zu beobachten, wenn Menschen in einer Gesellschaft sich bewusst nach Anerkennung und Gleichberechtigung sehnen: „*desire to project similarity on a wider world and the stubborn resistance of that world to losing its real difference*" (Bennett 2017, S. 5).

b) Bedeutung in organisationaler Hinsicht
Die Stufe der Minimierung ist dann zu beobachten, wenn Unternehmen ein Zurückfallen auf die Stufe der Abwehr befürchten und hierzu eine (nur scheinbar vorhandene) gleichberechtigte Teilhabe betonen:
„*organizations tend to exaggerate the benefits of unbiased equal opportunity, thus masking the continued operation of dominant culture privilege*" (Bennett 2017, S. 5).

- Exemplarische Fragestellung: „*In considering workplace relations, does company policy stress more the shared corporate culture or more the differences represented by different cultural groups of workers? How?*" (Bennett 2017, S. 5).
- Schlussfolgerung: Sowohl in sozialer als auch in organisationaler Hinsicht weist Bennett auf die Problematik hin, dass Menschen sich oftmals das wünschen, was sie gerade nicht vorfinden. Ein Zuviel an Differenz befördert demnach den Wunsch nach Gleichheit und umgekehrt befördert ein Zuviel an Gleichheit den Wunsch nach Verschiedenheit: „*In both the individual and organizational cases, resolution of the issue occurs when similarity and difference, unity and diversity, are put into dialectical form: assuming similarity allows us to appreciate differences, and unity provides focus for diversity*" (Bennett 2017, S. 5).

Stufe 4: Acceptance of Difference
Mit der Stufe der Anerkennung sind die ethnozentrischen Stufen 1 bis 3 beendet und ethische Prinzipien treten in den Vordergrund: *„Movement out of the ethnocentric condition of Minimization allows cultural difference to be organized into categories that are potentially as complex as one's own. In other words, people become conscious of themselves and others in cultural contexts that are equal in complexity but different in form"* (Bennett 2017, S. 6).

Gleichzeitig muss zwischen Anerkennung und Zustimmung differenziert werden: *„cultural difference may be judged negatively – but the judgment is not ethnocentric in the sense that it is not automatically based on deviation from one's own cultural position"* (Bennett 2017, S. 6).

Auf dieser Stufe wird der Prozess vom Nebeneinander (Dualism), über die Vielheit (Multiplicity) hin zur Kontextualisierung fortgeführt, woraufhin ethisch begründete Entscheidungen getroffen werden können: *„After resolving the ethnocentric ethical positions of dualism and multiplicity, the Scheme demands that decision-makers engage contextual relativism – an understanding of ‚goodness in context' – before they make an ethical commitment"* (Bennett 2017, S. 6).

a) Bedeutung in sozialer Hinsicht
   Die Stufe der Anerkennung ist beobachtbar durch ein respektvolles Miteinander der verschiedenen Kulturen sowie durch eine bewusste Überwindung dichotomer Grenzziehungen: *„People at this stage want to be respectful of other cultures, and for that reason they may adopt the naïve and paralytic position of ‚it's not bad or good, it's just different'"* (Bennett 2017, S. 6).
b) Bedeutung in organisationaler Hinsicht
   Die Stufe der Anerkennung ist beobachtbar, wenn Diversität und Inklusion als sich gegenseitig bedingend erkannt und gleichermaßen gefördert werden: *„the rhetoric and support structure for ‚diversity and inclusion' exists at this point of development"*. Diese Entwicklung hin zur sogenannten kulturellen Sensibilität impliziert jedoch nicht automatisch das Vorhandensein multikultureller Führungsebenen: *„but the incorporation of intercultural sensitivity as a criterion for global or multicultural leadership is not yet established"* (Bennett 2017, S. 6).

Stufe 5: Adaption to Cultural Difference
Die Stufe der Anpassung ist charakterisiert durch ein dynamisches Verständnis des Identitätsbegriffs. Anders als das Konzept der verschiedenen Identitäten geht Bennett von einer erweiterten Identität aus: *„one that can contain a wider repertoire of ways of being in the world"* (Bennett 2017, S. 6).

Auf dieser Stufe sind Menschen durch die Sensibilisierung der Wahrnehmung zum Perspektivwechsel und zum „Context-Shifting" befähigt. Die sensibilisierte Wahrnehmung und Empathie ermöglichen angemessene Handlungsweisen in verschiedenen Kulturen: *„This imaginative participation generates ‚feelings of appropriateness' that guide the generation of authentic behavior in the alternative culture .... the outcome of the context shift is the competent enactment of alternative behavior that is appropriate to the different context"* (Bennett 2017, S. 6).

a) Bedeutung in sozialer Hinsicht
   Menschen können sich auf der Grundlage einer sensibilisierten Wahrnehmung authentisch und sicher in verschiedenen kulturellen Kontexten bewegen und angemessene Handlungsentscheidungen treffen.
   – Exemplarische Fragestellung: *„What is an example of how you changed your behavior in a different cultural context to communicate more effectively? How did you know what to do differently?"* (Bennett 2017, S. 7).
b). Bedeutung in organisationaler Hinsicht
   Die Unternehmenspolitik verfolgt den Grundsatz, Maßnahmen und Strategien zu implementieren, die flexibel diverse kulturelle Kontexte berücksichtigen: *„policies and procedures ... are intentionally flexible enough to work without undue cultural imposition in a range of cultural contexts"* (Bennett 2017, S. 7).
   – Schlussfolgerung: Inter- und intrakulturelle Diversität werden gleichermaßen und inklusiv in Organisationsprozessen berücksichtigt.

Stufe 6: Integration of Cultural Difference
Auf der Stufe der Integration werden Bedeutung und Handlung nicht mehr im Modus des Entweder-oder festgelegt bzw. durchgeführt, sondern vielmehr im Modus des Sowohl-als-auch. Die Anerkennung und Wertschätzung kultureller Diversität ermöglichen eine Kommunikation auf Augenhöhe. Die so verstandene interkulturelle Kommunikation ermöglicht wiederum eine fortlaufende Aushandlung von Bedeutung. Auf Basis der konstruktivistischen Annahme, dass soziale Wirklichkeit durch Sprache konstruiert wird, wird Integration verstanden als ein nachhaltiges Zusammenwachsen durch Kommunikation.

a) Bedeutung in sozialer Hinsicht
   Integration findet als Prozess statt und wird vom Individuum erfahren als eine Art erweiterter Übergang hin zu einer aktiv mitgestalteten inklusiven kulturellen Diversität.
b) Bedeutung in organisationaler Hinsicht
   Im Unternehmen wird Integration als wechselseitiger Prozess verstanden und wertgeschätzt. Mit dem Integrationsprozess wird das Ziel der Ausbildung einer sogenannten Third Culture verfolgt, was aktiv durch verschiedene Maßnahmen unterstützt wird. Unternehmen ermutigen zu: *„the construction of third-culture positions based on mutual adaptation in multicultural work groups, with the anticipation that thirdculture solutions generate added value"* (Bennett 2017, S. 6)

– Exemplarische Fragestellung: *„How consistently does the agency use cultural context as a factor in its decision-making"*, oder: *„How often is intercultural competence used as a criterion for hiring or advancement?"* (Bennett 2017, S. 7).

Zentrale Ergebnisse und Kritik
Bennett zeigt mit seinem Stufenmodell erwartbare Wahrnehmungs- und Handlungsweisen in interkulturellen Kontexten auf. Das Modell bietet Hilfestellung, um zukünftige Probleme in Integrationsprozessen antizipieren zu können. Positiv hervorzuheben ist insbesondere die Fokussierung auf die Wahrnehmungsdimension der Individuen. Mit der hergestellten Kausalität zwischen der Sensibilisierung der Wahrnehmung und der interkulturellen Sensibilität als Ziel im Stufenmodell wird stereotypisierenden, deterministischen und essentialisierenden Kulturverständnissen eine Absage erteilt.

Weiterhin wird mit dem Modell ein Weg zum Übergang von ethnozentrischen zu neutralen Wahrnehmungs- und Handlungsweisen aufgezeigt. So sind die ersten drei Stufen (Denial, Defense, Minimization) als ethnozentrisch zu bezeichnen. Sie rekurrieren *„to issues that are associated with experiencing one's own culture as more ‚central to reality'"* (Bennett 2017, S. 4). Die letzten drei Stufen (acceptance, adaption, integration) sind „ethnorelative" und beziehen sich auf *„issues associated with experiencing all cultures as alternative ways of organizing reality"* (Bennett 2017, S. 4).

Die Erkenntnisse des Stufenmodells nach Bennett sind nicht nur für erziehungswissenschaftliche und sozialwissenschaftliche Fragestellungen interessant. Das Modell will explizit auch im Hinblick auf Organisationsstrukturen und Personalmanagement Hilfestellung bieten: *„More complex organizational structures are parallels to more complex personal perceptual structures. Greater intercultural sensitivity in an organization means that more complex structures are allowing cultural difference to be perceived more fully. The resulting ‚climate' regarding cultural difference carries the potential for better resolution of the issues associated with multicultural workforces and global operations"* (Bennett 2017, S. 4).

Gleichzeitig kann das Stufenmodell auch in verschiedener Hinsicht kritisiert werden: Zum einen liegt dem Stufenmodell die Annahme einer linearen Entwicklung von der ersten bis zur letzten Stufe zugrunde. Veränderung findet a. kontinuierlich und b. nur in eine Richtung statt. Zyklische oder wellenförmige Veränderungsprozesse bleiben unberücksichtigt. Zum anderen wird der Begriff der interkulturellen Kompetenz aus einer konstruktivistischen Perspektive untersucht und definiert. Die Methode der Beobachtung und der darauffolgenden Auswertung auf Basis der Grounded Theory wirft im Hinblick auf die generierten Erkenntnisse die Problematik von Subjektivität in der wissenschaftlichen Forschung auf.

10.3.5 Lernkultur – Begriffliche Abgrenzungen

Für den Menschen als „homo discens" ist Lernen ein essentieller Bestandteil von Leben (vgl. Weber 1999, S. 36). In den Akkulturationsmodellen gehört die Komponente „Lernen" zu den zentralen Erfolgsfaktoren in Eingliederungsprozessen. In diesem Kontext sprechen die Autoren des Buches von Lernkultur und verwenden diesen Begriff bewusst als Alternative zum Begriff der sogenannten hybriden Kultur oder zum englischen Begriff der Third Culture.

Mit Lernkultur werden sowohl die Voraussetzungen als auch die Ergebnisse des Eingliederungsprozesses beschrieben. Hingegen befördert der Begriff der hybriden Kultur oder der Third Culture die Vorstellung eines Schubladensystems: Im Modell der hybriden Kultur wird je nach Situation die Schublade für Kultur A bzw. für Kultur B geöffnet. Auch im Modell der Third Culture scheinen die Herkunftskultur (First Culture), die Kultur der Mehrheitsgesellschaft (Second Culture) sowie die neu ausgebildete Third Culture wie in einem Schubladensystem klar voneinander abgrenzbar und einzeln abrufbar zu sein.

Bei dem Versuch einer kurzen definitorischen Klärung von Lernen (vgl. hierzu u. a. Brumlik 2013; Dinkelaker 2011; Weber 1999; Brezinka 1989), muss dieser zunächst vom umgangssprachlichen Verständnis abgegrenzt werden, wonach Lernen kognitives Lernen im Sinne von „Wissens- und Erkenntniserwerb, Wissensaneignung, das Bemühen, etwas zu können … oder Fertigkeiten erwerben" (Ludwig 2020, S. 150) bedeutet. Ludwig (2020) analysiert das Verständnis von Lernen und benennt drei konstitutive Einzelmerkmale (Ludwig 2020, S. 150–157): 1. Lernen als Verhaltensänderung, 2. Lernen als Dispositionsveränderung und 3. Lernen als erfahrungsbasierter Prozess.

Lernen ist demnach als **(mentaler) Prozess** zu verstehen, „der *in seiner Folge* eine Verhaltensänderung nach sich zieht bzw. ziehen kann (Ludwig 2020, S. 151, Hervorhebung im Original). Somit ist Lernen als intrapsychischer Prozess (Brezinka 1990, S. 179) nicht eine Veränderung von Verhalten, sondern eine „Veränderung von Verhaltensdispositionen" (Ludwig 2020, S. 152). Dieser Fokussierung von Lernen als Verhaltensmöglichkeiten (Weber 1999; Brezinka 1990) ist schließlich noch der Aspekt der Erfahrung hinzuzufügen, durch den **Dispositionsveränderungen** initiiert werden können (vgl. Brumlik 2013, S. 82 f.). Erfahrung als äußere Erfahrung oder als „sinnliche Lebenswelterfahrung" (Speck 1980, S. 166 f.) gilt als zentraler Bestandteil von Lernprozessen. Ludwig definiert Lernen zusammengefasst als „Aneignung von psychischen Dispositionen durch kognitive Prozesse" (Ludwig 2020, S. 161). Abb. 10.8 zeigt den Lernvorgang als (kognitiven) Prozess der Informationsverarbeitung, der zu Verhaltensdispositionen führen kann.

Auch in den Definitionen zum **interkulturellen Lernen** wird Lernen als mentaler Prozess verstanden, der zu Dispositionsveränderungen führen kann. Frühe Ansätze definieren interkulturelles Lernen als intentionales Bestreben, *„im Umgang mit Menschen einer anderen Kultur deren spezifisches Orientierungssystem der Wahr-*

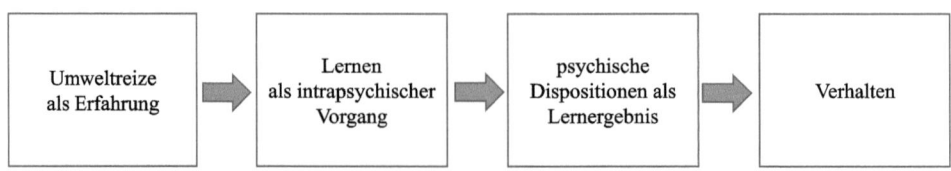

Abb. 10.8 Erfahrung und Lernen. (Quelle: Ludwig 2020, S. 157)

nehmung, des Denkens, Wertens und Handelns zu verstehen, in das eigenkulturelle Orientierungssystem zu integrieren und auf ihr Denken und Handeln im fremdkulturellen Handlungsfeld anzuwenden" (Thomas 1988, S. 83). Interkulturelles Lernen beinhaltet hier den durch die Verben benannten Prozess von verstehen über integrieren hin zu anwenden. Demnach geht es nicht um ein Erlernen von Kultur A *oder* Kultur B, vielmehr um eine sukzessive prozessuale Erweiterung der eigenen Kultur durch Integration verschiedener Orientierungssysteme. Zu dieser Integration – so die grundlegende Annahme – ist der Mensch als homo discens in der Lage. Als ein wichtiger Faktor im Lernprozess wird die Fähigkeit zur Selbstreflexion genannt: *„Interkulturelles Lernen bedingt neben dem Verstehen fremdkultureller Orientierungssysteme eine Reflexion des eigenkulturellen Orientierungssystems"* (Thomas 1988, S. 83). Ein ähnliches Verständnis von **Lernen** haben Yousefi u. Braun. Nach der von ihnen vorgelegten Definition bedeutet interkulturelles Lernen *„das Erlernen kultureller Divergenzen und Konvergenzen im Vergleich und Verhältnis der Kulturen und Traditionen"* (Yousefi und Braun 2011, S. 126). In der Definition zur **interkulturellen Kompetenz** wird unter Lernen die Fähigkeit verstanden, *„die einen Aneignungsprozess von Informationen und Verhaltensweisen beschreibt, die uns dazu verhelfen, eine Aufgabe zu meistern, einer Herausforderung zu begegnen oder eine Tätigkeit in interkulturellen Kontexten auszuführen. Die Aneignung von Kompetenzen wird erforderlich, wenn unterschiedliche Denkformen, Handlungsmuster oder Lebensentwürfe miteinander in Berührung kommen. Damit sind auch Werte- und Normenorientierung sowie begriffliche und theoretische Bezugssysteme gemeint, die nicht immer explizit sind"* (Yousefi und Braun 2011, S. 51).

Hier wird ein weiteres Verständnis von Lernen deutlich: Lernen als intentionales „Handeln des Lerners, welches unternommen wird, um etwa Wissensinhalte zu verstehen und zu verinnerlichen" (Ludwig 2020, S. 162). Die in den Definitionen zu interkulturellem Lernen und zur interkulturellen Kompetenz enthaltene intentionale Bedeutung von Lernen wird in Abb. 10.9 dargestellt.

Zusammengefasst definieren folgende Aspekte den Begriff Lernkultur:

- Lernen wird nicht als Produkt, sondern als intrapsychischer Prozess verstanden, der zu Verhaltensänderungen führen kann
- Lernen als zentrales Moment in Eingliederungsprozessen
- Betonung des Lernprozesses, der den Erwerb neuer Kompetenzen implizieren kann. Diese neu erworbenen Kompetenzen erweitern den Pool vorhandener Kompetenzen

10.3 Akkulturationsmodelle

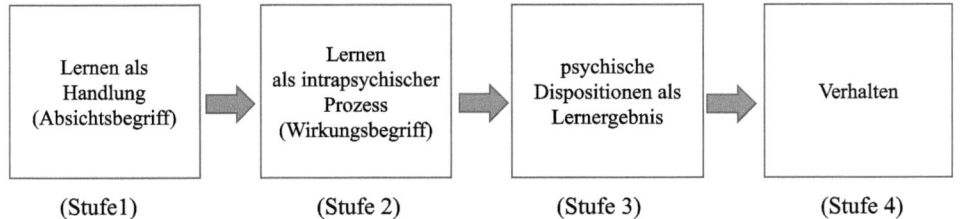

Abb. 10.9 Lernbegriffe. (Quelle: Ludwig 2020, S. 164)

- Prozessuale Entwicklung einer Lernkultur, um mit Konvergenzen und Divergenzen hinsichtlich Vielfalt von Wahrnehmungsmustern, Einstellungen, Überzeugungen und Interpretationen umzugehen
- Lernprozess zu einer selbstkritischen und rationalen Bewertung der eigenen Handlungsweisen
- Erkennen von Handlungsalternativen als zentraler Bestandteil der Lernkultur und nicht als Folge einer externen Beobachtung (Perspektive der Third Culture) von Kultur A und B.

10.3.6 Lernkultur – Ergebnisse einer empirischen Erhebung unter Expatriates

Bei der Erhebung, die am Institut für Logistikmanagement der Ostfalia HAW im WS 2019/2020 durchgeführt wurde, handelt es sich um leitfadengestützte Experten-Interviews. Die Zielsetzung dieser Erhebung war es, herauszufinden, inwiefern Expatriates aufgrund ihres Auslandeinsatzes eine Veränderung in ihrem kulturellen Selbstverständnis erfahren haben. Bei der Auswertung der leitfadengestützten Experteninterviews ist der für unsere Forschungsfrage relevante Begriff der Lernkultur bedeutsam. Wir gehen in unserem Buch von der These aus, dass Menschen, die über einen längeren Zeitraum in einem fremden Kulturraum leben, neben dem Wissensvorrat in der eigenen Kultur einen zusätzlichen Wissensvorrat über die Kultur in der neuen Heimat erwerben können. Durch dieses erweiterte Wissen werden die einzelnen Felder im Dreiklang von "Verhalten wahrnehmen – Verhalten interpretieren – Bedeutung kultureller Praktiken antizipieren" vergrößert. Expatriates bzw. allgemein Menschen in der Diaspora lernen, erweiterte Bereiche von Realität wahrzunehmen, an denen kulturelles Wissen abgeglichen wird. Dieses erweiterte Wissen innerhalb erweiterter Realitätsbereiche verstehen wir als Lernkultur. Der Begriff beinhaltet die Überschneidung eigener kultureller Werte mit den kulturellen Werten und Selbstverständlichkeiten des Gastlandes, wodurch sich das Feld der Selbstverständlichkeiten erweitert.

Entlang unserer empirischen Erhebung soll überprüft werden, ob sich das kulturelle Selbstverständnis der Expatriates unter den Vorzeichen von Globalisierung, langjährigem Auslandsaufenthalt und Digitalisierung verändert hat und eine Lernkultur entsprechend der oben vorgenommenen Begriffsklärung ausgebildet wird.

Diese Untersuchung führte zu folgenden Ergebnissen:

Die Mehrheit der Experten hatte Vorkenntnisse über das Gastland, die meistens in Form von Schulungen im Heimatland erworben wurden. Allerdings wurde oft geäußert, dass die über die Vorbereitungsmaßnahmen erlangten Vorkenntnisse bei Weitem nicht ausreichten. Die eigentlichen Kenntnisse wurden durch die Präsenz vor Ort erworben. Dabei spielte das Erleben kultureller Missverständnisse eine wichtige Rolle. Hierüber wurde von der Mehrheit der Befragten berichtet.

Der Auslandseinsatz wurde von allen Befragten durchweg positiv bewertet, sodass bei einigen sogar der Übertritt zumindest gedanklich erwogen wurde. Insgesamt stand die Mehrheit der Befragten einem Übertritt positiv gegenüber. In diesem Zusammenhang ist auch die Selbsteinschätzung eines kulturkonformen Verhaltens seitens der Expatriates zu werten. Alle Befragten gaben an, sich kulturkonform verhalten zu haben. Dieses Verhalten kann damit auch dazu beigetragen haben, dass die Akkulturation (vgl. Abschn. 10.3) schneller gelungen ist und damit auch eine positive Bewertung des Auslandseinsatzes erfolgte (vgl. Abschn. 9.2.1). Diejenigen Expatriates, die mit Familie entsandt wurden, bestätigten die Annahme, dass die Familie die Integration in das neue Umfeld erleichtert hat. Zwar entstanden auch Probleme bei der Eingewöhnung und Berufstätigkeit der Ehepartner, allerdings wurde durch Ehepartner und Kinder der Kontakt zum sozialen Umfeld schneller hergestellt (vgl. Abschn. 9.2.1). Fördernd war dabei auch die prinzipiell offene Einstellung gegenüber dem neuen Umfeld. So hatten einige Expatriates es bewusst vermieden, in für Expatriates vorhandenen speziellen Wohncompounds zu leben. Sie suchten die Nähe zur lokalen Bevölkerung und lebten in Wohngebieten der lokalen Bevölkerung. Es zeigt sich auch, dass Expatriates, die aufgrund eines hohen Maßes an Eigeninitiative die soziale und kulturelle Integration anstrebten, den Akkulturationsprozess besser bewältigten als Expatriates, die nur auf die Maßnahmen des Mutterunternehmens vertrauten (vgl. Abschn. 9.2.1). Einige Expatriates hatten ausländische Ehepartner, was die Offenheit für neue Kulturen bestärkte und die Übernahme einiger kultureller Werte und Normen des Gastlandes erleichterte. Die Mehrheit aller befragten Expatriates hatten während der Entsendung größtenteils guten Kontakt zum Mutterunternehmen. Allerdings berichteten diese größtenteils auch, dass sie keine Kenntnisse über Reintegrationsprogramme ihres Mutterunternehmens haben (vgl. Abschn. 9.2.6). Re-Entry Garantien wurden in einigen Fällen seitens des Mutterunternehmens gegeben.

Fast alle Expatriates stellten im Gespräch fest, dass sich ihr Verhalten aufgrund der Auslandstätigkeit bzw. -erfahrung geändert hat (vgl. Abschn. 10.3). Die Einstellung zu und der Umgang mit Problemen habe sich teilweise verändert. Die Tätigkeit als Expatriate hat auch zu einer weiteren Einstellungs- und Verhaltensänderung geführt. So

10.3 Akkulturationsmodelle

gaben die Expatriates an, sich der Globalisierung durch den Auslandseinsatz bewusst geworden zu sein und ihre Auswirkungen spürbar zu erleben. Sie sehen einen direkten Einfluss der Globalisierung auf das berufliche und private Leben. Globalisierung wurde durchweg positiv beurteilt.

Digitale Medien wurden zwar als wichtig für das tägliche Geschäft bezeichnet, allerdings konnte nicht konkretisiert werden, wie die Digitalisierung sich genau auswirkt. Dies korrespondiert mit der Studie von Bitkom Research aus dem Jahre 2019 (vgl. Abschn. 8.2). Die Nutzung sozialer Medien für die berufliche Tätigkeit wurde von einer Minderheit der Befragten bestätigt. Hier ist allerdings zu berücksichtigen, dass ein Zusammenhang mit dem Alter der befragten Expatriates festzustellen ist. So bestätigten zwei Expatriates unter 50 Jahren die Nutzung der chinesischen Kommunikations-App „We Chat". Die Mehrheit der befragten Expatriates bestätigte, dass die Kommunikation durch den Einsatz der digitalen Medien schneller und in bestimmten Situationen auch unpersönlicher geworden ist. Allerdings wurde die Bedeutung der Face-to-Face-Kommunikation von allen Befragten unterstrichen. So wurde bei allen Expatriates argumentiert, dass die Face-to-Face-Kommunikation und die Berücksichtigung von High-Context-Elementen in High-Context-Kulturen nach wie vor wichtig für die Anbahnung von Geschäftsbeziehungen, das Netzwerkmanagement und Geschäftsverhandlungen sind (vgl. Abschn. 8.3).

Bezüglich der mit den digitalen Medien verbundenen Möglichkeit, Mitarbeiter virtuell zu entsenden, wurde von allen Befragten einer virtuellen Entsendung als Alternative zur physischen Entsendung eine Absage erteilt (vgl. Abschn. 6.2.1). Eine Einschränkung dieser prinzipiellen Absage fand sich bei einem Expatriate, der die Meinung vertrat, dass zumindest vereinzelte Bereiche seines Aufgabenspektrums virtuell erledigt werden könnten.

Die Frage ob Globalisierung, gemeinsamer Ausbildungshintergrund sowie der Einsatz digitaler Medien zu einer Angleichung von Kommunikations- und Geschäftsverhalten führen, wurde von der Mehrheit der Befragten verneint. Allerdings konnten einige Expatriates bei der Anwendung bestimmter auf Hard Facts beruhender Managementtechniken – wie z. B. im Bereich der Kosten- und Leistungsrechnung oder des Controlling – eine Konvergenz des Vorgehens- und Entscheidungsverhaltens feststellen. Dies gilt aber nicht, wenn es um Aspekte der Soft Facts – wie z. B. die Menschenführung oder die Geschäftsverhandlungen – geht. Sobald es um den zwischenmenschlichen Kontakt geht, würde der individuelle kulturelle Aspekt wieder von Bedeutung sein. Diese Aussagen korrespondieren mit den Ausführungen von Keller (vgl. Keller 1982, S. 543 f. und Kap. 10).

Die verschiedenen Rollen (CEO/Operational Element/Trouble Shooter) eines Expatriates fanden sich bei allen Befragten in der einen oder anderen Form wieder (vgl. Abschn. 9.2.3).

Insgesamt wurde der Auslandseinsatz von den Expatriates als positiv empfunden. Eine Veränderung der eigenen kulturellen Selbstwahrnehmung wurde formuliert. Es wurde nach der Rückkehr von einer anderen veränderten Wahrnehmung der Arbeitskultur im Heimatland gesprochen, aber auch von einer Anpassung an die alten Gegebenheiten nach einer gewissen Zeit (vgl. Abschn. 9.2.6), was u. a. auch das Prozessmodell der Reintegration von Hirsch bestätigt.

Bezüglich der Kategorisierung der Expatriates nach Borg und Harzing (vgl. Abschn. 9.2.6) wurde von der Mehrheit der Befragten angegeben, sich als nicht-sesshafte Expatriates zu sehen. Das bestätigt die positive Beurteilung des Auslandseinsatzes und die Bereitschaft zu weiteren Entsendungen. Der Typus Kosmopolit wurde von den wenigsten genannt, obwohl der Eindruck im Gespräch vermittelt wurde, dass sich viele der Befragten mit diesem Typus identifizieren konnten. Es wird vermutet, dass aufgrund der Beschreibung des Kosmopoliten als wenig loyal zum Mutterunternehmen, diese Illoyalität als negative Eigenschaft verstanden und deshalb abgelehnt wurde. Etwas weniger als ein Drittel der Befragten sahen sich als Lokale und nur ein Befragter definierte sich als Eingebürgerter (vgl. dazu Abschn. 9.2.6).

Die Befragung zeigte eindeutig, dass der Auslandseinsatz und damit ein globales berufliches Leben die Expatriates verändert hat. Diese Veränderung betrifft nicht nur das berufliche, sondern auch das private Leben. Das kulturelle Erleben der Gastländer wurde größtenteils positiv bewertet und die Arbeitskultur des Heimatlandes bei der Rückkehr zum Mutterunternehmen anders wahrgenommen. Eine Einstellungs- und Verhaltensänderung wurde von allen Befragten bestätigt, sodass von einer Veränderung im ursprünglichen kulturellen Verhalten gesprochen werden kann. Eine sogenannte Third Culture, die allerdings sehr unterschiedlich und mal stärker, mal schwächer ausgeprägt ist, konnte bei der Mehrheit der Befragten festgestellt werden. Es wurde aber auch von einigen Befragten angemerkt, dass eine bestimmte Zeit nach der Rückkehr aus dem Gastland und gelungener Reintegration die alten Standards des Heimatlandes wieder übernommen wurden. Dies galt insbesondere bei denjenigen Expatriates, die sich als Lokale bezeichneten.

Als Ergebnis der Befragungen kann festgehalten werden, dass Expatriates eine Lernkultur ausbilden, da der Auslandsaufenthalt sie in die Lage versetzt hat, erweitere Bereiche von Realität wahrnehmen und interpretieren sowie Bedeutungen von kulturellen Praktiken antizipieren zu können.

10.4 Interkulturelle Kommunikation

Kommunikation gilt als Conditio sine qua non für menschliches Zusammenleben. In der Sprechakttheorie und der Konversationsanalyse werden *„sprachliche Formen und Bedeutungen … unter der Prämisse untersucht, dass sich sprachliche Äußerungen als Handlungen betrachten lassen, die gleich anderen Handlungen durch die Intention … des Sprechers durch die verfügbaren Mittel und durch den Handlungskontext bestimmt werden"* (Auernheimer 2010, S. 113). Mit anderen Worten: Jeder Kommunikationspartner möchte durch Kommunikation den Partner beeinflussen. Kommunikationstheorien gehen u. a. der Frage nach, warum hierbei Missverständnisse entstehen und wie sie vermieden werden können.

10.4 Interkulturelle Kommunikation

Paul Watzlawick, österreichischer Psychotherapeut und Kommunikationswissenschaftler, forschte zur Theorie des Konstruktivismus und vertritt die These, dass Menschen sich ihre je eigene Wirklichkeit konstruieren. Es gibt nicht *die* eine Realität, sondern vielmehr – durch individuelle Wahrnehmungen und deren Interpretationen – eine Vielzahl subjektiver Realitäten. Kommunikation definiert Watzlawick als zirkulären, auf das Handeln der Kommunizierenden wirkenden Prozess und formuliert für diesen fünf pragmatische Axiome der Kommunikation. Die Axiome erklären Kommunikation als Zusammenspiel von Inhalt (syntaktische Ebene) und Beziehung (semantische Ebene) und betonen die Bedeutung der Beziehungsebene für gelingende Kommunikation (Watzlawick et al. 2007, S. 53–70):

a) *„Man kann nicht nicht kommunizieren."*
b) *„Jede Kommunikation hat einen Inhalts- und Beziehungsaspekt, derart, dass letzterer den ersteren bestimmt und daher eine Metakommunikation ist."*
c) *„Die Natur einer Beziehung ist durch die Interpunktion der Kommunikationsabläufe seitens der Partner bedingt."*
d) *„Menschliche Kommunikation bedient sich digitaler und analoger Modalitäten. Digitale Kommunikationen haben eine komplexe und logische Syntax, aber eine auf dem Gebiet der Beziehungen unzulängliche Semantik. Analoge Kommunikationen dagegen besitzen dieses semantische Potenzial, ermangeln aber die für eindeutige Kommunikation erforderliche logische Syntax."*
e) *„Zwischenmenschliche Kommunikationsabläufe sind entweder symmetrisch oder komplementär, je nachdem ob die Beziehung zwischen den Partnern auf Gleichgewicht oder Unterschiedlichkeit beruht."*

Zu a) Man kann nicht nicht kommunizieren.

Das erste der fünf pragmatischen Axiome „Man kann nicht nicht kommunizieren" geht von der Definition des Kommunikationsbegriffs aus, wonach Kommunikation mit Verhalten gleichgesetzt wird. Da ein Mensch sich immer irgendwie verhält, auch dann, wenn er schweigt, kann für Verhalten kein Gegensatz formuliert werden: *„Wenn man ... akzeptiert, daß alles Verhalten in einer zwischenpersönlichen Situation Mitteilungscharakter hat, d. h. Kommunikation ist, so folgt daraus, daß man, wie immer man es auch versuchen mag, nicht nicht kommunizieren kann"* (Watzlawick et al. 2007, S. 51). Wenn ein Mensch sich also nicht nicht verhalten kann, kann er auch nicht nicht kommunizieren.

Missverständnisse können entstehen, wenn das unbewusste Verhalten vom Kommunikationspartner als bewusste Mitteilung interpretiert wird. Watzlawick betont deshalb, dass Verhalten nicht mit Mitteilung gleichgesetzt werden kann. Gelingende Kommunikation erfordert auf Empfängerseite die Kompetenz, nicht voreilig wahrgenommenes Verhalten als bewusste Mitteilung zu interpretieren.

Zu b) Inhalts- und Beziehungsaspekt.

Dem Inhaltsaspekt, also die bewusst kommunizierten Informationen und Mitteilungen, kommt nur eine untergeordnete Rolle zu. Entscheidend dafür, ob eine Mitteilung beim Empfänger so ankommt wie vom Sender intendiert, ist vielmehr der Beziehungsaspekt. Es wird davon ausgegangen, dass Kommunikation nur zu ca. 20 % auf der Informationsebene stattfindet (Argyle 2002). Mit ca. 80 % ist die Beziehung zwischen den Kommunikationspartnern demnach entscheidend für den Erfolg im Kommunikationsprozess. Anders ausgedrückt: Für eine gelingende Kommunikation ist nicht entscheidend, *was* gesagt wird, sondern *wie* es vom Sender kommuniziert und vom Empfänger interpretiert wird.

Zu c) Interpunktion.

Mit der Interpunktion wird die unterschiedliche Wahrnehmung von Sender und Empfänger in Bezug auf Ursache und Folge bestimmter Kommunikationsabläufe beschrieben. In der Interaktion, die aus mindestens zwei Mitteilungen besteht, nimmt jeder das eigene Verhalten nicht als Aktion, sondern als Reaktion auf das Verhalten des Kommunikationspartners wahr. Im Kontext des zyklischen Kommunikationsmodells bedeutet dies zum einen, dass Kommunikation aus Ursache und Wirkung besteht, und zum anderen, dass der Anfangspunkt, also die Ursache, für die Beteiligten selber meist nicht rekonstruierbar ist. Watzlawick erläutert dies mit dem Beispiel eines älteren Ehepaares: Der Mann geht häufig in die Kneipe, die Frau kritisiert dies häufig. Aus der Perspektive des Mannes sind seine Kneipenbesuche eine Reaktion auf die zunehmende Nörgelei seiner Ehefrau. Aus der Perspektive der Frau sind ihre Kritiken eine Reaktion auf die zunehmenden Kneipenbesuche (vgl. Abb. 10.10).

Ähnlich beschreibt Ross bereits 1997 mit dem sogenannten fundamentalen Attributionsfehler (Fundamental Attribution Error) die Schwierigkeit, den Ausgangspunkt für problematische Interaktionsabläufe zu identifizieren. Ross hat dargestellt, dass „*Menschen das Verhalten anderer Personen eher durch deren Persönlichkeitseigenschaften erklären und vorhandene situative Einflüsse unberücksichtigt lassen*" (Plate 2015, S. 22). Hingegen werden zur Erklärung des eigenen Handelns die situativen Rahmenbedingungen betont: Andere handeln aufgrund ihres Charakters in einer bestimmten Weise, wir hingegen handeln aufgrund der Situation in einer bestimmten Weise.

Zu d) Digitale und analoge Modalitäten.

Die digitale Ebene (Syntax) beinhaltet die Zeichen und Worte einer Sprache und ist damit Teil der Inhaltsebene. Mit der digitalen Ebene wird die Frage beantwortet, *was* gesagt wird. Die analoge Ebene (Semantik) beinhaltet die paraverbalen, extraverbalen und nonverbalen Komponenten der Sprache und ist damit Teil der Beziehungsebene. Mit der analogen Ebene wird die Frage beantwortet, *wie* etwas gesagt wird. Zu den paraverbalen Eigenschaften gehören u. a. Lautstärke, Intonation (Tonhöhe), Betonung, Pausen, Turn-taking, Sprechgeschwindigkeit. Zu den nonverbalen Eigenschaften gehören

Abb. 10.10 Kreislauf zur Interpunktion nach Watzlawick. (Quelle: Watzlawick o. J.)

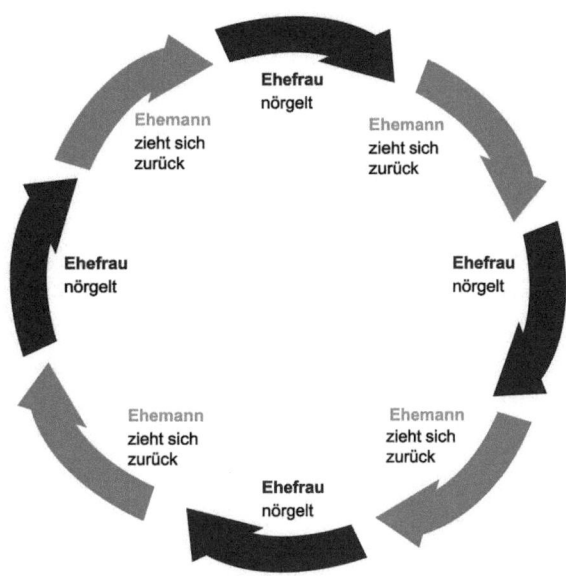

Mimik, Gestik, Körperhaltung und Körperabstand (Personal Space). Digitale und analoge Modalitäten sind untrennbar miteinander verbunden und sind in der Kombination Bestandteil jeder zwischenmenschlichen Kommunikation. Nur in der Kombination ist es möglich, z. B. die Aussage „Das erledige ich sehr gerne für Sie" entlang der analogen Merkmale als ehrlich gemeintes oder eher als unaufrichtiges Hilfsangebot zu interpretieren.

Missverständnisse entstehen z. B. dann, wenn analoge Modalitäten vom Empfänger anders interpretiert werden, als vom Sender – womöglich unbewusst – eingesetzt. Wird z. B. das paraverbale Merkmal einer im Gesprächsverlauf sukzessiv steigenden Tonhöhe als bewusste Demonstration von Dominanz interpretiert, können sich dahinter tatsächlich Verzweiflung und Auswegslosigkeit des Senders verbergen.

Zu e) Symmetrische und komplementäre Interaktion.
Symmetrische Interaktionen bezeichnen eine Kommunikation auf Augenhöhe. Beide Kommunikationspartner sehen die jeweils eigene Autorität als genauso stark an wie die des Kommunikationspartners. Strebt ein Kommunikationspartner jedoch nach mehr Autorität, führt dies kausal zu zunehmenden kommunikativen Machtdemonstrationen des anderen. Der Prozess der Schismogenese findet statt: Mehr des einen führt zu mehr des anderen. Ohne ausgleichende Maßnahmen kann diese Entwicklung zu einer sogenannten symmetrischen Eskalation, also zum Bruch in der Kommunikation führen.

Komplementäre Interaktionen beziehen sich auf unterschiedliche Kommunikationspartner mit unterschiedlich starken Autoritäten: einem superioren und einem inferioren Kommunikationspartner. Trotz der Ungleichheit ergänzen sich die Kommunikationspartner harmonisch, ähnlich wie das Schlüssel-Schloss-Prinzip in der Enzymbiologie. Beispiele hierfür sind Beziehungen zwischen Eltern und Kind, zwischen Arzt und Patient, zwischen Lehrer und Schüler etc. In diesen jeweils spezifischen Rollenkonstellationen harmoniert die Autorität und Führung des superioren Kommunikationspartners mit dem „Gehorsam" des untergeordneten inferioren Kommunikationspartners. Wie in symmetrischen Beziehungen kann auch in komplementären Beziehungen mehr vom einen zu mehr vom anderen führen: Zunehmende Autorität des superioren Partners führt zu zunehmendem Gehorsam des inferioren Partners und umgekehrt. Der Prozess der Schismogenese findet statt.

Schulz von Thun (1981) erweitert das Zwei-Ebenen-Modell von Watzlawick um zwei weitere Seiten zum vierdimensionalen sogenannten Vier-Ohren-Modell. Es besteht aus Sachinhalt, Selbstkundgabe, Beziehungsbotschaft und Appell. Von gelingender bzw. erfolgreicher Kommunikation kann dann gesprochen werden, wenn die mitgeteilte Information (Sachinhalt) im Sinne des Senders auf das Handeln des Empfängers einwirkt (Appell). Als Ursache dafür, warum dies so häufig nicht gelingt, identifiziert Schulz von Thun das sogenannte Beziehungs-Ohr: Anstatt auf Empfängerseite „einfach" mit dem Selbstkundgabe-Ohr zu hören, *was* der Sender sich wünscht, und mit dem Appell-Ohr zu erkennen, *was* der Empfänger tun muss, um diesen Wunsch (Appell) durch das eigene Handeln umzusetzen, werden diese beiden Ohren zugeklappt und dominiert vom Beziehungs-Ohr: *Wie* hat der Sender das Gesagte gemeint und *wie* sieht er unsere Beziehung? Missverständnisse entstehen insbesondere durch diese Fokussierung der Beziehungsebene durch die Kommunikationspartner.

10.4.1 Kommunikation und Kultur

In interkulturellen Kontexten ist die Wahrscheinlichkeit für Missverständnisse noch erhöht, u. a. durch die *„interkulturell unterschiedliche Beachtung und Bedeutung der Kommunikation als Spiegel des speziellen Beziehungsschemas zwischen den verschiedenen Kulturvertretern"* (Thommen 2002, S. 440). Mit dem Adjektiv interkulturell wird ein Raum bezeichnet, *„in dem ein Austauschprozess stattfindet, durch den Menschen mit unterschiedlichem kulturellem Hintergrund miteinander in Kontakt treten"* (Yousefi und Braun 2011, S. 29). Interkulturelle Kommunikation wird definiert als *„eine Teildisziplin der Interkulturalität. Sie ist darauf ausgerichtet, einen kritikoffenen Dialog zwischen unterschiedlichen Einstellungen und Überzeugungen auf gleicher Augenhöhe in Gang zu bringen"* (Yousefi und Braun 2011, S. 45).

Kultur entscheidet maßgeblich darüber, wie Menschen sich verständigen und ob sie sich verstehen. Dabei wird Verstehen und Verständigung einerseits durch Kultur ermöglicht und andererseits durch Kultur eingegrenzt. Wie bereits dargestellt, gehen die auf der Theorie des Konstruktivismus basierenden Kommunikationsmodelle davon aus, dass es nicht die eine Realität gibt, sondern dass Menschen sich ihre je eigene Wirklichkeit durch ihre subjektive Wahrnehmung und Interpretation konstruieren.

Gleichzeitig können innerhalb einer Gemeinschaft Gemeinsamkeiten in den Wirklichkeitskonstruktionen festgestellt werden, die u. a. durch ähnliche Interpretationen aufgrund von gemeinsamen Kategorisierungen erklärt werden können. Innerhalb eines Kulturraumes haben bestimmte Zeichen und Symbole spezifische gemeinsame Bedeutungen. Die gleichen Zeichen und Symbole können in anderen Kulturräumen eine abweichende Bedeutung haben. Dies – also das fehlende implizite Wissen von Bedeutungen – erhöht die Wahrscheinlichkeit für Missverständnisse in interkulturellen Kontexten. *„The map is not the territory"* (Korzybski 1995). Hiermit hat Korzybski darauf hingewiesen, dass Sprache dazu verwendet wird, um eine Landkarte der Realität zu erstellen. Gleichzeitig muss berücksichtigt werden, dass diese subjektive Landkarte keine Allgemeingültigkeit besitzt. Kommunikationsprozesse im Allgemeinen und interkulturelle Kommunikation im Speziellen sind dann besonders störanfällig, wenn das Kodierungs- und Dekodierungssystem von Sender und Empfänger voneinander abweichen und unterschiedliche *„Landkarten der Bedeutung"* (Auernheimer 2010, S. 75) verwendet werden.

Wie oben dargestellt, entstehen Missverständnisse überwiegend auf der Beziehungsebene und damit durch die nonverbale Kommunikation. Die Kommunikationspartner interpretieren ihre Beziehung zueinander überwiegend entlang (unbewusster) nonverbaler Merkmale: Gestik, Mimik, Personal Space (räumliche Distanz) etc. Damit steigt die Wahrscheinlichkeit für Missverständnisse in interkulturellen Kontexten, da nonverbale Botschaften kulturspezifisch wahrgenommen und gedeutet werden. So können beispielsweise beim Turn-taking (Sprecherwechsel) lange Pausen als Zeichen der Konzentration und der Stärke oder als unangenehm und Zeichen für fehlende Argumente interpretiert werden. Gültige Konventionen und ihre sublime Zeichensprache können von Außenstehenden nur schwer als solche wahrgenommen und interpretiert werden. Eine besondere Schwierigkeit liegt darin, die *„Scripts, die einem Gespräch stillschweigend zugrunde gelegt werden, … zu verstehen"* (Auernheimer 2010, S. 115). Von Bedeutung sind in diesem Kontext Halls Analysen der High-Context- und Low-Context-Kulturen (vgl. Abschn. 10.2.1): Werden Botschaften explizit kommuniziert oder müssen sie in impliziten Botschaften erkannt und interpretiert werden? *„Nun ist die Wahl von sprachlichen Äußerungsformen für eine bestimmte Intention keineswegs beliebig, sondern sie folgt bestimmten – aber eben sprach- und kulturspezifischen – Regeln"* (Auernheimer 2010, S. 113). Dabei stellen die *„Handlungsmuster … Orientierung und Korrektiv dar"* (Rehbein 1985, S. 10). Die jeweils eigenen kulturellen verbalen und nonverbalen Kommunikationsmuster werden als Unspoken Rules (selbstverständliche, unausgesprochene Regeln) selbstverständlich angewandt und vom Kommunikationspartner selbstverständlich erwartet. Wahrgenommene Merkmale werden intuitiv durch Unconscious Rules (unbewusste Regeln) interpretiert. Die im Sozialisationsprozess erlernten Unspoken und Unconscious Rules machen interkulturelle Kommunikationssituationen besonders störanfällig, wenn dieses implizite Handlungswissen fehlt.

Jürgen Habermas differenziert in seiner „Theorie des kommunikativen Handelns" (Habermas 1981) zwischen einer strategischen und einer kommunikativen Handlungsweise. Während strategisch Handelnde ausschließlich eigene Zielsetzungen verfolgen, versuchen kommunikativ Handelnde die Rahmenbedingungen und Vorannahmen aller Beteiligten zu berücksichtigen. Im interkulturellen Kontext bedeutet Letzteres, dass die kommunikativ Handelnden in der Lage sind, sich eigene Stereotype und Vorurteile bewusst zu machen, ethnozentrische Perspektiven abzulegen, den Kontext der Situation sowie die Verhaltensweisen aller Beteiligten selbstreflexiv zu interpretieren. Erforderlich sind hierfür eine ausgeprägte Selbstreflexionskompetenz und Einsicht in die Subjektivität von Wirklichkeitskonstruktionen. Die besondere Herausforderung besteht darin, Einsicht in das Vorhandensein unterschiedlicher Einstellungen, Selbstverständlichkeiten und Überzeugungen zu gewinnen und gleichzeitig nicht in generalisierende Charakterbeschreibungen überzugehen (*die* Deutschen, *die* Chinesen, *die* Amerikaner etc.). Das Problematische an solchen Stereotypisierungen ist deren Hartnäckigkeit, *„weil das eigene Vorurteil ja oftmals nicht durch regelmäßigen Kontakt relativiert wird"* (Kumbruck und Derboven 2009, S. 20). Entsprechend der pädagogischen Prämisse, dass Belehrung nicht gegen Erfahrung ankommt, können Stereotype nicht allein durch theoretische Auseinandersetzung und Information *über* den anderen minimiert werden. Fehlende kontinuierliche Interaktionsmöglichkeiten führen dazu, dass *„das Verhalten der Anderen ... durch die Brille der eigenen Kultur mit ihren Maßstäben und Regelwerken bewertet"* (Kumbruck und Derboven 2009, S. 20) wird.

Die dargestellten Quellen für Missverständnisse in interkulturellen Kontexten sind abschließend noch um die Kategorie Sprache zu ergänzen. Oben wurde dargestellt, dass 1) Missverständnisse durch divergierende Wirklichkeitskonstruktionen entstehen, dass 2) innerhalb eines Kulturraumes bestimmte Zeichen und Symbole also spezifische Bedeutungen haben und deshalb 3) innerhalb eines Kulturraumes ähnliche bis gemeinsame Wirklichkeitskonstruktionen festgestellt werden können. Aus kommunikationstheoretischer Perspektive ist die Kategorie Sprache zentral für die Bestimmung von Kulturräumen. So haben Whorf (1984) und Sapir (1985) die These (sogenannte Sapir-Whorf-Hypothese) aufgestellt, dass Sprache und Denken kongruent zueinander sind, dass also Denken durch Sprache bestimmt wird. Wir denken so, wie wir sprechen und: Wir sprechen so, wie wir denken. Es liegt die Schlussfolgerung nahe, dass zum einen unterschiedliche Sprachen und unterschiedliches differentes Denken kausal zusammenhängen. Zum anderen, dass – wenn Gedanken und Interpretationen Handlungsdisposition erlangen – differentes Denken zu differenten Handlungsweisen führen kann. Und schließlich – da Kommunikation dann als erfolgreich gilt, wenn sie in Handlung umgesetzt wird –, dass durch ein differentes Verständnis von angemessenen Handlungsweisen Missverständnisse entstehen.

Schon früh haben Wissenschaftler versucht, die These der Kausalität zwischen Sprache und Denken nachzuweisen. Demnach ist *„jedes lebensweltliche Auslegen ... ein Auslegen innerhalb eines Rahmens von bereits Ausgelegtem innerhalb einer ... vertrauten Wirklichkeit"* (Bolten und Ehrhardt 2003, S. 46). Frühe Ansätze findet man bereits bei Francis Galton und seiner empirisch-experimentellen Untersuchung von Assoziationen (vgl. Spitzer 2003, S. 77–80). Galton wollte mit dem Assoziationstest herausfinden, wie Wortbedeutungen in uns organisiert, repräsentiert und kodiert sind, und welche Gedanken beim Gebrauch im Bewusstsein aktualisiert werden. In einem Assoziationstest hat er sich selbst Begriffe genannt und zu diesen seine Assoziationen aufgeschriebenen. Er selbst hat die Kritik an diesem Testverfahren erkannt, nämlich den Zeitfaktor: Indem er sich selbst die Begriffe überlegt hat, blieb ihm zu viel Zeit zum Nachdenken, welche Assoziationen er zum Begriff aufschreiben kann und möchte. Um diesem Problem zu begegnen, hat er eine zweite Person hinzugezogen, die ihm ohne vorherige Absprache verschiedene Begriffe nannte. Die hierzu aufgeschriebenen Assoziationen waren zwar authentischer als im anfänglichen Eine-Person-Testverfahren. Wissenschaftler knüpften an dieses Testverfahren an, erkannten aber immer noch die Schwachstelle, dass das Geschriebene keine authentischen Assoziationen darstellt, da noch immer zu viel Zeit zum Nachdenken bleibt. Um zu validierbaren Ergebnissen zu kommen, wird der Test mit einer zusätzlichen Herausforderung für die Testperson durchgeführt: Diese muss die Assoziationen zu den nacheinander genannten Begriffen aufschreiben und gleichzeitig parallel zu einem akustischen Signal einen vertikalen Strich aufzeichnen. Durch diese doppelte Aufgabenstellung, die sogenannte Dual-TaskMethode – der experimentellen Manipulation der zielgerichteten Aufmerksamkeit – bleibt den Testpersonen keine Zeit, um über die eigenen Assoziationen nachzudenken und sie ggf. vor dem Aufschreiben zu verändern.

Die Testergebnisse zeigen, dass Menschen aus einem gemeinsamen Sprach- und Kulturraum zu den genannten Begriffen ähnliche Assoziationen und Gedanken haben und in relativ einheitlicher Weise reagieren: *„Sprache als eine Art kollektives Gedächtnis einer bestimmten Kultur"* (Spitzer 2003, S. 97) bildet einen Teil der Welt und unser Verhältnis zu ihr ab. Nach Spitzer (2003) verdeutlichen die Assoziationstests einen „computerisierten" Sprachgebrauch. Worte sind Kultur- und Erfahrungsträger und transportieren Werte und Bewertungen, Erinnerungen u. Erwartungen. Die wechselseitige Beziehung zwischen Sprache, Denken und Kultur kann dadurch empirisch nachgewiesen werden.

10.4.2 Interkulturelle Verhandlungsführung

Verhandlungen werden in der Regel von den unterschiedlichen Interessen der beteiligten Stakeholder beeinflusst. Dabei spielen unterschiedliche Zielsetzungen und Erwartungen der Beteiligten genauso eine Rolle wie auch kulturelle Komponenten der Verhandlungspartner. Im Folgenden wird zunächst auf den allgemeinen Verhandlungsprozess eingegangen Verhandlungsstile einzelner Länder werden nicht thematisiert. Diesbezügliche Ausführungen in der entsprechenden Literatur weisen z. T. eine starke Stereotypisierung und Verallgemeinerung auf, die nach Meinung der Autoren dazu führen kann, dass westliche Verhandlungspartner voreingenommen in die Verhandlung gehen.

Insofern bietet sich eine Vorgehensweise an, die einen allgemeinen Prozess zum Inhalt hat, ohne zunächst auf kulturelle Besonderheiten einzelner Länder einzugehen.

Dieser Verhandlungsprozess kann nach Deresky wie folgt aussehen (vgl. Deresky 2014, S. 165 ff.):

Erste Phase: Die Vorbereitung
Diese Phase wird als besonders bedeutungsvoll angesehen, da sie je nach Vorbereitung zum Erfolg oder Misserfolg führen kann. Allgemein wird davon ausgegangen, dass je mehr Informationen über ein Land und die Verhandlungspartner vorhanden sind, desto erfolgreicher kann die Verhandlung verlaufen. Allerdings kann die Fülle der Informationen auch dazu führen, dass diese hinsichtlich der Bedeutung für die Verhandlung noch selektiert werden müssen. Welche Informationen sind für welche Elemente des Verhandlungsprozesses wichtig? Tab. 10.3 gibt eine Übersicht über notwendige Informationen und Fragen, die beantwortet werden sollten, bevor die eigentliche Verhandlung startet (vgl. Deresky 2014, S. 167).

Zweite Phase: Der Aufbau von Beziehungen
Insbesondere in High-Context-Kulturen spielen Beziehungen für einen erfolgreichen Verhandlungsabschluss eine wichtige Rolle (vgl. Abschn. 10.2.1). Teilweise sind diese Beziehungen wichtiger bei der Durchsetzung von Verträgen als das rechtliche System eines Landes. Für den Aufbau von Beziehungen ist Geduld notwendig, weil der Aufbau und die spätere Pflege der Beziehungen Zeit in Anspruch nehmen werden. Das bedeutet auch, dass aufgebaute Beziehungen nicht mit dem Vertragsabschluss enden, sondern langfristig gepflegt werden sollten. Dazu gehören z. B. gegenseitige private Besuche, etwa im Rahmen von Urlaubsbesuchen, Hilfestellungen bei der Suche von Studienplätzen für die erwachsenen Kinder des Verhandlungspartners oder ggf. auch Hilfestellungen bei medizinischen Behandlungen des Verhandlungspartners.

Beziehungen werden in vielen Ländern über Mittelsmänner aufgebaut. Diese gilt es zunächst zu finden. Im Chinageschäft fällt in diesem Zusammenhang oft der Begriff „Guanxi" (vgl. Abschn. 10.7.4). Hierbei geht es um den Aufbau von Beziehungen zu wichtigen Entscheidungsträgern. Diese Beziehungen können langfristig nur aufrechterhalten werden, wenn gegenseitiger Respekt und gegenseitige Nutzen gewährt werden.

Dritte Phase: Austausch von verhandlungsrelevanten Informationen
Der Austausch von Informationen kann je nach Herkunft der Verhandlungsdelegation unterschiedlich erfolgen. Deresky nennt hierzu das Beispiel der US-amerikanischen Verhandlungspartner, die zunächst mit Präsentationen starten, um ihre Position zu verdeutlichen. Danach folgen Fragen und Antworten sowie Diskussionen, um sich einem gemeinsamen Ziel zu nähern. Andere Verhandlungspartner dagegen erfreuen sich an Debatten und harten Diskussionen und unterbrechen Präsentationen oft mit Fragen. Als Beispiel hierfür nennt Deresky französische Verhandlungspartner. Vertreter anderer Nationen haben laut Deresky auch bestimmte Formen der Informationsdarstellung, die nicht immer kompatibel sind. So wird vorgeschlagen, sich in die Rolle des Verhandlungspartners hineinzudenken, um die Verhandlungsführung des Verhandlungs-

Tab. 10.3 Notwendige Informationen zur Vorbereitung auf eine Verhandlung

Elemente einer Verhandlung	Notwendige Informationen bzw. beantwortete Fragen
Verhandlungsstil	Win-Lose-Battle oder Win/Win-Stil (Problemlösung)
Allgemeine Angaben zum Verhandlungsteam	Anzahl und Erfahrungen des Verhandlungsteams, Hierarchische Position der einzelnen Verhandlungspartner im Unternehmen, Entscheidungsmacht der einzelnen Verhandlungspartner, Welche Motivation haben die einzelnen Verhandlungspartner?
Art der Entscheidungsfindung im Verhandlungsteam	Individuell? Mehrheitsentscheidung? Gruppenkonsens?
Gegenstand der Verhandlungen	Einmaliger Vertrag? Gründung eines Joint Ventures? Strategische Allianzen? Aufbau einer langfristigen Beziehung?
Art der Kommunikation	High-Kontext oder Low-Kontext-Kommunikation?
Überzeugungsargumente	Sachlich? Emotional?
Vertrauensbasis	Beziehungen? Erfahrungen in der Vergangenheit? Intuition? Regeln und Verträge?
Einstellung der Verhandlungspartner zurzeit	Monochrone, polychrone, lineare oder zyklische Zeiteinstellung? Zeit als Druckmittel, um Zugeständnisse zu bekommen?
Einstellung zu Risiken	Hohe oder niedrige Unsicherheitsvermeidung? Bedeutung von Verträgen zur Risikoabsicherung?
Grundlage für den Vertragsabschluss	Vertrauen, Glaubwürdigkeit der Verhandlungspartner oder durch einen rechtlich bindenden Vertrag?

(Vgl. Deresky 2014, S. 167)

partners nachvollziehen zu können. Anders ausgedrückt: Empathie ist erforderlich, um die *„Landkarten der Bedeutungen"* (Auernheimer 2010, S. 75; vgl. hierzu auch Abschn. 10.4.1) lesen zu können. Damit lassen sich unterschiedliche Varianten von Problemlösungen im Rahmen der Informationsbereitstellung in Verhandlungen entwickeln (vgl. Deresky 2014, S. 168). Es gilt allerdings an dieser Stelle anzumerken, dass Verhandlungen mit strategischen Auswirkungen oft auf der Ebene des höheren Managements erfolgen. In der Regel haben diese Manager ein wirtschaftswissenschaftliches oder ingenieurtechnisches Studium absolviert. An vielen Hochschulen weltweit gleichen sich die Studiengänge an und ähnliche Abschlüsse werden angeboten. Gegenstand vieler Curricula ist die Vermittlung von Präsentation Skills, die oft einem einheitlichen Standard folgen. Damit kann erwartet werden, dass Verhandlungen zwischen internationalen Verhandlungspartnern, die sich auf einer höheren Hierarchieebene in den Unternehmen befinden, sich immer stärker angleichen. Die Vermutung liegt nahe, dass es zu einer immer stärkeren Angleichung der Managementtechniken und damit der Präsentationstechniken kommen kann.

Vierte Phase: Die Überzeugung
Diese Phase wird oft als die schwierigste in einer Verhandlung bezeichnet. Gerade in interkulturellen Verhandlungen wird häufig von den unterschiedlichen Interpretationen von verbalen und nicht-verbalen Verhaltensweisen gesprochen (vgl. Abschn. 10.4). Die angewendeten Verhandlungstaktiken können sehr unterschiedlich ausfallen. Drohungen z. B. sind oft Ausdruck einer Win-Lose Einstellung in der Verhandlung. Ähnlich verhält es sich, wenn Verhandlungen hinausgezögert werden, um weitere Zugeständnisse zu bekommen (vgl. Luthans und Doh 2018, S. 171).

Allgemein lassen sich folgende zwei grundlegende Verhandlungsstile im internationalen Geschäft erkennen:

- Der stark wettbewerbsorientierte Stil ist durch ein „Win-Lose-Battle" gekennzeichnet (vgl. hierzu Abschn. 10.4.1: strategische Handlungsweisen nach J. Habermas). Die Verhandlungspartner sehen Zugeständnisse der anderen Seite als einen (Punkte-) Gewinn. Wenn sie dagegen Zugeständnisse machen müssen, sehen sie dies als Verlust an. Ihr Ziel ist es, die Verhandlung zu dominieren und zu gewinnen. Kennzeichnend für diesen Stil ist, dass die Verhandlungspartner keine Informationen preisgeben, aber von der anderen Seite möglichst viele Informationen fordern. Ihre Taktiken sind, Zeit zu schinden, Ultimaten zu stellen und um Zugeständnisse zu bitten, verbunden mit der Drohung, dass es darum gehe, die Geschäftsbeziehung zu retten. Um diesem Stil zu begegnen, sollten dem Verhandlungspartner die Konsequenzen seines Verhaltens aufgezeigt werden. Das kann z. B., darin bestehen zu argumentieren, dass die Verhandlungen so zu keinem Ergebnis führen oder dass durch dieses Verhalten keine langfristige Geschäftsbeziehung entstehen kann.
Dieser Stil findet sich in Ländern wie den USA, Italien, China, Spanien, Südkorea und Russland wieder (vgl. Zocco 2014, S. 91–92).
- Der entgegengesetzte Verhandlungsstil kann als Win-Win Stil bezeichnet werden. Ziel ist es, eine Problemlösung zu finden, wobei Informationen ausgetauscht werden, um die Interessen der anderen Seite besser zu verstehen. Bei diesem Stil entsteht Vertrauen durch den Aufbau von starken Beziehungen. Werte werden durch Verhandlungen geschaffen. Vertreter dieses Stils haben die Fähigkeit, Wertschöpfungspotenziale durch gegenseitige Zugeständnisse zu erkennen. Durch diesen Stil wird auch die Wettbewerbsfähigkeit erhöht, da die Verhandlungsziele erreicht werden können und Einfluss über die aufgebauten Beziehungen genommen werden kann. Dieser Verhandlungsstil lässt sich vor allem in Japan, Deutschland, Österreich,

Großbritannien und Thailand finden. Es gilt allerdings zu berücksichtigen, dass Verhandlungen immer auch vom persönlichen Stil der Verhandlungspartner abhängen. Ihre Erfahrungen, die Branche und der kulturelle Hintergrund sind nur einige Variablen, die die Verhandlungsführung beeinflussen und damit Variationen der beiden Grundorientierungen (Win-Lose und Win-Win) hervorbringen können (vgl. Zocco 2014, S. 91–92).

Fünfte Phase: Zugeständnisse und Einigung
Die Abschlussphase einer interkulturellen Verhandlung kann, je nach Verhandlungspartner, unterschiedliche Erscheinungsformen annehmen. Folgende Erscheinungsformen lassen sich in der interkulturellen Verhandlungsführung feststellen:

- Die Verhandlungspartner können zu Beginn der Verhandlung Extrempositionen einnehmen, wohl wissend, dass sie nicht das erreichen werden, was sie zu Beginn der Verhandlung fordern. Diese Strategie hat zum Ziel, während der Verhandlung Zugeständnisse von der anderen Seite zu bekommen.
- Der Verhandlungspartner stimmt während der Verhandlung Teilaspekten des Geschäfts zu. Das häppchenweise Annähern an das Verhandlungsergebnis in Form von schrittweisen Zugeständnissen sowie die Zustimmung zu Teilaspekten der Verhandlungen sind Wege, um zu einem Verhandlungsergebnis zu kommen.
- Der Verhandlungspartner gibt zu Beginn der Verhandlung an, was er zu akzeptieren bereit ist und was nicht.
- Der Verhandlungspartner betrachtet die Verhandlung ganzheitlich und entscheidet sich erst am Ende der Verhandlungen.

Die Bindung an die Ergebnisse der Verhandlungen ist je nach Land unterschiedlich. In einigen Ländern, wie z. B. in Deutschland oder den USA, sind es in der Regel Verträge, die bindend wirken. In anderen Ländern dagegen haben Verträge keinen hohen Stellwert, sondern hier ist eher die persönliche Beziehung und das daraus entstandene Vertrauensverhältnis von Bedeutung.

10.5 Kulturgebundenheit vs. Kulturfreiheit der Managementtechniken

Im Rahmen der Auseinandersetzung mit den kulturellen Aspekten betriebswirtschaftlicher Fragestellungen entstand seit den 1970er Jahren eine Diskussion bezüglich des tatsächlichen Einflusses der Kultur auf Managementfragen. Hieraus ergaben sich vor allem zwei Positionen, die der Universalisten (**Culture Free**) und die der Kulturalisten (**Culture Bound**). Die Universalisten argumentieren ausgehend von der Culture-Free-These, wonach die Managementtechniken überall auf der Welt dieselben sind. Die kulturellen Unterschiede in den einzelnen Ländern erklären sie aufgrund unterschiedlicher wirtschaftlicher Entwicklungen. Gemäß den Universalisten verschwinden diese Unterschiede mit zunehmender Modernisierung (vgl. Müller und Gelbrich 2015, S. 38). Beim Vergleich der managementorientierten Curricula verschiedener Hochschulen an unterschiedlichen Standorten der Welt lassen sich inhaltlich viele Ähnlichkeiten feststellen, sodass die Vermutung naheliegt, dass es im Laufe der Zeit zu einer Angleichung der Managementtechniken kommen kann. Die Kulturalisten hingegen gehen von der Culture-Bound-These aus, wonach es trotz Modernisierung und Industrialisierung nach wie vor kulturelle Grenzen gibt. Demnach sind westliche Managementtheorien auch nur in der westlichen Welt aussagefähig und nicht auf andere Kulturen übertragbar.

Nach Keller sind beide Ansichten in einer gewissen Art und Weise richtig. Seiner Meinung nach sind die technischen Aspekte des Managements, die vor allem „zahlenlastig" sind – wie z. B. Investition und Finanzierung, Kostenrechnung, Planungstechniken oder das Controlling – als eher Culture Free einzustufen. Hingegen sind die anderen eher menschenbezogenen Aspekte des Managements – wie z. B. der Führungsstil, das Vorgesetzten-Mitarbeiter-Verhältnis oder die Motivationsmaßnahmen – eher der Culture-Bound-These zuzurechnen (vgl. Keller 1982, S. 543 f.; Müller und Gelbrich 2015, S. 38).

Kutschker und Schmid weisen darauf hin, dass Studien zufolge auch Strategien, Strukturen und Systeme einem Kultureinfluss unterliegen. Dagegen gehen Vertreter der sogenannten Konvergenz- und Divergenzthese, die im Gegensatz zu den Universalisten und Kulturlisten eher einen dynamischen Ansatz verfolgen, davon aus, dass sich die Managementtechniken langfristig angleichen werden. Ihrer Meinung nach muss erst eine Raum-Zeit-Allgemeingültigkeit erreicht werden, bevor es zu einer Konvergenz kommen kann. Vertreter der Divergenzthese gehen eher davon aus, dass die Unterschiede in den Managementtechniken je nach Kultur sogar noch unterschiedlicher werden (vgl. Kutschker und Schmid 2011, S. 807 f.). Anzumerken ist an dieser Stelle, dass in den o.g. unterschiedlichen Standpunkten der Einfluss der Digitalisierung außer Acht gelassen wird. Die Digitalisierung und damit zunehmende Vernetzung über die Landesgrenzen hinweg lässt die Bedeutung von Raum und Zeit immer geringer werden, sodass eine Vermutung der Konvergenz der Managementtechniken im Zeitablauf naheliegt.

10.6 Die Auswirkungen der Unternehmens- und Branchenkultur auf das betriebliche Leben

Das interkulturelle Management befasst sich mit dem Einfluss der Kultur auf die Managementfunktionen (vgl. Müller und Gelbrich 2015, S. 64; Engelen und Tholen 2014, S. 14 f.) und kommt besonders zum Tragen im Rahmen der Internationalisierung von Unternehmen. Darüber hinaus können die Erkenntnisse des interkulturellen Managements Verwendung für die Führung einer diversen Belegschaft im Heimatland finden. Nach Gelbrich wirken sich die jeweiligen Ausprägungen von Hofstedes Kulturfaktoren (vgl. hierzu Abschn. 10.2.2) unterschiedlich auf die Erwartungshaltung bestimmter Dienstleistungskomponenten aus. Die von diesen Faktoren betroffenen Dienstleistungselemente sind Zuverlässigkeit, Vertrauen, Reaktionsfähigkeit, Pünktlichkeit, Kompetenz, physisches Umfeld und Einfühlungsvermögen. Die Kenntnis über die jeweilige kulturbezogene Erwartungshaltung ermöglicht eine kulturspezifische Gestaltung des Dienstleistungsmanagements in den jeweiligen Gastländern. Dies wiederum hat Einfluss auf die Art und Weise, wie das Kundenbeziehungsmanagement hinsichtlich Recruitment, Retention und Recovery gestaltet wird (vgl. Gelbrich 2017, S. 217–221).

Die auf das betriebliche Leben Einfluss nehmenden Kulturen lassen sich in Landes-, Branchen- und Unternehmenskultur unterscheiden. Die **Unternehmenskultur** ist in die Landeskultur eingebettet und spiegelt damit nicht nur die Werte eines Managementteams, sondern auch die Werte der Gesellschaft wider. Für den Begriff Kultur, gibt es, wie bereits in Abschn. 10.1 ausführlich dargestellt unterschiedliche Erklärungen und Definitionen. Den Begriff Unternehmenskultur definieren Bea/Haas als *„…die Gesamtheit von im Laufe der Zeit entstandenen und akzeptierten Werten und Normen, die über bestimmte Wahrnehmungs-, Denk- und Verhaltensmuster das Entscheiden und Handeln der Mitglieder einer Unternehmung prägen"* (Bea und Haas 2019, S. 480–481). Die Unternehmenskultur wird von zahlreichen Faktoren beeinflusst, wie z. B. der Branche, das Führungsverhalten, die Gesellschaft etc. (vgl. Bea und Haas 2019, S. 468 ff.).

Die Branchenkultur zeichnet sich durch typische Denkweisen und Verhaltensstile aus, denen eine bestimmte Werteauffassung zugrunde liegt. Diese Werteauffassung ist oft das Resultat eines brancheneinheitlichen Berufs- und Bildungssystems (vgl. Bea und Haas 2019, S. 492). Die Branchenkultur spiegelt auch die jeweiligen Marktbedingungen wider (vgl. Gelbrich und Müller 2015, S. 65). Beispielsweise ist die Branchenkultur in der Logistikbranche durch einen Verdrängungswettbewerb gekennzeichnet. Dieser beeinflusst auch die Unternehmenskultur. So kann dieser Einfluss in Unternehmen dazu führen, dass Verdrängung und Egoismus zu den Merkmalen des sozialen Umgangs im Unternehmen werden (vgl. Bea und Haas 2019, S. 492). Die Branchenkultur beeinflusst die jeweilige Unternehmenskultur, wenn branchenübliche Werte und Verhaltensweisen übernommen werden. So herrschen z. B. in Arztpraxen und Unternehmensberatungen andere Umgangs- und Führungsformen, als es z. B. bei Bauunternehmen der Fall ist.

Deal und Kennedy unterscheiden vier Arten von Branchen bzw. Unternehmenskulturen, wie in Abb. 10.11 dargestellt.

Die **bet-your company- oder Risikokultur** zeichnet sich dadurch aus, dass Entscheidungen in dieser Branche mit hohen finanziellen Risiken behaftet sind. Das Feedback aus dem Markt bezüglich der Richtigkeit der Entscheidung kann lange dauern. Beispielhafte Branchen sind der Anlagen- oder Flugzeugbau. Ein Beispiel, welches das Risiko dieser Unternehmenskultur verdeutlicht, war die Streichung von insgesamt 39 Bestellungen für den Airbus 380 durch die Fluggesellschaft Emirates (vgl. Nowack 2019).

Die **tough-guy- oder Alles-oder-Nichts-Kultur** zeichnet sich durch Individualisten mit einer hohen Risikobereitschaft aus. Eine hohe Erfolgsorientierung und starkes

Abb. 10.11 Branchen bzw. Unternehmenskulturen nach Deal und Kennedy. (Quellen: Deal und Kennedy 1982, S. 107–127; Müller und Gelbrich 2015, S. 67; Bea und Haas 2019, S. 486)

Konkurrenzdenken, auch innerhalb des Unternehmens, sind kennzeichnend. Als Beispiele für diese Kultur können Investmentbroker oder Unternehmensberater genannt werden.

Die **process- oder Prozesskultur** zeichnet sich durch eine Bürokratieorientierung aus. Das Einhalten von Regeln sowie die Ausrichtung auf die internen Unternehmensprozesse stehen im Rahmen dieser Orientierung im Fokus. Beispiele hierfür sind Behörden, Banken und Versicherungen.

Die **work hard/play hard oder Harte-Arbeit und Spaß-Kultur** zeichnet sich durch geringe Risiken bei der Entscheidungsfindung und ein schnelles Feedback vom Markt aus. Als Beispiele können die Telekommunikation, Softwareentwicklung und der Automobilhandel genannt werden (vgl. Deal und Kennedy 1982, S. 107–127; Müller und Gelbrich 2015, S. 66; Bea und Haas 2019, S. 486).

Aufgrund unterschiedlicher Unternehmenskulturen entstehen oft Probleme beim Fusionieren von Unternehmen im Rahmen von Mergers & Acquisitions-Prozessen. Diese Probleme werden verstärkt, wenn zu unterschiedlichen Unternehmenskulturen noch divergierende Landeskulturen hinzukommen. Das Beispiel der gescheiterten Fusion von Daimler und Chrysler im Jahre 2006 kann an dieser Stelle angeführt werden. Die Inkompatibilität der unterschiedlichen Landes-, Branchen- und Unternehmenskulturen Deutschlands und der USA werden als Grund für das Scheitern der Fusion von Daimler und Chrysler im Jahre 2006 angeführt. Im Rahmen der Fusion prallten zwei Unternehmen mit jeweils stark maskulin geprägtem kulturellen Hintergrund aufeinander (vgl. dazu die Werte Maskulinität nach Hofstede in Abschn. 10.2.2 und die Werte Assertivness nach der GLOBE-Studie in Abschn. 10.2.3 für beide Länder). Unterschiedliche Größen,

Branchentraditionen und Unternehmenskulturen erschwerten darüber hinaus die Fusion und führten letztendlich zu deren Scheitern (vgl. Müller und Gelbrich 2013, S. 68). Wie die Historie der Auseinandersetzungen in den Führungsetagen der jeweiligen Unternehmen zeigte, war keine Seite bereit, Macht und Einfluss aufzugeben (vgl. zum Prozess der Schismogenese Abschn. 10.4). Unterschiede in den Zielsetzungen, der strategischen Ausrichtung sowie der Führung und damit der gelebten Unternehmenskulturen führten im Jahre 2007 zum Scheitern dieser Fusion (vgl. Büschemann 2013, S. 2).

Obwohl alle der o.g. Kulturtypen mit Bezug zum Unternehmen, der Branche und dem Land Einfluss auf die internationale Tätigkeit von Unternehmen haben, kann dennoch von einer Dominanz der Landeskultur ausgegangen werden, da die Branchen und Unternehmenskultur in die jeweilige Landeskultur eingebettet sind.

10.7 Der Einfluss der Landeskultur auf betriebliche Entscheidungen und Managementfunktionen

Nach Blasius sind **Unternehmens- und Führungskonzepte** eng mit den kulturellen Gegebenheiten eines Landes verflochten, die wiederum das Entstehen oder aber auch das Behindern von **Unternehmenskonzepten beeinflussen** (vgl. Blasius 2007, S. 151 f.). Dies bedingt auch die Schwierigkeiten beim standardisierten Transfer bestimmter Führungskonzepte von einem Land in das andere (vgl. dazu die ILT: Implicit Leadership Theory unter Abschn. 10.2.3). Zwar kann davon ausgegangen werden, dass bestimmte Führungskonzepte auf einem bestimmten kulturellen Gedankenmuster basieren. Diese Konzepte sind aber inzwischen zum Standard der Managementlehre an vielen Hochschulen dieser Welt geworden, sodass an dieser Stelle pimär zwischen allgemein anwendbaren und nicht allgemein anwendbaren Konzepten unterschieden werden muss. Ein Transfer von Unternehmensführungskonzepten ist immer auch mit Anpassungen nicht nur an die Unternehmensumwelt, sondern auch an die speziellen Besonderheiten der Unternehmung verbunden. Insofern können erfolgreiche Konzepte mit gewissen Modifikationen transferiert werden, wenn diese auf ein Umfeld stoßen, das eine situationsspezifische Anpassung ermöglicht. Dies ist insbesondere in der global ausgerichteten Automobilindustrie beobachtbar. Allerdings ist auch zu berücksichtigen, dass die jeweilige gelebte Kultur in einem Unternehmen die Anwendung bestimmter Konzepte nicht ermöglicht. Unternehmen, die das Top-Down-Prinzip der Mitarbeiterführung, aufgrund des kulturell manifestierten Verhältnisses zwischen Vorgesetzten und Mitarbeitern, anwenden, sind in der Regel nicht offen für Führungsprinzipien, wie Management by Objectives oder Management by Delegation.

Die Betrachtung der folgenden Landeskulturen und deren Einfluss auf das Management von Dienstleistungsunternehmen bezieht sich auf eine Auswahl von Landeskulturen, die die Herausforderungen des interkulturellen Managements und deren Implikationen für die Unternehmensführung im Gastland besonders deutlich demonstrieren.

Die Auseinandersetzung mit dem interkulturellen Management hat aus betriebswirtschaftlicher Sicht das Ziel, Fehler in der Unternehmensführung in den jeweiligen Gastländern zu vermeiden. Zahlreiche Beispiele des betrieblichen Lebens haben gezeigt, dass das Ignorieren von kulturellen Unterschieden eine Quelle von Fehlern und Grund für das Scheitern von Unternehmen sein kann. Die o.g. Daimler- Chrysler Fusion oder das Scheitern des US- Handelsunternehmens Wal-Mart in Deutschland können als Beispiele herangezogen werden, um die Bedeutung der Analyse der kulturellen Variablen eines Zielmarktes zu unterstreichen (vgl. Engelen und Tholen 2014, S. 3).

Die Darstellung der vorhandenen Kulturunterschiede soll aber nicht als oberflächliche Kategorisierung verstanden werden. Das Vorhandensein von kulturellen Unterschieden zwischen den Ländern darf in der wissenschaftlichen Betrachtung nicht dazu führen, dass eine Stereotypisierung von Menschen aus bestimmten Gesellschaftskulturen stattfindet. Infolgedessen gilt es zu berücksichtigen, dass die folgenden Ausführungen allgemeiner Natur sind und auf das differenzierte Kulturverständnis in den Abschn. 10.1-10.4 rekurrieren. Aufbauend auf dieser konzeptionellen Grundlage werden in den folgenden Darstellungen kulturelle Unterschiede zwischen den Ländern aufgezeigt, um eine Orientierung zu bieten. Die Darstellungen berücksichtigen dabei nicht die unterschiedlichen Unternehmenskulturen in den jeweiligen Zielländern, da in den meisten Fällen nicht von einheitlichen Unternehmenskulturen gesprochen werden kann. Die Landesherkunft eines Unternehmens ist in vielen Fällen nicht mehr kennzeichnend für die Art und Weise, wie das Unternehmen geführt und wie entschieden wird. Oft haben sich internationale Standards durchgesetzt. Das liegt einerseits daran, dass die verschiedenen Managementstudiengänge global die gleichen Inhalte vermitteln und damit Führungskräfte hervorbringen, die nach ähnlichen Standards und Regeln betriebswirtschaftliche Entscheidungen treffen. Andererseits sind viele global aufgestellte Unternehmen ganz unabhängig von ihrer Herkunft in den Führungsetagen international besetzt. So ist z. B. der Vorstand des Hafenbetreibers Dubai Ports aus Führungskräften unterschiedlicher Nationalitäten zusammengesetzt (vgl. DP World 2020). Die zunehmende Vernetzung über die digitalen Medien, die weltweiten Koordinierungsaktivitäten sowie der globale Wettbewerb tragen zusätzlich dazu bei, dass sich internationale Managementstandards durchsetzen.

Weiterhin gilt zu berücksichtigen, dass bei der Betrachtung von Kulturkriterien nicht von einem einfachen Menschenbild ausgegangen werden darf. Die Reduzierung eines Menschen auf seine kulturelle Herkunft, um daraus Handlungsanweisungen im Umgang mit diesem Menschen abzuleiten, stellt ein stark vereinfachtes Menschenbild dar und dürfte im Widerspruch zur Unternehmensphilosophie und Wertesystem europäischer Unternehmen stehen. Solche Kategorisierungen sind im direkten Umgang zu vermeiden und widersprechen einem humanistischen Weltbild und unseren Vorstellungen von der Einzigartigkeit des Menschen. Infolgedessen bieten die folgenden Ausführungen eine Orientierung für bestimmte Erscheinungsformen gesellschaftlicher, wirtschaftlicher und kultureller Natur, mit denen Dienstleistungsunternehmen im jeweiligen Gastland konfrontiert werden können. Sie haben zum Ziel, eine Sensibilisierung für diese Erscheinungsformen beim Leser zu erreichen, wobei aber deterministische Zuschreibungen kultureller Eigenschaften auf Menschen eines bestimmten Herkunftslandes zu vermeiden sind. Diese grundsätzliche Sensibilisierung kann als Bestandteil eines Internationalisierungs-Know-hows gesehen werden. Expatriates sollen dadurch in die Lage versetzt werden, Entscheidungen situativ und nicht standardisiert zu treffen. Entscheidungen, die in einem zum Heimatland unterschiedlichen Kulturraum getroffen werden, erfordern nicht nur ein spezielles Know-how, sondern auch eine sogenannte „**Kulturelle Intelligenz**". Nach Earley und Mosakowsky kann „Kulturelle Intelligenz" wie folgt definiert werden: *"Cultural intelligence: an outsider's seemingly natural ability to interpret someone's unfamiliar and ambiguous gestures the way that person's compatriots would"* (Earley und Mosakowsky 2004).

Expatriates benötigen zur Bewältigung ihrer Aufgaben, wie z. B. Menschen und Prozesse in einem anderen Kulturraum zu managen, ein Know-how, welches es ihnen ermöglicht, den Einfluss kultureller Variablen auf Entscheidungen beurteilen und lenken zu können. Die interkulturelle Intelligenz kann als Indikator für die erfolgreiche Anpassungsfähigkeit von Expatriates an ein neues kulturelles Umfeld verstanden werden. Damit verbunden ist das erfolgreiche Managen von Herausforderungen, die sich aufgrund eines kulturell diversen Umfelds ergeben. Das Verstehen anderer Perspektiven, Sichtweisen und Einstellungen sowie Wirklichkeitskonstruktionen (vgl. Abschn. 10.1.1 und 10.4.1) ermöglicht Expatriates, ihre Managementaufgaben in einem neuen kulturellen Umfeld zu erfüllen. Um das dazu notwendige Verständnis sowie die kulturelle Sensibilisierung zu entwickeln, ist ein Lernprozess erforderlich, um Kenntnisse über die Natur, Dimensionen und Variablen der jeweiligen Kulturen zu erlangen (vgl. hierzu Lernkultur in Abschn. 10.3.5). Dazu ist es zunächst notwendig zu lernen, was die eigentliche Landeskultur ausmacht und von welchen Variablen sie beeinflusst wird. Anhand der vorab erklärten Kulturvergleichsstudien werden in der Folge kulturelle Länderprofile gezeichnet, die unter Berücksichtigung der oben vorgenommenen Einschränkungen, eine Orientierung und Sensibilisierung für die Auswirkung der kulturellen Besonderheiten auf die Unternehmensführung vor Ort bieten sollen.

Unter Bezugnahme auf die für die Beschreibung der Länder herangezogenen Kulturtheorien werden Unterschiede, aber auch Gemeinsamkeiten zwischen den betrachteten Ländern deutlich, was besonders im Hinblick auf die Ländercluster der GLOBE-Studie zum Tragen kommt. Diese Gemeinsamkeiten sollen aber nicht dazu führen, dass einheitliche Managementstyle auf verschiedene Märkte übertragen werden. Gefragt ist eher ein situativer Führungsansatz, der umso erfolgreicher sein kann, je mehr Kenntnisse über verschiedene Ländermärkte vorhanden sind. Hieraus und insbesondere bei einem offenen Aufeinandertreffen unterschiedlicher Managementkulturen können angepasste und gemischte Managementkulturen entstehen.

10.7.1 Ausgewählte Kulturvergleichsstudien als Basis für die Erstellung von kulturellen Länderprofilen

Die folgenden kulturellen Länderprofile werden anhand der Kulturvergleichstheorien von Hofstede und der GLOBE-Studie gezeichnet. Die Kulturvergleichstheorien sind bereits ausführlich in Abschn. 10.2 beschrieben worden. Hofstedes Modell wird trotz der Kritik an diesem Modell herangezogen, weil es einerseits eine Weiterentwicklung erfahren hat und andererseits die von Hofstede aufgestellten Kategorien auch heute noch rezipiert werden, wenn es um Fragen der Definition von Kultur geht. Die GLOBE-Studie greift zwar Elemente von Hofstede auf, unterscheidet sich aber in weiteren Elementen sowie in der differenzierten Betrachtung der in einer Kultur gängigen Werte (Value) und der tatsächlichen Umsetzung dieser Werte (Practice). Zudem wurden bei der GLOBE-Studie mehrere Kritikpunkte an Hofstedes Modell berücksichtigt. Die folgenden Betrachtungen beziehen sich nur auf den Practice-Wert der GLOBE-Studie, da dieser Wert für die Umsetzung von Managementfunktionen im Gastland von Bedeutung ist. Darüber hinaus wurden im Rahmen der GLOBE-Studie Führungsstile nach Länderclustern untersucht. Im Rahmen dieser Studie wurden zehn Kulturcluster entwickelt, die kulturelle Gemeinsamkeiten aufweisen. Solche Cluster sind z. B. Germanic Europe, wozu Deutschland, Österreich, die Schweiz und die Niederlande zählen oder Nordic Europe mit den Ländern Dänemark, Finnland und Schweden. (vgl. Abschn. 10.2.3). Diesen Clustern wurden jeweils Führungsstile zugeordnet, die auch für die Länderprofile herangezogen werden. Die Abb. 10.4 und 10.5 in den Abschn. 10.2.2 und 10.2.3 zeigen die Ergebnisse von Hofstede und der GLOBE-Studie mit Bezug auf die im Folgenden zu betrachtenden Länder. Weiterhin zeigt Abb. 9.2 in Abschn. 9.1 die in den jeweiligen Länderclustern favorisierten Führungsstile.

10.7.2 Einfluss der Landeskultur auf die Unternehmensführung in den USA

Die USA können als maskuline und durch eine hohe Machtdistanz geprägte Kultur beschrieben werden. Sowohl der Wert für den Faktor **Maskulinität** nach Hofstede als auch der Wert **Assertiveness** nach der GLOBE-Studie bestätigen dies (vgl. Hofstede o. Ja.; House et al. 2004, S. 742–747). In diesem Zusammenhang kann auch der **Charismatic-/Value-Based-Leadership** Führungsstil nach der GLOBE-Studie gesehen werden (vgl. House et al. 2014, S. 31). Maskuline Gesellschaften zeichnen sich durch Werte aus, die traditionell als männlich beschrieben werden, wie z. B. Leistungsorientierung, Aggressivität, Sach- und Erfolgsorientierung, Konkurrenzverhalten und materielle Orientierung. Diese Haltung zeigte sich u. a. am Beispiel der gescheiterten Fusion von Chrysler mit Daimler. Insbesondere das Konkurrenzverhalten im Machtkampf um die Führung im Konzern wurde durch die Äußerungen der Führungskräfte auf beiden Seiten deutlich (vgl. Büschmann 2013). Maskulinität und Assertiveness kommen auch durch einen Verhandlungsstil, der als **Win-Lose-Battle** bezeichnet werden kann, zum Ausdruck (vgl. dazu Zocco 2014, S. 91). Als weiteres Indiz für diese Faktoren kann die starke Shareholder-Value-Orientierung gesehen werden. Das Unternehmen wird an den Interessen der Kapitaleigner ausgerichtet. Trotz der auch in den USA geführten Diskussionen um den Einfluss von Investoren und der Bedeutung von Corporate Governance, scheint der Shareholder-Value-Ansatz tief in der US-amerikanischen Wirtschaftskultur verwurzelt zu sein. Insbesondere die Orientierung an kurzfristigen Gewinnen, wie es z. B. bei US-amerikanischen Hedgefonds zu beobachten ist, zeigt, dass der kurzfristige Gewinn im Fokus des Interesses der Kapitaleigner steht (vgl. Fockenbrock 2018).

Die Unsicherheitsvermeidung ist in den USA nach Hofstede und der GLOBE-Studie gering und kann als Indikator für eine höhere Risikobereitschaft von US-amerikanischen Unternehmen interpretiert werden (vgl. Hofstede o. Ja.; House et al. 2004, S. 742–747). Start-ups und neue Ideen werden von Investoren oft schnell und unbürokratisch unterstützt (vgl. Gressler 2016). Die geringe Angst vor Innovationen führt dazu, dass neue Konzepte und Techniken in der Unternehmensführung, ohne große Widerstände, ausprobiert werden. Ein guter Indikator dafür ist zurzeit der Grad der Digitalisierung in den USA im Vergleich zu anderen Ländern (vgl. Happ-Frank 2016).

Die Machtdistanz ist nach Hofstede in den USA höher als in Deutschland. Die GLOBE-Studie kommt mit Bezug zum **Practice-Wert** zu einem entgegengesetzten Ergebnis (vgl. Hofstede o. Ja.; House et al. 2004, S. 742–747). Das mag daran liegen, dass Hierarchien in den USA verschleiert werden, indem eine Gleichheit in US-amerikanischen Unternehmen propagiert wird (vgl. Riedel 2018). Für diese Argumentation sprechen auch die unterschiedlichen Werte der GLOBE-Studie in Bezug auf **Humane Orientation.** Hier gibt es eine eindeutige Diskrepanz zwischen Value und Practice (vgl. House et al. 2004, S. 744, S. 747). Weiterhin begründet der im Vergleich zu Deutschland in den Bereichen „Upper Secondary- und Post Secondary Education" niedrigere Bildungsstand eine stärkere Kontrollnotwendigkeit der Mitarbeiter und damit hierarchische Strukturen (vgl. OECD 2020).

Das Personalmanagement in US-amerikanischen Unternehmen wendet auch allgemein anerkannte teamorientierte Führungs- und Arbeitskonzepte an, geht aber dennoch von einer starken Arbeitsteilung aus (vgl. dazu Blasius 2007, S. 28 ff.). Die Hire-and-Fire Mentalität ist ebenso kennzeichnend, wie das Fehlen starker Gewerkschaften (vgl. Expertenbefragung 2019/2020).

Bezüglich der Entscheidungsfindung und Kommunikation innerhalb des Unternehmens ist festzustellen, dass in US-amerikanischen Unternehmen der Informationsaustausch zwischen Vorgesetzten und Mitarbeitern sich auf das absolut Notwendige beschränkt. Das Top-Management trifft Entscheidungen, ohne Rücksprache mit den Mitarbeitern zu halten. Eine klare Trennung zwischen Entscheidungsträgern und Ausführenden, gemäß der Taylor'schen Arbeitsteilung, ist ebenso üblich wie ein durch Regeln und harte Fakten gekennzeichnetes Verhältnis zwischen Vorgesetzten und Mitarbeitern (vgl. Rothlauf 2012, S. 559 ff.).

Organisatorische Veränderungen in US-amerikanischen Unternehmen haben dabei das primäre Ziel, den Unternehmenswert kurzfristig zu steigern. Die in den USA häufig angewendete Projekt- und Teamorganisation führt dazu, dass mit höhergestellten Führungskräften häufiger kommuniziert wird, als es beispielsweise in Deutschland der Fall ist. Trotz dieser stärkeren Vernetzung werden Entscheidungen immer auf der hierarchisch zugeordneten Ebene getroffen. Die Kontrollen finden vertikal durch übergeordnete Vorgesetzte statt. Regeln sind wichtig, werden aber in bestimmten Fällen auch ignoriert (vgl. Macharzina und Wolf 2018, S. 959 f.; Experteninterview 2019/2020).

Die Personalabteilungen spielen in den USA eine geringere Rolle als in Deutschland. Das mag am geringen Einfluss der Gewerkschaften liegen. Aufgrund des geringen Organisationsgrades der US-amerikanischen Arbeitnehmer ist der Einfluss der Gewerkschaften entsprechend gering (vgl. Blom und Meier 2017, S. 101; Experteninterview 2019/2020). Diese Haltung gegenüber dem Personal und der Personalabteilung drückt sich auch in der geringen Beschäftigungsdauer in US-amerikanischen Unternehmen aus. So liegt die durchschnittliche Beschäftigungsdauer in den USA bei 4,6 Jahren, wogegen sie in Deutschland bei elf Jahren liegt (vgl. WISU o. J.).

Ökonomische Anreize spielen in den USA eine wichtige Rolle und werden oft in Abhängigkeit von den Arbeitsergebnissen vergeben. Ebenso sind Mitarbeiterbeteiligungsprogramme üblich (vgl. Blasius 2007, S. 125; Macharzina und Wolf 2018, S. 961).

10.7.3 Einfluss der Landeskultur auf die Unternehmensführung in Japan

Japanische Unternehmen sind zwar auch gewinnorientiert, sehen aber nicht so sehr den Kapitalgeber im Fokus als vielmehr die Nation, der sie sich verpflichtet fühlen. Kennzeichnend für diese Einstellung ist die **Keiretsu**, ein Verbund mehrerer Unternehmen. Die Keiretsu ist aus den Vorläufer **Zaibatsu** hervorgegangen. Die Zaibatsu war ein Netzwerk von Unternehmen, das ähnlich verstanden werden kann wie eine Holdingdachgesellschaft. Die Eigentümer der Unternehmen stimmten ihre Strategien mit den Vertretern des Staates ab. Die Zaibatsu wurde nach der Niederlage im Zweite Weltkrieg von den USA zerschlagen. Die starken Netzwerke blieben jedoch bestehen, sodass sich hieraus die Keiretsu entwickelte.

Die in der Keiretsu geltende Grundlage für Geschäftsbeziehungen lässt sich mit dem japanischen Begriff „**Wa**" umschreiben und meint so viel wie Loyalität, Gruppenzusammengehörigkeit, sozialer Zusammenhalt und Vertrauen. „Wa" ist auch ein Grundprinzip für das Zusammenleben in der japanischen Gesellschaft und zeigt damit, wie stark die Keiretsu in der japanischen Gesellschaft verwurzelt ist.

Die Keiretsu stellt ein Netzwerk von rechtlich und wirtschaftlich selbstständigen Unternehmen dar. Der Kern der Keiretsu besteht aus einem Industrieunternehmen, einer Großbank und einem großen Handelshaus, die die strategische Führung übernehmen.

Als Beispiel für den Kern der Mitsubishi Keirertsu sei als Industrieunternehmen die Mitsubishi Heavy Industries, als Bank die Mitsubishi Bank und als Handelsunternehmen die Mitsubishis Corporation genannt (vgl. Kutscher und Schmid 2011, S. 794 ff.).

Die Bedeutung der Gruppenzugehörigkeit kann auch durch den im Vergleich zu Deutschland geringen **Individualismus-Wert** nach Hofstede und sowie den hohen institutionellen **Kollektivismus-Wert** nach der GLOBE-Studie abgeleitet werden (vgl. Hofstede o. Ja.; House et al. 2004, S. 742–747). Diese Werte unterstreichen auch die Bedeutung der Unternehmen als Basis für den Zusammenhalt. Das starke Gruppenzugehörigkeitsgefühl und die Zugehörigkeit zu einem Unternehmen drücken sich weiterhin in einem ausgeprägten Konsens-Denken aus (vgl. Blasius 2007, S. 45 ff.). So trägt der teilweise langwierige Prozess der Entscheidungsfindung, in Kombination mit der lebenslangen Beschäftigung und dem Senioritätsprinzip, der harmonischen Gruppenorientierung Rechnung. Das Senioritätsprinzip führt darüber hinaus dazu, dass Vorgesetzte sich nicht durch junge aufstrebende Mitarbeiter bedroht fühlen, da es für bestimmte Positionen Altersschranken gibt und der innerbetriebliche Aufstieg und die Entlohnung nach diesem Prinzip erfolgen. Damit fördert das Senioritätsprinzip die Loyalität zum Unternehmen (vgl. Pudelko 2000, S. 182; Macharzina und Wolf 2018, S. 966 ff.). Das Senioritätsprinzip wird durch eine hohe Machtdistanz, sowohl nach Hofstede als auch nach dem diesbezüglichen Practice-Wert der GLOBE-Studie, zum Ausdruck gebracht (vgl. Hofstede o. Ja.; House et al. 2004, S. 742–747). Bei der Führung von Mitarbeitern mit Lob und Kritik, ist zu berücksichtigen, dass direkte Kritik zu einem Gesichtsverlust und damit zu einer gestörten Gesprächsatmosphäre führen kann. Kritik wird in der Regel diskret und indirekt vorgebracht. Gelobt wird in der Regel nicht das Individuum, sondern die Gruppe. Die **Unsicherheitsvermeidung** ist hoch und Entscheidungen geht oft ein langer Einigungsprozess voraus (vgl. Pudelko 2000, S. 181; Rothlauf 2012, S. 546). Dafür spricht auch der nach der GLOBE-Studie für Japan erkannte Führungsstil der **Self-Protective Leadership** (vgl. House et al. 2014, S. 31).

Nach Macharzina und Wolf haben sich in Japan neue Entwicklungen in den Managementprinzipien ergeben. Trotz des Festhaltens am lebenslangen Beschäftigungsprinzip werden Modelle der Flexibilisierung der Arbeitszeit eingeführt. Im Rahmen der Personalentwicklung haben sich ebenfalls Veränderungen ergeben, sodass auch die Förderung des Spezialistentums zunehmend wichtiger wird (vgl. dazu weiterführend Macharzina und Wolf 2018, S. 980 ff.).

Die innerbetriebliche Kommunikation ist in Japan stärker ausgeprägt als in den USA. Das Entscheidungsverhalten in Japan läuft nach dem **„Ringi-Seido-Prinzip",** das mit dem Gegenstromverfahren vergleichbar ist. Diese Art eines Umlaufverfahrens besteht darin, dass zunächst die Führungskräfte einen zu entscheidenden Sachverhalt initiieren, die Entscheidung dann unter Beteiligung der Mitarbeiter aufbereitet und entscheidungsreif dem Management vorgelegt wird (vgl. Rothlauf 2012, S. 548 ff.).

In diesem Zusammenhang kann auch der Verhandlungsstil in Japan gesehen werden, der als **Win-Win- Verhandlungsstil** bezeichnet werden kann. Ziel ist eine Problemlösung, wobei Informationen ausgetauscht werden, um die Interessen der anderen Seite besser zu verstehen. Die Zielsetzung dieses Verhandlungsstils besteht darin, Wertschöpfungspotenziale durch gegenseitige Zugeständnisse zu erkennen (vgl. Zocco 2014, S. 91).

Ein Beispiel, das japanisches Management gut charakterisieren kann, ist die Anwendung des **„7-S-Modells"** auf den früheren Matsushita-Konzern, heute Panasonic. Das Unternehmen sieht seinen Erfolg vor allem in der unternehmensspezifischen Abstimmung aller sieben Elemente dieses Konzepts. Das 7-S- Konzept von Pascale und Athos (vgl. Pascale und Athos 1981) in Zusammenarbeit mit dem Beratungsunternehmen Mc. Kinsey, sieht den langfristigen Erfolg eines Unternehmens in der Abstimmung der Elemente der 7-S-Konzeption begründet. Dieses Modell besteht aus „weichen" und „harten" Elementen. Die harten Elemente sind die Aufbauorganisation (**Structure**)**,** die angewendeten Strategien zur langfristigen strategischen Ausrichtung des Unternehmens (**Strategy**) sowie die eingesetzten Unternehmensführungstools (**System**). Zu den weichen Elementen zählen die Mitarbeiter (**Staff**)**,** die besonderen Fähigkeiten, über die ein Unternehmen im Vergleich zu anderen Unternehmen verfügt (**Skills**), der angewandte Führungsstil und die Mitarbeiterbeziehungen (**Style**) sowie das Selbstverständnis des Unternehmens in Form einer Unternehmensphilosophie mit Grundsätzen und Werten (**Shared Values**)**.** Die optimale Abstimmung aller sieben Elemente aufeinander soll zu einem strategischen Fit und damit zum Erfolg führen. Nach Pascale und Athos hat ein Vergleich der erfolgreichsten US-amerikanischen und japanischen Unternehmen ergeben, dass diese Unternehmen in der Lage waren, die „7-S" optimal aufeinander abzustimmen und zu nutzen. Im Gegensatz zu den US-amerikanischen Unternehmen wussten japanische Unternehmen die weichen „S" besser anzuwenden. An dieser Stelle ist allerdings anzumerken, dass das 7-S Modell zwar den Vorteil bietet, ein Konstrukt für eine umfassende Analyse der Unternehmensführung, hinsichtlich weicher und harten Faktoren, darzustellen. Allerdings ist dieses Konzept auch einfach gehalten und basiert auf dem spezifischen Fall der Untersuchung US-amerikanischer und japanischer Unternehmen, sodass eine Verallgemeinerung problematisch erscheint (vgl. Staehle et al. 1999, S. 508 f.; Macharzina und Wolf 2018, S. 973 ff.).

10.7.4 Einfluss der Landeskultur auf die Unternehmensführung in China

China als Wirtschaftsmacht gewinnt immer mehr Einfluss auf die Weltpolitik und die Weltwirtschaft. Der Aufkauf westlicher Unternehmen mit Schlüsseltechnologien und der Bau der „Neuen Seidenstraße" sind nur zwei von vielen Beispielen, die das Machtstreben Chinas in der Welt dokumentieren. Chinesische Managementtechniken wirken sich auch innerhalb der aufgekauften westlichen Unternehmen aus. So werden hochrangige Mitarbeiter in die Entscheidungsfindungsprozesse nicht mit einbezogen. Die chinesischen Partner erwarten, dass deren Entscheidungen akzeptiert und nicht kritisch diskutiert werden. Individuelle Vorschläge sind nicht gefragt. Die Verschmelzung mit der Gruppe wird als Garant für den Erfolg gesehen (vgl. Müller und Gelbrich 2015, S. 562). Die Gruppenzugehörigkeit, insbesondere die Zugehörigkeit zu einer Familie, wird durch einen niedrigen **Individualismus-Wert** nach Hofstede und einen hohen **In-Group-Kollektivismus-Wert** nach der GLOBE-Studie bestätigt. Die Hierarchiegebundenheit in chinesischen Unternehmen kommt auch durch hohe Werte bei der Bewertungsdimension **Machtdistanz** sowohl nach Hofstede als auch nach der GLOBE-Studie zum Ausdruck (vgl. Hofstede o. Ja.; House et al. 2004, S. 742–747). Dies bedeutet zwar, dass Gehorsam von den Mitarbeitern erwartet wird, dem steht aber eine gewisse Fürsorgepflicht der Übergeordneten gegenüber. Der in den chinesischen Unternehmen angewendete Top-Down-Ansatz führt dazu, dass die chinesischen Mitarbeiter auf Weisungen warten und keine eigenständigen Entscheidungen treffen. Demzufolge sind auch keine Verbesserungsvorschläge oder andere Formen der Eigeninitiative zu erwarten. Managementprinzipien wie Management by Delegation oder Management by Objectives lassen sich infolgedessen nicht anwenden (vgl. Rothlauf 2012, S. 496 f.).

Ein typisches Kennzeichen chinesischer Betriebe ist der Einfluss der Regierung. Dies führt u. a. dazu, dass chinesischen Unternehmen im Ausland mit Misstrauen und Argwohn begegnet wird, wie das Beispiel von Huawei zeigt. Huawei wird von den USA der Spionage bezichtigt, dies im Zusammenhang mit der für das 5G-Netz benötigten Technik, die von Huawei bezogen werden soll (vgl. Orange, 2019). Trotz der Beteuerungen von Huawei, nicht für die chinesische Regierung zu spionieren, bleibt die Skepsis bestehen (vgl. Heuzeroth 2019). Diese Skepsis kann als begründet angesehen werden, da der Einfluss des Staates auf die Entscheidungen der Betriebe, trotz der Ankündigungen einer Marktöffnung, weiterhin besteht (vgl. BDI 2018). Der Einfluss des Managements chinesischer Betriebe auf strategische Entscheidungen ist weitaus geringer, als es in europäischen Betrieben der Fall ist. Quantitative Ziele stehen im Vordergrund, soziale Ziele spielen eine untergeordnete Rolle. Die betriebliche Organisation unterscheidet sich von europäischen Unternehmen dahin gehend, dass die Grundstruktur von einer Struktur von Parteiangehörigen überlagert wird. Auch hier wird erneut der Einfluss des Staates deutlich. Weiterhin sind chinesische Unternehmen durch einen hohen Grad an Bürokratie gekennzeichnet. Für die Entlohnung sind quantitative Kriterien stärker ausschlaggebend als Kreativität. Ähnlich wie in

Japan verbleiben chinesische Arbeitnehmer in der Regel während ihres Arbeitslebens in einem Betrieb. Das Bildungsniveau chinesischer Arbeitnehmer ist niedrig, was zu einem Mangel an Führungskräften führt. Die Personalabteilung verwaltet hauptsächlich, Personalentwicklungsmaßnahmen und andere Personalmanagementmaßnahmen fehlen weitgehend, sodass Personalmanager oft mit nicht personalbezogenen Arbeiten beschäftigt werden (vgl. Macharzina und Wolf 20182018, S. 988 ff.). Als Schlüssel für den Erfolg in China wird oft der Begriff **„Guanxi"** gebraucht. Guanxi bedeutet eine Form des Netzwerkmanagements und bezieht sich auf Entscheidungen von Autoritätspersonen, die auf Familien oder anderen sozialen Beziehungen basieren. Solche Beziehungen können auch von Expatriates genutzt werden. Allerdings ist zu berücksichtigen, dass Chinesen üblicherweise behaupten, über Gunaxi zu verfügen, obwohl dies nicht immer der Fall sein muss (vgl. Luthans und Doh 2018, S. 171).

Die Verhandlungen in China sind langwierig. Einerseits müssen die Verhandlungspartner immer wieder Rücksprache halten, andererseits kann das Hinauszögern einer Verhandlung auch als Verhandlungstaktik verstanden werden. Dahinter steht die Überlegung, vom wesentlichen Geschäftspartner – der in der Regel an einem schnellen Abschluss der Verhandlungen interessiert ist – weitere Zugeständnisse zu bekommen. Eine weitere Verhandlungstaktik ist es, den Gesprächspartnern vorzuwerfen, den Geist der Freundschaft gebrochen zu haben, um weitere Zugeständnisse zu erlangen (vgl. Luthans und Doh 2018, S. 171). Der chinesische Verhandlungsstil kann als wettbewerbsorientiert im Sinne einer **Win-Lose-Battle** bezeichnet werden (vgl. Zocco 2014, S. 91). Das in Verhandlungen gezeigte Lächeln ist nicht immer als Zustimmung zu interpretieren, da das Lächeln ganz unterschiedliche Bedeutungen haben kann. Das Zeigen von Emotionen, wie Frust und Ärger und der damit zum Ausdruck gebrachte Druck sollten vermieden werden. Eine schrittweise Annäherung an das Verhandlungsergebnis ist zu empfehlen, indem positive Zwischenergebnisse nochmals betont werden. Kritische Verhandlungsaspekte sollten zunächst aufgeschoben werden. Werden diese Punkte von den chinesischen Verhandlungspartnern jedoch immer wieder in die Verhandlungen mit eingebracht, sollte ihnen vermehrte Aufmerksamkeit geschenkt werden. Eine schroffe Ablehnung dieser Punkte ist zu vermeiden (vgl. Rothlauf 2012, S. 481 f.; Luthans und Doh 2018, S. 171). Eine besondere Bedeutung in Verhandlungen hat das Gesichtswahren **„Mianzi"**. Ein Gesichtsverlust kann z. B. dann entstehen, wenn bei Einladungen zu wenig Speisen und Getränke im Restaurant bestellt wurden und damit der Eindruck von Geiz gegenüber dem Gast entsteht. Auch kann direkte Kritik zu einem Gesichtsverlust führen. Ein bescheidenes und höfliches Auftreten und das Ausstrahlen von Ruhe und Gelassenheit dagegen führen ebenso zum Gesichtsgewinn wie das Führen von Verhandlungen mit Mitarbeitern gleichen oder höheren Ranges (vgl. dazu weiterführend Rothlauf 2012, S. 492–494).

Da für das Chinageschäft in der Regel Geduld und Ausdauer erforderlich sind, sollten Geschäftsbeziehungen langfristig ausgelegt werden (vgl. Luthans und Doh 2019, S. 171). Die Verhandlung mit chinesischen Delegationen kann auch zu einer Verlängerung der Dauer der Verhandlungen führen, insbesondere aufgrund der Tatsache, dass Delegationen sich währenddessen in der Zusammensetzung ändern. Dahinter steht der Gedanke, dass durch den Wechsel der Verhandlungspartner persönliche Beziehungen zu vielen Gesprächspartnern aufgebaut werden können. Darüber hinaus ergibt sich dadurch die Möglichkeit, Themenkomplexe, die bereits behandelt wurden, erneut aufzugreifen und durch erneute Fragen weitere Informationen von den westlichen Geschäftspartnern zu bekommen. Ein weiteres Problem bei Verhandlungen mit Delegationen besteht darin, dass es für den westlichen Verhandlungspartner schwierig ist zu identifizieren, wer der Verhandlungsführer ist, da nicht unbedingt die Person, die die Gespräche führt auch diejenige ist, die entscheidet. Das liegt daran, dass bei Verhandlungen auch immer die Gefahr besteht, das Gesicht zu verlieren, sodass der Entscheider nicht durchgängig an den Verhandlungen teilnimmt, nicht aktiv in die Gespräche eingreift oder sich nicht als Hauptentscheider zu erkennen gibt (vgl. Vermeer 2015, S. 139 f.). In diesem Zusammenhang ist auch der Führungsstil des **Self-Protective Leaderships** zu sehen (vgl. House et al. 2014, S. 31).

Auch in China findet ein Wandel in der Business-Kultur statt. Wenn in der Vergangenheit Leistung an der aufgebrachten Anstrengung gemessen wurde, wird heutzutage Leistung an den Ergebnissen gemessen. Zu den Prioritäten zählt nun materieller Wohlstand. Die Leistungsorientierung in China ist aber auch mit negativen Begleiterscheinungen wie Stress und Burn-out verbunden. Westliche Unternehmen, die dazu übergegangen sind, sich dieser Probleme anzunehmen und psychologische und andere Hilfestellungen anzubieten, stellen fest, dass diese von der chinesischen Belegschaft nicht akzeptiert werden. Dies zeigt, dass sich zwar einige Aspekte der chinesischen Kultur ändern, andere wiederum beständig bleiben. Dies ist bei der Führung chinesischer Mitarbeiter in China zu berücksichtigen (Luthans und Doh 2018, S. 172).

10.7.5 Einfluss der Landeskultur auf die Unternehmensführung in den Ländern Kuwait und Marokko (arabische Welt)

Das Bild über die arabische Welt ist in vielen westlichen Ländern stark durch die mediale, zum Teil überspitzte und wenig hinterfragte Berichterstattung gekennzeichnet. Insbesondere die Religion des Islam wird immer wieder mit den verschiedenen Erscheinungsformen des gesellschaftlichen Lebens in der arabischen Welt in Verbindung gebracht und gleichgesetzt (vgl. Köster 2015). Dazu gehört auch das Management in arabischen Unternehmen. Die arabische Welt und arabische Unternehmen sind sehr heterogen. Von einer einheitlichen arabischen Unternehmenskultur kann nicht gesprochen werden. Im Rahmen der Zeichnung eines kulturellen Länderprofils mit Bezug zum arabischen Kulturraum werden die Länder Kuwait und Marokko dargestellt. Beide Länder können als Referenzländer herangezogen werden, da sie jeweils von Hofstede und der GLOBE-Studie untersucht wurden. Somit liegen für die Analyse der kulturellen Einflüsse auf die Unternehmensführung in diesen Ländern Angaben zu den Kulturdimensionen vor. Nach Auffassung der Autoren gilt aber zu berücksichtigen, dass nicht von der arabischen Welt im Sinne einer kulturellen Einheit gesprochen werden kann. Zwar bestehen Gemeinsamkeiten hinsichtlich Sprache, Religion und kulturellen Wurzeln, gleichzeitig sind mit dem Zerfall des Osmanischen Reiches und der Aufteilung der arabischen Welt durch die Kolonialmächte nach dem Ersten Weltkrieg politische Systeme mit zutiefst divergierenden Eigeninteressen entstanden. Die nach dem Ersten Weltkrieg entstandene instabile Lage im Nahen und Mittleren Osten wirkt sich bis heute auf die betroffenen Länder aus. Diese Länder sind aufgrund wechselnder Bündnisse und Abhängigkeiten oft nicht in der Lage, eigenständige Entscheidungen und Entwicklungen zu initiieren. Die damit einhergehenden Konflikte haben über die letzten Jahrzehnte zu einem Stillstand in der Entwicklung vieler arabischer Länder geführt. Dies gilt auch für die Ölmonarchien, die zwar aufgrund des Erdölreichtums viele Investitionen getätigt haben, die aber keine gesellschaftspolitischen Entwicklungen hervorgerufen haben. Gründe dafür mögen die mangelnden individuellen Freiheiten und fehlende demokratische Entscheidungsprozesse sowie die fehlende Rechtsstaatlichkeit sein. Aus Sicht der Autoren kann nicht die Kultur als Hauptgrund für den politischen und wirtschaftlichen Status quo der Region herangezogen werden. So wird beispielsweise beim Vergleich des Entwicklungsstandes von Nord- und Südkorea deutlich, wie wichtig Rechtsstaatlichkeit und demokratische Strukturen für die politische und wirtschaftliche Entwicklung von Ländern sind. Rechtsstaatlichkeit und demokratische Strukturen fehlen weitgehend in vielen arabischen Ländern. Der Behauptung, dass zementierte Hierarchien und mangelnde Kritikfähigkeit hauptsächlich auf Kultur und Religion in der arabischen Welt zurückzuführen sind (vgl. Rothlauf 2012, S. 697–699; Macharzina 2018, S. 1000), kann widersprochen werden. Beispielsweise kann der Arabische Frühling 2011 als ein Aufstand der Massen gegen den Status quo verstanden werden.

Ein weiteres Beispiel für den zu relativierenden Einfluss der Religion auf das arabische Management ist die mangelnde Berücksichtigung der Situation von religiösen Minderheiten in der gängigen Managementliteratur. Vertreter christlicher Glaubensrichtungen, die Unternehmen in der arabischen Welt (wie z. B. im Libanon) führen, leiden unter den gleichen schlechten Bedingungen in diesen Ländern wie muslimisch geführte Unternehmen. In diesem Zusammenhang können auch die gemeinsamen Proteste von Christen und Muslimen gegen die Misswirtschaft und politische Situation im Libanon in den letzten Monaten des Jahres 2019 genannt werden (vgl. Geiler 2019). Insofern kann der Status quo in der arabischen Welt nicht unabhängig von politischen, wirtschaftlichen und militärischen Einflussnahmen gesehen werden. Die Reduzierung von gesellschaftspolitischen Erscheinungsformen auf die Kultur des jeweiligen arabischen Landes wird der herrschenden Komplexität in diesen Ländern nicht gerecht. Infolgedessen stellt sich eine Beurteilung des arabischen Managements als schwierig dar, da im Gegensatz zu den bisher betrachteten Ländern die Rahmenbedingungen der arabischen Welt alles andere als friedlich sind. Das Management in den arabischen Ländern musste sich unter den Vorzeichen von Misswirtschaft, politischen Unruhen und Diktaturen entwickeln, sofern in diesem Zusammenhang überhaupt von einer Entwicklung gesprochen werden kann.

Die arabische Welt zählt zu den sogenannten High-Context-Kulturen (vgl. Abschn. 10.2.1). Das bedeutet in diesem Zusammenhang, dass oft implizit kommuniziert wird und das Gesagte nicht sui generis mit dem Gemeinten übereinstimmt (vgl. Hall und Hall 1990, S. 6–8). Anhand der Value- und Practice-Werte der GLOBE-Studie wird dieser Zusammenhang deutlich. Die Werte Performance Orientation und Future Orientation der GLOBE-Studie heben diesen Unterschied besonders hervor (vgl. House et al. 2004, S. 742–747). Beide Werte können als Indikatoren für einen Entwicklungs- und Veränderungsdrang in den jeweiligen Kulturen gewertet werden und sind in der arabischen Welt (Marokko und Kuwait) im Bereich Value sehr hoch und im Bereich Practice niedrig. Daraus kann geschlossen werden, dass der Wille oder die Überzeugung zur aktiven Gestaltung der Unternehmensperformance vorhanden ist, die Umsetzung allerdings nicht erfolgt bzw. erfolgen kann. Die Gründe hierfür wurden oben bereits erläutert.

Die Widersprüchlichkeit der Annahmen über die arabische Kultur zeigt sich anhand der Kulturfaktoren nach Hofstede und der GLOBE-Studie: In der öffentlichen Wahrnehmung werden arabische Gesellschaften oft als männlich dominiert beschrieben, sodass antizipiert wird, dass maskuline Werte die Gesellschaft bestimmen. Jedoch zeigt sich anhand der Werte von Hofstede für Maskulinität, dass diese für Marokko und Kuwait unter den Werten Deutschlands und der USA liegen. Weiterhin beziehen sich die Ausführungen über die arabische Welt in der gängigen Managementliteratur (vgl. Rothlauf 2012, S. 697; Macharzina und Wolf 2018, S. 999) auf Untersuchungen, die teilweise schon mehr als 30 Jahre alt sind: So werden jüngere Entwicklungen in der arabischen Welt nicht berücksichtigt. Insbesondere der Arabische Frühling, der in der Mentalität der Menschen starke Veränderungsimpulse initiiert hat, ist an dieser Stelle zu nennen. In diesem Zusammenhang darf auch die Rolle der digitalen Medien nicht unterschätzt werden. Sie dienten im Rahmen des arabischen Frühlings dazu, Demonstrationen zu organisieren und der Welt über die Ereignisse in der Region zu berichten. Die hohe Technik-Affinität unter arabischen Jugendlichen führt auch dazu, dass Einstellungen und Werte in der Region einem Wandel unterworfen sind (vgl. hierzu die Ausführungen zu deterministischen und homogenen Kulturvorstellungen in den Abschn. 10.1 und 10.2). In der gängigen Managementliteratur werden häufig kulturelle Aspekte als Erklärungsgrund für die mangelnde Motivation und eine fatalistische Grundhaltung in arabischen Unternehmen herangezogen (vgl. Macharzin und Wolf 2018, S. 999). Hierzu ist anzumerken, dass die in der arabischen Welt herrschenden repressiven Regime jede Form der Eigeninitiative und Entwicklung hemmen. Dies führte und führt immer noch zum sogenannten Braindrain (Talentabwanderung) in der arabischen Welt. So haben z. B. nach Angaben des UN-Entwicklungsprogramms UNDP allein zwischen 1998 und 2000 ca.15.000 arabische Physiker ihre Heimatländer verlassen (vgl. Sydow 2006). Diese Zahlen dürften angesichts der Krisen seit dem Arabischen Frühling und insbesondere aufgrund der großen Flüchtlingsströme noch zugenommen haben.

Um einen Anhaltspunkt für den aktuellen Status quo des arabischen Managements zu bekommen, ohne dabei weiter auf dessen Hintergründe einzugehen, kann auf Hofstede und die GLOBE-Studie zurückgegriffen werden. Beide Studien können Erklärungen für bestimmte Erscheinungsformen der Unternehmensführung in einigen arabischen Ländern bieten: Beispielsweise verweist die hohe Machtdistanz nach Hofstede sowie der

GLOBE-Studie in den Beispielländern Marokko und Kuwait auf ein stark ausgeprägtes Hierarchiedenken und eine Top-Down Planung. Bevorzugt wird der Self-Protective-Leadership Stil. Der partizipative Führungsstil spielt nach der GLOBE-Studie im Mittleren Osten fast keine Rolle (vgl. Abb. 9.2). Das arabische Management ist stark von einem Hierarchiedenken geprägt.

Westliche Managementprinzipien, wie Management by Delegation oder Management by Objectives, finden, wenn überhaupt, dann nur in den Unternehmen der Golfstaaten Anwendung, also in Ländern, die durch ein westlich denkendes Management dominiert werden, wie z. B. Dubai Ports. Dies bedeutet z. B. auch eine höhere Kompromissbereitschaft bei Verhandlungen. Allerdings müssen Zusagen überprüft werden, da aufgrund der High-Context-Kultur oft Zusagen gemacht werden, ohne diese wirklich einzuhalten. Ähnlich wie es sich mit dem Gesichtsverlust in China verhält, wäre ein Nein gegenüber einem ausländischen Gast mit einem Gesichtsverlust gleichzusetzen, was auch als ein Relikt tribaler Traditionen gesehen werden kann.

Die starke Familienorientierung spielt in der arabischen Welt eine wichtige Rolle. Sie basiert teilweise auf religiösen Regeln sowie auf alten Stammesstrukturen und wirkt sich u. a. auf die Besetzung von Führungspositionen in Unternehmen sowie auf die Politik vieler arabischer Länder aus. So besetzen arabische Herrscher politische Schlüsselpositionen gerne mit Familienangehörigen, wie es zurzeit beim saudischen Herrscherhaus der Fall ist.

Das Prinzip der Reziprozität impliziert die Wechselwirkung von Verantwortung einerseits und Anerkennung von Macht andererseits: Der Machtausübende übernimmt Verantwortung für das Wohlergehen seiner Familie bzw. Verwandtschaft; diese erkennt im Gegenzug seine Machtposition an. Dies führt zu der Erscheinung der Vetternwirtschaft, in der wichtige Positionen nicht nach Qualifikation, sondern nach familiären Bindungen vergeben werden. Das liegt vor allem daran, dass eher Familienangehörigen vertraut wird als Fremden. In der arabisch-tribalen Tradition war die Familie Garant für Sicherheit und Schutz. Diese Traditionen setzen sich bis heute fort und bedeuten für westliche Unternehmen, insbesondere im Rahmen von Joint Ventures, dass damit gerechnet werden muss, Einstellungen u. a. auch aufgrund von Familienzugehörigkeiten vorzunehmen. An dieser Stelle ist aber nochmals zu betonen, dass es in der arabischen Welt keine homogene Unternehmenskultur gibt, sondern dass diese von Land zu Land je nach Einflussfaktoren unterschiedlich sein kann. Die aufgezeigten Probleme finden sich jedoch in vielen dieser Länder wieder.

Fragen zu Kap. 10:

1. Was verstehen Sie unter der Kultur eines Landes?
2. Inwiefern unterscheiden sich die Studien von Hofstede und GLOBE?
3. Was sind die Kernaussagen des Akkulturationsmodells von Bennett?
4. Inwiefern können Veränderungsprozesse im kulturellen Selbstverständnis als Lernkultur bezeichnet werden?

5. Welche Ergebnisse der Kommunikationstheorie können für interkulturelle Zusammenhänge genutzt werden?
6. Lässt sich Ihrer Meinung nach eine Konvergenz der Managementtechniken über die Landesgrenzen hinweg feststellen? Begründen Sie Ihre Meinung.
7. Welche grundsätzliche Problematik ist mit der Zeichnung von kulturellen Länderprofilen verbunden? Bringen Sie diese Problematik in Zusammenhang mit den verschiedenen Kulturkonzepten.

Literatur

Argyle, M.: Körpersprache und Kommunikation: Das Handbuch zur nonverbalen Kommunikation, Paderborn 2002
Assmann, A.: Einführung in die Kulturwissenschaft. Grundbegriffe, Themen, Fragestellungen, Berlin, 2006
Auernheimer, G.A.: Einführung in die interkulturelle Pädagogik, Darmstadt, 2010
Bachmann-Medick, D.: Cultural turns – Neuorientierungen in den Kulturwissenschaften, Hamburg, 2010
Bade, K.J.: Migration – Flucht – Integration: Kritische Politikbegleitung von der ‚Gastarbeiterfrage, bis zur ‚Flüchtlingskrise,, Karlsruhe, 2017
BDI, Pressemitteilung: BDI zu China Ankündigung einer Marktöffnung, Ende des Joint-Venture-Zwangs erster wichtiger Schritt, 19.04.2018, https://www.presseportal.de/pm/6570/3921161, Stand: 27.08.2019
Bea, F.X.; Haas, J.: Strategisches Management, 10. Aufl., München, 2019
Bennet, M.J.: Development model of intercultural sensitivity, in Kim, Y (Ed.) International encyclopedia of intercultural communication, New Jersy 2017, https://www.researchgate.net/publication/318430742_Developmental_Model_of_Intercultural_Sensitivity, Stand: 28.02.2020
Bennett, M.J.: Towards ethnorelativism. A developmental model of intercultural sensitivity, in: Paige, R.M. (Hrsg.): Education for the Intercultural Experience, S. 21–71, Yarmouth 1993
Berry, J.W.; Poortinga, Y.; Bruegelmans, S.; Chasiotis, A.; Sam, D.: Cross-cultural psychology. Research and applications, New York 2011
Berry, J.W.: Immigration, Acculturation, and Adaptation, in: Applied Psychology. An International Review 46 (1), S. 5–68, Ontario, 1997
Bhabha, H.K.: Die Verortung der Kultur, Tübingen, 2000
Billmann-Mahecha, E.: Kulturpsychologie, o.J., in: Zinken, R. (Hrsg.): Lexikon der Psychologie. http://www.wissenschaft-online.de/abo/lexikon/psycho/8387, Stand: 07.02.2020
Blasius, H.: Porsche – Toyota- General Electric – Gute Unternehmensführung in Deutschland, Japan und den USA, Zürich, 2007
Blom, H.; Meier, H.: Interkulturelles Management, 3. Aufl., Herne, 2017
Bolten, J.; Ehrhardt, C. (Hrsg.): Interkulturelle Kommunikation, Sternenfels 2003
Bolten, J.: Interkulturelle Kompetenz, Thüringen, 2007
Bourdieu, P: Die feinen Unterschiede. Kritik der gesellschaftlichen Urteilskraft, Frankfurt a. M., 1982
Brezinka, W.: Grundbegriffe der Erziehungswissenschaft – Analyse, Kritik, Vorschläge, München, 1990
Brumlik, M.; Ellinger, S.; Hechler, O.; Prange, K.: Theorie der praktischen Pädagogik – Grundlagen erzieherischen Sehens, Denkens und Handelns, Stuttgart, 2013

Büschemann, K.H.: Pleite nach Lehrbuch, in Süddeutsche Zeitung SZ, 07.05.2013, https://www.sueddeutsche.de/wirtschaft/gescheiterte-fusion-von-daimler-und-chrysler-pleite-nach-lehrbuch-1.1666592-2, Stand 18.01.2020

Deal, T.E; Kennedy A.A.: Corporate Culture The Rites and Rituals of Corporate Life, Massachusetts, 1982

DGFP e.V.: Vielfalt bereichert Unternehmen – Erfolgreiches Diversity-Management, in: DGFP-Mitgliedsunternehmen, Düsseldorf, 02/2014, https://www.dgfp.de/fileadmin/user_upload/DGFP_e.V/Medien/Publikationen/Praxispapiere/201402_Praxispapier_Diversity.pdf, Stand: 05.03.2020

Dinkelaker, J.: Lernen, in: Kade, J.; Helsper, W.; Lüders, C.; Egloff, B.; Radtke, F.-O.; Thole, W. (Hrsg.): Pädagogisches Wissen – Erziehungswissenschaft in Grundbegriffen, Stuttgart, 2011, S. 133–139

DP World: Bord of Directors, 2020, https://www.dpworld.com/who-we-are/leadership, Stand: 19.01.2020

Earley, C.; Mosakowsky, E.: Cultural Intelligence, in: Harvard Business Review, October, 2004, https://hbr.org/2004/10/cultural-intelligence, Stand: 19.01.2020

Engelen A.; Tholen, E.: Interkulturelles Management, Stuttgart, 2014

Ersoy, B.; Latorre, P.; Zitzelsberger, O.: Migrant_innenselbstorganisationen im Wandel der Zeit, in: Blank, B.(Hrsg.): Soziale Arbeit in der Migrationsgesellschaft, Villingen-Schwenningen, 2018

Experteninterviews: Experteninterviews zum Einfluss der Globalisierung und Digitalisierung auf das kulturelle Selbstverständnis von Expatriates, durchgeführt am Institut für Logistikmanagement der Karl Scharfenberg Fakultät der Ostfalia HAW im Wintersemester 2019/2020

Fockenbrock, D.: Der amerikanische Shareholder-Value-Ansatz ist nicht tot – im Gegenteil, in: Handelsblatt, 04.09.2018, https://www.handelsblatt.com/meinung/kommentare/kommentar-der-amerikanische-shareholder-value-ansatz-ist-nicht-tot-im-gegenteil/22989544.html?ticket=ST-486482-m2ubnBQxMrfYMC9CUdTo-ap2, Stand: 22.01.2018

Foroutan, N.: Die postmigrantische Gesellschaft, Bielefeld 2019

Fuchs, M.: Kulturbegriffe, Kultur der Moderne, kultureller Wandel, 2013, in: https://www.kubi-online.de/index.php/artikel/kulturbegriffe-kultur-moderne-kultureller-wandel, Stand: 20.02.2020

Geertz, C.: Dichte Beschreibungen – Beiträge zum Verstehen kultureller Systeme. Frankfurt a. M., 1986

Geiler, J.: Proteste im Libanon Reale Angst vor einem neuen Bürgerkrieg, in: Der Tagesspiegel, 18.12.2019, https://www.tagesspiegel.de/politik/proteste-im-libanon-reale-angst-vor-einem-neuen-buergerkrieg/25350092.html, Stand: 10.02.2020

Gelbrich, K.: Interkulturelles Dienstleistungsmanagement, in: Corsten, H.; Roth, S. (Hrsg.): Handbuch Dienstleistungsmanagement, München, 2017, S. 213–231

Gressler, G.: Was deutsche Erfinder von Amerikanern lernen können, in: business insider, 13.09.2016, https://www.businessinsider.de/karriere/arbeitsleben/was-deutsche-erfinder-von-amerikanern-lernen-koennen-2016-9/, Stand: 22.01.2020

Habermas, J.: Theorie des kommunikativen Handelns, Frankfurt a. M., 1981

Hafez, K.: Mythos Globalisierung. Warum die Medien nicht grenzenlos sind, Wiesbaden, 2005

Hall, E.T.: Beyond Culture, New York, 1976

Hall, E.T.: Hall. M.R.: Understanding Cultural Differences, Germans, French and Americans, Boston, London, 1990

Hall, E.T.: The Dance of Life. The Other Dimension of Time, New York 1983

Hall, E.T.: The Hidden Dimension, New York, 1966

Hall, S.: Representation: Cultural Representations and Signifying Practices. Culture, Media and Identities, Bd. 2, London, 1997

Hamburger, F.: Abschied von der interkulturellen Pädagogik. Plädoyer für einen Wandel sozialpädagogischer Konzepte, Weinheim/München, 2009
Hansen, K.P.: Kultur und Kulturwissenschaft. Eine Einführung. 2. Aufl., Tübingen, Basel, 2000
Happ-Frank, E.: USA weit vorn bei digitalen Innovationen, in: WirtschaftsKurier, 03.05.2016, https://www.wirtschaftskurier.de/artikel/usa-weit-vorn-bei-digitalen-innovationen-7571.html, Stand: 22.01.2020
Hofstede, G. a: Country Comparison, o.J., https://www.hofstede-insights.com/country-comparison, Stand: 25.01.2020
Hofstede, G.: Culture,s Consequences – International Differences in Work Related Values, London, Neu Delhi, 1980
Hofstede, G.: Culture,s Consequences. Comparing Values, Behaviors, Institutions, and Organizations Across Nations, London, New Delhi, 2001
Hofstede, G.: Interkulturelle Zusammenarbeit – Kulturen – Organsiationen – Management, Wiesbaden, 1993
Hofstede, G.: Lokales Denken, globales Handeln, München, 2012
Hoopes, D.: Intercultural Communication Concepts and the Psychology of Intercultural Experience, in: Pusch, M. D. (Hrsg.): Multicultural Education: A Cross-Cultural Training Approach, S. 9–38, Chicago, 1979
House, R.J.; Dorfman, P.W.; Javidan, M.; Hanges. P.J.: Sully de Luque, M.: Strategic Leadership Across Cultures. The Globe Study of CEO Leadership Behavior and Effectiveness in 24 Countries, Los Angeles, London, New Delhi, Singapore, Washington DC, 2014
House, R.J.; Hanges, P.J.; Javidan, M.; Dorfman, P.W.; Gupta, V.: Culture, Leadership and Organizations, The GLOBE Study of 62 Societies, California, London, New Delhi, 2004
Inglehart, R.; Welzel, C.: Modernization, Cultural Change, and Democracy: The Human Development Sequence, Cambridge, 2005
Kant, I.: Idee zu einer allgemeinen Geschichte in weltbürgerlicher Absicht, Göttingen, 2019
Keller, E.v.: Management in fremden Kulturen. Ziele, Ergebnisse und methodische Probleme der kulturvergleichenden Managementforschung, Bern, Stuttgart, 1982
Knoepffler, N.: Würde und Freiheit – vier Konzeptionen im Vergleich, Freiburg/München 2018
Korzybski, A.: Science and Sanity. An Introduction to Non-Aristotelian Systems and General Semantics, New Jersey, 1995
Köster, B.: Islam in den Medien Geprägt von Stereotypen und Vorurteilen, in: Deutschlandfunk, 18.06.2015, https://www.deutschlandfunk.de/islam-in-den-medien-gepraegt-von-stereotypen-und-vorurteilen.1148.de.html?dram:article_id=322995, Stand: 26.01.2020
Kumbruck, C.; Derboven, W.: Interkulturelles Training. Trainingsmanual zur Förderung interkultureller Kompetenzen in der Arbeit, Heidelberg, 2009
Kutschker, M; Schmid, S.: Internationales Management, 7. Aufl., München, 2011
Leenen, W.; Groß, A.; Grosch, H.: Interkulturelle Kompetenz in der Sozialen Arbeit, in: Auernheimer, G. (Hrsg.): Interkulturelle Kompetenz und pädagogische Professionalität, Wiesbaden, 2008
Lévi-Strauss, C.: Anthroplogie in der modernen Welt, Berlin, 2012
Ludwig, P.-H.: Grundbegriffe der Pädagogik – Definitionskriterien, kritische Analyse, Vorschläge eines Begriffssystems, Weinheim, 2020
Luhmann, N.: Die Kunst der Gesellschaft, Frankfurt a. M., 1997b
Luthans, F.; Doh, J.P.: International Management, Culture, Strategy, and Behavior, 10th. ed., New York, 2018
Macharzina, K.; Wolf, J.: Unternehmensführung, Das internationale Managementwissen, Konzepte – Methoden – Praxis, 10 Aufl., 2018
Mecheril, P. (Hrsg.): Handbuch Migrationspädagogik, Weinheim 2016

Müller, S.; Gelbrich, K.: Interkulturelles Marketing, München, 2015
Nowack, T.: Emirates verzichtet auf Airbus A330 Neo, in: aero telegraph, 18.11.2019, https://www.aerotelegraph.com/order-fuer-50-airbus-a350-emirates-verzichtet-auf-airbus-a330-neo, Stand: 18.01.2020
OECD: Education at a glance: Educational attainment and labour-force status", OECD Education Statistics (database), https://doi.org/10.1787/889e8641-en, Stand: 23.012020
Perlitz, M.; Schrank, R.: internationals Management, 6. Aufl., Konstanz, München, 2013
Plate, M.: Grundlagen der Kommunikation, Göttingen/Bristol, 2015
Pudelko, M.: Das Personalmanagement in Deutschland, den USA und Japan, Band 2, Eine systematische und vergleichende Bestandsaufnahme, Univ.-Diss., Köln, 2000
Rappe, G.: Leib und Subjekt – Phänomenologische Beiträge zu einem erweiterten Menschenbild, Bochum, Freiburg im Breisgau, 2012
Reckwitz, A.: Die Transformation der Kulturtheorien, Stuttgart, 2012
Rehbein, J. (Hrsg.): Interkulturelle Kommunikation, Tübingen, 1985
Reimer, A.: Die Bedeutung der Kulturtheorie von Geert Hofstede für das internationale Management, Wismar, 2005
Riedel, A.: Personalmanagement „Made in USA", in: Eidam & Partner, 16.08.2018, https://blog.eidam-und-partner.de/2018/08/personalmanagement-made-in-usa-interkulturelles-trainings-know-how/, Stand: 22.01.2020
Rippl, S.; Seipel, C.: Methoden kulturvergleichender Sozialforschung – Eine Einführung, Wiesbaden, 2015
Rothlauf, J.: Interkulturelles Management, 4. Aufl., München, 2012
Saleh, M.: Zuwanderung und Integration – Rot-Grüne deutsche Ausländerpolitik 1998-2005 – Die Integration der muslimischen Minderheit im Fokus, Univ. Diss., Marburg, 2008
Sapir, E.: Selected Writings in Language, Culture and Personality, California 1985
Schäfers, B./Kopp, J.: Grundbegriffe der Soziologie, Wiesbaden, 2006
Schein, E.; Schein, P.: Organisationskultur und Leadership, München, 2018
Schiffauer, W.: Der cultural turn in der Ethnologie und der Kulturanthropologie, in: Jäger, F.; Liebsch, B.; Rüsen, J.: Handbuch der Kulturwissenschaften. Bd 2. Stuttgart, 2004
Schiffauer, W.: Fremde in der Stadt. Zehn Essays über Kultur und Differenz, Frankfurt a. M., 1997
Schulz von Thun, F.: Miteinander reden 1. Störungen und Klärungen. Allgemeine Psychologie der Kommunikation, Reinbek, 1981
Senghaas, D.: Zivilisierung wider Willen. Der Konflikt der Kulturen mit sich selbst, Frankfurt a. M., 1998
Smith, R.A.: Culture and the Arts in Education. Critical Essays on Shaping Human Experience, New York, 2006
Speck, J.: Handbuch wissenschaftstheoretischer Begriffe, Bände 1–3, Göttingen, 1980
Spitzer, M.: Semantische Netzwerke, in: Bolten, J.; Erhardt, C.: Interkulturelle Kommunikation, Sternenfels, 2003, S. 73–103
Spitzmüller, J.; Warnke, I.H.: Diskurslinguistik. Eine Einführung in Theorien und Methoden der transtextuellen Sprachanalyse. Berlin, Boston, 2011
Staehle, W.; Conrad, P.; Sydow, J.: Management: Eine verhaltenswissenschaftliche Perspektive, 8. Aufl., München, 1999
Straub, J.: Die Macht negativer Affekte: Identität, kulturelle Unterschiede, interkulturelle Kompetenz, Gießen 2019
Straub, J.: Handlung, Interpretation. Kritik. Grundzüge einer interpretativen Handlungs- und Kulturpsychologie, Berlin, 1998
Straub, J.; Weidemann, A.; Weidemann, D. (Hrsg.): Handbuch interkulturelle Kommunikation und Kompetenz, Stuttgart, 2007

Thomas, A. (Hrsg.): Interkulturelles Lernen im Schüleraustausch, Saarbrücken, 1988

Thomas, A.: Interkulturelle Psychologie. Verstehen und Handeln in internationalen Kontexten, Göttingen, 2016

Thommen, J.-P.: Management und Organisation, Zürich, 2002

Thompson, J.: Die Unübersetzbarkeit des Kulturbegriffs im Kontext des Menschenrechtsdiskurses, in: Heller, L. (Hrsg.): Kultur und Übersetzung – Studien zu einem begrifflichen Verhältnis, Bielefeld, 2017, S. 131–144

Treibel, A.: Migration in modernen Gesellschaften, München, 1990

UNESCO-Generalkonferenz: Allgemeine Erklärung zur kulturellen Vielfalt, Paris 2001, https://www.unesco.de/mediathek/dokumente/deutsche-unesco-kommission/erklaerungen-der-deutschen-unesco-kommssion-1, Stand: 16.01.2020

Vermeer, M: China.de Was Sie wissen müssen, um mit Chinesen erfolgreich Geschäfte zu machen, 3. Aufl., Wiesbaden, 2015

Vetö, M.; Gondek, H.: Von Kant zu Schelling – die beiden Wege des deutschen Idealismus, Berlin, Boston, 2019

Watzlawick, P.: Beavin, J.H.; Jackson, D.: Menschliche Kommunikation. Formen, Störungen, Paradoxien, Bern, 2007

Watzlawick, P.: Die Axiome von Paul Watzlawick, o. J., https://www.paulwatzlawick.de/axiome.html, Stand: 20.01.2020

Weber, E.: Pädagogische Grundvorgänge und Zielvorstellungen, Bd. I der Reihe: Pädagogik – eine Einführung, DonaSuwörth, 1999

Whorf, B.L.; Krausser, P.: Sprache – Denken – Wirklichkeit. Beiträge zur Metalinguistik und Sprachphilosophie, Hamburg, 1984

Willis, P.: Erziehung zwischen Reproduktion und kultureller Produktion, in: Das Argument, 179, 1990, S. 9–28

WISU: Google & Co. Kaum dabei und schon wieder weg, o.J., https://www.wisu.de/content/cms-K-2-14-3.html, Stand: 23.01.2020

Yousefi, H.R.; Braun, I.: Interkulturalität – eine interdisziplinäre Einführung, Darmstadt, 2011

Zocco, D.: Cross-Cultural Negotiation, in: Hofmaier, R.: Integriertes Marketing-, Vertriebs- und Kundenmanagement, München, 2014.

11 Unternehmensethische Überlegungen

> **Lernziele:**
>
> Nach Lesen dieses Kapitels kennen Sie:
>
> - die grundlegenden begrifflichen Definitionen im Zusammenhang mit Ethik, Moral, Corporate Social Responsibility und Ethos,
> - die unterschiedlichen Moraltheorien, die die Grundlage für ethische Entscheidungen darstellen,
> - Handlungsempfehlungen für das Fällen von ethischen Entscheidungen.

Die zunehmende Diskussion über ethisches Verhalten von Betrieben, angesichts der immer wieder auftretenden Skandale rückt die Themen Unternehmensethik und moralisches Verhalten von Managern zunehmend in den Fokus der Öffentlichkeit und in die Führungsetagen von Unternehmen. So hat z. B. VW als Reaktion auf den Abgasskandal die ehemalige Bundesverfassungsrichterin Christine Hohmann-Dennhardt als Chefin des Ressorts für Recht und Integrität im Jahre 2016 berufen. Sie sollte bei der Bewältigung der Abgasaffäre helfen. Allerdings scheiterte dieser Versuch und endete damit, dass Hohman-Dennhardt ihren Posten nach nur einem Jahr mit einer Abfindung von über 12 Mio. EUR verließ, was in der Öffentlichkeit als weiterer Skandal wahrgenommen wurde (vgl. Ott 2017).

Die Globalisierung hat die ethischen Herausforderungen, denen Unternehmen gegenüberstehen, vervielfacht. Oft aber beziehen sich ethische Überlegungen und Problemlösungen auf die nationalen Wertevorstellungen und kulturellen Wurzeln des Heimatlandes eines Unternehmens. Eine globale Unternehmensethik gibt es nicht. Es stellt sich an dieser Stelle auch die Frage nach der Sinnhaftigkeit einer globalen Unternehmensethik, da diese, falls sie zur Anwendung kommt, auch auf die Akzeptanz der

Betroffenen stoßen muss. Ethik und Moral sind aber zutiefst in der jeweiligen Landeskultur verwurzelt und Basis für den zwischenmenschlichen Umgang innerhalb der jeweiligen Kultur. International agierende Unternehmen stehen immer vor der Wahl, welche moralischen Standards und Werte sie im Gastland bei ethischen Fragestellungen anwenden, die eigenen oder die des Gastlandes. Um einen Überblick über die Vielfältigkeit und Komplexität ethisch-moralischer Fragestellungen im Zusammenhang mit der Internationalisierung zu geben, folgt nach einer definitorischen Abgrenzung von diesbezüglichen Begrifflichkeiten ein Eingehen auf die Bewertungsgrundlagen ethischer Argumentationen, um dann anhand der verschiedenen Ebenen, auf denen ethisch-moralische Fragestellungen zum Tragen kommen, auf die **Ebene der Führungskräfte und Mitarbeiter** einzugehen. Auf dieser Ebene werden Entscheidungen getroffen, die sich nicht nur unmittelbar auf die einzelnen Entscheidungsträger und Mitarbeiter auswirken können, sondern in bestimmten Fällen auch auf das gesamte Unternehmen mit seinen Standorten in den verschiedenen Gastländern. Die am Ende dieses Kapitel erwähnten Lösungsansätze für das Fällen von ethischen Entscheidungen stellen konkrete Handlungsempfehlungen für ethisch-moralische Fragestellungen dar.

11.1 Definitorische Abgrenzungen

Ethik, Moral und Corporate Social Responsibility sind Begriffe, die immer wieder im Zusammenhang mit moralischem Verhalten von Unternehmen auftauchen. Aber was bedeuten diese Begriffe? Welche Konsequenzen haben sie für das betriebliche Leben und werden sie gerade angesichts der internationalen Herausforderungen überall gleich definiert und verstanden? Im Folgenden sollen zunächst die wichtigsten Begriffe definiert werden:

Die **Moral** ist gesellschaftsbedingt und *„umfasst alle tatsächlich geltenden Normen und Regeln in einer Gesellschaft, wie sie geschichtlich entstanden sind und wie sie die Gesellschaft im Konsens akzeptiert. Entscheidend dabei ist, dass die und der Einzelne diese Regeln zunächst weitgehend unreflektiert übernehmen"* (Dietzfelbinger 2015, S. 42). Die gängige Moral hängt von der jeweiligen Zeit und Gesellschaft ab. Die jeweils herrschende Moral gibt an, welche Haltung und Handlung als gut und wünschenswert bzw. als böse und verboten gilt. Moral drückt sich in Regeln und Grundsätzen aus (vgl. Göbel 2017, S. 27).

Ethik ist die Lehre oder Wissenschaft von Moral, *„...also vom menschlichen Handeln, welches sich von der Differenz zwischen gut/sittlich richtig und böse/sittlich falsch leiten lässt"* (Göbel 2017, S. 31).

Es werden folgende Arten von Ethik unterschieden:

11.1 Definitorische Abgrenzungen

- *„Deskriptive Ethik: beschreibt als empirische Disziplin, wie es in bestimmten. Gesellschaften oder bei bestimmten Gruppen* um Moral und Ethos bestellt ist."
- *„Normative Ethik: sucht nach den richtigen, sittlichen Sollensaussagen. Sie will begründete und verbindliche Aussagen dazu machen, wie der Mensch. handeln soll (Handlungsnormen oder Pflichten), was er anstreben soll. (Strebensziele oder Werte/Güter) und wie er sein soll (Handlungsnormen. oder Tugenden). Man sucht nach dem festen, verbindlichen Maßstab für das Gute, mit dem man die geltende Praxis bewerten, orientieren und verbessern kann"* (Göbel 2017, S. 32–33).

Ethos *„Anerkennt ein Subjekt eine bestimmte Moral als verpflichtend für sein Handeln und ist das Handeln dauerhaft durch die Anerkennung geprägt, so spricht man von Ethos"* (Göbel 2017, S. 30). Es gilt allerdings zu berücksichtigen, dass das Ethos eines Menschen nicht immer mit der äußeren Moral einer Gesellschaft übereinstimmen muss. Dies kann der Fall sein, wenn Mitglieder einer Gesellschaft Werte und Normen dieser Gesellschaft ablehnen und eigene Lebensstile und Werte für sich entwickeln, wie dies z. B. bei der Punk-Bewegung in den 1970er Jahren der Fall war. Wenn Expatriates in ein Gastland entsendet werden, haben diese in der Regel auch einen eigenen Ethos, der nicht per se mit den Moralvorstellungen im Gastland kompatibel sein muss. Allerdings kann sich die Einstellung von Expatriates nach längerem Auslandsaufenthalt bezüglich des eigenen Ethos verändern (vgl. Experteninterview 2019/2020).

Unternehmensethik Die Unternehmensethik versucht, den Konflikt zwischen Gewinn und Verantwortung zu lösen und damit ethische und ökonomische Anforderungen in Einklang zu bringen. Die Unternehmensethik entwickelt Regeln im Umgang mit den verschiedenen Stakeholdern (vgl. Dietzfelbinger 2015, S. 151). Sie repräsentiert die Werte des Unternehmens und im Kontext der Internationalisierung i. d. R. auch die Werte des Heimatlandes des Unternehmens.

Corporate Scoial Responsibilty (CSR) stellt eine Auffassung bzw. Idee dar, die die gesellschaftliche Verantwortung von Unternehmen in den Fokus stellt. Dabei geht es um eine freiwillige Übernahme von Verantwortung (vgl. Bea und Haas 2019, S. 219). Bei CSR geht es nicht primär um die Verwendung der Einnahmen für z. B. caritative Zwecke, sondern es stellt sich die Frage, wie die Erträge erwirtschaftet wurden und ob dabei auch ethische Standards eingehalten worden sind. CSR kann als Dachbegriff für weitere auf die gesellschaftliche Verantwortung von Unternehmen ausgerichtete Begrifflichkeit gesehen werden (siehe Abb. 11.1).

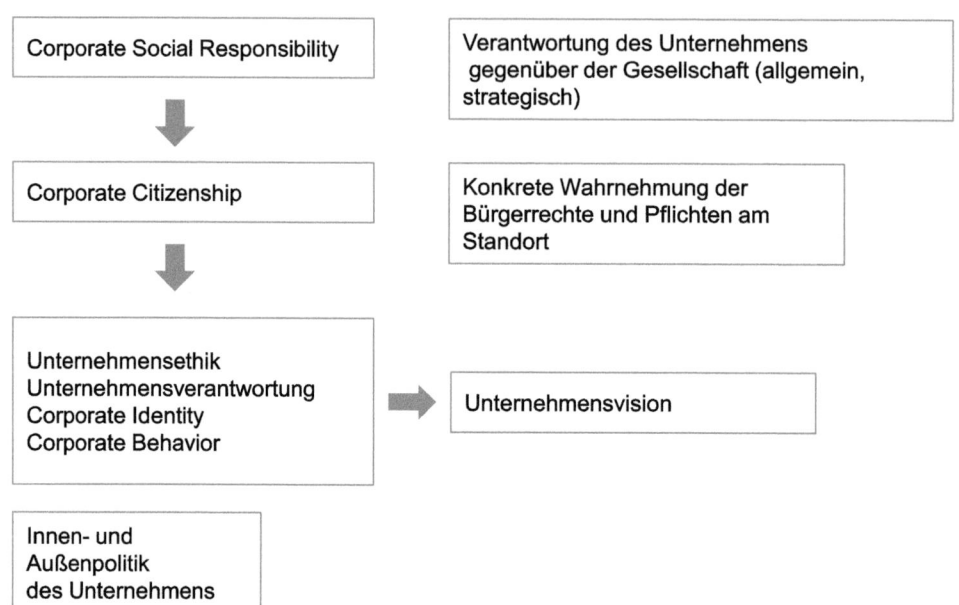

Abb. 11.1 Begrifflichkeiten der Unternehmensverantwortung. (Quelle: Dietzfelbinger 2015, S. 187)

11.2 Bewertungsgrundlagen ethischer Argumentation

Die theoretisch-philosophischen Ansätze, die ethisches Handeln begründen, können Managern, die vor ethischen Entscheidungen im internationalen Geschäft stehen, eine Orientierung bieten. Traditionell lassen sich die Begründungsansätze für ethisches Verhalten in einen deontologischen und teleologischen Ansatz unterscheiden (vgl. Cullen und Parboteeah 2014, S. 130 f.).

Die **deontologische Ethik** geht im Gegensatz zur teleologischen Ethik nicht von den Folgen einer Handlung, sondern von der Moralität der Handlung an sich aus. Dabei bezieht sich die Handlung auf Grundsätze, die als gut betrachtet werden. Solche Grundsätze können religiöser Natur sein, wie z. B. die 10 Gebote, oder sich z. B. auf den kategorischen Imperativ nach Immanuel Kant beziehen (vgl. Macharzina und Wolf 2018, S. 1024). Zur deontologischen Ethik kann auch der Ansatz von Sir William David Ross (1877–1971) gezählt werden. Dieser geht von einem **moralischen Pluralismus** aus und vertritt die Auffassung, dass jeder Mensch die grundlegenden moralischen Werte kennt und Gut von Böse unterscheiden kann. Darüber hinaus geht es bei Ross nicht nur um das Gute, das mit einer Handlung erreicht wird, sondern auch um die Pflichten, die in Verbindung mit Handlungen entstehen (vgl. Schroth o. J.).

Die **teleologische Ethik** kann auch als Folgenethik bezeichnet werden. Hierbei geht es um die Folgen von Entscheidungen und Handlungen (vgl. Cullen und Parboteeah 2014, S. 130). Nach Dietzfelbinger ist der Folgenethik auch die Verantwortungsethik zuzurechnen. Diese berücksichtigt nicht nur die Folgen einer Handlung, sondern auch noch zusätzlich das Gewissen, welches aber im Zweifelsfall gegenüber den realistisch eintretenden Folgen zurückgestellt wird (vgl. Dietzfelbinger 2015, S. 55 f.). Der **Utilitarismus** lässt sich diesem Ansatz zurechnen und ist hauptsächlich auf den englischen Philosophen Jeremy Bentham (1748–1832) zurückzuführen. Der Utilitarismus besagt, dass eine Handlung dann moralisch ist, wenn die Folgen dieser Handlung Nutzen für die größte Anzahl der davon betroffenen Menschen bringt. Damit sind ethische Entscheidungen diejenigen, die die Gesamtwohlfahrt der Stakeholder steigern (vgl. Beamish et al. 2003, S. 249).

Weitere Moraltheorien
Vertragstheorie nach Thomas Hobbes (1588–1679): Thomas Hobbes geht davon aus, dass sich der Mensch in einer Art Naturzustand befindet, wenn eine staatliche Ordnung fehlt. Dieser Naturzustand führt zu „jeder gegen jeden", weil jeder Mensch auf sein eigenes Interesse bedacht ist. Diesen Zustand möchten die Menschen aus Eigeninteresse aufgeben, begeben sich unter die Obhut einer staatlichen Ordnung und unterwerfen sich damit Gesetzen (vgl. dazu Hobbes 1996). Somit sind ethische Entscheidungen diejenigen, die das jeweilige Gesetz eines Landes oder verhandelte Vertragsbedingungen einhalten (vgl. Beamish et al. 2003, S. 249).

Die **Theorie der Gerechtigkeit** nach John Rawls (1921–2002) schließt an die Vertragstheorie an und geht davon aus, dass Würde, Humanität und Fairness wichtige Maßstäbe für gerechte Handlungen sind. Die Kernaussagen dieser Theorie sind:

- Jedermann hat das gleiche Recht auf das Gesamtsystem der Grundfreiheiten.
- Ungleichheiten sozialer und ökonomischer Natur müssen den am wenigsten begünstigten Gesellschaftsmitgliedern den höchstmöglichen Vorteil verschaffen.
- Es muss Chancengleichheit für alle Gesellschaftsmitglieder herrschen (vgl. Pogge 1994; Höffe 2006, S. 3 ff.; Macharzina und Wolf 2018, S. 1024).

Gesinnungsethik: Die Gesinnungsethik geht von der Annahme aus, dass moralisches Handeln durch Vernunft und Gewissen geprägt ist. Moralisches Handeln tritt dann ein, wenn Gutes gewollt ist. Gutes wird durch das Gewissen erkannt, das durch praktische Vernunft geprägt ist (vgl. Göbel 2017, S. 35).

Diskursethik: Dieser Ansatz geht auf Jürgen Habermas (geb. 1929) und Karl-Otto Apel (1922–2017) zurück. Kern dieses Ansatzes ist es, zunächst in Zweifel zu ziehen, dass es eine objektive Erkenntnis für das, was gut und was schlecht ist, gibt. Deswegen bezieht sich die Ethik von Habermas und Apel auf die Erkenntnis via Diskurs. Das bedeutet, dass Moral aus dem Dialog und dem zu findenden Konsens zwischen Diskussionspartnern entsteht (vgl. Dietzfelbinger 2015, S. 37).

Es stellt sich an dieser Stelle die Frage. wie diese Ansätze zur Bewertung ethischer Fragestellungen im Zusammenhang mit der Internationalisierung von Unternehmen herangezogen werden können. Im Folgenden soll anhand des Utilitarismus und der Vertragstheorie dargestellt werden, wie schwierig dies unter Umständen sein kann. Wenn z. B. gemäß dem **Utilitarismus** Entscheidungen im Hinblick auf den größtmöglichen Nutzen für die größte Anzahl an Betroffenen getroffen werden, ist dies zunächst nachvollziehbar und zu begrüßen. Allerdings kann eine auf dieser Basis getroffene Entscheidung wiederum andere moralische Prinzipien und Regeln verletzen. Plant z. B. ein Unternehmen in einem Gastland eine Direktinvestition, wie z. B. ein medizinisches Gesundheitszentrum, so bietet dieses, zusätzlich zum zentralen Vorteil der verbesserten medizinischen Versorgung, auch Arbeitsplätze, Verkäufe für Komplementäranbieter, wie z. B. Apotheken oder aber auch Aufträge für Raumausstatter und medizinische Techniklieferanten. Damit würde gemäß dem Utilitarismus die Entscheidung für diese Direktinvestition aufgrund ihrer positiven Folgen moralisch sein. Wie wird aber die Entscheidung zu treffen sein, wenn die Erlangung der behördlichen Erlaubnis für diese Direktinvestition nur über die Zahlung von Bestechungsgeldern an korrupte Entscheider möglich ist? Rechtfertigt hier das Ziel die Mittel?

Bezieht sich der Entscheider dagegen auf den Ansatz der **Vertragstheorie,** könnte die Auffassung herrschen, dass – solange bei Entscheidungen Recht und Gesetz eines Landes gewahrt bleiben – moralisch gehandelt wird. Was aber, wenn die Gesetze eines Landes den grundlegenden Menschenrechten widersprechen oder harte Strafen bei Vergehen vorsehen, die mit einer humanistischen Grundhaltung und der Menschenwürde nicht vereinbar wären? Würde z. B. ein Auslandsmanager in Saudi-Arabien einen Mitarbeiter, der beim Stehlen erwischt wurde, der saudischen Gerichtsbarkeit zuführen, hätte das rechtliche Folgen, die viele westliche Manager sicherlich ablehnen würden. Eine ähnliche Problematik würde sich ergeben, wenn bei einem Mitarbeiter in Malaysia Drogen entdeckt würden.

Diese Beispiele zeigen, wie schwierig es sein kann, einen der o.g. Ansätze bei ethischen Fragestellungen konsequent umzusetzen. Infolgedessen empfiehlt es sich, Lösungsansätze zu entwickeln, die Grundsätze enthalten, die zwar auf den grundlegenden Aussagen der Begründungsansätze beruhen können, aber dennoch genügend Flexibilität aufweisen, um den unterschiedlichen Bedingungen der Gastländer und den Wertvorstellungen aller Rechnung zu tragen. Dabei gilt es zunächst zu unterscheiden, auf welcher Ebene ethisch-moralische Entscheidungen zu treffen sind. Diese lassen sich grundlegend jeweils auf drei Ebenen beziehen (vgl. dazu Dietzfelbinger 2015, S. 15 f.):

- Die Ebene der Führungskräfte und Mitarbeiter
- Die Ebene der Unternehmen
- Die Ebene des Staates mit seiner Wirtschaftspolitik

Im Folgenden soll nur auf die **Ebene der Führungskräfte und Mitarbeiter** eingegangen werden. Die **Ebene der Unternehmen** wird von den Regeln, die im Rahmen der Grundsatzplanung aufgestellt werden, beeinflusst damit auch von der Unternehmensvision und -philosophie. Corporate-Governance-Regelungen und die Corporate Identity eines Unternehmens sollen u. a. ethisches Verhalten gewährleisten. Mitarbeiter sind an diese Bestimmungen und Regeln gebunden und haben sich danach zu orientieren. Unabhängig davon gibt es immer wieder Situationen, in denen diese Regeln nicht greifen bzw. keine Hilfestellung bei notwendigen Entscheidungen geben (s. dazu das Beispiel LafargeHolcim unter Absch. 5.3.1). In solchen Fällen sind individuelle Entscheidungen zu treffen. Unabhängig davon beeinflussen sich diese beiden Ebenen oft gegenseitig. Die **Ebene des Systems Staat** betrifft die ethischen Herausforderungen im Rahmen der Wirtschaftspolitik, die von zahlreichen Einflüssen, wie z. B. Parteiprogrammen, dominiert wird. Die Fülle der damit verbundenen Diskussionspunkte würde den Rahmen dieses Kapitel sprengen und wird deshalb an dieser Stelle nicht behandelt.

Es gibt zahlreiche ethisch-moralischen Herausforderungen für Führungskräfte und Mitarbeiter eines international agierenden Unternehmens. So geht es beispielsweise um die Problematik der Führung von lokalen Mitarbeitern, des Verhaltens gegenüber den staatlichen Institutionen des Gastlandes, des Verhaltens gegenüber Geschäftspartnern, der Korruption, der Vetternwirtschaft, der Ausnutzung eines schwachen Arbeitsrechts, der Ausbeutung, der Kinderarbeit und der Umweltverschmutzung.

11.3 Lösungsansätze für die ethische Entscheidungsfindung

Ethisch-ausgerichtete Entscheidungen können zunächst auf nationaler und internationaler Ebene getroffen werden, wobei die Grenzen hier oft verschwimmen und nationale Lösungen oft auch international zur Anwendung kommen, da insbesondere im Zeitalter der Digitalisierung ethische Entscheidungen oft global publik und angewendet werden. Dietzfelbinger schlägt folgende **allgemeine Vorgehensweise** vor:

a) Die **ethische Selbstkontrolle** anhand der eigenen Werte und des Gewissens. Ist es möglich sich selbst im Spiegel zu betrachten, ohne ein schlechtes Gewissen zu haben?
b) Der **Öffentlichkeitstest** geht von der Frage aus, was passieren würde, wenn die getroffene Entscheidung publik gemacht werden würde und z. B. über die sozialen Medien einer breiten Öffentlichkeit zugeführt würde. Lässt sich diese Entscheidung dann auch treffen, ohne in ein moralisches und ethisches Dilemma zu geraten?
c) Die **ethische Revidierbarkeit** beinhaltet die Möglichkeit, bereits getroffene Entscheidungen unter ethischen Aspekten wieder rückgängig machen zu können (vgl. Dietzfelbinger 2015, S. 4).

Unter den Aspekten der internationalen Tätigkeit von Dienstleistungsunternehmen ist insbesondere der Umgang mit den Mitarbeitern von besonderer Bedeutung. Aus rein ökonomischen Gründen spielt dieser für die Vermarktung als Qualitätsindikator und Materialisierungsinstrument eine sehr wichtige Rolle (vgl. Absch. 4.2). Um ethische Fragestellungen im Zusammenhang mit der Führung von Mitarbeitern beantworten zu können, kann auf sogenannte internationale Codes of Conducts (CoC) zurückgegriffen werden. Diese sind von Organisationen wie z. B. der Internationalen Handelskammer (ICC), der Organisation für wirtschaftliche Zusammenarbeit und Entwicklung (OECD) oder der Internationalen Arbeitsorganisation (ILO) und anderen erstellt worden. Die Codes of Conducts beziehen sich auf das Verhalten international agierender Unternehmen gegenüber den Gastlandregierungen, der Öffentlichkeit und Konsumenten sowie Mitarbeitern (vgl. dazu Deresky 2014, S. 67 f.). Diese Regeln sind allgemein gehalten und nicht auf einzelne Unternehmen und Branchen zugeschnitten. Unternehmen entwickeln aber auch eigene Verhaltensregeln für ihre Mitarbeiter und Führungskräfte. Diese unternehmensspezifischen CoC beziehen sich oft auf internationale Standards, sind jedoch häufig spezifischer auf die eigene Branche und Funktionsbereiche ausgerichtet. So bezieht das Unternehmen Otto seine CoC auch auf seine Lieferkette und damit auch auf seine Lieferanten und Geschäftspartner. Weiterhin hat Otto den Code of Conduct um einen weiteren Code für Dienstleistungen und Nicht-Handelsware ergänzt (vgl. Otto 2020).

Der Rückgriff auf internationale oder eigene Verhaltenskodizes mag eine Möglichkeit sein, um ethische Entscheidungen zu treffen. Dennoch können Situationen auftreten, die eine situationsspezifische Lösung und eine individuelle Auseinandersetzung mit einer ethischen Problemstellung erfordern. Letztendlich trägt der Expatriate eines Unternehmens im Gastland die Verantwortung für ethische Entscheidungen. Er hat zu entscheiden, was in ethischer Hinsicht angemessen ist, was verhandelt werden kann bzw. muss und was nicht diskutierbar ist. Expatriates und lokale Manager müssen in diesem Zusammenhang proaktiv agieren, um mögliche zukünftige Probleme im Hinblick auf ethische Fragestellungen präventiv zu berücksichtigen. Dazu empfehlen Beamish et al. folgende Vorgehensweise:

- **Passives Lernen:** besteht darin, die Umwelt des Gastlandes zu beobachten, Informationen anzunehmen und zu filtern. Kenntnisse über den Hintergrund lokaler Mitarbeiter, Gesetze und Normen des Gastlandes sowie des Beziehungsmanagements sind u. a. von Bedeutung, um zu einer objektiven Einschätzung von ethischen Zusammenhängen zu kommen. Diese Kenntnisse sind entscheidend, wenn es darum geht, die Unternehmensstandards und -werte in der Tochtergesellschaft zu kommunizieren. Die durch die Beobachtung gewonnenen Erkenntnisse können zu einem besseren Verständnis für die Werte und Normen des Gastlandes führen und damit zu einer emotionalen Nähe. Diese führt dazu, dass keine willkürlichen Entscheidungen, ohne Rücksicht auf die Wertvorstellungen der Mitarbeiter, getroffen werden. Dies kann dazu führen, dass die lokalen Mitarbeiter Vertrauen in die Führungskraft aufbauen, was entscheidend für die Motivation der Mitarbeiter ist.
- **Aktives Lernen:** besteht darin, Fragen zu stellen und Antworten kritisch zu hinterfragen. Lokale Berater und vertrauenswürdige Mitarbeiter können dieses aktive Lernen unterstützen. Darüber hinaus ist das permanente Aneignen von Wissen über das Gastland und seine Menschen aus internen und externen Quellen von Bedeutung. Eine Zielsetzung von aktivem Lernen sollte sein, eine Kultur des Dialogs und der

Offenheit für ethische Fragestellungen zu etablieren. Dabei sollten direkte Fragen und eine Diskussionskultur nicht gescheut werden. Die Einrichtung von Ethikforen, in denen über ethische Problemstellungen offen diskutiert wird, wäre eine Möglichkeit, um eine Kultur des aktiven Lernens und Diskutierens im Unternehmen zu befördern.
- **Lehren:** besteht darin, die Werte des Unternehmens den Mitarbeitern zu vermitteln. Diese Werte, die sich meist auf die universellen Menschenrechte beziehen, stellen unveränderbare Werte dar. Den Mitarbeitern sollen durch Bildungs- und Trainingsprogramme die ethischen Werte des Unternehmens vermittelt werden. Solche Schulungen beziehen sich u. a. auf die Vermittlung von klaren Richtlinien für ein wertekonformes Verhalten im Unternehmen (vgl. Beamish et al. 2003, S. 252 f.).

Hinzuzufügen wäre nach dem Zitat von Galileo „*Man kann einen Menschen nichts lehren, man kann ihm nur helfen, es in sich selbst zu entdecken*" ein weiterer wichtiger Aspekt von Schulungen, nämlich die Sensibilisierung der Mitarbeiter für unterschiedliche Wertvorstellungen.

Wie aus diesen erwähnten Vorschlägen ersichtlich, geht es letztendlich darum, Unternehmenswerte so zu vermitteln, dass die lokalen Werte und Standards des Gastlandes und der Mitarbeiter berücksichtigt werden. Daran schließt sich die Diskussion nach ethischer Relativierung oder ethischem Universalismus an: Sollten global agierende Unternehmen ihre Standards im Gastland umsetzen oder aber je nach Gastland eigene angepasste Normen und Standards entwickeln (vgl. Cullen und Parboteeah 2014, S. 145 ff.). Wie bereits unter Absch. 9.1 aufgezeigt wurde, werden die Unternehmensgrundsätze und die damit verbundenen Werte universell verstanden und gewünscht, wenn sich diese auf fundamentale Menschenrechte beziehen und respektvolle Umgangsweisen einfordern. Solche globalen Werte stoßen in der Regel überall auf Akzeptanz, da sie humanistische Grundwerte in den Fokus setzen. Da Gesellschafts- und Unternehmenswerte in die jeweilige Landeskultur eingebettet sind, empfiehlt es sich, ein Wertekonstrukt zu entwickeln, das globale Anerkennung findet. Dies lässt sich erreichen, indem sich ein solches Konstrukt auf die universellen Menschenrechte und humanistische Werte bezieht, ohne die kaufmännische Komponente außer Acht zu lassen. In diesem Zusammenhang sei das Bild des Ehrbaren Kaufmanns zu nennen. Die ersten Ansätze des Ehrbaren Kaufmanns lassen sich im Italien des 14. Jhd. finden (vgl. Schwalbach 2008). Insbesondere der Städtebund der Hanse ist mit dem Bild des Ehrbaren Kaufmanns verbunden. „*Der Aufstieg der Hanse in Nordeuropa ist unzertrennlich mit dem Bild des Ehrbaren Kaufmanns verbunden. Der lockere hansische Städtebund konnte nur durch gegenseitige Toleranz und die Anwendung des tugendhaften Verhaltens zu solch geschichtsbestimmender Größe heranwachsen. Noch heute ist der Begriff Ehrbarer Kaufmann in Norddeutschland in Gebrauch*" (Schwalbach 2008). Ehrlichkeit, Fairness und Verantwortungsbewusstsein auf den verschiedenen Ebenen der Unternehmensumwelt zeichnen ihn aus. In Vorträgen und Publikationen fallen heutzutage folgende Begriffe im Zusammenhang mit dem Begriff des Ehrbaren Kaufmanns:

„Verantwortung, ethische bzw. wichtige Grundsätze und Werte, Ehrlichkeit, Geduld, Maßhalten, Selbstverantwortung, Vorbild, Verlässlichkeit, Langfristigkeit, Gewinne erwirtschaften, Anstand, Ehrlichkeit, Tugenden, Nachhaltigkeit, Freiheit, Offenheit, Integrität, Wahrhaftigkeit, Redlichkeit, Sorgfalt, Vernunft, Solidarität, Wort halten, Vertrauen, Soziale Marktwirtschaft, Fleiß und sozialer Frieden" (Schwalbach und Klink 2015, S. 178).

Das Leitbild des **Ehrbaren Kaufmanns** basiert auf humanistischen Werten (vgl. Klink 2007, S. 59). Diese Werte können analog zum Grundgesetz mit seinen ersten 19 Artikeln die Basis für eine Unternehmensverfassung sein, die mit ihren Regeln das Unternehmensleitbild bestimmt. *„Die Unternehmensverfassung bildet den Ordnungsrahmen für alle Unternehmensaktivitäten und ist die Grundlage für die Unternehmensüberwachung"* (Pfohl 2013, S. 43).

Es stellt sich die Frage, inwiefern das Leitbild des Ehrbaren Kaufmanns angesichts der Herausforderungen der Globalisierung und Digitalisierung noch zeitgemäß ist und eine Unternehmensverfassung bestimmen kann. Diesbezüglich zeigt sich die Aktualität dieses Leitbilds u. a. in der Versammlung eines Ehrbaren Kaufmanns zu Hamburg (VEEK). Die VEEK hat zum Ziel, die Werte des Ehrbaren Kaufmanns als hanseatische Tradition mit Relevanz für gute Unternehmensführung zu wahren. So sieht sich die VEEK *„als Zusammenschluss von mehr als 1.000 Hamburger Kaufleuten, die selber ehrbar handeln und in ihrem Unternehmen die Bedingungen für ehrbares Handeln pflegen"* (VEEK o. J.). Daniel Klink beschreibt in seinem Modell die Herausforderungen des Ehrbaren Kaufmanns für das 21. Jhd. wie folgt.:

Die Basis für den Ehrbaren Kaufmann stellt seine humanistische Grundbildung dar, ergänzt um wirtschaftliche Fachkompetenz und einen gefestigten Charakter. Dies bezeichnet Klink als Ehrbarer Kaufmann im engeren Sinne. Die weiteren Ebenen seines Modells sind Bewusstseinsdimensionen, die die Verantwortung gegenüber zahlreichen Stakeholdern unterstreichen. Dies bezeichnet Klink als Ehrbarer Kaufmann im weiteren Sinne (vgl. Klink 2007, S. 59).

Um die Konfliktfelder, die im Zusammenhang mit dem Verhältnis von Gewinn und Moral stehen, lösen zu können, bietet sich das Konzept vom Ehrbaren Kaufmann an. Im Sinne dieses Konzepts sieht Schwalbach keinen gravierenden Konflikt zwischen ökonomischen und ethischen Interessen. Vielmehr habe das Konzept des Ehrbaren Kaufmanns das explizite Ziel, durch faires Verhalten gegenüber seinen Mitarbeitern, Kunden und Geschäftspartnern langfristige Beziehungen aufzubauen und zu erhalten (vgl. Gieße 2014, S. 2). Das Leitbild des Ehrbaren Kaufmanns *„sollte Unternehmern und Managern bewusst machen, dass verantwortungsvolles Verhalten die Grundlage für den nachhaltigen wirtschaftlichen Erfolg und für den sozialen Frieden in der Gesellschaft darstellt"* (Schwalbach 2014 zit. nach Gieße 2014, S. 2).

Es stellt sich an dieser Stelle erneut die Frage nach der Anpassungsnotwendigkeit an die Bedingungen des Gastlandes. Hierzu ist festzustellen, dass, wie bereits erwähnt, die Akzeptanz der Werte nicht das Problem ist, sondern die kulturspezifische Vermittlung dieser Werte. Diese können Expatriates – auch im Hinblick auf das Verständnis von Lernkultur (vgl. dazu Absch. 10.3.5) – im Vorfeld der Entsendung durch spezielle Trainingsmaßnahmen und insbesondere während des Auslandseinsatzes direkt vor Ort (kennen) lernen. Die Trainingsmaßnahmen bereiten zwar bis zu einem gewissen Grad auf bestimmte Problemstellungen vor, ethische Fragestellungen dagegen treten oft erst vor Ort auf, sodass eine Vorbereitung auf solche Sachverhalte nur rudimentär erfolgen kann. Interviews mit Expatriates bestätigen aber, dass die richtige Kommunikation und der Umgang mit den Zielgruppen im Zielland hauptsächlich durch den Einsatz vor Ort gelernt werden, also durch Learning by Doing (vgl. Experteninterview 2019/2020). Gemäß der pädagogischen Erkenntnis, dass Belehrung nicht gegen Erfahrung ankommt, lässt sich schlussfolgern, dass dieses notwendige Know-how durch die o.g. Vorgehensweisen des passiven und aktiven Lernens sowie des Lehrens im Gastland generiert werden kann. Das damit aufgebaute Internationalisierungs-Know-how ist eine nicht zu unterschätzende Ressource für den Erfolg eines international tätigen Dienstleistungsunternehmens.

Fragen zu Kap. 11:

1. Worin besteht der Unterschied zwischen den Begriffen Moral und Ethik?
2. Was verstehen Sie unter Corporate Social Responsbility?
3. Auf welchen Ebenen tauchen ethisch-moralische Fragestellungen auf?
4. Welche Ihnen bekannten Moraltheorien stellen die Basis für moralische Entscheidungen dar?
5. Welche allgemeine Vorgehensweise schlagen Sie vor, um ethische Entscheidungen zu treffen?
6. Welche Vorgehensweise für das Fällen ethischer Entscheidungen schlagen Sie mit Bezug zur internationalen Tätigkeit von Unternehmen vor?

Literatur

Bea, F.X.; Haas, J.: Strategisches Management, 10. Aufl., München, 2019
Beamish, P.W.; Morrison, A.J.; Inkpen, A.C.; Rosenzweig, P.M.; International Management, 5th ed. New York, 2003
Cullen, B.J.; Parboteeah, K.P.: Multinational Management A Strategic Approach, 6th ed. South-Western Cengage Learning, 2014
Dietzfelbinger, D.: Praxisleitfaden Unternehmensethik Kennzahlen, Instrumente, Handlungsempfehlungen, 2. Aufl., Wiesbaden, 2015.
Experteninterviews: Experteninterviews zum Einfluss der Globalisierung und Digitalisierung auf das kulturelle Selbstverständnis von Expatriates, durchgeführt am Institut für Logistikmanagement der Karl Scharfenberg Fakultät der Ostfalia HAW im Wintersemester 2019/2020
Gieße A.: Eine Frage der Ehre, in: Verkehrs Rundschau, Heft 30/2014, S. 16–18/Transport + Logistik.
Göbel, E.: Unternehmensethik Grundlagen und praktische Umsetzung, 5. Aufl., München, 2017

Hobbes, T.: Leviathan, Aus dem Englischen übertragen von Jutta Schlösser. Mit einer Einführung und herausgegeben von Hermann Klenner, Philosophische Bibliothek Band 491, Hamburg, 1996

Höffe, O.: Einführung in Rawls' Theorie der Gerechtigkeit, in: Höffe, O. (Hrsg.): John Rawls Eine Theorie der Gerechtigkeit, 2. Aufl., Berlin, 2006, S. 3–26

Klink, D.: Der ehrbare Kaufmann, Berlin, Diplomarbeit, Institut für Management, Humboldt-Universität zu Berlin, 2007, Prüfer: Joachim Schwalbach, https://www.der-ehrbare-kaufmann.de/files/der-ehrbare-kaufmann.pdf, Stand: 25.09.2017.

Macharzina, K.; Wolf, J.: Unternehmensführung, Das internationale Managementwissen, Konzepte – Methoden – Praxis, 10 Aufl., 2018

Ott, K.: Rücktritt von Chefaufklärerin kostet VW mehr als zwölf Millionen Euro, in: Süddeutsche Zeitung, 30. Januar 2017, https://www.sueddeutsche.de/wirtschaft/abgasaffaere-bei-vw-ruecktritt-von-chefaufklaererin-kostet-vw-mehr-als-millionen-euro-1.3357216, aufgerufen am 15.09.2017

Otto Group: Code of Conduct, 2020, https://www.ottogroup.com/de/verantwortung/Dokumente/Code-of-Conduct.php, Stand: 04.01.2020

Pogge, T.: John Rawls, München, 1994

Schwalbach, J.: Das Leitbild des Ehrbaren Kaufmanns – Gestern wie Heute Grundlage für das gesellschaftlich verantwortliche Verhalten von Unternehmern und Managern, Pressemitteilung vom 19.02.2008 erstellt von Christine Schniedermann, https://www.hu-berlin.de/de/pr/nachrichten/archiv/nr0802/pm_080219_01, Stand: 25.09.2017.

Schwalbach, J.; Klink, D.: Der Ehrbare Kaufmann als individuelle Verantwortungskategorie der CSR-Forschung, in: Schneider, A.; Schmidpeter, R. (Hrsg.): Corporate Social Responsibility – Verantwortungsvolle Unternehmensführung in Theorie und Praxis, 2. Aufl. Berlin, Heidelberg, 2015, S. 177–198

Weitere Quellen

Abel-Koch, J.: Internationaler Dienstleistungshandel – auch der deutsche Mittelstand ist aktiv, in: KfW Research, Fokus Volkswirtschaft, Nr. 212, 21. Juni 2018, https://www.kfw.de/PDF/Download-Center/Konzernthemen/Research/PDF-Dokumente-Fokus-Volkswirtschaft/Fokus-2018/Fokus-Nr.-212-Juni-2018-Internationaler-Dienstleistungshandel.pdf, Stand: 07.05.2019

Äijö, T.; Kuivalainen,O.; Saarenketo, S.; Lindqvist, J.; Hanninen H.: Internationalization Handbook for the Software Business; The Model of Internationalization Paths & Internationalization Workbook, 2005, Espoo, https://www.lut.fi/documents/27578/101342/internationalization-handbook-for-+the-software-business.pdf/3caa0aef-4f81-47b1-bf6d-50cc2c7d5985, Stand: 11.09.2019

Assmann, J.: Kollektives Gedächtnis und kulturelle Identität, in: Bolten, J.; Ehrhardt, C.: Interkulturelle Kommunikation, Sternenfels 2003, S. 61–73

Backhaus, K.; Voeth, M.: Internationales Marketing, 6. Aufl., Stuttgart, 2010

Barlett, C.A.; Ghoshal, S.: Internationale Unternehmensführung. Innovation, globale Effizienz, differenziertes Marketing, Frankfurt am Main und New York, 1990

Berekoven, L.: Internationales Marketing, 2. Aufl., Herne/Berlin, 1985

Betriebsrat: Europäischer Betriebsrat, o. J., https://www.betriebsrat.com/wissen/betriebsrat/europaeischer-betriebsrat, Stand: 10.11.2019

Blank, B.; Gögercin, S.; Sauer, K.E.; Schramkowski, B. (Hrsg.): Soziale Arbeit in der Migrationsgesellschaft, Wiesbaden, 2018

Brutscher, P.; Raschen, M.; Schwartz, M.; Zimmerman, V.: Internationalisierung im deutschen Mittelstand – Step by step zum global Player –, KfW ECONOMIC RESEARCH, Studien und Materialien, Frankfurt am Main, 2012

Butterwegge, C.: Hentges, G. (Hrsg.): Zuwanderung im Zeichen der Globalisierung, Wiesbaden 2006

Czenskowsky, T.; Ernst, H.; Kadgiehn, H.; Saleh, S.: Dienstleistungsmarketing in Verkehr und Logistik – Dargestellt an Beispielen aus der Praxis, Berlin, 2019

Czenskowsky, T.; Piontek, J.: Logistikcontrolling Marktorientiertes Controlling der Logistik und der Supply Chain, 2. Aufl., Gernsbach, 2012

De, D.: Erfolgsfaktoren bei Auslandsinvestitionen, 2001, in: IKB Deutsche Industriebank: Erfolgsfaktoren bei Auslandsinvestitionen, 2001, https://docplayer.org/14039141-Erfolgsfaktoren-bei-auslandsinvestitionen.html, Stand: 14.03.2019

Dengler, K.; Matthes, B.: Substituierbarkeitspotenziale von Berufen – Wenige Berufsbilder halten mit der Digitalisierung Schritt, in: IAB Kurzbericht 4/2018, https://doku.iab.de/kurzber/2018/kb0418.pdf, Stand: 28.11.2019

DSGVO: Datenschutz-Grundverordnung DSGVO, 25.05.2018, in: https://www.dsgvo-gesetz.de, Stand: 09.01.2019

Ehlert, J.: Leitfaden zur Planung von Auslandsexpansionen, Eine Analyse der relevanten Schlüsselfaktoren, o. J., in: Lichter, J. (Hrsg.): Handelsblatt Research Institute, o. J., https://www.handelsblatt.com/downloads/9035184/1/leitfaden-zur-planung-von-auslandsexpansionen.pdf, Stand: 24.02.2019

Fanatpie´ Altobelli, C.: Kompensationshandel als Sonderform des Außenhandels: Erscheinungsformen und Perspektiven des internationalen Tauschhandels, in: Zentes, J.; Morschett, D.; Schramm-Klein, H., (Hrsg.): Außenhandel. Marketingstrategien und Managementkonzepte, Wiesbaden, 2004, S. 83–100

Gross, R.: Heimat. Zur Dynamik innerer Bilder, Göttingen, 2019

Hafez, K.; Schmidt, S.: Die Wahrnehmung des Islams in Deutschland. Religionsmonitor – verstehen was verbindet, Gütersloh, 2015

Handelsblatt: Deutsch-iranisches Handelsvolumen bricht um fast 50 Prozent ein, in: Handelsblatt, 28.06.19, https://www.handelsblatt.com/politik/international/erstes-quartal-2019-deutsch-iranisches-handelsvolumen-bricht-um-fast-50-prozent-ein/24503672.html?nlayer=Themen_11804704, Stand: 10.09.19

Heupel, T.; Barsch, T.; Niesar, T.; Yesilkaya, V.: Vom konventionellen Strategischen Management zur Blue Ocean Strategy, in: Barsch, T.; Heupel, T.; Trautmann, H. (Hrsg.): Die Blue-Ocean-Strategie in Theorie und Praxis Diskurs und 16 Beispiele erfolgreicher Anwendung, Wiesbaden, 2019

Hofstede, G. b: National Culture, o. J., https://hi.hofstede-insights.com/national-culture, Stand: 22.03.2020

Hofstede, G. c: The Impact of Culture on M&A, o. J., https://www.hofstede-insights.com/2017/10/20/the-impact-of-culture-on-ma/, Stand: 22.03.2020

Hofstede, G./Pedersen, P.B.: Exploring Culture. Exercises, Stories and Synthetic Cultures, London, Boston, 2002

Holtbrügge, D.; Puck, J.F.: Geschäftserfolg in China Strategien für den größten Markt der Welt, 2. Aufl., Berlin, Heidelberg, 2008

Hospitalitynet: Doris Hecht Appointed General Manager At Park Hyatt Abu Dhabi Hotel and Villas, **United Arab Emirates**, 09.11.2018, https://www.hospitalitynet.org/appointment/79017310.html Stand: 08.11.2019

Inglehart, R.: Cultural Backlash: Trump, Brexit, and Authoritarian Populism, o.O. 2019

Iscresearch, o. J., in: https://www.iscresearch.com/data, Stand: 21.11.2019

Kim, W.C.; Mauborgne, R.: Der Blaue Ozean als Strategie, Wie man neue Märkte schafft, wo es keine Konkurrenz gibt, 2. Aufl., München, 2016

Kluckhohn, C.: The study of culture, in: Lerner, D; Larswell, H.D. (Hrsg.): The Policy Studies, Stanford, 1951

Kreutzer, R.: Global Marketing – Konzeption eines länderübergreifenden Marketing, Wiesbaden 1990

Kronfol, D.: Ein Blick auf arabische Anleihen könnte lohnen, in: private banking magazin, 15.02.2019, https://www.private-banking-magazin.de/schwellenlaender-anleihen-ein-blick-auf-arabische-anleihen-koennte-lohnen/, Stand: 06.02.2020

Lakshmi, A.: DP World gewinnt Congo Port Concession, 30.03.2018, https://de.maritimeprofessional.com/news/world-gewinnt-congo-port-concession-240055, Stand: 12.12.19.

Leitbild o. J., https://www.haeberle-logistik.de/unternehmen/leitbild, Stand: 19.09.2019

Luhmann, N.: Die Gesellschaft der Gesellschaft, Frankfurt am Main, 1997a

Luhmann, N.: Die Weltgesellschaft, in: Luhmann, N.: Soziologische Aufklärung. Band 2, Wiesbaden, 2018

Meffert, H.; Burmann, C.; Kirchgeorg, M.: Marketing Grundlagen marktorientierter Unternehmensführung, 11. Aufl., Wiesbaden, 2012

Mth: Erste Telemedizin-Operation in Echtzeit via 5G, 06.03.19, https://www.zm-online.de/news/nachrichten/erste-telemedizin-operation-in-echtzeit-via-5g/, Stand: 12.12.19

Neumann, A.: Integrierte Managementsysteme, RKW-Verlag, Eschborn, 2002

Papenhoff, H.; Lübke, K.: Churn Management- Herausforderungen für den Handel, in: Helmke, S.; Uebel, M.; Dangelmaier, W.: Effektives Customer Relationship Management, Instrumente – Einführungskonzepte – Organisation, 6. Aufl., Wiesbaden, 2017, S. 163–170

Pfohl, H. C.: Logistikmanagement, Konzeption und Funktionen, 3. Aufl., Berlin Heidelberg, 2016

PWC: No longer science fiction, AI and robotics are transforming healthcare, o. J., https://www.pwc.com/gx/en/industries/healthcare/publications/ai-robotics-new-health/transforming-healthcare.html, Stand: 30.11.2019

Rabe, C.: DP World liebäugelt noch immer mit dem US-Markt, 07.04.2006, https://www.handelsblatt.com/unternehmen/handel-konsumgueter/hafenbetreiber-dp-world-liebaeugelt-noch-immer-mit-dem-us-markt-seite-2/2638884-2.html, Stand: 12.12.19.

Rau, J.: Indien. Im Clinch mit Coca-Cola, in: Zeit Online, 19.08.1977, https://www.zeit.de/1977/35/im-clinch-mit-coca-cola/komplettansicht, Stand: 30.12.2019

Rennie, M.: Global competitiveness: born global, in: The McKinsey Quaterly, Nr. 4, 1993, S. 45–52

Revised Conference Version – 2000, in: https://pdfs.semanticscholar.org/e580/86459d0368acf296e657ad73532acf567ce5.pdf, Stand: 09.11.2019

Rommelspacher, B.: Was ist eigentlich Rassismus?, in: Melter, C.; Mecheril,M. (Hrsg.): Rassismuskritik, Band 1: Rassismustheorie und – forschung, Schwalbach, 2011, S. 25–38

Rosada, M.: Kundenstrategien im Automobilsektor: theoretische Fundierung und Umsetzung eines Konzepts zur differenzierten Vermarktung von Sekundärleistungen, Berlin, 1990

Saleh, S.: Unternehmenspolitische Entscheidungen des Logistikdienstleisters – Teil II: Das Unternehmensleitbild, die Corporate Identity und die Unternehmenskultur, in: Pradel, U.; Süssenguth, W.; Piontek, J.; Schwolgin, A. (Hrsg.): „Praxishandbuch Logistik", Köln, 2018, Ergänzungslieferung, Juni 2018b

SAP: SAP Live Link 365 beherrscht nun Kommunikation über Social-Media-Kanäle, 11.09.2018, https://news.sap.com/germany/2018/09/live-link-365-social-media/, Stand: 21.12.2019

Schillo, K.: Virtuelle Auslandsentsendungen, Diss., Erlangen-Nürnberg, 2009

Schroth, J.: Überblick über W. D. Ross' Theorie der prima facie Pflichten, in: The Right and the Good, Kap. 2: What Makes Right Acts Right?, o. J., https://www.ethikseite.de/ross.html, Stand: 03.01.2020

Schyns, B.; Meindl, J. R.: Implicit leadership theories: Essays and explorations, o.O., 2005

Senghaas, D.: Wohin driftet die Welt? Über die Zukunft friedlicher Koexistenz, Frankfurt am Main 1994

Smith, P.B.; Bond, M.H.: Social Psychology across cultures. Analysis and perspectives, London, 1993

13.10.2018,Stand:09.09.2019   Spiegel Online: Fall Khashoggi Westliche Konzerne boykottieren Saudi-Arabiens Wirtschaftsgipfel, in Spiegel Online, 13.10.2018, Stand: 09.09.2019

Statistisches Bundesamt: Anteil der Wirtschaftsbereiche am Bruttoinlandsprodukt, 01/2019, https://de.statista.com/statistik/daten/studie/36846/umfrage/anteil-der-wirtschaftsbereiche-am-bruttoinlandsprodukt/, Stand: 23.03.2019

Steckler, B.: Marktforschung und Datenschutz, in: Pepels, W.(Hrsg.): Marktforschung, Organisation und praktische Anwendung, 2. Aufl., Düsseldorf, 2008, S. 617-660

Sydow, C.: Qatar will „Brain Drain" im Nahen Osten stoppen, in: dis:orient, 19.03.2006, https://www.disorient.de/blog/qatar-will-brain-drain-im-nahen-osten-stoppen, Stand: 31.02.2020

Tung, R.L.: Managing in Asia: Cross Cultural Dimensions in: Joynt, P.; Warner, M. (Editor): Managing Across Cultures: Issues and Perspectives, London, 1996

UNCTAD (2017): World Investment Report 2017: Investment and the digital economy, 27th. Ed, United Nations Publications, Geneva, 2017

VEEK: Versammlung Eines Ehrbaren Kaufmanns zu Hamburg e.V., https://veek-hamburg.de, Stand: 06.01.2020

Verantwortung, o. J., https://www.hellmann.net/de/germany/ueber-uns/verantwortung, Stand: 19.09.2019

Watzlawick, P.: Die Axiome von Paul Watzlawick, o. J., https://www.paulwatzlawick.de/axiome.html, Stand: 20.01.2020

Winker, G.; Degele, N.: Intersektionalität. Zur Analyse sozialer Ungleichheiten, Bielefeld, 2009

Winter, K.: Die Aufbauorganisation von Hotelbetrieben, in: Management in der Hotellerie und Gastronomie, Betriebswirtschaftliche Grundlagen, 9. Aufl., Berlin/Boston, 2016, S. 93–99

WISAG: Unternehmen, https://www.wisag.de/unternehmen.html, Stand: 19.12.2019

World Bank Group: Employment in services (% of total employment) (modeled ILO estimate), 2019, https://data.worldbank.org/indicator/SL.SRV.EMPL.ZS, Stand: 14.03.2019

WTO: Wert der Exporte von Dienstleistungen aus Deutschland von 2005 bis 2017 (in Milliarden US-Dollar), 2018, https://de.statista.com/statistik/daten/studie/15826/umfrage/deutschland-export-dienstleistungen/, Stand: 16.03.2019

Yildiz, M.: Hybride Alltagswelten. Lebensstrategien und Diskriminierungserfahrungen Jugendlicher der 2. und 3. Generation aus Migrationsfamilien, Bielefeld, 2016

ZEIT ONLINE: Iran: Deutsche Unternehmen ziehen sich zurück, in: Zeit Online, 26.09.2015, https://www.zeit.de/wirtschaft/unternehmen/2019-05/iran-wirtschaft-unternehmen-export-atomabkommen, Stand: 05.09.2019

ZEIT ONLINE: Saudi-Arabien beendet Geschlechtertrennung in Restaurants, in: Zeit Online, 09.12.2019, https://www.zeit.de/gesellschaft/2019-12/frauenrechte-saudi-arabien-geschlechtertrennung-restaurants, Stand: 28.12.2019

Stichwortverzeichnis

A
Abstinenzmarkt, 47, 52, 59
Adjusted Net Present Value, 111
Akkulturation, 4, 174, 178, 183, 187, 192, 228, 230, 240
Akkulturationsstrategie, 229
Allianz, strategische, 104
Ambiguitätstoleranz, 171, 176
Angebotsdesign, 118
Anpassungsfähigkeit, 171, 182, 183, 259
Auslandseinsatz, virtueller, 177

B
BERI, 39, 48, 49, 52
Big Data, 29, 34, 40, 81
Blue Ocean, 121
Born Globals, 19
Braindrain, 9, 269
Branchenkultur, 192, 254, 255
Business Process as a Service, 150, 151

C
Cafeteria-System, 168
Checkliste, 42
Civil Law, 59, 60
Cloud-Computing, 34, 141, 151
Common Law, 59, 60
Community Cloud, 151
Compliance Officers, 59
Compliance-Risiko, 58
Concepta-Ebene, 199

Corporate
   Identity, 58, 129, 169, 282
   Social Responsibility, 278
Countertade, 106
Credence Qualities, 31, 33
Cross-Impact Analyse, 69
Culture
   Bound, 253, 254
   Free, 253, 254

D
Data Science, 40, 41, 146
Dienstleistungsmarketing-Mix, 80, 118
Differenzierung, 115
Digital
   Natives, 181
   Recruiting, 165
Digitalisierung, 145
Direktinvestition, 16, 23, 60, 62, 97, 101, 102, 282
Diskursethik, 281
Disruption, 145, 150
Division, internationale, 136, 137
Drittlandmitarbeiter, 162
Dual Career-Problematik, 178

E
E-Business, 107
E-Commerce, 107, 151
Ehrbarer Kaufmann, 285, 286
Eingebürgerte, 187

Einvertragsmodell, 180
Endkombination, 32, 78, 79, 81, 82
Enterprise Resource Planning, 108
EPRG-Modell, 21, 161
E-Procurement, 107
Ergebniskosmetik, 39, 87
Ergebnismanagement, 78, 79
Ergebnisorientierung, 30, 31
E-Services, 34
Ethik, 278, 280, 281
  deontologische, 280
  teleologische, 280
Ethos, 279
Expatriates, 21, 170, 187, 230, 239–242, 259, 266, 279, 284, 286
Experience Qualities, 31
Export, 97–100, 102, 107, 124
Exportabteilung, 136, 137
Exportreferent, 136

F
First Mover, 111
Follower, 112
Franchising, 101, 102, 115, 120

G
Gastlandmitarbeiter, 162, 163, 168, 169
Gelegenheitsmarkt, 47–49
Generalunternehmen, virtuelles, 142
Gesinnungsethik, 281
Globalisierung, 7
GLOBE-Studie, 67, 166, 167, 208, 216–220, 224, 225, 256, 259–261, 263, 265, 267, 269, 270
Grobselektion, 41, 42, 50, 108
Guanxi, 56, 266

H
Hall, 151, 197, 198, 208, 209, 214, 216, 218, 247, 269
High-Context, 151, 208, 209, 241, 247, 250, 269, 270
Hofstede, 210, 213–215, 224, 256, 260, 261, 263, 265, 269

Holding, 59, 136, 139
Hosted Private Cloud, 151

I
Infrastructure as a Service (IaaS), 151
Inpatriates, 162, 168, 169
Intelligenz, kulturelle, 259
Internationalisierung, 7
Internationalisierungs-Know-how, 12, 19, 78, 82, 83, 97, 100, 117, 184, 186, 188, 259, 287
Interne Private Cloud, 151
Internet of Things, 146, 151
Islamic Law., 59

J
Joint Ventures, 103

K
Kapitalwertmethode, 50, 51, 110, 111, 121
Keiretsu, 262
Kommunikation, 119, 152, 198, 235, 242, 287
Kompetenz, interkulturelle, 63, 80, 172, 176
Konstruktivismus, 218, 243, 246
Kosmopolit, 187, 242
Kostenführerschaft, 115
Kulturbegriff, 4, 192, 193, 195–198, 201, 204, 206, 207, 213, 215, 225
Kulturcluster, 166, 222, 224, 260
Kulturkonzept, 198, 202, 203, 205–207
Kulturvergleichsstudien, 193, 197, 208, 209, 215, 225, 259, 260
Kulturzwiebel, 200
Kundenbindung, 31, 77–79, 91
Kundenintegration, 78
Künstliche Intelligenz (KI), 81, 146, 151, 165

L
Landeskultur, 161, 215, 217, 219, 255, 257, 259, 260, 262, 265, 267, 285
Lernen, interkulturelles, 237
Lernkultur, 227, 230, 237–240, 242, 259, 287
Lernstiltyp, 169

Lizenzierung, 101, 108
Local-Content-Bestimmungen, 61
Lokale, 187, 242, 284
Low-Context, 151, 208, 209, 247

M
Makrorisiko, 52
Managed Private Cloud, 151
Managemententwicklung, 169, 170, 175
Marketing-Mix, 24, 31, 32, 52, 62, 80, 84, 90, 91, 115, 118, 157
Markteintrittsform, 36, 64, 66, 73, 95–97, 108, 110, 115, 120, 121, 129
Mass-Customization, 34
Medien, soziale, 108, 152
Mianzi, 266
Mikrorisiko, 52
Moral, 203, 278, 279, 281, 286
MoSCow, 42

N
Netzwerk, 18, 19, 35, 61, 89, 106, 107, 139, 141, 147, 152, 187, 188, 262
Nicht-Sesshafte, 187, 242
Niederlassung, 33, 99, 104, 162, 163
Nutzwertanalyse, 42, 44, 46, 50, 108, 110

O
Organisationsarchitektur, 157, 158
ORI, Operation Risk Index, 48

P
Percepta-Ebene, 199
Personnel, 24, 31, 32
PEST-Analyse, 52, 64, 66, 67, 164
Physical Facilities, 31, 32, 63, 78, 79, 117, 120
Platform as a Service (PaaS), 151
Portfolioanalyse, 42, 47, 48, 50
Potenzialorientierung, 30
Präsenzmarkt, 49
Preispolitik, 40, 52, 62, 119
PRI, Political Risk Index, 48
Primärerhebung, 39

Principal-Agent-Konflikt, 23
Private Cloud, 151
Pro/sument, 24
Process Management, 31, 32
Product-Service-Continuum, 30
Prozessmanagement, 78, 120, 132
Prozessorientierung, 30, 141
Prozesswertkette, 75, 78
Public Cloud, 151

R
Red Ocean, 122
Re-Entry-Garantien, 185
Reintegration, 161, 171, 184–187, 242
Relocation Services, 184
Repräsentanzbüro, 105
RI, Repatriation Risk Index, 48
Ringi Seido Prinzip, 263
Risikoanalyse, 3, 52, 57, 62
Risikoart, 53, 57
Risikomanagement, 52, 53
Risikomanagementmaßnahme, 52, 57, 65, 73, 88

S
Schwerpunktmarkt, 49, 50
Search Qualities, 31, 33
Sekundärerhebung, 39, 40
Self Reference Criterion, 183
Sensibilität, kulturelle, 165
Software as a Service (SaaS), 151
Sprinklerstrategie, 113, 114
Stakeholdermanagement, 54
Stammhausmitarbeiter, 162, 163, 167–169, 171, 174
Struktur
    differenzierte, 136
    integrierte, 131
    unspezifische, 130
Szenario, 52, 64, 66, 67, 69, 71, 73

T
Third Culture, 193, 230, 235, 237, 239, 242
Tochtergesellschaft, 3, 21, 105, 139, 162, 177

U

Unternehmen, virtuelle, 104, 141, 142
Unternehmen, virutelle, 19
Unternehmensethik, 277, 279
Unternehmenskultur, 75, 78, 81, 167, 169, 184, 255
Unternehmensphilosophie, 21, 22, 40, 58, 169, 258, 264
Unterstützungsnetzwerk. virtuelles, 142

V

Verteilungsnetzwerk, virtuelles, 142
Vertragstheorie, 281, 282
Vertriebsniederlassung, 105
Vertriebspolitik, 119
Vorkombination, 32, 78, 79, 89
VRIO-Methode, 83

W

Wa, 262
Wachstumsstrategie, 115
Wasserfallstrategie, 112, 113
WeChat, 147, 152, 165
Wertkette, 75, 77, 81
Wertschöpfung, digitale, 81, 149
Wettbewerbsstrategie, 115
Win-Lose-Battle, 252, 261, 266
Wirtschaftlichkeitsanalyse, 50, 110

X

Xiaoyi, 147

Z

Zaibatsu, 262
Zweigniederlassung, 105
Zweivertragsmodell, 179
Zwilling, digitaler, 146

MIX
Papier aus verantwortungsvollen Quellen
Paper from responsible sources
FSC® C105338

If you have any concerns about our products,
you can contact us on
ProductSafety@springernature.com

In case Publisher is established outside the EU,
the EU authorized representative is:
**Springer Nature Customer Service Center GmbH
Europaplatz 3, 69115 Heidelberg, Germany**

Printed by Libri Plureos GmbH
in Hamburg, Germany